W0063128

Franz Schönhuber
Freunde
in der Not

FRANZ SCHÖNHUBER

Freunde in der Not

Langen Müller

Für den Abdruck der Textzitate erteilten die freundliche Genehmigung:
Erb Verlag (aus: Arno Plack, *Wie oft wird Hitler noch besiegt?*)
Druffel Verlag (aus: Georg Franz Willing, *1933 – Die nationale Erhebung*)

Bildnachweis

Alle Bilder aus dem Archiv des Autors, außer:
Enzwieser, Münchner Merkur (1)
Gong-Verlag (1)
Hans Grimm (2)
G.E. Habermann (1)
Claus Hampel (1)
Harald Neubauer (1)
Foto-Sessner (2)
Sudetendeutsches Archiv (2)

© 1983 by Albert Langen · Georg Müller Verlag GmbH
München · Wien
Alle Rechte vorbehalten
Umschlaggestaltung: Christel Aumann, München unter
Verwendung eines Photos, das freundlicherweise von Photo-Sessner, Dachau, zur
Verfügung gestellt wurde.
Satz: Photosatz Völkl, Germering
Druck und Binden: Mohndruck Graphische Betriebe GmbH, Gütersloh
Printed in Germany
ISBN: 3-7844-1965-8

Inhalt

Teil II

Schweigen ist *keine* Antwort

Wir graben, und graben
und graben
unser Gewissen ein.

Bald werden deine Kinder dir
nicht mehr glauben, daß du
nicht der Mörder warst,
vor dem die anderen
sich entsetzen.

Bald werden sie in deinem Blick
nach den Pistolenaugen suchen,
nach dem Henkerszeichen
auf deiner Stirn.

Sie werden dich verfluchen
und fluchend dich begraben,
ohne zu begreifen,
daß alles anders war,
nur weil wir geschwiegen haben!

George Forestier/Krämer

Zahllose Personen sind mit allen Mitteln der Mei-
nungsmache öffentlich bemüht, allem, was irgendwie
noch steht, das Mark aus den Knochen zu blasen.

Arnold Gehlen

Zu diesem Buch

Ein Buch hat das Leben meiner Familie und mein Leben verändert. Es heißt »Ich war dabei«. Die Reaktionen darauf haben gezeigt, wie es jemandem ergehen kann, der nicht gewillt ist, ein
verordnetes Geschichtsbild widerspruchslos zu akzeptieren.
Aber gerade die Erlebnisgeneration darf nicht schweigen; denn
sonst tritt sich ein Geschichtsbild fest, das unter den Stiefeln der
Sieger entstanden ist. Dieses Bild bedarf der Korrekturen.
Während der Auseinandersetzungen erreichte mich eine Flut von
Briefen. Es war mir leider nicht möglich, sie alle persönlich zu
beantworten. Ich habe deshalb versucht, im ersten Teil des vor-
liegenden Buches, Antworten auf viele dieser Fragen zu geben.
Im zweiten Teil gehe ich auf die Ursachen ein, die den »Fall
Schönhuber« verdeutlichen mögen. Es soll dabei ein Blick hinter
die Kulissen von Parteien und Verbänden geworfen, das Verhalten von politischen und anderen Persönlichkeiten aufgezeigt
werden. Auch scheinbare Nebensächlichkeiten dürften dabei
einen anderen Akzent bekommen. Das Leben bedeutender Persönlichkeiten ist nämlich keine durchgehende Heldensaga. Auf
dem Spielplan der Politik stehen Trauerspiele und Lustspiele,
Tragödien und Komödien, Kriminalstücke und Possen.
Ich mache mir keine Illusionen. Als langjähriger Beobachter bestimmter politischer Verhaltensweisen gehe ich davon aus, daß
man manche meiner heutigen Urteile über Organisationen und
Personen mit früheren konfrontieren wird, um sie ins Zwielicht
zu setzen.

Aber nachdem beispielsweise schon Franz Josef Strauß dem neuen Bundeskanzler Helmut Kohl »Lernfähigkeit« zugebilligt hat, darf auch ich darauf Anspruch erheben.

Ich sehe mich keineswegs als Historiker. Ich will lediglich erzählen, was ich in Kriegs- und Nachkriegszeiten erlebt habe. Die Analyse überlasse ich den Zeitgeschichtlern.

Die Geschichte ist die Summe von Geschichten. Man darf sie nicht unterbrechen, man muß sie zu Ende erzählen.

»Weit hinten in der Türkei …« gab mir dafür eine alte Dame ein Beispiel. Es handelte sich dabei um eine 85jährige Türkin, über die mir ihr Enkel, ein junger Oberleutnant, folgende Geschichte erzählte:

»Meine Großmutter bestieg in Izmir einen Bus, um ihre Verwandten in einem anatolischen Dorf zu besuchen, das etwa 250 km entfernt liegt. Meine erzählfreudige und geistig noch sehr regsame Großmutter traf im Bus einen Bauern, der gut zuhören und kluge Fragen stellen konnte. Sie unterhielten sich über alte Zeiten und Begebenheiten aus dem Osmanischen Reich. Die Zeit verging wie im Flug. Der Bus hielt. Man war in dem Dorf, wo sie eigentlich aussteigen wollte. Großmutter aber war mit ihrer Geschichte noch nicht fertig. Deshalb bedeutete sie dem Busführer, daß er ruhig weiterfahren könne, sie wolle sitzen bleiben.

Während der Bus fuhr, erzählte Großmutter weiter. Als sie an der Endstation, die etwa 90 km von dem ursprünglichen Zielort entfernt lag, angekommen war, telefonierte sie mit meinem Vater, einem Luftwaffen-Obersten, der sie dann im Jeep abholen ließ …

Ihre Geschichte aber hat meine Großmutter zu Ende erzählt.«

Auch ich will meine Geschichte zu Ende erzählen ohne Rücksicht auf einen »Karriere-Fahrplan« und ohne Aussicht darauf, wie die alte Dame »zurückgeholt« zu werden.

Ich widme dieses Buch meiner Frau Ingrid und meinen Kindern.

München, Winter 1982/83

Teil I

1.
Die Entlassung

München, Rundfunkplatz 1. Donnerstag, den 29. April, wenige
Minuten vor 14.00 Uhr. Ich betrete das Funkhaus, zeige meinen
Dienstausweis. Im Foyer treffe ich den Rundfunkrat und Land-
tagsabgeordneten der SPD, Dr. Jürgen Böddrich: »Was machst
du, Franz?« – »Muß zum Intendanten!« – »Worum geht's?« –
»Weiß nicht genau, Jürgen, wahrscheinlich um Regionalisie-
rungsfragen.« – »Na, dann regionalisiert mal schön, wir seh'n
uns sowieso dann im Rundfunkrat.« – »Alles klar!«
Ich bin ausgeruht, guter Laune. Die Erregung in- und außerhalb
des Funkhauses über das Erscheinen meines Buches »Ich war
dabei« war abgeklungen. Meine Beziehungen, auch zu einigen
mir nicht wohlgesonnenen Kollegen, hatten sich mehr oder minder normalisiert. Das Gröbste, so dachte ich, liegt hinter dir.
Nicht einmal der Umstand, daß der Intendant mich im Zimmer
des Justitiars treffen will, irritiert mich. »Die bauen in seinem In-
tendantenzimmer um«, sagt mir ein Kollege, den ich im Gang
treffe.
Ich betrete das Zimmer. Die Damen sind freundlich. »Sie müssen
noch ein bißchen warten, der Intendant bespricht sich noch. –
Kaffee?« – »Gerne!«
Merkwürdig, mein Magen signalisiert plötzlich Unruhe. Ich versuche, sie hinwegzuplaudern. Die Damen fragen mich beiläufig,
wie's denn so gehe im Freimanner Studio. Wir reden über Zu-
kunftspläne. Ich antworte zerstreut. Meine Unruhe wächst. Es
ist bereits 14.15 Uhr. Um 14.30 Uhr beginnt die Rundfunkratsit-
zung, bleiben also noch 15 Minuten; ein bißchen kurz für ein Gespräch über die Regionalisierung, denke ich.
Die Tür öffnet sich. Heraus kommt der Justitiar und stellvertretende Intendant, Albert Scharf: »Kommen Sie bitte herein!«
Im Zimmer sitzen bereits Intendant Reinhold Vöth, Fernsehdirektor Dr. Helmut Oeller. Händeschütteln. Die Mienen sind

frostig. Die Stimme des Intendanten klingt gepreßt: »Nehmen
Sie Platz!« Jedermann im Funkhaus weiß, daß der Intendant und
ich Duzfreunde sind, aber es ist selbstverständlich, daß wir beide
im dienstlichen Umgang stets das formelle Sie gebrauchen. Ich
will ein dienstliches Anliegen kurz vorbringen. Der Intendant
winkt ab: »Wir haben andere Probleme, Herr Schönhuber.« Ich
spüre plötzlich, daß etwas Entscheidendes auf mich zukommt.
Der Intendant sagt:
»Bitte, Herr Dr. Oeller!« Der Fernsehdirektor räuspert sich,
setzt zweimal zum Sprechen an. »Um es kurz zu machen, ich habe kein Vertrauen mehr zu Ihnen. Wir müssen uns von Ihnen
trennen!« Die nächsten Worte sind so undeutlich, daß ich sie
kaum verstehe. Wie aus der Ferne höre ich mich selbst fragen:
»Entlassen aus der Funktion oder aus dem BR?« Darauf der Justitiar: »Die Kündigung ist fristlos. Hier ist der Brief.« Ich nehme den Brief, horche in mich hinein, versuche meine Reflexe zu
kontrollieren. Nur nicht schwitzen!
»Kann ich morgen mein Büro aufräumen?« Die Stimme klingt
ruhig. Es freut mich, daß jahrzehntelang praktizierter Professio-
nalismus in Situationsbewältigung auch hier funktioniert. »Ja«,
sagt der Intendant und fügt hinzu: »Über eine Abfindung kann
gesprochen werden!«
»Ich werde mit meinem Anwalt sprechen.«
Ich stehe auf, die Herren ebenfalls. Kurzes Zögern. Das Händeschütteln unterbleibt, ebenfalls ein Abschiedswort. Im Vorzimmer reicht mir die Sekretärin den Mantel. Sie wirkt unpersönlich.
Schlagartig ist auch hier die Atmosphäre verändert. Ich gehöre
nicht mehr dazu. Dies nach etwa 30jähriger Mitarbeit an dem
Sender.
Ich trete auf den Gang hinaus, schaue auf die Uhr. Es ist genau
14.30 Uhr.
Wenig später betritt der Intendant den Saal des Rundfunkrates
und eröffnet die Sitzung mit dem Satz: »Ich habe dem Haus eine
wichtige Mitteilung zu machen ...«
Die Erklärung schlägt wie eine Bombe ein. Niemand sagt ein

12

Schönhuber entlassen   29.4.82/16

Ⱨ   Intendanz kü/pl
                                     Landau

München:

Der Intendant des Bayerischen Rundfunks , Reinhold Vöth,

hat mit Zustimmung des Verwaltungsrats das Arbeitsverhältnis

mit dem Leiter der Fernseh-Hauptabteilung "Bayern -Information

Franz Schönhuber mit sofortiger Wirkung aufgelöst. Die Leitung

~~der Bayer. Rundfunks stellt im Verantwortlichen~~

zu Schönhuber einen unheilbaren Bruch fest. Der Begründung

heisst es unter anderem , seit dem Erscheinen des Schönhuber

Buches "Ich war dabei" sei innerhalb des Hauses wie in

der Öffentlichkeit eine sich eskalierende, kontroverse

Diskussion entstanden , die das Ansehen des Bayerischen Rund-

funks als öffentlich-rechtliche Anstalt schwer geschädigt he

~~Trotzxwiederholtenxaufforderungxderxxxxleitungxxxxxxxx~~

~~xxxxcherxxxiterxxRollexxxxxxxxixterxxxxxxxxxxxx~~

Schönhuber habe nicht zwischen seiner Rolle als privater

Buchautor und der als Repräsentant des Bayerischen Rundfunks

unterschieden ,wie-wohl ihn die Leitung des Hauses wiederholt

dazu aufgefordert habe.

-stop-

Intendant Reinhold Vöth entläßt Franz Schönhuber

Grund: Grenzen zwischen dem Amt als BR-Repräsentant und privater Tätigkeit als Buchautor verwischt

Von unserem Redaktionsmitglied Christian Schneider

München, 29. April – Die Überraschung war perfekt, als der Intendant des Bayerischen Rund-

stenverband (BJV) Schönhuber den Ehrenvorsitz aberkannt. Der trat daraufhin aus dem Verband

Fall Schönhuber:

Die Bombe ist geplatzt

Ein halbes Jahr nach Erscheinen seines Buches „Ich war dabei" wurde der Fernsehmann gefeuert

Chefredakteur Helmut Markwort

Der Fall Schönhuber fängt erst an

Am Samstag noch hatte er im „Samstagsclub" des Bayerischen Rundfunks bewiesen, daß er Gespräche in Gang setzen kann, wie es nur wenige im Fernsehen schaffen. Fünf Tage

ter und stellvertretende Chefredakteur ging in sein Dienstzimmer im ersten Stock des TV-Studios Freimann und bereitete eine

Liebe Leser,

während andere Sender, wie WDR und ZDF, unkorrekte Mitarbeiter derzeit nur mit Gehaltskürzungen bestrafen.

sten ist kaum angreifbar: Dutzende aus allen Sendern werden von Buchverlagen und Zeitschriften als Autoren be-

---

In den Redaktionsstuben des BR werden munter Debatten über Posten und Personen geführt

Der Favorit der CSU heißt Feller
Der Intendant will sich Zeit lassen

bung eines Rückkanals, aber auch die Gestaltung eines eigenen Programms mit neuer, d. h. mobiler Technik. Dabei ist es kein Geheimnis, daß Mühlfenzl nur mit sehr wenigen seiner jetzigen BR-Redakteure zu arbeiten gedenkt. Allerdings: Wenn das wirklich Neue im Kabelprojekt erst dann kommt, wenn Mühlfenzl bereits 65 ist, dürfte er am Gesamtpro-

Affäre Schönhuber: FDP nennt das Verhalten von Intendant Vöth schäbig

Stürzte die „Prinzengarde" um Strauß den TV-Liebling?

Wenig Verständnis für die Entlassung Franz Schönhubers durch den Bayerischen Rundfunk

Paul Pucher: „Das stinkt zum Himmel"; Seite 2 vom 30. April/1./2. Mai.

Paul Pucher trifft den Nagel auf den Kopf. Die Entlassung von Franz Schönhuber und ihre Begründung stinkt tatsächlich zum Himmel. Auf skandalöse Art entledigte sich der Bayerische Rundfunk eines seiner fähigsten und vor allem in der Öffentlichkeit beliebtesten Mitarbeiter, eines aufrechten Bayern dazu. Es ist unbegreiflich, daß der Rundfunkrat dem zustimmen konnte. Wie viele Hörer sind jederzeit vor den Kopf gestoßen. Und nur das Rundfunkmonopol macht es, den Bayerischen Rundfunk abzubestellen. Es zeigt sich damit erneut, wie notwendig eine private Konkurrenz des Rundfunks und Fernsehens auch bei uns wäre.

Dr. Georg Prechtel
Gröbenzell

*

Wer unser 20. Jahrhundert in Deutschland bis jetzt mit heißem Herzen durchlebt und durchlitten hat, wird sich im Rückblick sagen müssen, daß es ein großes Jahrhundert war, groß an Tapferkeit, Leistung, Duldung, groß an Mut – fast hätte ich gesagt Bekennermut – aber Bekennermut, Mut vor Königsthronen, war und ist meist nicht Sache der Deutschen. Schönhuber hat diesen Mut bewiesen. Ihm sei dafür Dank gesagt, auch wenn man, was unwesentlich ist, vielleicht nicht ganz seine Meinung teilt. Schönhuber - wußte, daß der Kampf gegen die veröffentlichte Meinung, gegen Heuchler, Oppor-

Ich habe das Buch „Ich war dabei" gelesen. Die Offenheit und Ehrlichkeit Franz Schönhubers ist zu schätzen. Außerdem war Schönhuber in seinen Sendungen sehr beliebt. Er hat für den Frieden und die Völkerverständigung mehr getan, als alle Politiker zusammen.

Lisl Pöllinger
Bayrischzell

*

Arme Demokratie, welche einen kritischen Schönhuber nicht verkraften konnte, vor allem, wo so himmelschreiende „Affären" unseren Staat belasten... Seine urwüchsige „Jetzt red i"-Sendung wird vielen fehlen, auch wenn sie von einem anderen Moderator fortgeführt wird.

Ernst Suldinger
Penzberg

*

Es ist erschütternd, mit welchen Methoden ein fähiger Rundfunkmann ausgebootet wird. Leider gibt es wenige, die den Mut und die Fähigkeit haben, ihre Meinung gegenüber dem krankhaften Massenzeitgeist öffentlich zu vertreten. Zu den wenigen gehören Dr. Paul Pucher und auch Franz Schönhuber, denen man hierfür danken sollte. Man kann nur hoffen, daß Schönhuber alle weiteren Angriffe übersteht.

A. Weindler
München

*

Franz Schönhuber hat mir in „Jetzt red i" immer einen sympathischen Eindruck gemacht. War es am Ende ein zu unbequemer Moderator? Vielleicht hat man ihm mit der fristlosen Entlassung

sozialismus verdaut als mutiger, profilierter me der i jungstre kratie, i chen Lei

Die] zeigt nu ist sich nicht ha für Verf Staates verständ Vergang werden in unser jungstre derreche

Ein es nicht se ren bin n stehe. „Schönh wenn als der Mei bewältig eben da heute in ranz.

In Staatsre sein, d dabei" k können.

il die CSU ist, war sie von die- m populistischen Feldzug am arksten betroffen und reagierte tsprechend mißvergnügt." hönhuber habe aber darauf wo g Rücksicht genommen, daß im er ungenierter CSU-Würden- äger in Partei und Kabinett ssen lassen, was er von ihnen l Vergleich zu sich selbst halte. Milde Kritik übt die FDP frei-

Der populärste Fernsehmann Bayerns wurde aus seinem Amt gejagt. Und fest steht dabei nur: Hier wurden alle Rechnungen beglichen

Die Wahrheit über den Fall Schönhuber

Bald zwei Wochen ist es nun schon her, daß der populärste Bayer nach Franz Josef Strauß am hellichten Tag mit Schimpf und Schande aus seinem Amt gejagt wurde. Die Dienste des Franz Schönhuber, 59, sind beim Bayerischen Rundfunk nicht mehr erwünscht. Und nach bewährter öffentlich-rechtlicher Manier weigert sich der Sender, die Gründe für den Hinauswurf anzugeben. Ein Verhalten, das in der Pri-

Bayernfunk nicht vergessen. Und vor allem nicht, daß er mit solch einer Vita noch solch eine steile Karriere bis hin zum Hauptabteilungsleiter machen konnte.

Von seiner Popularität im Bayernvolk mal ganz abgesehen: Schönhubers Sendereihe „Jetzt red i" ist die einzige Talk-Show in unserem Bürokraten-Fernsehen, die diesen

Wort. Man geht zur Tagesordnung über. Die »Frankfurter Allgemeine Zeitung« kommentiert den Vorgang so: »*Dieser, für eine öffentlich-rechtliche Anstalt einmalige Vorgang hat mit dem Buch ›Ich war dabei‹ zu tun, das im vorigen Jahr erschienen ist und mittlerweile eine hohe Auflage erreicht hat* ...«

Zur gleichen Zeit, in der Reinhold Vöth seine Erklärung abgibt, stehe ich bereits auf der Straße. Gehe zu Fuß nach Hause: Stachus, Marienplatz, Tal, Knöbelstraße. Unterwegs begegnen mir viele Menschen, grüßen freundlich. Am Marienplatz hält mich ein älterer Herr auf, stellt sich als Generalstabsoffizier vor, will mich in eine längere Debatte über die Waffen-SS verwickeln. Ich höre höflich zu, bin plötzlich müde. Alle diese Debatten kenne ich seit einem halben Jahr in- und auswendig. Dem unbekannten, aber freundlichen Herrn fällt endlich meine Einsilbigkeit auf: »Na ja, Sie werden andere Probleme haben!« – »So ist es«, denke ich. Ablenkend fügt er hinzu: »Wann ist denn Ihre nächste Fernsehsendung?« Ich gebe mir einen Ruck: »Es wird keine mehr geben, bin soeben fristlos entlassen worden.« Dem redegewandten Herrn bleibt buchstäblich der Mund offen. Ich muß innerlich fast ein bißchen lachen und denke: »Da spricht mich ein Generalstäbler auf die Waffen-SS an und führt mich zum Ausgangspunkt der soeben eingetretenen Situation zurück, erfährt als erster außerhalb des Rundfunkhauses aus meinem Munde von meiner Kündigung. Ich will ihm die Peinlichkeit ersparen, ein trauriges Gesicht aufsetzen und überflüssige Worte sagen zu müssen.« Ich verabschiede mich rasch. Langsam wandere ich weiter. Plötzlich fällt mir die Maibock-Probe vom Vortag im Festsaal des Hofbräuhauses ein. Alle Politiker von Rang und Namen waren da. Auch die Journalisten. Es war wie immer: Gerötete Gesichter, manche schweißnaß. Zuprosten, auf die Schulter klopfen. Freund und Feind traulich vereint. Apropos Schulterklopfen. Dazu gibt es in politischen Zirkeln eine böse Version. Frage: Warum klopfen sich bayerische Politiker so gern auf die Schulter und umarmen sich? Antwort: Um zwischen den Schulterblättern die weichste Stelle für den politischen Stilett-Stich zu ertasten ...

Alle in Tracht – auch die Roten. Im Hofbräuhaus gibt's kaum Fraktionen. Hier wird nach der Devise gehandelt: »Hier bin ich Mensch, hier darf ich's sein!« Auch Franz Josef Strauß ist da, wie immer inmitten seines Hofstaates. Er grüßt freundlich. Ein paar Minister kommen vorbei, machen Komplimente, die man zwar nicht ernst nimmt, aber trotzdem gerne hört. Es grüßen auch jene, die schon wußten, daß das »Todesurteil« bereits gefällt war, nämlich schon zwei Tage vorher, am Montag, dem 26. April, im Verwaltungsrat unter Vorsitz von Landtagspräsident Franz Heubl. Nie hat der sonst so durchlässige BR so dicht gehalten wie diesmal. Drei Tage lang war ich bereits »tot«, ohne es zu wissen. In diesen Tagen konzipierte ich munter Sendungen, machte kurz- und langfristige Termine.

Nach zwei Maß Bier muß ich aufbrechen. Um 19.00 Uhr wird die Sendung »Jetzt red' i« ausgestrahlt, der ich einen großen Teil meiner Popularität verdanke. Sie verläuft normal. Anschließend Zusammensein mit den Mitwirkenden: den Ministern, Staatssekretären, dem Vorsitzenden des DGB Bayern, Jakob Deffner, Landrat, Bürgermeister, Kollegen. Freundliche Atmosphäre, freundliche Reden. Es war meine letzte Sendung. Am nächsten Tag schrieb hämisch eine Zeitung: »Jetzt red' er nix mehr!«

Bei meinen »Freunden«, den linken wie den rechten, knallen die Sektpropfen. SPD-Landeschef Rothemund spendet dem Niederschlag Beifall. Zustimmung kommt auch von Teilen der Gewerkschaft. Gegen jedes gewerkschaftliche Selbstverständnis begrüßt man die Entlassung und die damit verbundene Existenzvernichtung, die, um ein gewerkschaftsnahes Wort zu gebrauchen, eine Art Berufsverbot bedeutet. Der Bildschirm ist von nun an für mich geschlossen. Auch mein »Kollege«, der Vorsitzende des Bayerischen Journalistenverbandes, Dr. Erich Geiersberger, hält den Hinauswurf für richtig.

Beifall kam später auch von ausländischen Zeitungen, vor allem von sowjetischen und den jüdischen Zeitungen, »Aufbau« in New York und »Jewish Chronicle« in London.

In das »Kreuzigt ihn!« fiel laut und besonders hämisch die

»Deutsche Stimme«, das Blatt der NPD, ein. So entstand eine große Koalition von Teilen der linken und rechten Ultras. Die CSU schwieg – zumindest offiziell. Ein Sprecher der FDP sprach von einer schäbigen »Scheidung auf Bayerisch«.

Es ging mir wie dem Verurteilten in einem bösen chinesischen Witz. Der Scharfrichter sagt dabei zu dem Verurteilten, er werde ihn so kunstvoll köpfen, daß sein Kopf trotzdem nicht rolle, er also nichts merken würde. Gesagt, getan! Darauf der Geköpfte ratlos zu seinem Gegenüber, wann er denn endlich sein Versprechen wahrmachen wolle? Darauf der Scharfrichter: »Nicken Sie mal!« Ich wußte, das Nicken erübrigt sich in meinem Fall. In meinen Träumen wird der Name des Justitiars Scharf zum »Scharf-Richter«.

Am Abend des Rauswurfs Familienrat. Ich erinnere meine Frau: »Weißt du noch, daß ich dir gesagt habe, nach Erscheinen dieses Buches kann ich den Chefredakteur vergessen? Und jetzt bin ich auch noch ›gefeuert‹ worden!«

Die Solidarität der Familie ist ungebrochen. Sie ist die gleiche wie zu Beginn der Kampagne gegen mich. Es tritt ein, was ich in meinem Buch »Ich war dabei« bereits vorausgesagt habe. Ich zitiere darin einen wohlmeinenden Politiker: »Die Politiker Ihrer Generation halten im allgemeinen nicht viel von Vergangenheitsbewältigung. Die wollen Vergangenheit vergangen sein lassen. Die wollen nicht daran erinnert werden, daß sie einmal Gebietsführer waren, Oberleutnant oder was sonst noch. Die nehmen Ihnen das übel! Sie werden das merken! Die entwickeln nämlich Berührungsängste! Außerdem setzen Sie sich zwischen sämtliche Stühle!« Und er setzte hinzu: »Bei einem anderen ginge der Sturz ins Bodenlose.« Der andere war nun ich selbst.

Am nächsten Tag fahre ich zum Fernsehstudio Freimann, um mein Büro zu räumen. Gespenstische Redaktionskonferenz. Bin Gast honoris causa, setze mich ans Ende des Tisches. Mein Stuhl bleibt leer. Meine beiden Stellvertreter Felix Heidenberger und Norbert Bittmann bedanken sich mit warmen Worten für meine Arbeit.

Die »Münchner Abendzeitung« schrieb über diese Sitzung am 1.5.82: *»Die Mitarbeiter baten ihn zu ihrer Routinesitzung am Freitagmorgen. Sein Stellvertreter, Felix Heidenberger, sagte, das Haus verdanke Schönhuber viel; wenn dieser Dank jetzt offiziell ausbleibe, wolle er ihn im Namen der Kollegen aussprechen. Für die organisatorische Arbeit beim Aufbau der Abteilung ›Bayern Information‹, für die täglich neuen journalistischen Impulse, für sein persönliches Eintreten für die Kollegen. Alle applaudierten lange.«*

Als ich nach den Worten meines Kollegen aufstehen und mich bedanken will, versagt mir die Stimme. Ich spüre, wie meine Augen naß werden, und stürze aus dem Raum. Monatelang hatte ich ohne äußeres Zeichen von Wirkung die härtesten Kampagnen überstanden, jetzt entlud sich die Spannung. Ich stehe am Rande eines Zusammenbruchs.

Einige Monate später gab der bayerische Ministerpräsident F.J. Strauß in einer Erklärung bekannt, Intendant Vöth habe ihm mitgeteilt, es drohe ein Aufstand der Mitarbeiter, wenn er mich nicht fristlos entlasse. Wo haben sich denn bloß die Aufständischen versteckt?

Die »Gesellschaft« verhält sich so, wie es zu erwarten war. »Freunde in der Not, tausend auf ein Lot.« Ich kann auf die mit dem Amt verbundenen Einladungen gerne verzichten, vermisse die small talks bei Longdrinks nicht. Darum geht es nicht! Aber der Schaden, der meine Familie und mich betroffen hat, ist nahezu irreparabel. Es gibt ja genug dumme und unwissende Menschen, die unter einer fristlosen Kündigung die Quittung auf eine ehrenrührige Handlung verstehen. Eine ältere Beamtentochter sagte unmittelbar nach der Kündigung voll Anteilnahme zu mir: »Über alles wächst Gras. Ein Verwandter von mir ist wegen Unterschlagung entlassen worden. Heute spricht kein Mensch mehr darüber.« Mich traf nahezu der Schlag.

Mit meiner Familie und Freunden diskutiere ich nächtelang die Vorgeschichte des Sturzes, die einzelnen Stationen der Auseinandersetzung. Filmartig läuft alles ab.

2.
Der Graben zwischen den Generationen

Herbst 1982. Mein Buch ist auf dem Markt. Die ersten Rezensionen und Reaktionen liegen vor. Der Intendant gratuliert. Anfänglich sind die Politiker (noch) nett, viele Kollegen stehen (noch) auf der »Matte«. Noch soll ich Chefredakteur werden! Die Verkaufszahlen steigen, schon wieder muß eine neue Auflage gedruckt werden. Briefe – waschkorbweise! Viel Zustimmung. Signierstunden … !

Wildfremde Menschen rufen mich an, sprechen mich an. Die Diskussionen kreisen mehr um die verschiedenen Reaktionen auf das Buch als um den Inhalt. Bei manchen geht es nicht um ehrliche Urteile, sondern um die Pflege ihrer Vorurteile. Ich mache neue Erfahrungen, treffe auf kritische bis ablehnende junge Menschen und auf aufgewühlte ältere. Mancher Enthusiasmus macht mich nachdenklich. Es kommt zu gegenseitiger Verlegenheit.
Da reckt sich mir so manch schwielige Hand entgegen. Forschende Augen sehen mich fragend an, »du oder nicht du«, »Kamerad« oder »Herr Schönhuber«? Die meisten der ehemaligen Kameraden – um diese Frage selbst zu beantworten – leben auf der Schattenseite des Lebens. Im Gegensatz zu mir. Soll ich diese Menschen verleugnen? Haben sie mit mir nicht viele harte Stunden geteilt? Sind es denn die vielzitierten »ewig Gestrigen«? Die meisten sicher nicht. Warum aber schaue ich mich dann so schuldbewußt um, wenn jemand mich mit »Kamerad« anspricht und die junge Buchverkäuferin spöttisch lächelt? Warum sage ich ihr oder ihren Kollegen nicht: »Was habt Ihr Grünschnäbel für eine Ahnung, was diese Menschen mitgemacht haben?« Sind denn nicht unsere gnadenlosen Umerziehungsapostel schuld daran, daß sie, diese meine Kameraden, verstockt in der Isolation geblieben sind, in die man sie hineingetrieben hat? Was wissen denn viele Jungen, die die Alten schmähen, über die sog. Vergangenheit? Das, was man sie in den Schulen gelehrt hat? Im Fernsehen gezeigt hat? In Büchern vorsetzt, wo das schlechte Gewissen die Feder geführt hat? Vae victis – wehe den Besiegten! Wann aber hören wir auf, gedemütigte Besiegte zu sein, und fangen an, normale Menschen zu werden? Kritisch zu sich selbst, das Vergangene kritisch beurteilend oder auch verurteilend, aber nicht alles blanko gutheißend, was uns eine Umerziehungslobby anbietet. Wie lange soll das noch weitergehen? Haben nicht auch die Jungen recht, die sagen: »Wir haben mit all den Verbrechen nichts zu tun. Wir waren damals noch nicht geboren.«
Der Teufel spricht überdies nicht nur Deutsch. Der Teufel ist polyglott.

„Zeitgeschichtlicher Zündstoff"

Franz Schönhuber stellt sein neues Buch „Ich war dabei" vor

Der Stein des Anstoßes

Der Chef des Hauses Langen Müller,
Dr. Herbert Fleissner, stellt das Buch
bei der Pressekonferenz vor

Das Bekenntnis von Franz Schönhuber zu seiner SS-Vergangenheit schlägt innerhalb und außerhalb des Bayerischen Rundfunks Wellen

„Ich nehme

kein einziges

Komma zurück"

Trotz Nervenanspannung geht die Arbeit am Sender störungsfrei weiter.

22

Diskussionsabende finden statt. In vornehmen Verbindungsheimen, in Konferenzsälen, in Hinterzimmern von Gasthäusern und in überfüllten Bierzelten. Plötzlich stehen ältere Menschen erregt auf und sagen: »Auch ich war dabei!« Verwundert reibt sich beispielsweise dann ein Student die Augen und meint: »Den Herrn kenne ich schon gut 15 Jahre und immer, wenn ich auf die Vergangenheit zu sprechen kommen wollte, wich er aus, winkte er ab. Und jetzt bricht es förmlich aus ihm heraus.«

Jugendgruppen melden sich. Ich diskutiere mit »Judos« und »Julis«, also Jungdemokraten und Jungen Liberalen, den beiden unabhängigen Jugendorganisationen der FDP, die »Judos« sind inzwischen ausgestiegen. Es folgen Abende mit der Jungen Union (JU), der Jugendorganisation der CSU. Besonders intensiv wird die Diskussion mit einigen Angehörigen der militanten B'nai Brith, der jüdischen Loge. Manches macht mich betroffen, nachdenklich.

Zu den Diskussionen möchte ich bemerken, daß hier immer wieder besondere Aspekte des beinahe unlösbaren Problems der Vergangenheitsbewältigung aufschienen, vor allem die Verständigungsschwierigkeiten zwischen den Generationen. Die »Früchte« der Umerziehung sind reif geworden. Die jungen Menschen haben ein Geschichtsbild bekommen, an dem manche keine Korrekturen zulassen wollen. Die Rollen sind dabei klar verteilt! Die Deutschen waren die Bösen, die anderen die Guten, die Juden die besonders Guten. Ich habe dabei groteske Situationen erlebt. Junge Menschen beharrten auf ihrer Darstellung eines bestimmten historischen Ereignisses auch dann, wenn ein älterer Diskussionsteilnehmer persönlich an ihm beteiligt war und genau nachweisen und belegen konnte, daß die gegebene Darstellung falsch war. Es war nichts zu machen: Es kann eben nicht sein, was nicht sein darf. Ich mußte manchmal an mich halten, um nicht zu explodieren, wenn mir wieder einmal ein heute 30jähriger Lehrer erzählte, was ich damals erlebt haben soll. Aber ist dies verwunderlich und die Schuld nur den Jungen zuzuschreiben? Nach dem Kriege, als die Lehrer der belasteten Generation noch Geschichte – oder was sie darunter verstanden – lehrten, hörten sie einfach bei Bismarck auf. Als dann die Jungen drankamen, hielten sich nicht wenige bei der Darbietung von Fakten nicht mehr allzulange auf und verlegten sich gleich aufs Interpretieren. Geschichtsunterricht wurde zur Gesellschaftswissenschaft. Wie es zum Nationalsozialismus kam, erfuhren die Kinder kaum, nur, wie er war, oder besser gesagt, wie er nach Meinung mancher Lehrer dargestellt zu werden hat.

In dem überaus nachdenklich stimmenden Buch von Arno Plack »Wie oft wird Hitler noch besiegt?« heißt es zu dieser Form von moderner Vergangenheitsbewältigung:

»Allmählich sich verhärtende Radikale und allzu wehrhafte Demokraten kommen wesentlich darin überein, daß ihnen die tieferen, die triebhaften Motive ihrer Kampfbereitschaft selber gar nicht bewußt sind. Sie brauchen das Bewußtsein einer politischen Sendung und ein Feindbild, um für ihre eigenen aggressiven Neigungen eine honorige Rechtfertigung und Gewissensbeschwichtigung zu bekommen. Sie brauchen zugleich einen Feind, der bedrohlich genug ist, um als Feind sich sehen zu lassen, damit die eigene Grimmigkeit sich nicht der Lächerlichkeit preisgibt. Beide aber, die aufgebrachten Antifaschisten wie die aufmuckenden Rechtsradikalen kennzeichnet auch Realitätsverlust vor den drängenden Gefahren der Gegenwart: vor der Gefahr eines ›Atomstaates‹ (Jungk), vor der Vertotung unserer Umwelt, vor der um sich greifenden Vergiftung und Selbstvergiftung der Menschen, vor bevölkerungspolitischen Problemen, vor der Hungersnot in der Dritten Welt, die eines Tages auch auf uns zurückschlagen kann, wie vor der Gefahr eines dritten Weltkrieges. Angesichts solcher Gefahren und Nöte und derart bedrängender Probleme ist es genußvoll und erholsam zugleich, in nostalgischer Tapferkeit sich einem Feind zuzuwenden, den es als politisch entscheidende Kraft nicht mehr gibt. Was den verspäteten Widerstandskämpfern ihr Neonazi oder ihr Faschist, das ist den ›Unbelehrbaren‹ ihr Vaterlandsverräter: Feindbilder, an denen sie um

so zäher – fast möchte ich sagen: liebevoller – festhalten, je weniger ihnen eine reale Bedrohung entspricht. Solch unproblematisches Engagement gibt eigener Aggressivität ein sinnvolles Ziel und befriedigt zugleich das Bedürfnis, in einer Welt von Teufeln und Gefahren das Seinige zur Verhütung des Allerschlimmsten oder zur Verbesserung der Verhältnisse beizutragen. Je geringer die Chance, die uns bedrängende Wirklichkeit zu durchschauen, um so entlastender muß es wirken, ein vertrautes Feindbild zu haben und sich kämpferisch an ihm auszurichten.« Soweit Plack.

Nach meiner Erfahrung wurden Angehörige der Erlebnisgeneration, die sich anfangs gegen diese pädagogische Fehlentwicklung auflehnten, so massiv bekämpft und auch eingeschüchtert, daß sie allmählich resignierten und in die innere Emigration gingen. So ist jetzt die groteske Situation entstanden, daß die Geschichte so weitergegeben wird, wie sie von Umerziehern konzipiert und von den Umerzogenen übernommen wurde. Die Erlebnisgeneration steht abseits. Notwendige Korrekturen werden nicht mehr vorkommen. Die Wirkung ist verheerend.
Franz Josef Strauß hat dies mit seinem Gespür für Geschichte erkannt. In seiner letzten Rede als Mitglied des Bundestages nahm er vor der CDU/CSU-Fraktion auch zur Vergangenheitsbewältigung Stellung. Dabei führte er aus, daß Hitler zwar nur zwölf Jahre regiert habe, aber, so fügte er wörtlich hinzu: »Er regiert ja immer noch.« Und zwar nicht deshalb, »weil etwa Nazis unter uns wären«, sondern weil die »unselige Berufung auf das Dritte Reich und seine angeblichen Belastungen« um so härter würden, je weiter man sich zeitlich von ihnen entferne. Anlaß zu diesen Äußerungen war die Diskussion über die NSDAP-Mitgliedschaft des jetzigen Bundespräsidenten, Dr. Karl Carstens. Im Verlaufe seiner Rede wies Strauß darauf hin, daß im Kabinett Adenauer ein Oberst der ehemaligen deutschen Wehrmacht gewesen sei, der von einem französischen Gericht verurteilt worden war. Das aber habe Adenauer durchgestanden: »Heute kann so jemand nicht einmal mehr Bundestagsabgeordneter werden.

Wir müssen diesen Teufelskreis durchbrechen; wir kommen sonst nie mehr raus.« Diese Sätze wird man sich merken müssen. Aber so wie früher die Nationalsozialisten das Horrorgebilde vom »ewigen Juden« entwarfen und dabei alle nur denkbaren Laster hineinzeichneten, so wird jetzt daran gearbeitet, die Erlebnis- oder Kriegsgeneration ein für allemal zum Beelzebub der deutschen Geschichte zu machen. Aber der Schuß wird nach hinten losgehen. Die vorgenommenen Geschichtsverfälschungen werden nicht die »volkspädagogische« Wirkung haben, die sich Golo Mann und einige andere versprechen, sondern sie werden auch die Söhne und Enkel der Belasteten weiter erpreßbar machen. Man wird sie darauf aufmerksam machen – und Menachem Begin hat das ja wiederholt schon getan –, daß in ihren Adern das Blut von Verbrechern fließe. Und außerdem wird dadurch der Boden vorbereitet, auf dem der Weizen der wirklich Unbelehrbaren blüht. Wenn diese Leute, die partout nicht einsehen wollen, daß der Nationalsozialismus eben kein Rechtsstaat war, triumphierend darauf hinweisen und unwiderlegbar beweisen können, daß diese oder jene Darstellung der Geschichte des Dritten Reichs nicht richtig war, so werden sie auch das geschickt mit einem Fragezeichen versehen, was an Untaten wirklich geschah. Bei vielen Diskussionen konnte ich oft die Beobachtung machen, daß es bei den Dialogen zwischen Älteren und Jüngeren auch sprachliche Schwierigkeiten gibt, weil dieser oder jener Begriff inzwischen anders besetzt ist. Dazu ein Beispiel: Bei einer Diskussion mit jungen Liberalen in München stand ein Gymnasiast auf, zitierte im Zusammenhang mit meiner Schilderung der Exekution eines jungen Sturmmannes der Waffen-SS wegen Kameradendiebstahles meinen Satz: »Er starb mannhaft!« Daran knüpfte er die Frage, was ich denn damit meinte? Ich verstand zunächst nicht, was die Frage bezweckte, und bat um nähere Aufklärung. – »Ja, warum gebrauchen Sie gerade das Wort ›mannhaft‹?« setzte der Fragesteller hinzu. Ich gebe zu, daß ich Schwierigkeiten mit der Antwort hatte. Diese übernahm dann der Fragesteller selbst, und ich erfuhr, daß der Ausdruck »mannhaft« ein Bekenntnis zum »machismo« beinhalte, daß ich einem Männlichkeits-Kult anhinge, daß ich Tapferkeit den Frauen nicht zutraute: ich hätte doch auch schreiben können, er starb »tapfer«, aber warum »mannhaft«? Kurz, hier offenbare sich eben die SS-Ideologie. – Dies nur als Beispiel.

Genauso oder ähnlich erging es mir, wenn wir auf Begriffe wie Vaterlandsliebe, Eidtreue, Kameradschaft, Pflichtgefühl usw. kamen. Diese Begriffe treffen heute bei vielen Jugendlichen bestenfalls auf ironisches Lächeln. Dies führte dann manchmal bei älteren Diskussionsteilnehmern zu einer solchen Verärgerung, daß sie aggressiv wurden und die Jugend in Bausch und Bogen verdammten, nicht daran denkend, daß auch sie eine gewisse Mitschuld an den von ihnen beklagten Zuständen tragen. Nannten die Jüngeren beispielsweise einen Älteren »Faschist«, nicht wissend, was das eigentlich bedeutet, so führte das dazu, daß der Ältere sich mit »Langhaariger« revanchierte und gleich Attribute wie »dreckig«, »faul«, »charakterlos« und dergleichen nachlieferte. So redete man aneinander vorbei und verbiß sich nicht selten in Nebensächlichkeiten. Langweilig aber waren diese Diskussionen nie, sie wurden mit Leidenschaft geführt. Da war nichts von der Glätte und Sterilität zu verspüren, die so häufig Politiker-Runden im Fernsehen »auszeichnet«.

Zur Nagelprobe der Diskussionen, die sich häufig über vier bis fünf Stunden erstreckten, wurde stets die Frage: »Wie konnte das alles geschehen, das mit den Juden. Habt ihr wirklich nichts von Auschwitz gewußt?« Meine Stellungnahme war und ist die: »Hier hilft die glaubhafte Beteuerung nicht weiter, daß nur eine verschwindende Zahl von Deutschen von diesen grauenhaften Morden wußte, daß ich beispielsweise den Namen ›Auschwitz‹ erst nach Kriegsende zum erstenmal hörte; hier muß offen bekannt werden, daß Auschwitz für lange Zeit den deutschen Namen beflecken wird, daß Auschwitz ein fluchwürdiges Verbrechen war. Hier nützt auch kein Hinweis darauf, daß nach den Nürnberger Prozessen das Morden auf der ganzen Welt weiterging, in Vietnam, in Kambodscha, in Algerien, in Afghanistan und auch in Beirut. Hier können und dürfen keine Gegenrechnungen aufgemacht werden.« Meistens wurde dieses Argument von »Freund und Feind« akzeptiert. –

Zum Kapitel Vergangenheitsbewältigung aber muß auch diese Seite aufgeschlagen werden: Die Geschichte schreiben stets die Sieger. Gleichzeitig versuchen sie den moralischen Anspruch in Erbpacht zu nehmen und die Besiegten für immer mit der Erbsünde zu belasten. Die Deutschen haben aber – und das wird von niemandem bestritten werden – im Laufe ihrer Geschichte der Welt mehr gegeben, als sie durch die Verbrechen im Dritten Reich kaputtmachen konnten!

In der Regel kam es auch nach der offiziellen Diskussion bei Bier oder Wein noch zu vielen persönlichen Begegnungen.

Fazit: Solange man noch miteinander redet, ist noch nicht »Hopfen und Malz verloren«. Dieses Miteinander-Reden aber wird fallweise durch bestimmte Sendungen in den Massenmedien erschwert. Sie reduzieren historische Vorgänge, zu deren Verständnis man viel Zeit und die Lektüre möglichst vieler kontrovers geschriebener Bücher braucht, auf sogenannte historische Stichworte. Das Ergebnis kann eine hanebüchene Vereinfachung und Festschreibung vorhandener Vorurteile bedeuten.

Aber nicht der Faschismus bedroht uns, sondern der Bolschewismus, nicht die nahezu vergessenen Verhaltensregeln für Jungvolk, Hitlerjugend, BDM oder »Glaube und Schönheit« gefährden unsere Jugend, sondern auch die Auswüchse des »american way of life«.

Auf eine Beobachtung möchte ich noch hinweisen. Es gibt mehr Angehörige der Waffen-SS in verantwortlichen Stellen als ich je geglaubt hatte. Ich begegnete Bürgermeistern, Landräten und Abgeordneten, die plötzlich bei Diskussionen von sich aus auf ihre Zugehörigkeit zur Waffen-SS zu sprechen kamen. Manchmal mischten sich in diese Bekenntnisse fast komische Akzente. Monatelang hatte ich mich bemüht, einen Kameraden zu finden, der bei der Division Handschar gedient hatte, weil mich das Schicksal dieser Einheit, die aus Muselmanen bestand, besonders interessiert. Ohne Erfolg! Eines Tages wurde ich von der Jungen Union zu einer Veranstaltung im tiefsten Bayerischen Wald eingeladen. Kurz vorher empfing mich im Rathaus der Bürgermeister, ein schmaler schweigsamer Mann. Plötzlich sagte er:»Eine Kritik zu Ihrem Buch möchte ich doch machen. So gut ausgerüstet, wie Sie schreiben, war die Waffen-SS nicht immer. Ich weiß das aus Erfahrung. Ich war nämlich ›auch dabei‹: bei der Division Handschar, bei der muselmanischen Waffen-SS.« – »Ja, wie kamen Sie denn dorthin?« – »Als Ausbilder!« – »Und?« – »Also, wir hatten kaum Schuhzeug und kamen buchstäblich auf den Socken daher.« – »Und trugen Sie auch den Fez?« – »Ja freilich!« – Ich konnte das Lachen kaum verbeißen. Ich stellte mir den Bürgermeister als jungen Burschen aus der Passauer Gegend mit dem schwerzüngigen Dialekt des Waitlers, der Menschen vom Bayerischen Wald also, statt eines Jagerhütls mit einem Fez vor. Inschallah!

Allmählich werden die Kritiken härter, böser und gehässiger. Von der Pressestadt Hamburg aus erfolgt der Generalangriff. Der Tenor ist der gleiche. Langsam spüre ich, wie die Schlinge immer enger zusammengezogen wird. Immer wieder werde ich auf der Straße angesprochen:»Wie geht's Ihnen denn?« Wie mir diese bemüht wohlwollende Art, der forschend »kollegiale« Blick – besonders von Journalisten – auf die Nerven geht! Nicht selten spüre ich die Enttäuschung, die über das Gesicht des Fragestellers huscht, wenn ich seinen Erwartungen nicht entspreche und angestrengt fröhlich sage:»Danke, gut!«
Psychisch und physisch stellt sich jedoch mit der Zeit Müdigkeit ein. Resignation macht sich breit. Der Bayerische Rundfunk läßt laut Zeitungsberichten erkennen, daß es keinen Chefredakteur Schönhuber mehr geben wird. Die Politiker gehen auf Distanz und Kollegen orientieren sich um. Nichts Neues unter der Sonne! Das alles habe ich fast vorausgesehen, in meinem Buch »Ich war dabei« bereits mehrfach als möglich angedeutet. Aber anfangs schmerzt es doch. Alte persönliche Rechnungen werden

nun unter dem Deckmantel von angeblichen Sachauseinander-
setzungen, von ethischen und moralischen Vorhaltungen, begli-
chen. Der Neid ist bekanntlich der Bruder des Erfolges. Sein Name ist Kain, und Kain heißen viele …

Intern führt den ersten Stoß der selbsternannte Gralsritter des
reinen Journalismus, Dagobert Lindlau. Wie das so üblich ist, in
meiner Abwesenheit. Er geht zunächst ins Leere. Als die Diskussion tags darauf wiederaufgenommen wird, distanzieren sich viele Kollegen von der Art des Vorgehens des Dagobert Lindlau.
Lindlau ist beleidigt. Das ist er öfter.

Aber ich habe nur eine Schlacht gewonnen, nicht den Krieg. Die
Gegner formieren sich neu und gehen planmäßiger vor. Sie »füt-
tern« die Presse und nahestehende Organisationen mit Details
aus Redaktionskonferenzen. Bis heute hält sich hartnäckig das
Gerücht, daß auch ein Tonband einmal bei einer Redaktionskonferenz heimlich mitgelaufen sei. Die Gesinnungsfreunde außerhalb des Betriebes kommen meinen Gegnern zu Hilfe. Lindlau
selbst gibt zu, daß er unmittelbar nach einer Redaktionskonferenz den ›Spiegel‹ informiert habe. Später lese ich Lindlaus hämi-
schen Satz in diesem Magazin: »Wenn ich hier noch etwas werden will, muß ich mir wohl bald irgendeine SS-Vergangenheit
zulegen.« Reaktion des Senders: keine!

In den Zeitungen tauchen mehr und mehr Überschriften wie
»Schlacht um Schönhuber« auf.

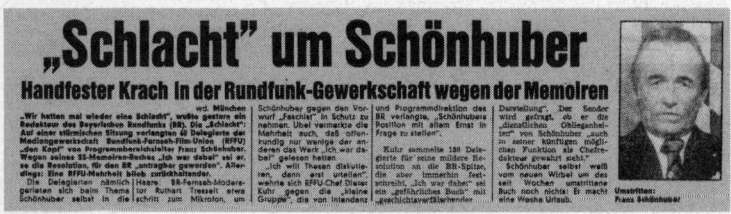

Kollegen, die sich untereinander bisher nie grün gewesen waren,
finden sich jetzt zu einer Einheitsfront zusammen. So eine Kolle-
genhatz ist ein ausgezeichnetes Mittel, seine Komplexe und Fru-
strationen abzureagieren. Manche Szene wird zum Tribunal.

3.
Tribunale

Ein Tribunal löst das andere ab. Bei Sitzungen der RFFU, der Rundfunk-, Fernseh- und Film-Union im DGB, brüllen Kollegen, die keine Zeile meines Buches gelesen haben: »Schönhuber Faschist!«
Im November des Jahres 1981 bringt die Rundfunk-Fernseh-Film-Union folgendes gelbe Flugblatt heraus:

information RFFU

Mitteilungen der Rundfunk-Fernseh-Film Union im DGB · Verband Bayern

8000 München 2 . Schwanthalerstraße 64 · Telefon 53 61 62

München, den 20. November 1981

Liebe Kolleginnen und Kollegen,

nach dem Wochenkommentar von Ludolf Herrmann im Bayerischen Hörfunk, in dem der Kommentator die Bonner Friedensdemonstranten in unglaublicher Weise verunglimpfte, hat nun auch das Bayerische Fernsehen seinen Hauskrach. Diesmal nicht wegen einer BR-Sendung, sondern wegen eines Buches, das der Programmbereichsleiter Bayern-Information, Franz Schönhuber, unter dem Titel "Ich war dabei" veröffentlichte.

Nun kann man sicherlich einem damals 19jährigen nicht in alle Ewigkeit nachtragen, daß er als junger Mann einen falschen Weg - den in die Waffen-SS - gegangen ist; aber fragen lassen muß sich ein Spitzenmann des BR sehr wohl, welche Gründe ihn bewogen haben, eine solche Verharmlosung, manchmal gar eine Verherrlichung dieser NS-"Eliteorganisation" im Jahre 1981 zu publizieren, in einer Zeit also, zu der in der Bundesrepublik die Gefahr des Neofaschismus für jedermann deutlich wird.

Hier ist nicht genug Platz und auch nicht der richtige Ort, sich mit den Einzelaussagen und -theorien in diesem Buch auseinanderzusetzen - hier müssen folgende Fragen gestellt werden, die alsbald zu klären sind:

1. Was gedenkt Franz Schönhuber dagegen zu tun, daß die rechtsradikale deutsche "National-Zeitung" sein "Werk" zum "Buch des Jahres" erklärt?

2. Wie lange sollen wir noch auf eine deutliche, öffentliche Erklärung von Franz Schönhuber warten? Will er zu einem Kronzeugen der "Ewig-Gestrigen" und Neofaschisten werden?

3. Was gedenkt der Bayerische Rundfunk dagegen zu tun, daß ein ranghoher Hierarch sich freiwillig in eine solche Nähe begibt?

4. Sieht der Bayerische Rundfunk in der Veröffentlichung eines solchen Buches die dienstlichen Obliegenheiten und den jetzigen bzw. einen künftigen Programmauftrag gewahrt - eine Vorgabe, der wir alle unterliegen?

5. Wann gibt der BR eine Stellungnahme ab?

Die RFFU ist zutiefst entsetzt darüber, daß der BR aufgrund von Fehlverhalten leitender Redakteure immer mehr in den Ruch kommt, die Abgrenzung zum Rechtsradikalismus zu versäumen.

gez. Geschäftsführender Verbandsvorstand

Dieses glanzvolle Papier hängt dann auch an der Tür meines Büros. Ich habe die zweifelhafte Ehre, jeden Tag mehrfach an diesem gelben Papier vorbeigehen zu müssen. Manche bürgerliche Kollegen ziehen wie immer den Kopf ein oder wechseln flugs die Seiten. Ein Kollege, Historiker, wirft mir vor, daß ich auf der Bestsellerliste der »National-Zeitung« stünde. Ich erwidere, wieso denn ausgerechnet er dazu komme, mir dies anzulasten, befinde er sich doch seit einigen Monaten ebenfalls auf der Liste. Die Kollegen kichern. Peinliche Verlegenheit. Der Mann wird bleich und stottert: »Ich wußte das nicht, werde aber dafür sorgen, daß mein Name aus dem Drecksblatt verschwindet.« Wochen vergehen. Der Name des Kollegen ziert weiter die Bestsellerliste der »National-Zeitung«. Zufällig treffe ich den Herrn Historiker einige Zeit später in einem Lokal, frage: »Na, Sie wollten doch aus dem ›Drecksblatt‹ raus?« – Lapidare Antwort: »Hab mir's anders überlegt, es lohnt sich nicht, darauf zurückzukommen.« – Es lohnte sich selbstverständlich! Weihnachten stand vor der Tür und der zu erwartende Buchverkauf. Für die Werbung war auch das ›Drecksblatt‹ nicht zu schade!
Dann schlägt die RFFU ein zweites Mal zu. Diesmal zur Abwechslung auf einem grünen Papier:

information **RFFU**

Mitteilungen der Rundfunk-Fernseh-Film Union im DGB · Verband Bayern

8000 München 2 · Schwanthalerstraße 64 · Telefon 53 61 62

München, den 3. Dezember 1981

Liebe Kolleginnen und Kollegen,

auf der letzten Mitgliederversammlung am Dienstag, dem 1. Dezember 1981 in Freimann, an der sich laut Anwesenheitsliste 201 Mitglieder beteiligten, sind folgende Resolutionen verabschiedet worden:

Die Verwirrung der Geister ist heillos. Ein Kollege stellt die Frage, wie viele denn der im Raum Anwesenden überhaupt das Buch
gelesen hätten; es sind nicht einmal 10 % der Kollegen, von 170
waren es elf. Trotzdem stimmen sie munter ab, über ein Produkt,
das sie kaum oder gar nicht kennen! Nationalsozialismus und Faschismus werden einfach in einen Topf geworfen, die Suppe des
Neids mit Haß umgerührt.
Über diese Geisteshaltung hat der Bochumer Politologe Profes-

33

sor Bernard Willms in seinem ebenso mutigen wie zukunftwei-
senden Buch »Die deutsche Nation« geschrieben, daß

*»... Stalin nicht vor der Zumutung zurückschreckte, die Linke
und ihren Internationalismus auf die Sowjetunion einzuschwö-
ren, nachdem schließlich jeder, der irgendwie gegen ›links‹ ist,
eben ein ›Faschist‹ sein muß. Dies hat eine außerordentliche Kor-
ruption des intellektuellen Klimas zur Folge. Wer Angst davor
hat, von den Linken ›Faschist‹ genannt zur werden, der ist schon
mehr als ein ›nützlicher Idiot‹ – er ist bereits ein Kollaborateur aus
Feigheit.«*

Dies ist eine exakte Beschreibung des Zustandekommens der besagten Mehrheit. Es ist der Triumph der Feigheit, Dummheit
und Ignoranz. Es zeigt, welches politische Klima in bestimmten
Bereichen der Gewerkschaften und in den Verbänden herrscht
und damit wohl auch in manchen Bereichen der öffentlich-rechtlichen Anstalten.

Im Bayerischen Journalisten-Verband (BVJ), dessen Vorsitzender ich sechs Jahre lang gewesen war und für den ich auch zwei
Jahre im »Deutschen Presserat« gesessen hatte, läßt man sich
vom Wind, der mir immer stürmischer ins Gesicht fährt, tragen
und bläst ebenfalls zum Halali. Ultimativ werde ich aufgefordert, den Ehrenvorsitz niederzulegen. Ich lehne ab.
Auch in den Rundfunkanstalten melden sich meine Gegner aus-
führlich im Programm zu Wort. Den Vogel schießt dabei der
WDR im Hörfunk am 18.12.81 ab.
Hier der Kommentar aus der Feder des Herrn Hanno Kühnert an
Frau Ebermaier, WDR:

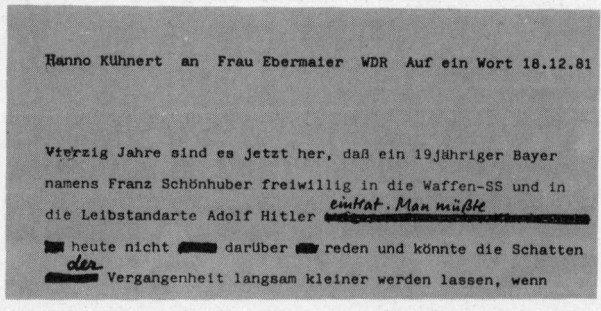

Hanno Kühnert an Frau Ebermaier WDR Auf ein Wort 18.12.81

Vierzig Jahre sind es jetzt her, daß ein 19jähriger Bayer
namens Franz Schönhuber freiwillig in die Waffen-SS und in
die Leibstandarte Adolf Hitler *eintrat. Man müßte*
heute nicht darüber reden und könnte die Schatten
der Vergangenheit langsam kleiner werden lassen, wenn

nicht Arroganz ▨▨▨▨▨ und Eitelkeit das verhinderten und
uns immer wieder mahnten. Heute ist Franz Schönhuber stellver-
trender Chefredakteur des Bayerischen Fernsehens, und er
glaubte, er müsse nun heute seine Jugend und seine Vergangenheit rechtfertigen. Und so schrieb er das Buch "Ich war dabei",
das nun seit Wochen Diskussionen und Empörung verursacht, denn
es ist eine ärgerliche und oft widerliche Reinwaschung dieser
NSDAP-Elitetruppe. Natürlich wurde der Band aus der rechten
Ecke sofort unbändig gelobt. Die ewig Gestrigen sind nämlich
durchaus Heutige, und es gibt genug davon. Man hat sogar den
Eindruck, die ewig Gestrigen von heute würden zahlreicher,
sie trauten sich wieder aus ihren Löchern. Anders ist ein
solches Buch eines schon recht hoch aufgestiegenen Journalisten im öffentlich-rechtlichen Rundfunk nicht zu erklären.
Wenn Schönhuber öffentlich kundtut, sie seien die
"wahren Soldaten Europas" gewesen und die Waffen-SS als "Familie" bezeichnet, wenn er heute und unter dem Gesichtspunkt
der Rückwärtsbetrachtung auf die Waffen-SS/schreibt "meine
Sympathie gehört nun mal den Kämpfern", dann ist dies eine
unglaubliche Provokation nicht nur der Millionen Verfolgten
des nationalsozialistischen Unrechtsregimes, sondern auch
jener Deutschen, die versuchen, diese schwere Last der Geschichte demokratisch zu überwinden. Der Historiker Hans
Buchheim hat in seiner Arbeit "SS und Polizei im NS-Staat"
deutlich genug dargelegt und Beweise beigefügt, daß zur

2

Waffen-SS auch die gesamte Konzentrationslager-Organisation
gehört hat. Vielleicht hat Schönhuber nie an den Verbrechen
teilgenommen, die in den KZs millionefach begangen wurden -
gewiß hat er aber, um mit einem sehr modernen Begriff zu
sprechen, "psychische Unterstützung" des Hitler-Regimes begangen. Das heute zu heroisieren, es heute auf geschmackloseste
Weise mit persönlicher Sympathie zu umhüllen, ist schon ein
starkes Stück, eine Zumutung. Niemand soll, ▨▨▨ Redefreiheit
und ▨▨▨ Meinungsfreiheit genommen werden, aber gerade von
den ewig Gestrigen-Heutigen muß verlangt werden, daß sie
aufpassen, was sie sagen. Oder sie müssen die Konsequenzen
tragen.

Der Schlußsatz im Manuskript war für die Sendung wieder gestrichen worden. Er lautet: »Niemandem sollen Redefreiheit und Meinungsfreiheit genommen werden, aber gerade von den ewig Gestrigen-Heutigen muß verlangt werden, daß sie aufpassen, was sie sagen. Oder sie müssen die Konsequenzen tragen.« Hier taucht also zum erstenmal im Gehirn des Autors die Forderung nach Konsequenzen auf. Im übrigen weist man auch auf Professor Dr. Hans Buchheim als Kronzeugen gegen mich hin. Der Herr Professor aber ist ein ehrlicher und aufrechter Mann. Er läßt sich auch vom Zeitgeist nicht umwerfen. Er fühlt sich nur der Wahrheit verpflichtet und schreibt mir später: » ... *Ich habe den Text ganz gelesen und dabei in Ihren Mitteilungen über die Waffen-SS nichts entdeckt, was historisch unzutreffend wäre oder verfälschend dargestellt würde.*«

Die Ätherwellen scheinen nur meinen Gegnern zu gehören. Das großartige Medienmotto, »Kontroverses kontrovers darzustellen«, bleibt, was mich betrifft, außer Kraft. Zu einer Entgegnung bekomme ich keine Chance.

Kurz nach der Ausstrahlung des Kommentars rufe ich den Chefredakteur des WDR-Fernsehens, Herrn Theo M. Loch, an und sage ihm, durch diesen Kommentar müsse doch auch er sich getroffen fühlen, immerhin wäre er sogar Offizier der Waffen-SS gewesen, während ich es jedoch geschafft hätte, über den Unteroffizier nicht hinauszukommen. Seine Antwort: »Ja, warum mußten Sie denn das ganze auch wieder aufrühren?« – (Wenn alle Brüder schweigen!!!)

Ein Schriftsteller soll einmal sinngemäß gesagt haben: »Wenn der Haß übergroß wird, verkommt er zur Marotte.« Soweit ist es jetzt gekommen!

Mit der Zeit komme ich zu der Überzeugung, daß Argumente bei bestimmten Gruppierungen nichts mehr nutzen. Dann bemühe ich mich, einfach abzuschalten, und studiere mit beinahe wissenschaftlichem Interesse das Auftreten der »Ankläger«. Ich bemerke die künstlich an- und aufgeblasene Erregung mancher Kollegen, mit der sie ihr »j'accuse« (»Ich klage an«) abliefern. Anschließend Seitenblick zu den Kollegen: Na, war ich nicht Klasse! Mir fällt der Satz ein: »Masse schlägt Klasse!« Die meisten Inszenierungen gleichen einem Polit-Schmierentheater reinsten Wassers.

Aber trotz aller von außen gesteuerter und bewußt in die Redaktionen hineingetragener Störversuche geht der Betrieb in meinem Bereich absolut normal und störungsfrei weiter. Geradezu pedantisch bemühe ich mich, Buch-Autor und Hauptabteilungsleiter voneinander zu trennen. An meine beiden Vorzimmerdamen, faire und verläßliche Mitarbeiterinnen, ergeht die Aufforderung, jeden Anrufer zu fragen, in welcher Angelegenheit er mich zu sprechen wünsche, ginge es um das Buch, wäre ich nur zu Hause erreichbar.

Die ganze Hetze kulminiert in einem Satz aus einem ultralinken Pamphlet der DJU, den ich nie vergessen werde: »Herr Schönhuber, wir fürchten Ihre Professionalität.« – Das stimmt, Amateure haben selten etwas für Profis übrig. Ich dagegen liebe jene Berufsgruppe am meisten, bei der nur Professionalität, Kollegialität und Verläßlichkeit ein Überleben garantieren: die Artisten! Ich arbeite weiter ohne Netz, meine Gegner zelebrieren ihre Auftritte sozusagen in offiziellem Rahmen ...

4.
Die Treibjagd

In der Aula der Münchner Universität halten etwa 500 Menschen eine Protestversammlung gegen mich ab. Die meisten Teilnehmer sind Angehörige der jüdischen Kultusgemeinde, der kommunistischen Tarnorganisation VVN (Verband der Verfolgten des Nationalsozialismus) und Vertreter der IG Druck und Papier sowie Jungsozialisten. Auch ein Hund hat sich eingeschlichen. Immer wenn es zu Beifalls- und Mißfallensbekundungen kommt, bellt er eifrig mit.

Auf dem Podium soll Professor Kogon sitzen. Er hat aber krankheitshalber absagen müssen. Bei allem Respekt vor seiner Person, der Herr Professor und Autor des Buches »Der SS-Staat« sollte auch ab und zu daran denken, was er in Österreich, 1933, als ich 10 Jahre und er 30 Jahre alt war, in einem Leitartikel über Faschismus und Nationalsozialismus geschrieben hat. Ich will damit den Professor nicht schmähen, aber doch darauf hinweisen, daß auch Leute wie er nicht von Anfang an im Besitz der allgemeingültigen und richtigen Erkenntnisse waren. Er schrieb in einem Leitartikel in der Wiener »Neuen Zeitung« beispielsweise über den italienischen Faschismus folgende Zeilen:

»Der Faschismus, die Weltanschauung der ›Ordnung und Disziplin‹, kann sich rühmen, in jeder Grundsatzfrage unerbittlich zu sein. Wo es um die Neuordnung geht, um die Rettung aus dem tödlichen Chaos, da gibt es keine Rücksicht auf zweite und dritte Dinge, weder im Innern noch im Äußern ... Faschismus befreit, indem er bindet! Das Wort schon, das vom Rutenbündel kommt: der Vereinigung von Selbständigkeit und Autorität, bringt die Idee zum Ausdruck. Daher ist es der Faschismus, der Kultur, Staat und Wirtschaft des Abendlandes wieder zusammenfügt, sie zu voller, glücklicher Entfaltung führen wird.«

Auch gegenüber dem Nationalsozialismus bewies er Verständnis:

38

»Das nationalsozialistische Deutschland hat das ungeheure Wagnis auf sich genommen, das Netz internationaler Ränke, von klugen Diplomaten unablässig aus Scheinheiligkeit, Sorge, Angst, Neid und Verblendung gewebt, zu zerreißen und aller Welt zu erklären: Wir gehen einen anderen Weg! Wir versuchen es!«

Dies klingt fast nach einer Bestätigung der damals von den Nationalsozialisten aufgestellten Theorie, wonach eine internationale Verschwörergruppe unentwegt forderte: »Ceterum censeo Germaniam esse delendam«.

Auch wenn Kogons Zeilen schon einmal in der »National-Zeitung« abgedruckt waren, so verlieren sie dadurch nicht an Gewicht, werden dadurch nicht falsch. Zum Zitieren der »National-Zeitung« noch eine kurze Bemerkung. Man kann nicht nur Beifall von der sogenannten »falschen« Seite bekommen, sondern manchmal sogar notwendige Aufklärung. Wie wär's denn, wenn auch sogenannte »bürgerlich-seriöse« Blätter vor Irrungen auf der linken Seite des politischen Spektrums nicht den Kopf à la Vogel Strauß in den Sand steckten, sondern die »National-Zeitung« sozusagen durch ehrliche und von politischen Rücksichten freie Vergangenheitsbewältigung überflüssig machten. Aber darauf können wir lange warten.

Zurück zur angeführten Veranstaltung in der Münchner Universität. Auf dem Podium sitzt Barbara Distl, Leiterin der Gedenkstätte des KZ in Dachau. Sie ist eingerahmt von den bekannten Vergangenheitsbewältigern Dr. Hermann Langbein aus Wien und Heiner Lichtenstein aus Köln. Herr Lichtenstein zeichnet sich durch hysterische Aggressivität aus. Im Luft- und Papierkrieg gegen die nach seiner Meinung wieder drohende braune Gefahr ist er der einsatzfreudigste Phantomjäger in den mehr und mehr zu Gespensterschlachten werdenden Kampfhandlungen. Jagt der Heiner oder Carl Heinrich, wie er einmal hieß, seinen Vater, der Freikorpskämpfer war und schon 1932 in die Partei eintrat? Muß dafür ein ganzes Volk büßen, dem man eine Übervaterrolle zuweist? Überall läßt sich feststellen, daß gerade Kin-

LANDESRAT FÜR FREIHEIT UND RECHT E. V.

Mitglied des Zentralverband demokratischer Widerstandskämpfer- und Verfolgtenorganisationen e. V. Bonn (ZDWV)
und der Union Deutscher Widerstandskämpfer- und Verfolgtenverbände e. V. Frankfurt/Main (UDWV)

Über diese bei FILDIR - Fédération Internationale Libre des Déportés et Internés de la Résistance, Paris
und UIRD - Union Internationale de la Résistance et de la Déportation, Brüssel

MONTAG, den 14. DEZEMBER 1981, 19.30 Uhr c.t.

Forumsgespräch über Franz Schönhubers Autobiographie:

NS-Verfolgte und zeitgeschichtliche Forscher diskutieren

zum Thema

„WIR WAREN DABEI - (HINTERM STACHELDRAHT)"

Teilnehmer:

Georg Bach (Weissenburg)

Barbara Distl (Dachau)

R.A. Alfred von Hofacker

Professor Eugen Kogon (Frankfurt)

Ernest Landau

Hermann Langbein (Wien)

Heiner Lichtenstein (Köln)

u. a.

Universität München Ludwigstraße - (Geschw. Scholl-Platz)

Hörsaal 101

40

der prominenter Nationalsozialisten sich als besonders wütende und manchmal geradezu irrational argumentierende Vergangenheitsbewältiger hervortun.

Weiter sind anwesend: der Vorsitzende des »Landesrates für Freiheit und Recht«, Herr Georg Bach, mein Kollege vom Bayerischen Rundfunk Ernest Landau; der Rechtsanwalt Dr. von Hofacker, Sohn des im Zusammenhang mit dem 20. Juli 1944 hingerichteten Verschwörers Oberst Dr. Cäsar von Hofacker. Die Moderation hat der Vorsitzende der jüdischen Kultusgemeinde von München, Dr. Hans Lamm, übernommen. Er fordert am Schluß alle Versammlungsteilnehmer auf, massive Briefe an den Intendanten des BR gegen mich zu schreiben.

Später sehe ich mir die komplette Videoaufzeichnung der Veranstaltung an. Die wenigsten Teilnehmer kennen das Buch, verdammen es trotzdem mit pathetischen Worten und sprechen im übrigen in erster Linie über ihr eigenes Schicksal. Eine Diskus-

Teilnehmer des Podiumsgespräches: Sozialarbeiter und ehemaliger KZ-Häftling Georg Bach, Hans Lamm und Barbara Distl (von rechts).

sion kommt nicht zustande. Alle sind einer Meinung. Die Atmosphäre ist derart haßgeladen, daß ein mir befreundeter Kollege, selbst Halbjude, ganz erschüttert am nächsten Tag sagt: »Du, sei mir nicht böse, aber mir zitterten die Knie, als ich aufstehen und für dich sprechen wollte. Ich hatte schlicht und einfach Angst!« Dieser Mann ist alles andere als ein Angsthase. Das hat er als Journalist und Sportsmann mehr als einmal bewiesen.

Ein anderer Kollege aus dem Bayerischen Rundfunk zitiert auf der Versammlung eine Stelle aus meinem Buch. Sie sollte beweisen, daß ich für den Sender untragbar sei. Er spricht wie einst Saint Just auf einem Pariser Revolutionstribunal. Hier ist die zitierte Stelle:

»Zum anderen hat der Ehrenschild der Waffen-SS Flecken. Nicht mehr und nicht weniger als der anderer Armeen auch, darunter auch der deutschen Wehrmacht. Es muß hier ganz klar festgestellt werden, daß zum Beispiel die Ermordung von Geißeln in dem südfranzösischen Ort Oradour sur Glane ein Kriegsverbrechen war. Dazu möchte ich wiederholen, was mehrfach Offiziere der Waffen-SS gesagt haben. ›Wo das Verbrechen beginnt, hört die Kameradschaft auf.‹ Nur, man sollte die Kritik nicht allein jenen Historikern und Journalisten überlassen, die diese Zeit nicht mehr erlebt haben. Sie können keine Ahnung haben von der fiebernden Erregung des Krieges. Sie wissen nichts von den Gefühlen, die ihn befallen, wenn er – wie dies in Oradour der Fall war – von der Entführung eines beliebten Frontoffiziers durch die Maquisards erfährt. Sie können sich die angestaute Wut nicht vorstellen, die das Herz des Kriegers mit tödlicher Kälte überzieht, wenn er gesehen hat, daß Freischärler nicht immer Gefangene gemacht haben, sondern sie gelegentlich als lästigen Ballast einfach ins Jenseits beförderten. Schlaflosigkeit, Angst und Erschöpfung ließen manche Sicherungen durchbrennen. Dies ist niemals eine Entschuldigung, aber manchmal eine Erklärung. Dies muß übrigens für alle Seiten gelten. Leider gibt es auch genügend ernstzunehmende Historiker, die zwar wissen, wie es war, es aber trotzdem

kaum auszusprechen wagen, weil sie Angst haben, von der veröf-
fentlichten Meinung an den Pranger gestellt zu werden. Als Be-
troffene dürfen wir nicht schweigen. Suchen wir also die Diskus-
sion. Stellen wir uns der Kritik. Dies sind wir den toten Kamera-
den schuldig, aber auch der geschichtlichen Wahrheit.«

Bei seinem dramatischen und pathetischen Vortrag stöhnen
Frauen auf. Zischelnde und hechelnde Empörung beherrscht den
Hörsaal. Auch der Hund bellt wieder, diesmal besonders laut.
Der Bayerische Rundfunk schweigt zu diesem Auftritt des Kollegen gegen mich. Ich möchte dem »Kollegen«, der etwa 35 Jahre
alt sein dürfte, entgegenhalten, was der deutsche Pfarrer Gerhard
Lindner, der nach seiner Kriegsgefangenschaft als Gefängnisseel-
sorger in französischen Gefängnissen für deutsche Häftlinge tätig war, 1951 im »Spiegel« berichtete: »Selbst ich als Christ habe
mir einmal, als ich nach einem Anschlag auf einen deutschen Ur-
lauberzug eine Anzahl Kameraden in ihrem Blut liegen sah, gewünscht, wenn wir jetzt die Kerle zu fassen kriegten ...« Aber
unsere Kinder des Wohlstandes und der warmen Wohnzimmer,
denen das Schicksal es erspart hat, auch auf solch harte Prüfstän-
de wie ihre Väter geschickt zu werden, sind nicht belehrbar oder
gar lernfähig!
Der »Kollege« krönt seinen Auftritt mit der Bemerkung, »über
Herrn Schönhuber« sei bereits auf einer Redaktionskonferenz
gesprochen worden, darüber dürfte er zwar in der Öffentlichkeit
nicht sprechen, aber er tue es trotzdem ... – Beifall! – So ist das.
Maulkorb für den Autor, Ermunterung und Beifall für den Gegner. Auch wenn diese gegen Vorschriften verstoßen. Es ist wie
im Tollhaus. Flugblätter werden verteilt. Eines macht mich quasi
zum Massenmörder (siehe S. 44 und 45).
Die in Aussicht gestellte Position eines Chefredakteurs ist zu diesem Zeitpunkt bereits verloren. Jetzt geht man aufs ganze: man
fordert meine Entlassung. Noch halte ich das aber schlicht für
einen vorübergehenden Anfall von Profilneurose eines kleinen
Kreises. Danton fällt mir ein: »Sie werden's nicht wagen!«

Der 37. Jahrestag der Befreiung von Faschismus und Krieg mahnt:

WEHRET DEN ANFÄNGEN!

Das umseitige Flugblatt brachte die Vereinigung der Verfolgten des Naziregimes (VVN)/Bund der Antifaschisten nach Erscheinung des Machwerkes von Franz Schönhuber zur Verteilung.

Die Forderung "Schönhuber raus aus dem Bayerischen Rundfunk" wurde inzwischen erfüllt, nachdem sein skandalöses Auftreten, unter Mißbrauch seiner Stelle als Hauptabteilungsleiter, selbst für den Intendanten nicht mehr tragbar war.

Doch sein Buch wird weiter verbreitet. Der Münchner Sozialreferent Stützle (CSU) stellte sich in Übereinstimmung mit dem Oberbürgermeister der Landeshauptstadt, Erich Kiesl (CSU), schützend vor Schönhuber, als auf Initiative der Deutschen Journalistenunion das Münchner Jugendamt den Antrag erhob, "Ich war dabei" auf den Index jugendgefährdender Schriften zu setzen.

Eine Woche nach dem Jahrestag der Befreiung von Faschismus und Krieg findet nun in Kaufbeuren-Neugablonz eine Veranstaltung mit Franz Schönhuber statt.

Einen feinen Veranstalter hat er sich ausgesucht: den "Witiko-Bund", 1948 von ehemals führenden Nazis aus dem NS-Gau "Sudetenland" gegründet, ist er auch heute Sammelbecken revanchistischer und nazistischer Kräfte - freilich sind dort auch einige Vertriebenenpolitiker zu finden, die der CSU/CDU angehören.

Bei der von den Neonazis betriebenen Hetze gegen unsere ausländischen Mitbürger mischt der "Witiko-Bund" eifrig mit. In einem seiner "Witiko-Briefe" heißt es:

"... Der Anwerbestopp hat den Zugang von Ausländern nicht aufgehalten ... Was da alles ins Land strömt, ist weder gesundheitlich noch nach Fähigkeiten oder kriminell überprüft. Diese Flut von unerwünschten Ausländern birgt große Gefahren mit sich ... Der Personenkreis, der jetzt in die Bundesrepublik kommt, stammt aus fremden Kulturen, hat keine Ahnung von deutscher Sprache ... ist lernunwillig und lernunfähig."

In diesem Ton geht es weiter. Die Parallelen der Ausländerhetzkampagne alter und neuer Nazis zum Programm der NSDAP sind unübersehbar. Dort heißt es: "Wenn es (dem Staat) nicht möglich ist, die Gesamtbevölkerung zu ernähren, so sind die Angehörigen fremder Nationen aus dem Reiche auszuweisen."

Und in diese Kreise, die an solchen Positionen ansetzen und erneut Völkerhaß predigen, begibt sich Herr Schönhuber.

Wir, ehemalige Widerstandskämpfer gegen das Naziregime und junge Antifaschisten, rufen die Bevölkerung Kaufbeurens auf:

Tretet der Nazi-Hetze entgegen. Duldet nicht die Verharmlosung und Glorifizierung der NS-Vergangenheit, duldet nicht neuen Rassen- und Völkerhaß.

DAS BUCH VON FRANZ SCHÖNHUBER MUß VOM LADENTISCH. SCHLUß MIT DER NAZIPROPAGANDA, VERBOT ALLER NAZI-ORGANISATIONEN UND PUBLIKATIONEN!

Auf dem Weg ins Gas

„Ich war dabei"

Franz Schönhuber war dabei. Bei der SS-Leibstandarte "Adolf Hitler". Das ist ihre Blutspur durch Europa:
● Ermordung von 100 englischen Kriegsgefangenen 1940 in Wormhoudt bei Dünkirchen
● Verbrennung von 20000 Zivilisten in Charkow
● 1943 Niedermetzelung der Zivilbevölkerung von Cuneo/Italien
● 1944 Massaker unter den Einwohnern von Stavelot/Belgien und in Malmedy

"Ich halte etwas von Karriere".

Ja, Franz Schönhuber, wir fürchten Ihre Professionalität. Gelernt ist schließlich gelernt. Wir im Widerstand gegen Faschismus und Krieg. Sie bei der SS-Leibstandarte "Adolf Hitler".
● "Über den Rassenfimmel lachten wir untereinander..." Da Sie kein einziges Komma zurücknehmen: Sie lachen also immer noch über Rassenwahn und Holocaust Ihrer SS?
● Sie rechnen sich (bis zu einem gewissen Grad) zu Menschen, "die zu Kampf und Auseinandersetzung eine fast erotische Beziehung haben". Ihre Erotik interessiert einen Dreck! Für wieviele Kampf-Tote über die 50 Millionen des 2. Weltkrieges hinaus wollen Sie Rundfunkwerbung machen, wenn der Bayerische Rundfunk Ihnen als Chefredakteur ausgeliefert wird?
● Sie reden von SS-Tragik, da "sich meine Kameraden als Bollwerk gegen den Bolschewismus verstanden und sich als Angehörige einer Art Nato-Armee fühlten".
Das also ist der "starke Leistungswille", für den "das Prinzip der Leistung über allem stand", den Sie uns zwecks Umwandlung der BRD in die Erstschlagrampe der Nato über alle Kanäle beibringen wollen. Wir antworten:

NIE WIEDER FASCHISMUS — NIE WIEDER KRIEG

Das heißt auch: Nie wieder Schönhuber!
Auf den Index der jugendgefährdenden Schriften mit der SS-Propaganda!
Rundfunkfreiheit für Demokratie und Frieden — Schönhuber raus aus dem Bayerischen Rundfunk!

VVN-Bund der Antifaschisten, Landesverband Bayern. V.i.S.P.: Marion Lehmicke, Frauenlobstraße 24, 8000 München 2.

45

Ich bin mir keiner Schuld bewußt. Betroffen macht mich allerdings, daß der BR nicht einmal auf das Flugblatt »Auf dem Weg ins Gas« (Faksimile S. 45) reagierte. Wo blieb da die Schutzpflicht?

Meine Kameraden der Waffen-SS und mich beschimpft man als Mörder. Dr. Lamm, der mir zum Erscheinen des Buches noch ein besonders »herzliches« Glückwunschtelegramm geschickt hatte – siehe Faksimile auf folgender Seite –, reibt sich die Hände und bemerkt zu einer Kollegin: »Großartig gelaufen, das ganze!« Alles aber übertrifft Herr Arno Hamburger, der Vorsitzende der jüdischen Kultusgemeinde von Nürnberg und dortiger SPD-Stadtrat. Er schreibt einen sogenannten »offenen Brief«, nennt mich darin einen »Schreibtischtäter«, fordert Konsequenzen. Der Bayerische Rundfunk schweigt. Die Gewerkschaften schweigen. Daß Herr Hamburger nach diesem Pamphlet böse Briefe bekommt, ist nicht mein Verschulden. Einige Briefschreiber störte beispielsweise sein Hinweis, daß er Angehöriger der 8. Palästina-Brigade in der englischen Armee gewesen war, die in Italien gegen die Deutschen kämpfte und auch nicht gerade durch übertrieben humanitäre Aktionen aufgefallen war, besonders bei der grausamen Auslieferung der Kosaken an die Sowjets. Damals begingen englische Offiziere einen infamen Wortbruch und lieferten etwa 100 000 Menschen, darunter Kinder, Frauen und Greise, an die Sowjets aus. Was damals in Kärnten und Osttirol passierte, gehört zu den schwersten Verbrechen des Zweiten Weltkriegs. In seinem Buch »So gingen die Kosaken durch die Hölle« schreibt Edgar W. Menzel:

»Plötzlich eröffnen die englischen Soldaten das Feuer über die Köpfe der Betenden hinweg und die Palästina-Brigade stürzt sich auf sie. Einige Fähnriche, von Knüppelhieben niedergeschlagen, stürzen. Die Kette bricht. Und es beginnt das Niederschlagen der wehrlosen Greise, der Frauen und der Kinder. Die Luft hallt wider von herzzerreißenden Schreien ...«

Dr. phil. HANS LAMM   16.9..1

Herzlichen
Glückwunsch
Zur Buch-Premiere!
Weiter alles Gute
Ihr alter Lamm

47

Etwa 20 der in der RFFU zusammengeschlossenen Kollegen bekunden Hamburger schriftlich ihre Solidarität. Sie verlagern unentwegt ihre Angriffsebenen. Da sie zunächst noch nicht mit den Mikrofonen des BR gegen mich zu Felde ziehen können, erreichen sie als Gewerkschaftsangehörige im BR durch die Resolution fast die gleiche Wirkung. Aber dann fällt auch hier die Schallmauer. Der BR verletzt die von ihm selbst zum »Fall Schönhuber« aufgestellten Spielregeln, die besagen, über Buch und Autor dürfte im Programm nicht gesprochen werden. Herr Hamburger bekommt im Programm des Bayerischen Fernsehens 10 Minuten lang die Möglichkeit, über die Motive seines Schreibens an mich und die darauf folgenden Reaktionen zu berichten. Ich protestiere gegen die einseitige Verletzung einer Anordnung. Als dies abgelehnt wird, fordere ich, mir in der gleichen Sendung das Recht einer Entgegnung einzuräumen. Aber auch die einfachste journalistische Regel von Argument und Gegenargument findet auf mich keine Anwendung. Im Gegenteil, Dr. Oeller fordert mich später sogar auf, einen »verständnisvollen« Brief an Herrn Hamburger zu schreiben. Ich lehne dies mit den Worten ab: »Sie können doch nicht erwarten, daß ich zu diesem niederträchtigen und bösartigen Pamphlet, das mich sozusagen zum Mörder stempelt und mich und meine Familie vogelfrei macht, auch noch Dankeschön sage.« Oellers Kommentar: Mit Juden legt man sich nicht an! Dr. Oeller bestreitet dies heute.
Noch zwei weitere Male werden im Programm des BR-Hörfunks Angriffe gegen mich gebracht. Einmal kommt Golo Mann zu Wort, der in seiner bekannten Arroganz sagt, er kenne das Buch von Herrn Schönhuber nicht, er habe Besseres zu tun, als es zu lesen, gleichwohl aber im Zusammenhang damit über wiederauflebende Gefahren durch Rassismus und Neo-Faschismus referiert. Der BR wird später die Ausstrahlung der drei Sendungen als »Zwänge und Pannen« deklarieren. Daraus Schlüsse zu ziehen, überlasse ich dem Leser.
Manchmal kommen in die Kampagne gegen mich auch irrationale Züge, die gleichwohl entlarvend sind. Der Leiter des Nürnber-

ger Jugendamtes, Hermann Glaser, für die kritikwürdigen Zustände im Nürnberger Jugendzentrum »KOMM« mitverantwortlich, schreibt in den »Frankfurter Heften« über mich unter anderem: *»Dieser Endfünfziger, sportiv, mit leicht braunem Teint, der die Aura des rasanten Skifahrers wie kühnen Bergsteigers ausstrahlt, mit einem Touch von Treuherzigkeit, dem sich weder die Kollegen von der Presse noch die Politiker verschiedener Couleur entziehen können, wobei er, als mutiger Opportunist, sie wohl auch durch praktizierten Pluralismus an sich bindet (in seinem Einflußbereich kommt nicht nur die verwaschene Mitte zu Wort!), dieser echt deutsche Kämpfer, mit der Ausstrahlungskraft eines herben Frischwärts, Weinkenner, ubiquitär, muß sich vor allem stets beweisen, daß er der Held aller Frauen ist ...«* Wie sagte einst ein bekannter linker Intellektueller? »Berge, die Geschwüre der Landschaft.« Nicht selten werden so aus Leuten mit »Gipfelblick« und »leicht braunem Teint« schnell unbelehrbare Faschisten, die sich stets unter Leistungsdruck setzen ...

Aber es bleibt nicht bei feuilletonistischen Tiefschlägen. Man geht zu direkten Aktionen über; besonders in der Nähe jener Stadt, in der die Herren Hamburger und Glaser nicht ohne Einfluß sind, in Nürnberg. Bei einer Aufzeichnung der »Jetzt red' i«-Sendung in Feucht bei Nürnberg springen zwei junge Burschen mit einem Transparent »Gegen den SS-Mann Schönhuber, der nicht bereut«, auf die Bühne und versuchen mich bei meinen Einleitungsworten zu stören. Sie sind allerdings schneller wieder unten als sie auf die Bühne hinaufgekommen waren. Die empörten Bürger machen dem Spuk in ein paar Sekunden ein Ende. Am Schluß der Sendung spenden sie mir langen und demonstrativen Applaus. Davon ist allerdings in der Presse kaum was zu lesen. In keinem Land ist wohl der Unterschied zwischen öffentlicher und veröffentlichter Meinung größer als in Deutschland.

Im Nürnberger Raum habe ich es noch ein paarmal bei Vortragsabenden mit kleinen Häuflein von Störern zu tun. Ich nenne sie »meine ständigen Begleiter«, kenne sie allmählich von Angesicht zu Angesicht, es sind immer dieselben. In Erlangen sagt einer an einem kalten, winterlichen Tag zu mir: »Können Sie sich für Ihre Veranstaltungen nicht wärmere Tage aussuchen? Ich friere hier wie ein Hund und meine Finger sind vom Tragen des Transparentes ganz klamm.« Mein Herz bricht beinahe vor Erbarmen mit den »Leiden« des blutjungen Demonstranten. Am liebsten würde ich ihm einen Schnaps spendieren. Aber sie dürften ihre »Spesen« bereits kassiert haben ...

Man könnte zur Erheiterung des Lesers noch viele Aspekte der Kampagne anführen. Ultralinke, die jahrelang für die sogenannte Liberalisierung des Sex gekämpft hatten, denen in Illustrierten und im Fernsehen die Szenen nicht freizügig genug sein konnten, ziehen sich jetzt in Großvaters Gartenlaube zurück und zeigen mit Empörung auf einen Mann, der zugibt, daß er, wie Millionen anderer Soldaten auch, im Kriege sich »Bräute« suchte. Und damit ihre Scheinheiligkeit und Verlogenheit einen wissenschaftlichen Anstrich bekommt, schreiben sie von »Frauen als sexuellem Konsumartikel«. Ihr Pharisäer und moralinsäuerliche Händler, hinaus mit euch aus den Tempeln eurer Selbstherrlichkeit und Verlogenheit!

An der Spitze dieser »Tugend«-Kampagne stand Dr. Lamm. Dieser warmherzige Menschenfreund betätigte sich auch als selbsternannter Tugendhüter (Zweifel sind erlaubt) und setzte sich an die Spitze jener Mannschaft, die mich in die Nähe der Pornographie rücken wollte. Man tat so, als gäbe es im Fernsehen – auch zu Zeiten, in denen Jugendliche am Schirm sitzen –, nur Worte und Szenen, die aus dem Sprachschatz und den Umgangsformen einer höheren Töchterschule der Jahrhundertwende stammten. Diese Heuchler. Man sehe sich die televisionäre Realität nur an. Das berühmt-berüchtigte »four-letter-word« ist mittlerweile Teil der Umgangssprache geworden. Ich habe es kein einziges Mal gebraucht, auch wenn ich Landsergespräche wiedergab.

Die Bundesprüfstelle für jugendgefährdende Schriften, jeder Sympathie für Vorgänge im »Dritten Reich« gewiß unverdächtig, schrieb zum Tatbestandteil frauendiskriminierend: »Die

Schilderungen einzelner Sexualerlebnisse des Autors mit mehreren Frauen, insbesondere auf den Seiten 20, 70, 79, 96, 102, 158, 161, 191, 222 ff. sind nicht unsittlich (§ 1 Abs. 1 Satz 2 GjS), schon gar nicht pornographisch (§ 1 Abs. 1 Satz 1 GjS), aber auch nicht frauendiskrimierend (§ 1 Abs. 1 Satz 1 GjS). So, jetzt haben Sie's amtlich, Herr Dr. Lamm!

Von den Politikern aber stemmt sich einer diesen Haßwogen entgegen. Ich bleibe ihm dafür mein Leben lang dankbar. Es ist der Bundesminister für Landwirtschaft und Ernährung, Josef Ertl. Im Pressedienst seiner Partei schreibt er, zur flammenden Empörung seiner politischen »Intimfeindin« und Parteifreundin Hildegard Hamm-Brücher:

»In welcher Form sich Zeugen der Geschehnisse im Dritten Reich mit dieser Zeit auseinandersetzen und welche Urteile sie fällen, muß jeder einzelne vor seinem Gewissen verantworten. Es verdient jedoch unsere volle Anerkennung, wenn eine Persönlichkeit des öffentlichen Lebens den Mut aufbringt, wahrheitsgemäß Motivation, Faszination und letzten Endes Enttäuschung einer ganzen Generation darzustellen und zu erklären versucht. Die Jugend von heute stellt mit Recht Fragen und erwartet eine ehrliche Antwort. Franz Schönhuber hat dies mit Mut und ohne Rücksicht auf Konsequenzen getan. Ich zolle ihm deshalb Respekt und Anerkennung für seinen Beitrag zu einer notwendigen, offenen und ohne Heuchelei zu führenden Diskussion über einen Teil der Geschichte unseres Volkes, mit dessen Auswirkungen sich die heutige und kommende Generation ohne Beschönigungen, aber auch ohne Verzerrungen auseinandersetzen muß.«

Aber Ertl blieb zunächst ein einsamer Rufer in der Wüste des Hasses.

5.
Psycho-Terror

In diesem Stadium der Auseinandersetzung war ich zu einer Art
Punching-Ball geworden, an dem jeder seine Schlagstärke aus-
probieren konnte. Mir geht es nur noch um Haltung, um »Tenue«. Hier hilft mir eine ganz persönliche Einstellung zu Sieg
und Niederlage. Mich faszinierten noch nie in der Geschichte
und auch in meiner Umwelt die großen Sieger, sondern jene
Menschen, die einen großen Kampf gekämpft und mit Haltung
verloren hatten. Meine geschichtlichen Helden sind ein Vercin-
getorix, der sich Cäsar auslieferte, um noch größeren Schaden
von seinem Volk, den Galliern, abzuwenden. Der Anführer der
Goten, Teja, und der Kampf seiner letzten Getreuen zu Füßen
des Vesuv hat schon als Kind meine Phantasie beflügelt. Ich wollte beim Spielen nie ein siegreicher Römer, sondern der Verlierer
Teja sein. Ich bewunderte den gegen die Übermacht der Weißen
kämpfenden Indianer-Häuptling Tecumseh ebenso wie den Ti-
roler Andreas Hofer. Die großen Landsknechtführer waren mir
lieber als die letztendlich siegenden Fürsten.
Die Auseinandersetzungen gehen weiter. Der Höhepunkt ist in
Regensburg erreicht. Die oberpfälzischen Journalisten haben
mich zu einer Diskussion über mein Buch eingeladen. Als ich am
Abend in die Gasse einbiege, die zu dem »Haus der Begegnung«
führt, bin ich plötzlich von etwa 150 Demonstranten umzingelt.
Sie haben die gleichen Flugblätter in Händen wie in München.
Die meisten der Demonstranten kommen von der VVN. Einige
sind in KZ-Kleidung. Auch viele Jugendliche, ja sogar halbe Kin-
der, sind dabei. Sie bilden einen Kreis um mich, schreien mir ihre
Haßtiraden ins Gesicht und traktieren mich mit Fußtritten.
»Schlagender« Beweis für ihre demokratische Grundeinstellung,
und dies in der Freien Reichsstadt Regensburg, die für ihre Gast-
freundschaft berühmt war! Gelesen hatte das Buch von den
Schlägern ebenfalls kaum einer, aber die Hetzparolen gehen ih-

VVN
-Bund der Antifaschisten

Vereinigung der Verfolgten des Naziregimes
Kreisverband Regensburg
Ausgabe Mai 1982

Herr Schönhuber

auch „Ich war dabei!"

Konrad Fuß(85):   6 Jahre im Konzentrationslager in Dachau ...

Kurt Fricke(76)   22 Monate im Gefängnis, ▬▬▬▬▬▬▬▬▬▬▬▬

Alois Röhrl(77)   1933 von den Nazis verhaftet-Gefängnis,Zuchthaus,KZ Dachau

... als VERFOLGTE DES NAZIREGIMES!

Franz Schönhuber(CSU),kürzlich noch Fernseh-Hauptabteilungsleiter beim
Bayerischen Rundfunk,kommt

    am DIENSTAG,11.MAI,um 20.00 Uhr nach Regensburg in das
    'HAUS DER BEGEGNUNG' (Hinter der Grieb),

um dort vor dem 'Presseclub' aus dem "Buch des Jahres" zu lesen.

bitte wenden

53

Wir,Verfolgte des Naziregimes und Widerstandskämpfer,halten dieses Auftreten des SS-Buch Autors Franz Schönhuber in Regensburg <u>für eine unerträgliche Provokation aller Demokraten und Antifaschisten</u>.Es ist eine Geschmacklosigkeit und Beleidigung gegenüber uns und allen Opfern des Nazi- und SS - Terrors !

<u>WER IST DIESER MANN:</u>

Franz Schönhuber,noch immer Mitglied der CSU,war noch bis April beim Bayerischen Rundfunk Fernseh-Hauptabteilungsleiter.Er brachte es bis zum stellvertretenden Chefredakteur des Bay.Fernsehens und Moderator der Sendungen "Jetzt red i" und "Samstagsclub".
Schönhuber ist auch Autor des Buches: <u>"Ich war dabei"</u>(bei der Waffen-SS).
Dort schreibt er seine "Erinnerungen" an die eigene SS-Vergangenheit nieder, in 'schönhuberischer'Form,braun-schwarz gefärbt.
Erst nach massiven Protesten wurde er Anfang Mai vom Rundfunk <u>fristlos entlassen</u>.
Damit ist dieser Senkrechtstarter vorerst gestoppt.
Noch ist es der demokratischen Öffentlichkeit gelungen,zu verhindern,daß reaktionäre TV-Journalisten wie Schönhuber ihre SS-Vergangenheit in Buch-Form als Eintrittskarte und Beförderungsnachweis für ihre "Eignung" als Chef-Intendant abgeben können!

Jetzt **ist er nicht mehr dabei !**

Entlassung, für die es „höchste Zeit" war

Der tiefe Fall des SS-Buch-Autors Schönhuber

Franz Schönhuber ist jetzt selbst für den Bayerischen Rundfunk mit allzak CSU-durchwirkten Verwaltungsrat nicht mehr tragbar. Der Autor des Buches "Ich war dabei" ist entlassen worden. In dem Buch hatte Schönhuber Public Relations für die Waffen-SS betrieben, die vom Nürnberger Militärtribunal als .... verurteilt worden ist.

Nach Erscheinen des Buches kam es zu intensiver Kritik von einer Reihe von Organisationen. Die Stimmen, die eine Ablösung Schönhubers als Fernseh-Hauptabteilungsleiter des Bayerischen Rundfunks forderten, wurden immer lauter. Die Neonazi-Presse dagegen fand in Schönhuber einen neuen Helden. Mehrmals sprang die „National-Zeitung" mit großer Aufmachung auf der ersten Seite für Schönhuber in die Bresche. Sein Buch wurde von eben dieser Zeitschrift am Platz eins der Bestsellerlisten gehievt und zum „Buch des Jahres" deklariert.

Schönhuber selber wollte kein Wort von seiner SS-verherrlichenden Schrift zurücknehmen. Als CSU-Mitglied und leitender Angestellter des Bayerischen Rundfunks hielt er sich wohl für unangreifbar.

Schon vorher hatte er versucht, selbstherrlich seine Interessen im Sender gegen Kollegen mit anderer Meinung durchzusetzen. Ziel des Ex-SLers, der bis heute wenig Distanz gewonnen hat, war es, Indentant zu werden.

Um so tiefer jetzt der Fall. Der Verwaltungsrat konnte sich angesichts der anhaltenden Proteste Schönhuber als Hauptabteilungsleiter nicht mehr erlauben. Einstimmig servierte der siebenköpfige Verwaltungsrat jetzt den SS-Nostalgiker ab. „Es geht nicht mehr", stellt Intendant Vöth fest. In einer Erklärung wurde ein „unheilbarer Bruch des Vertrauensverhältnisses" konstatiert. Es sei zu einer „Identifizierung der privaten Tätigkeit des Autors mit seiner Dienststellung" gekommen. Vorgeworfen wurde ihm, daß er „die geübte Toleranz gegenüber Andersdenkenden außer acht gelassen hat", indem er „diejenigen, die ihn kritisierten, in diskriminierender Weise abqualifizierte".

Zahlreiche Organisationen begrüßten die Schönhuber-Entlassung. Die Rundfunk-Fernseh-Film-Union (RFFU): Auch wenn man „prinzipiell etwas gegen fristlose Entlassungen" habe, bei Schönhuber sei es „höchste Zeit" gewesen.

die tat 7. Mai 1982

Jetzt will er sich wieder 'hoffähig' machen,vor dem 'Presseclub' am Dienstag.

Das fordert uns zum <u>PROTEST AN ORT UND STELLE</u>

auf!!!

<u>Protestveranstaltung der VVN am Dienstag,11.Mai,um 20.00 Uhr in der Gaststätte'Gravenreuther' (Nische) nebenan 'Haus der Begegnung' !</u>

"WARUM hat Schönhuber erst nach 37 Jahren seine SS-Verherrlichung veröffentlicht und nicht gleich 1945,als seine "Erinnerungen"noch ganz frisch gewesen sein mußten??"

p.r.v. E.i.S.
Alfred Schwarzfischer,Am Ölberg 17
84 Regensburg

nen leicht über die Lippen: rote SA. Auf diese gemünzt schrieb einmal Erich Mühsam die prophetischen Worte: »Und ob sie mich erschlügen, sich fügen, heißt lügen.«

In Regensburg kommt es noch zu einer weiteren unrühmlichen Premiere. Es handelt sich um eine Buchhandlung, eine altehrwürdige, unter anderem spezialisiert auf den Verkauf von Bibeln. Sie ist stets um ihren liberalen Ruf besorgt. Vielleicht ist sie gerade deshalb so eifrig bemüht, DDR-Literatur besonders preisgünstig an den Mann zu bringen? Wie dem auch sei, jedem Exemplar meines Buches wird ein gutes Dutzend der bösesten und gehässigsten Kritiken beigelegt, darunter ein verleumderisches Flugblatt der kommunistischen Tarnorganisation VVN und ein Bericht des PDI, zu dessen Herausgebern der ultralinke Bernt Engelmann zählt. Der Käufer bekommt das beschädigte Produkt – die Cellophanhülle ist aufgerissen – nur mit dieser »Beilage«!

Was hält man eigentlich vom mündigen Staatsbürger, vom mündigen Käufer? Die brauchen keine literarischen »Vorkoster«, die in der Regel so jung sind, daß sie weder von der braunen Suppe eine Ahnung haben, sie geschweige denn auszulöffeln hatten. Das mußten die vielgeschmähten Väter tun. Ich nenne das beschriebene Vorgehen Gesinnungsterror. Ich frage die Verantwortlichen, ob ihnen bewußt ist, daß sie mit ihrem Verhalten sich in die Nähe jener Ideologie begeben, die sie vorgeben, zu bekämpfen?

Über die Beeinflussung von Kindern einst und jetzt schreibt Arno Plack unter Einbeziehung einer grundsätzlichen Darstellung des heutigen »Freund-Feind-Verhältnisses«:

»In demokratischem Geist diskutieren heißt nicht: den Gegner verletzen, sondern in seinen Kopf den Samen des Zweifels säen. Wer dazu nicht die intellektuelle Kraft oder den Mut hat, der kann nur noch durch Schreien und Lostoben sich zur Geltung bringen. In demokratischem Geist argumentieren heißt nicht:

den Gegner in die Enge treiben oder ihn zum Eingeständnis einer
Fehlhaltung zwingen. Wer so das Argument als Waffe im Mei-
nungskampf benutzt, der kann es, noch ehe er damit zu fechten
gelernt hat, auch gleich durch Steine, Farbbeutel und Molotow-
cocktails ersetzen. Wo solche ›Argumente‹ losgeschleudert wer-
den, da drückt wohl ein leibhaftes Bedürfnis nach handfester Ag-
gression sich aus, das in vital frustrierten Menschen sich heranbil-
det. Aber wir ernten da auch die Früchte einer antifaschistischen
Erziehung, die im reinen Anti sich erschöpft, also den Eindruck
vermittelt: Um ein guter Demokrat zu sein, genüge es, auf der
richtigen Seite der miteinander streitenden Parteien zu stehen.
Wer so zu denken gelernt hat, dem kommt es auch leicht in den
Sinn, den innenpolitischen Gegner als bösen Feind zu verteufeln
und als ›Faschisten‹ zu verunglimpfen. Wo zwei so zu ›Antifaschi-
sten‹ Erzogene einander feindlich begegnen und sich in solcher
Weise beschimpfen, da bekommen sie wechselseitig sogar noch
recht, denn eine pseudodemokratische Erziehung, die nur anti-
faschistische Indoktrination ist, kann nur Anti-Haltungen ent-
wickeln, auf deren aggressiven Grundstock sich am Ende noch fa-
schistoide Gesinnungen aufpfropfen lassen.«

Die psychologische Kriegsführung gegen mich geht weiter. Ul-
tra-Linke entwickeln fallweise eine besondere Technik der Ein-
schüchterung. Eine Gruppe stürmt etwa eine Viertelstunde nach
Beginn der Veranstaltung herein, gekleidet in dunkle Lederjak-
ken. Ein Teil der Gruppe stellt sich vor das Podium, Gesicht zum
Publikum, und brüllt gehässige Parolen. Andere bilden einen
Halbkreis um mich, schauen mich unverwandt an, rücken näher,
bis auf Tuchfühlung. Am Schluß versucht man mir das Mikrofon
zu entreißen. In der Regel bleibt das Publikum ruhig sitzen, wie
ein Kaninchen vor der Schlange. Nicht wenige brave Bürger beobachten neugierig, erschreckt, ja manchmal sogar amüsiert, die
Szene: Wie wird er sich verhalten, wie kommt er da raus?
Die These, daß Aggression und Dummheit vor allem auf der
rechten Seite des Radikalismus vorhanden seien, läßt sich wohl

nicht mehr lange aufrechterhalten. Zunehmend beherrschen auch kriminelle Elemente die ultralinke Szene. Nicht wenige Studenten, die manchmal auch von der Brutalität der Handelnden angezogen wurden, die dazugehörigen weiblichen Schmuckstücke aus besten Häusern, die durch ihr Gruppendasein dem Familienfrust entgehen und Väterprotest betreiben wollen, haben nur noch die Funktion von Sprechblasen. Wieder andere spielen »Demo« mit der Beiläufigkeit, wie sie der Liedermacher Georg Kreisler in der besonders dem Wiener liegenden charmanten Boshaftigkeit zum Ausdruck brachte: »Geh'n ma Tauben vergiften im Park.«

Aber hinter der brisanten Mischung von Brutalität und Gaudi stecken steuernd eiskalte und intellektuelle Konfliktstrategen. Sie ziehen hinter der Szene die Gruppe der nützlichen Idioten wie Marionetten, die von den Rändern der Gewerkschaften bis zu Kirchenmännern reichen, die das Kommunistische Manifest für die zeitgemäße Ausgabe der Bergpredigt halten.

Nun wird man einwenden, dies alles passiert den Politikern auch, ist sozusagen ihr täglich Brot. Mit einem Unterschied: Hinter den Politikern steht in der Regel die ganze Macht des Staates, die schon eine einschüchternde Wirkung hat. Bei mir tut man's stets eine Nummer kleiner, da sind weniger Polizisten da, die übrigens in der Regel sich besonders kameradschaftlich zu mir verhalten, im Gegensatz zu manchem kommunalen Würdenträger, der Berührungsängste verspürt.

Meinen Dank an die Polizisten, die mich begleitet haben, möchte ich an dieser Stelle mit einem Satz abstatten, den der berühmte linksstehende italienische Filmregisseur Pasolini einmal geschrieben hat: »Im Streit zwischen den steinewerfenden Söhnen der Großbourgeoisie und den aus Arbeiter- und Bauern-Kreisen stammenden Polizisten stehe ich auf der Seite der letzteren.« – Ich auch!

Nach den Diskussionen bin ich meistens dann so erschöpft, daß ich nachher nicht einschlafen kann. Dann peinigt mich die Frage: Warum tust du das? Warum tingelst du übers Land? Lohnt sich das alles? Die Stimmungslagen wechseln jäh. Resignation schlägt in Trotz um und umgekehrt. Churchill fällt mir ein: »Never give in, never, never, never!« Sinnsprüche und Zitate sind wie Balken im Meer der Wörter und Sätze, an denen man sich festhalten kann. Wenn der Morgen graut, sitzt mir manchmal der Pessimismus über den Sinn meines Tuns so schwer im Nacken, daß er jede Aktivität niederdrückt. Und trotzdem marschier ich wieder zur nächsten Versammlung.

Ein Zitat des berühmten französischen Schriftstellers André Malraux, damals noch ein Wortführer der Linken kommt mir in den Sinn: »S'il existe un homme, qui est en même temps, pessimiste et actif, c'est un fasciste!« – »Wenn es einen Menschen gibt, der gleichzeitig pessimistisch und aktiv ist, dann ist es ein Faschist.« Ich mußte lachen. Auch die Großen machen es sich manchmal zu einfach. Wenn das alles am Faschismus wäre, dann wäre die Welt noch heute voll von faschistischen Typen, und es wären die schlechtesten Menschen nicht. Im Grunde genommen kann ein sehender und wissender Mensch nur Pessimist sein. Wenn er aber trotzdem nicht alle Viere geradesein läßt, dann nur aus der Erkenntnis heraus, daß damit alles nur noch schlimmer würde.

Also, Faschist bin ich nicht. Aber ich gebe auch zu, daß mir eine politische Standortbestimmung zunehmend schwerer fällt. In der politischen Mitte herrscht mittlerweile ein solches Gedränge, daß man Platzangst bekommen könnte. Ich kann jenem Münchner Richter nur zustimmen, der am 23. 2. 83 in einem Leserbrief an die »Süddeutsche Zeitung« schrieb: »... *Zunehmende Teile der jungen Generation zweifeln daran, daß die parlamentarische Demokratie die Probleme unseres Volkes noch lösen kann.*«

Und was heißt liberal, was progressiv, was konservativ? Die Konservativen behaupten, wenn's gerade in die politische Landschaft paßt, sie wären die echten Progressiven, und die Progressiven in Sachen Umweltschutz beispielsweise, sie allein handelten wie die einzigen Konservativen. Eines weiß ich gewiß: Mehr denn je müßte man nach der Devise handeln: Gemeinnutz geht vor Eigennutz. Ist das nicht ein Spruch der Nazis? Deshalb ist er aber nicht falsch. Wie aber können Menschen gemeinnützig handeln, wenn sie sich in unversöhnlichem Haß gegenüberstehen, wenn es zwischen den Klassen und den Generationen unüberbrückbare Gräben gibt? Sicher ist: die Zukunft kann nur meistern, wer die Vergangenheit bewältigt. Und das ist letztendlich meine Antwort auf die Frage nach dem Sinn meines Tuns. Machen wir Schluß mit der Anwendung des alttestamentarischen Spruches: Auge um Auge, Zahn um Zahn. Wir sind alle Menschen, Kinder Gottes. In der Theorie, ja! Aber manche Scharfmacher kommen – wie sich jetzt zeigt – sogar aus Kreisen von Jungpfarrern! Viel gefährlicher aber sind die nur angedeuteten, fast beiläufig vorgetragenen Seitenhiebe, die in der Maske des Biedermannes oder der »Biederfrau« geführt werden …

6.
Familie Strauß und der »Nickverein«

Die Kollegen, die in meinem Aufgabenbereich arbeiten, halten weiter zu mir. Bei den Parteien ist die FDP gespalten, der linke Flügel der SPD gegen mich und die CSU hält sich, wie zu erwarten war, bedeckt. Ich passe sowieso schon lange nicht mehr in ihr »christliches« Konzept. Genau gesagt, von dem Zeitpunkt, an dem ich auch Kritik an »Spezln« des inneren Kreises um die »Gnadensonne«, also um Franz Josef Strauß, zuließ oder selbst übte.

Zu den engsten Freunden der Strauß-Familie zählt der emsige und erfolgreiche Filmproduzent »Luggi« Waldleitner. In einer Fernsehdiskussion über das Fassbinder-Machwerk »Lilli Marleen« stieß ich mit ihm in schärfster Form zusammen. Dies störte natürlich die Familie Strauß, die gerne ihre Ferien in dem Haus des Produzenten im süditalienischen Terracina verbringt. Fairneß verlangt hier den Hinweis, daß CSU-Generalsekretär Dr. Stoiber mich zu meiner Haltung in dieser Auseinandersetzung geradezu enthusiastisch beglückwünschte. Aber die Familie Strauß, die mich schon mehrfach ermahnt hatte, mit kritischen Bemerkungen gegenüber der rechten Seite des politischen Spektrums zurückhaltender zu sein, hielt nun das Maß für voll.

Die Mater Bavariae, Marianne Strauß, betritt die Bühne. In vertrauten Zirkeln äußert sie sich mißbilligend über die erotischen Szenen in meinem Buch und der Herr Gemahl läßt sich ähnlich vernehmen. Der »Nickverein« trägt die Kunde davon ins Parteivolk. Und einige finden das Buch auf einmal auch nicht mehr so gut, wie sie das vorher erklärt hatten.

Über das Verhalten der ehrwürdigen Landesmutter bin ich natürlich nicht überrascht. Hatte sie mir doch einige Monate vorher einen Brief geschrieben, worin sie mich auf die Gefahren der Sendung »Jetzt red' i« hinweisen wollte.

An dieser Stelle eine Anmerkung, die für diejenigen Leser wichtig ist, die außerhalb der Reichweite des BR leben. »Jetzt red' i« – ist die populärste Sendung des Bayerischen Rundfunks. Hier können Bürger in einem Wirtshaus ihre Sorgen über den Diskussionsleiter (Schönhuber) an Minister und andere wichtige Personen des Freistaates herantragen.

In einem Brief »Immer die Unsrigen« bezog sich die Frau des Ministerpräsidenten zunächst auf meine Auseinandersetzung mit »Luggi« Waldleitner: »Auch ich verstehe Waldleitner nicht ganz, warum er ausgerechnet Fassbinder/Schygulla heraussuchte. Man muß allerdings in Betracht ziehen, daß der deutsche Film so gut wie ruiniert ist. Sich in dieser Branche das Geld zu verdienen, ist hart. ›Luggi‹ Waldleitner kann auf seine alten Tage nicht umsatteln. Er versteht etwas vom Geschäft. Ich stelle immer wieder fest, daß Menschen, die wie Du im »öffentlich-rechtlichen Bereich« tätig sind, die Motive und vor allem das hohe Risiko eines Kaufmannes nicht recht einschätzen können ...« Eigentlich bedürfte der Produzent dieses Trostes nicht. Er kann sich selbst helfen, das hat er oft bewiesen. Und dann kommt ein bemerkenswerter Hinweis auf die Sendung und mich, der schon fast als Nötigung zu verstehen ist: »Die Sendung darf also nicht ausufern. Es könnte nämlich durchaus mal jemand auf die Idee kommen, derartige Sendungen etwa über Dich oder Deinen ›Freund‹ Mühlfenzl in derselben Manier zu machen.« Und damit ich es auch ganz gewiß verstehe, heißt es unter Hinweis auf Unternehmer, die nahezu alle dem Hause Strauß freundschaftlich verbunden sind: »Die Leistung des einzelnen muß positiv bewertet bleiben, auch wenn sie dem lieben Nachbarn mal nicht paßt. Man sägt sonst den Ast ab, auf dem wir alle sitzen.«

In der Tat: An diesem Ast sägen viele. Ich gehöre jedoch nicht zu diesem medienpolitischen Sägewerk. Zweifellos hat die Landesmutter mit ihrer Kritik an den öffentlich-rechtlichen Anstalten nicht ganz unrecht. Sie hat sich lediglich den falschen Adressaten herausgesucht. Ich verdanke meine Karriere weder einer Partei noch einem Interessenverband, habe das Handwerk von der Pike auf gelernt und mich über 20 Jahre als freier Mitarbeiter betätigt.

Jedermann aber wird kopfschüttelnd die Brüchigkeit des Astes zur Kenntnis nehmen, wenn er liest, daß es Intendanten gibt, die über DM 25000 im Monat verdienen und bereits heute an die DM 17000 monatliche Pension in der Tasche haben. Chefredakteur Helmut Markwort schrieb zu den Erklärungsversuchen einzelner Sendestationen in seiner Zeitschrift »Gong«: »Diese Einwände beweisen, daß es den Sendern gelungen ist, die Vorzüge der privaten Wirtschaft mit den Vorteilen des öffentlichen Dienstes zu einem Tarif der Luxusklasse zu kombinieren.« Die Tatsache, daß die angegebenen Gehälter und Pensionen teilweise über denen der Ministerpräsidenten und des Bundeskanzlers liegen, ließe sich auch so illustrieren: atemberaubende Kletterkünste auf der Gehaltsliste über einem dichtgespannten Absicherungsnetz, kapitalistische Gewinnmaximierung in einem sozialistischen Stützkorsett. Von dieser Selbstbedienungsmentalität wird später noch die Rede sein.

Aber meine Gegner fühlen sich durch die allerhöchste »Haushaltspolitik« gestärkt.

Geschickt beißen sich nun alle an der Stelle meines Buches fest, die – wenn man will – vielleicht mißverständlich interpretiert werden kann. Es ist eine Szene, in der ich über meine Mutter berichte und eine gewisse Entfremdung und momentane Abneigung berichte. Ich bedaure heute aufrichtig, jene Sätze geschrieben zu haben. Ich hätte den Satz eines klugen Jesuitenpaters beherzigen sollen, der zu diesem Thema einmal anmerkte: »Immer die Wahrheit, nichts als die Wahrheit, aber nicht die volle Wahrheit.« Ansonsten habe ich in dem Buch stets meine Liebe und Dankbarkeit gegenüber meiner Mutter zum Ausdruck gebracht. Sie wird im Himmel mit Sicherheit meine Bitte um Verständnis akzeptieren. Aber sie wird sich auch wegen ihrer Ehrlichkeit und Geradlinigkeit der Heuchler schämen, die sie gegen mich mißbrauchen. Ich kenne ja diese Herren, die gerade an bayerischen Stammtischen tränenreich vom »lieben Muadderl« reden, dabei aber keine Hemmungen haben, den Sohn eines anderen »lieben Muadderls« ins Elend zu stoßen. »Die Sentimentalität ist das Alibi der Hartherzigen«, sagt der weltberühmte Wiener Arzt und Schriftsteller Arthur Schnitzler. Diese rührseligen Typen erinnern mich entfernt an Mafiosi, die »la mamma« über alles stellen, ihre Töchter in Klosterschulen bringen, Kirchen finanziell unterstützen, fromme Sprüche loslassen, dabei aber ungerührt ihren Mord- und Totschlaggeschäften nachgehen ... Natürlich gibt es die Mafia bei uns nicht. Hierzulande wird auch nicht umgebracht. Hier wird nur »abgeschossen«.

Während ich dies schreibe, fällt mir ein, über bestimmte Verhaltensweisen unter weiß-blauem Himmel einmal einen interessanten Artikel in der »Welt« gelesen zu haben.

Am 25. Januar 1972 gab nämlich der damalige »Botschafter Bayerns« in Bonn, der Staatsminister Dr. Franz Heubl, dieser Zeitung ein Interview.

Der Journalist richtete dabei die Frage an Dr. Heubl: »Wie charakterisieren Sie, aus der jetzigen Distanz, ihre Landsleute, die Altbayern?« –. Sie sind vital, brutal, sentimental. Der typische Altbayer hat dieses barocke, lebensfrohe Gefühl. Wenn es darauf ankommt, einen Schuß Brutalität zur Durchsetzung seiner eigenen Interessen, und er ist sehr sensibel und empfindlich, was ein Außenstehender nicht versteht.« – »Fühlen Sie sich nach dieser Definition als Altbayer?«

Brillenträger Heubl zögert: »Nein, ich würde diese drei Adjektive nicht auf mich beziehen.«

»Auf Franz Josef Strauß?«

»Ja, auf den ganz sicher.«

Dieses Interview brachte selbstverständlich F.J. Strauß auf die Palme und es kam zu einem gar köstlichen Briefwechsel zwischen den beiden. Heraus kam ein Leserbrief von Herrn Dr. Heubl an die »Welt«. Darin heißt es:

»In der Ausgabe der »Welt« vom 25.1.1972 haben Sie mich in einem Portrait mehrfach zitiert, leider mißverständlich. Ich selbst bin vom Herkommen und Wesen Altbayer und teile uneingeschränkt Vorzüge und Schwächen dieses Volksstammes. Seit beinahe 10 Jahren bemühe ich mich als Bayerns Vertreter in

Bonn, die Vielschichtigkeit dieses liebenswürdigen Landes und seiner Menschen darzustellen und negative Vorurteile, wo immer es nur geht, abzubauen. Wie notwenig das ist, zeigt sich auf in diesem Falle. Gerade aus meiner Kenntnis der Persönlichkeit von Franz Josef Strauß, der politischen Gemeinsamkeit in der Zielsetzung in der Christlich-Sozialen Union und in Anerkennung seiner Leistungen für Bayern und die Bundesrepublik, wollte ich durch mehr Verständnis für die bayerische Wesensart mehr menschliche Gerechtigkeit für ihn erwirken. Franz Josef Strauß hat sie ganz sicher verdient, weil er mehr als jeder andere ungerechtfertigt in der Schußlinie seiner Gegner liegt.«

Herr Präsident: Sie mögen zwar vom Herkommen Altbayer sein, von der Wesensart sind Sie's nicht. Die weist nach Byzanz!

Im übrigen, in meinem Fall haben sich die Herren Politiker, die mit dem »Fall Schönhuber« befaßt waren, weniger Mühe gemacht. Da hat man geglaubt, was man glauben wollte. Ich grüble: Auf wen wohl trifft das »vital, brutal, sentimental« zu?

7.
Die Kollegen

In Grafenau, einem idyllischen Ort im tiefsten Bayerischen Wald, wo auch Willy Brandt einmal seinen Urlaub verbracht hat, treffen sich Mitglieder des Bayerischen Journalisten-Verbandes, um über mich den Stab zu brechen. Sie wollen mir den Ehrenvorsitz im Bayerischen Journalisten-Verband aberkennen. Ich weiß von vornherein, daß ich keine Chance habe, fahre mit wenigen meiner Freunde lustlos und halbherzig nach Grafenau. Doch, kampflos sollen sie mein Fell nicht kriegen.

Von über 2000 Mitgliedern sind etwa 160 anwesend. Der Vorsitzende, Dr. Erich Geiersberger, seines Zeichens Landfunkredak-

Vor dem Konflikt:
Rechts der Nachfolger, Dr. Erich Geiersberger, jetziger Vorsitzender des Bayerischen Journalisten-Verbandes im Gespräch mit einem Kollegen und dem Autor.

Bayerischer
Journalisten-Verband e.V.

Herrn
Franz Schönhuber
Knöbelstr. 28

8ooo München 22

Seidlstraße 8/VI. Stock
8000 München 2
Telefon (089) 59 63 27

Bürozeit:
täglich von 9-17 Uhr
Samstag geschlossen

Datum

24.11.81

Sehr geehrter Herr Schönhuber,

der Vorstand des Bayerischen Journalistenverbandes hat mit
Befremden und Betroffenheit Ihr Buch "Ich war dabei" zur Kenntnis
genommen und distanziert sich nachdrücklich von Form und Inhalt.

Er sieht vor allem durch den Bezug auf Ihre Tätigkeit als Vorsitzender des BJV im Klappentext des Buches das Ansehen des Verbandes und des Berufsstandes geschädigt.

Daher fordert Sie der Vorstand auf, den Ehrenvorsitz im BJV
umgehend niederzulegen.

Hochachtungsvoll

Dr. Erich Geiersberger
1. Vorsitzender des BJV

Walter Schatz
Stellvertretender Vorsitzender

Oskar H. Metzger
Stellvertretender Vorsitzender

Horst Beloch
Schatzmeister

Norbert Möller
Schriftführer

Bankkonto: Bayerische
Hypotheken- und Wechsel-
Bank Nr. 5803380599
(BLZ 700 200 01)
Postscheckkonto: München
11141-807

teur und selbsternannter Agrar-Historiker, erzählt der staunen-
den Kollegenschaft, daß er das Buch gleich dreimal während der
Lektüre an die Wand geworfen habe. Warum er denn nicht gleich

in den Teppich gebissen habe, sollte dazu bissig später ein Kollege schreiben.

Auch hier in Grafenau haben die meisten der Anwesenden das Buch nicht gelesen. Aber alle meine Gegner reden fleißig mit, werfen mit aus dem Zusammenhang gerissenen Zitaten um sich. Ich muß an Ernst Jünger denken, der einmal gesagt hat, mit Zitaten könne man sogar Johann Wolfgang von Goethe zu einem Pornographen machen. Den Hauptstoß gegen mich führt der ehemalige SPD-Bundestagsabgeordnete und ehemalige Generalsekretär des Europa-Rates, Kahn-Ackermann, der in kaum zu überbietender Gehässigkeit auf mich losgeht.

Der Vorstand tut sich in Grafenau bei den Emotionswellen schwer, den Kopf über Wasser zu halten. Von demokratischem Procedere kann keine Rede mehr sein. Der Bezirksvorsitzende von Niederbayern/Oberpfalz, Gerhard Blaschke, stellt den Antrag, die Versammlung zu befragen, wer denn das Buch überhaupt gelesen habe? Längere Debatte. Antrag wird zurückgewiesen. Grund einleuchtend. Man will sich die Stimmung nicht kaputt machen, die Lächerlichkeit des Vorgehens nicht aktenkundig werden lassen. Unmittelbar vor meinem Schlußwort erfolgt der Antrag auf Schluß der Debatte. Er wird angenommen. Dazu bemerkt ein anwesender Politiker: »Wenn wir im Parlament so vorgehen würden, dann möchte ich wissen, was die Herren Journalisten sagten.« Mit Freude stelle ich fest, daß nicht wenige Kollegen von »Radio Freies Europa« für mich stimmten. Sie hatten Hexenjagden in ihren Herkunftsländern erlebt und verachten gelernt. Etwas später wird übrigens ein sehr fairer, etwa einviertelstündiger Bericht über mein Buch und den Autor von diesem Sender nach Ungarn ausgestrahlt. Autor ist der berühmte, politisch und rassisch verfolgte Dramaturg Peter Halasz.

Mutig gegen die Emotionswellen kämpft auch der polnische Kollege Kazimierz Zamorsky an. Man läßt ihn nicht bis zum Ende sprechen. Hier sein Beitrag im Wortlaut:

»Ich bin Pole und als solcher kann ich wenig Sympathien weder für die roten noch braunen SS-ler haben. Wenn ich jetzt das Wort ergreife, ist es nicht für oder gegen die SS; hier bin ich nicht neutral.

Was für mich wichtig ist, sind Prinzipien. Prinzipien, meine Damen und Herren, sind etwas sehr Ernstes und als solche sind sie mit Emotionen nicht vereinbar. Leider sehe ich in der ganzen Schönhuber-Affäre lauter Emotionen. Man hat mir erzählt, daß der Beschluß, Schönhuber wegen seines Buches, und ich wiederhole: wegen seines Buches, zur Abgabe des Ehrenvorsitzes aufzufordern, vom Vorstand einstimmig gefaßt wurde. Schade. Ich bin enttäuscht. Nicht eine einzige Stimme kühler Überlegung, lauter Emotionen. Dr. Geiersberger hat neulich meiner Fachgruppe erzählt, er mußte, er wollte nicht, er mußte das Buch lesen, und weil er es las, verließen ihn die Nerven, und er mußte das Buch mehrere Male gegen die Wand schmeißen. Emotionen, meine Herrschaften, wieder Emotionen.

Ich habe das Buch noch nicht gelesen, ich war mit meinem eigenen ›Ich war dabei‹ im RFE* beschäftigt. Meine Frau hat es gelesen und mir erzählt. Ich möchte hinzufügen, daß sie während des Krieges unter den Braunen gelitten hat. Nicht ein einziges Mal hat sie das Buch gegen die Wand geschmissen, obwohl auch sie Bedenken über dies und jenes hatte. Sie hat im Buch aber eine Warnung vor der Wiederholung des Schrecklichen gelesen.

Merkwürdige Dinge passieren in dieser Bundesrepublik. Da erscheint ein Buch über ›Sieben Leben‹ eines Ernesto Guevara, genannt Che, und dieses Buch erhält den Deutschen Jugendbuch-Preis. Obwohl überall bekannt ist, daß der berühmte Che kein Freund der demokratischen Ordnung war, erhebt sich weder gegen das Buch noch gegen die Verleihung des Preises eine Stimme; alles scheint in Ordnung zu sein.

Dann erscheint ein Buch über, ich weiß nicht wieviele Leben eines Schönhuber, genannt Franz, von dem man weiß, daß er kein

*Radio Free Europe

68

Feind der demokratischen Ordnung ist, und da erhebt sich ein Wirbel der Proteste und Verurteilungen.

Man sagt, er erzähle schmutzige Dinge. Ein James Joyce oder ein Nabokov ist er bei weitem nicht. Man sagt, er verherrliche die Waffen-SS, ein Symbol der Nazi-Ordnung. Soll es zutreffen, dann müssen wir auch Adenauer zur Verantwortung ziehen; steht im Buch, schlagen Sie nach.

Die Meinungen sind geteilt. Und was tun wir, die dieses System verurteilen und laut erklären, daß wir Demokraten sind und zur Freiheit der Meinung stehen? Wir wenden die Methode an, die wir angeblich verurteilen. Wir verbannen das Buch. Wir verurteilen den Mann, weil er das Buch geschrieben hat. Das ist sein Verbrechen. Er hat keinen Menschen umgebracht, er hat nicht gestohlen, er hat nur ein Buch geschrieben. Das ist der erste Schritt: die Folgen können schlimmer sein. Haben wir schon die Zeiten vergessen, als Bücher, manchmal samt Verfasser, verbrannt wurden?

Man sagt, man wolle Schönhuber nicht zu hart bestrafen. Man will ihm nur den Ehrenvorsitz wegnehmen. In anderen Worten, man will ihn nur halb kastrieren. Hier sehe ich eine Inkonsequenz: Ist er ein Sünder, oder ein Halbsünder?« (An dieser Stelle wird er vom Vorsitzenden unterbrochen: Seine Redezeit ist abgelaufen.) Er kann nur noch sagen: »Ich schlage vor, den Antrag in Sachen Schönhuber zurückzuziehen.«*

Der letzte Absatz seines Beitrages, den er nicht vortragen konnte, lautet:

»Meine Damen und Herren, in der ganzen Angelegenheit spüre ich entweder persönliche Abrechnung oder Unausgewogenheit. Vor allem spüre ich Emotionen. Diese sind ein schlechter Ratgeber. Lassen wir uns von Emotionen nicht zu weit treiben.«

Zamorsky hat später, wie er mir sagte, das Buch gelesen. Er teilte die Meinung seiner Frau. Und er weiß, wovon er spricht. Kazimierz Zamorsky ist nicht irgendwer. Er saß während des Krieges

69

zwei Jahre lang in sowjetischen Lagern, am Schwarzen Meer und am Eismeer. Später kämpfte er mit der polnischen Armee von General Anders in Italien gegen die Achsenmächte. Er dürfte der erste gewesen sein, der die Verhältnisse im sowjetischen Gulag während des Krieges geschildert hat. Der amerikanische Historiker David Dullin schrieb 1949 in seinem Buch Kolyma – »Gold and Forced Labor in the USSR« über Zamorsky: »Eines der bedeutendsten Bücher, das jemals über sowjetische Lager erschienen ist«: »La justice soviétique« (»Die sowjetische Justiz«), das 1945 in Rom herauskam.

Was zählt gegen das Urteil von Zamorsky und seiner Frau, die von den Deutschen während des Zweiten Weltkrieges zwangsverschleppt wurden, die Verurteilung durch Journalisten, die diese Zeit zum Teil nur vom Hörensagen kennen? Bezeichnend für die Unduldsamkeit vieler Kollegen war, daß sie diesen Mann, der Geschichte hautnah und schmerzlich erlebte, niederschrien und ihm sogar das Wort entzogen: »Der Narben lacht, wer Wunden nie gefühlt«, wußte schon Shakespeare zu sagen ...
Der »Sieg« für den Verband fiel dünner aus als erwartet. 89 waren für die Aberkennung, 56 dagegen und 10 enthielten sich der Stimme.
Ich trete aus dem Verband aus. Der Vorsitzende des Bezirkes Niederbayern/Oberpfalz, Gerhard Blaschke, tritt ebenfalls zurück und verläßt den BJV. Desgleichen aus Gründen der Solidarität die meisten der in meinem Bereich arbeitenden Mitglieder der BJV.
Auf der Rückfahrt bei strömendem Regen höre ich mit meinem Freund Felix Heidenberger einen Kurzbericht in meinem Heimatsender von der Tagung in Grafenau. Natürlich wird von mir keine Stellungnahme eingeholt. Das Spiel ist grotesk. Eine Zeitschrift schreibt: »Die Reichsschrifttumskammer unseligen Andenkens läßt grüßen.« Der Würzburger Verleger, einziger Ehren-Landrat der Bundesrepublik Deutschland und Oberbürgermeister a. D., Dr. Michael Meißner, schreibt voller Empörung an den Vorstand:

»Als ich von Ihrem Beschluß las, Franz Schönhuber den Ehrenvorsitz Ihres Verbandes abzuerkennen, habe ich dessen Buch ›Ich war dabei‹ ein zweites Mal gelesen. Ihre negative Beurteilung ist mir ebenso unverständlich wie die übersteigerte, schon beinahe pathologisch anmutende Inanspruchnahme des Werkes von rechtsextremen Kreisen für ihre politische Weltanschauung. Beides zeigt, daß wir Deutschen auch heute so wenig wie je imstande sind, zu den Dingen der Umwelt objektiv und frei von jeder Ideologie Stellung zu nehmen. Ein Herr Geiersberger, der die ›Schönhubersche Literatur vor Wut über den Inhalt an die Wand geworfen haben will‹, ist für mich ein Fall gefährlicher Hysterie oder tiefsitzenden Neurotikertums. Mir selbst scheint das Buch nach zweimaligem Lesen einer der wenigen ernsthaften Versuche zu sein, über die damalige Zeit, die ich in allen Phasen bewußt miterlebt habe, wahrheitsgemäß und ohne Schonung der eigenen Person zu berichten.

Daß ich selbst, was die Einstellung zum Nazismus anlangt, über jeden Zweifel erhaben bin, brauche ich vermutlich nicht darzutun (mein eigener Vater wollte mir eine geladene Pistole in das Untersuchungsgefängnis Würzburg bringen, und ich wurde nur durch die einmalige Großtat eines Freundes im letzten Augenblick aus den Fängen der Gestapo gerettet, was ich in meinem, in 2. Auflage vergriffenen Buch ›30 Jahre danach‹ geschildert habe) ...

Nun darf man zu einem Buch subjektiv Stellung nehmen wie man will: De gustibus non est disputandum. Aber was Sie als freie Schriftsteller, die noch dazu ausersehen sind, Toleranz zu üben und zu verbreiten, beschlossen haben, ist so schauerlich, daß man über eine solche Ausübung der von der Verfassung gewährten Gewissensfreiheit und der Freiheit von Wort und Schrift verzweifeln möchte. Sie waren es doch, die Franz Schönhuber aufgrund seines Charakters, seines journalistischen Gewissens und seiner schriftstellerischen Fähigkeiten zu Ihrem Ehrenvorsitzenden gewählt haben. Wenn Sie ihn nun mit Mehrheit verurteilen, so kann man nur zu Ihren Gunsten annehmen, daß die Urteilenden vom

Dritten Reich und seinen Zwängen keine Ahnung hatten, denn anders müßte man fürchten, daß wenig edle Beweggründe Ihren Entschluß herbeigeführt haben.

Sich auf den Mund zu schlagen, wenn man unrecht gehabt hat, ist ehrenvoller als im Unrecht zu verharren. Auch wenn ich wenig Hoffnung auf Erfolg habe, so möchte ich doch anregen, Ihren Entschluß zu revidieren, denn im anderen Fall glaube ich nicht, daß Sie sich persönlich und Ihrem Verband zu Ehren verhelfen.«

Aber Haß macht blind und bösartig. Dies beweist das Organ des Deutschen Journalisten-Verbandes (DJV), der »Journalist«. Eine mit persönlichen Tiefschlägen versehene Kritik durch den Chefredakteur der »Bayerischen Staatszeitung«, Dr. Karl-Heinz Lange, wird umrahmt von zwei Bildern, die junge Rechtsradikale grüßend vor einem Hitlerbild zeigen. Der Zweck ist klar, man will mich auch optisch in die »Abseitsfalle« bringen. Doch die Verantwortlichen dieses »Standesorgans« haben diesmal Pech. Ein paar mißtrauische Kollegen kommen auf die Idee, die Bilder anzufordern, um sich auch den Text der Rückseite anzuschauen. Und was ist da zu lesen? »Achtung, an alle Redaktionen: Das Bild ist von uns gestellt. Die Uniformen können auf dem Hamburger Flohmarkt erworben werden.« Gez. Sven Simon, Presseagentur.

Die ausländische Presse hat sich sicher auf dieses Bild gestürzt. Da sieht man's, die bösen Deutschen!! Und wieder einer von den »Unbelehrbaren«! Überflüssig zu erwähnen, daß niemand meinen Hinweis abdrucken will, daß mein Buch auf der extremen rechten Seite die gleiche Ablehnung erfährt wie auf seiten der extremen Linken. Wie sagte einmal Lenin? »Die Wahrheit ist ein bourgeoises Vorurteil. Eine Lüge wird durch das zu verfolgende Ziel gerechtfertigt.« Hitler lieferte dazu die Ergänzung:»Gewissen ist eine jüdische Erfindung.« Verschiedene Brüder, gleiche Kappen! Den Hinweis auf Dr. Goebbels möchte ich mir ersparen. So plump wäre bei ihm jedoch eine Bilderfälschung sicher nicht ausgefallen!

Journalisten und SPD gegen Schönhuber

Verband: Abgabe des Ehrenvorsitzes / Rothemund: Politisch blind

Mit dem „vergeblichen Versuch, einem Pamphlet demokratische Seiten abzugewinnen," hat sich Karlheinz Lange, Chefredakteur der „Bayerischen Staatszeitung" und Mitglied des DJV-Bundesvorstandes, abgemüht.

Das fatalste Buch des Jahres

Mit „Ich war dabei", hat der Hauptabteilungsleiter im Bayerischen Fernsehen, Franz Xaver Schönhuber, ein Buch betitelt, das Autobiographie und Pamphlet in einem ist und wohl auch sein sollte (Langen/Müller, München, 34 DM). Die „Deutsche Nationalzeitung" hat es zum „Buch des Jahres" hochgejubelt. Gegen Beifall von der fal-

MÜNCHEN (SZ) – Franz Schönhuber, Hauptabteilungsleiter im Bayerischen Rundfunk (BR), ist vom Vorstand des Bayerischen Journalisten-Verbandes (BJV) aufgefordert worden, den Ehrenvorsitz in dieser Organisation „umgehend niederzulegen". Der BJV-Vorstand distanzierte sich gleichzeitig nachdrücklich von Form und Absicht des vor kurzem veröffentlichten Schönhuber-Buches „Ich war dabei". Er sieht in diesem Buch das Ansehen des Verbandes und „des ganzen Berufsstandes schwer geschädigt". In „Ich war dabei" berichtet Schönhuber unter anderem von seiner Mitgliedschaft in der Waffen-SS, die er bei der Vorstellung des Buches gegen Angriffe und Herabsetzungen verteidigte.

Der SPD-Landesvorsitzende Helmut Rothemund teilt in einer Erklärung die Ansicht des Journalisten-Verbandes. Schönhuber habe sich mit seinem Buch selbst disqualifiziert. Daß dieses eine Sammlung von Peinlichkeiten und Geschmacklosigkeiten darstelle, „mag noch Schönhubers Privatsache sein". Dieses „Werk" atme jedoch einen Geist, mit dem Sozialdemokraten nichts gemein hätten. Es sei der Geist der Gestrigen, die nichts dazugelernt hätten.

Schönhuber sei „gewiß kein Faschist, aber sein Buch ist geeignet, vor allem junge Menschen wieder verführbar für solche Ideologien zu machen". Er singe ein Hoheslied auf die Waffen-SS, übersehe aber deren schreckliche Rolle im Gefüge des

Nazismus. Dadurch entstehe der Eindruck, die Mitglieder der Waffen-SS seien nur mutige Pfadfinder gewesen, stellte Rothemund fest. „Wer Werte wie Mut und Tapferkeit derart isoliert sieht und nicht berücksichtigt, wozu diese Tugenden dienten, der ist politisch blind. Dies ist um so bedenklicher, weil Schönhuber solches Gedankengut mit dem Gewicht eines leitenden Fernsehjournalisten verbreitet."

Forderung des BJV abgelehnt

Die Forderung des Bayerischen Journalistenverbandes wurde von Schönhuber abgelehnt. Schönhuber erklärte, er denke nicht daran, den Ehrenvorsitz niederzulegen. Dies habe er dem Verbandsvorstand inzwischen schriftlich mitgeteilt. Der Verbandsvorstand habe die Aufforderung beschlossen, ohne ihn vorher zu dem Thema anzuhören. Sein vor sechs Wochen erschienenes Buch bezeichnete Schönhuber als „zutiefst antifaschistisch". Es verfolge das Ziel, „die Jugend vor solchen Situationen zu warnen und auf die Gefahren von rechts und links aufmerksam zu machen". Jemand, der dabei gewesen sei, könne dies besser als andere.

So wird manipuliert:
Ein gestelltes Bild wird in Zusammenhang mit dem Buch des Autors gebracht.

Zu den organisierten Aktionen gegen mich und mein Buch möchte ich nochmals Arno Plack zitieren. Unter der Überschrift »Rückwärtsgewandter Mut« schreibt er:

»Es ist schon notwendig, daß wir Hitler, vor allem den Hitler in uns selbst, überwinden. Aber es könnte sein, daß Hitler einmal zu oft, einmal zu ostentativ, zu theatralisch und zu aggressiv besiegt wird. Hitler wird immer noch besiegt von jenen anpassungsfähigen Charakteren, auf die gerade das Hitlerreich sich gestützt hat: Leute, die wissen, wo ›oben‹ ist und die ihr politisches Engagement nur in einer Richtung bekunden, die persönlichen Erfolg verspricht und voranbringt. Mutige Antifaschisten, die zu den gegenwärtigen Mißständen schweigen, ›bewältigen‹ immer wieder aufs neue die ›unheilvolle Vergangenheit‹. Solcher Mut vor einem autoritären Regime, das nicht mehr aufsteht und das in dieser Form auch nicht mehr wiederkehren dürfte, ist ungefährlich, bringt aber doch gewisse Prämien für rechtschaffene demokratische Gesinnung. Wer im Dritten Reich noch zu jung oder durch Kriegsdienst davon abgehalten war, in der damals herrschenden Hierarchie über den Fähnleinführer hinaus aufzurücken, der kann heute mit nach rückwärts gewendetem Widerstand einen Hauch von versäumtem Heldentum auf sich ziehen. Gegen den braunen Terror lassen sich immer noch markige Worte finden, die den Redner als eine Säule der ›freiheitlich demokratischen Grundordnung‹ ausweisen. Aber schon gegen den Terrorismus der jungen Desperados wird der ewige Mitläufer sich nicht deutlich erklären, teils aus der Angst, andernfalls selbst eines Tages eine Bombe unter dem Auto zu haben, teils aus der ungewissen Erwägung, daß man nicht wissen könne, ob die Terroristen von heute nicht die Märtyrer und Helden von morgen sein werden.«

Aber es gibt auch noch Zeichen von Ermutigung und Solidarität. Von dem Landshuter Landrat Geiselbrechtinger angeregt, faßt der Kreistag mit den Stimmen aller Parteivertreter eine Resolution für mich, wendet sich einstimmig gegen »berufliche Benachteiligung und fadenscheinige Indizierungsbestrebungen«.

Soweit war es nun gekommen: Nach dem in Aussicht gestellten Posten eines Chefredakteurs hatte ich nun auch den des Ehrenvorsitzenden verloren. Was hatte ich wohl als nächstes zu erwarten?

8.
Die versuchte Indizierung

Nachdem die CSU-regierte Landeshauptstadt München mit gutem Grund einen Indizierungsantrag zurückgezogen hatte, springt jetzt das Jugendamt der CDU-regierten Stadt Düsseldorf in die Bresche und richtet einen förmlichen Antrag an die Bundesprüfstelle für jugendgefährdende Schriften in Bonn, dem sich alsbald das Jugendamt der SPD-regierten Stadt Hamburg anschließt.

Was Tendenzjournalismus ist, mag der Leser aus folgendem Interview eines ZDF-Reporters mit dem Leiter der Bonner Prüfstelle für jugendgefährdende Schriften, Rudolf Stefen, entnehmen. Hier ein Auszug!

ZDF-Frage:

»Es gibt ein Buch, ich finde, da sind Sie wirklich zu spät gekommen. Jetzt ist es schon fast wieder verwerflich, das Buch zu zeigen. Ich halte es für äußerst gefährlich, weil da jemand ohne Distanz über seine Zeit bei der Waffen-SS geschrieben hat, ein Fernsehjournalist in Bayern übrigens, der inzwischen aus seinem Dienst gehen mußte. Also dieser Autor, wir lassen ihn mal unbenannt, und sein Buch ›Ich war dabei‹, nämlich bei der Waffen-SS, dieses Buch ist immerhin schon auf dem Markt, jetzt ist gerade die 6. Auflage erschienen, seit Oktober '81. Wann wird denn mal darüber verhandelt, bei der Prüfstelle?«

Antwort:

»Für eine gute Tat ist es nie zu spät. Verhandelt wird darüber am 2. September aufgrund eines Antrages des Jugendamtes Düsseldorf. Wir hatten Anfang des Jahres einen Antrag von einem anderen Jugendamt, der ist aber dann zurückgenommen worden.«

Es vergeht kaum ein Tag, an dem nicht Hinweise auf das Indizie-

Kommt das Schönhuber-Buch auf den Index?

Bundesprüfstelle entscheidet im April über umstrittene SS-Erinnerungen

München/Bonn (dpa). Die Bundesprüfstelle wird am 22. April darüber entscheiden, ob das Buch des stellvertretenden Chefredakteurs des Bayerischen Rundfunks, Franz Schönhuber, über seine Zeit bei der Waffen-SS auf den Index kommt.

Der Bayerische Journalistenverband (BJV) wird auf einer Landesversammlung in Grafenau am 13. März über einen Antrag der Vorstandschaft entscheiden, Schönhuber wegen seiner SS-Erinnerungen den Titel eines Ehrenvorsitzenden ab-

Memoiren nur unterm Ladentisch?

Schönhubers SS-Buch soll auf den Index - Bundesprüfstelle entscheidet Ende April

Die Bundesprüfstelle wird am 27. April darüber entscheiden, ob das Buch des stellvertretenden Chefredakteurs des Bayerischen Rundfunks, Franz Schönhuber, über seine Zeit bei der Waffen-SS auf den Index kommt. Das wurde von der Bundesprüfstelle bestätigt.

die Indizierung von Büchern vor, die den Krieg, das NS-Regime oder die Gewalt verherrlichen.

Die Rundfunk-Fernseh-Film-Union (RFFU) hat den Intendanten des Bayerischen Rundfunks (BR), Reinhold Vöth, wegen dessen Haltung zu Schönhuber attackiert. Vöth und der BR-

Franz Schönhuber, stellvertretender Chefredakteur des Bayerischen Rundfunks und Buchautor.

Elemente des Faschismus sich in diesen Divisionen schlugen, die mit ihren Kameraden aus Südosteuropa eine Stärke von einer halben Million erreichen. Sie waren in der Mehrzahl keine Nazis. Kadavergehorsam war ihnen fremd. Geprägt waren sie von demokratischen Traditionen ihrer Herkunftsländer. Sie waren auch keine blinden Anhänger Deutschlands. Von einigen Abenteurernaturen und ewigen Landsknechten abgesehen strömten sie zu den Einheiten, um ihren Vaterländern einen besseren Platz in der Neuordnung Europas zu sichern. Sie kämpften fair und ritterlich. Es ist eine historische Tatsache, daß diese Freiwilligen bei keinen grausamen Handlungen be-

Ist Schönhuber so schlimm?

Von Wolf Heckmann

Was im Münchner Rathaus vorgeht, war schon oft recht amüsant. Nun streiten sie wieder: Der Sozialreferent der Landeshauptstadt, Stadtrat Hans Stützle, hat den ihm untergebenen Leiter des Stadtjugendamtes aufgefordert, seinen Indizierungsantrag gegen das Buch „Ich war dabei" von TV-Boß Franz Schönhuber zurückzuziehen.

Nanu? Reden die eigentlich nicht über sowas? Jedenfalls hat die Republik wieder einmal etwas, worüber sie sich auf Kosten der Bayern amüsieren kann.

Der Schönhuber Franz hat ein Buch geschrieben, das keineswegs unbedenklich ist. Er setzt sich mit seiner Vergangenheit als 19jähriger Freiwilliger der Waffen-SS auf eine Weise auseinander, die zwar ehrlich, aber gelegentlich auf

Stützle: Kein Indizierungsantrag für Schönhuber-Buch

Sozialreferent Hans Stützle hat es abgelehnt, bei der Bundesprüfstelle für jugendgefährdende Schriften einen Indizierungsantrag für das heftig umstrittene Buch des Fernsehredakteurs Franz Schönhuber „Ich war dabei" zu stellen. Eine entsprechende Anweisung, den Indizierungsantrag zurückzuziehen, erteilte Stützle dem Leiter des Stadtjugendamtes, Gundolf Seidenspinner. Eine Indizierung des strittigen Buches hätte zur Folge, daß dieses weder öffentlich ausgelegt noch dafür geworben werden darf. Eine solche Forderung wurde – wie berichtet – seitens der Deutschen Journalisten-Union in München an das Stadtjugendamt herangetragen. Doch Stützle sieht die „rechtlichen Tatbestände", die für eine Indizierung erfüllt sein müssen, als nicht gegeben an. ko

fast fatale Weise mißverständlich ist. Zumindest jungen Lesern, so schrieb die AZ, sollte man dieses Buch nicht ohne „Gebrauchsanweisung" in die Hand g[...]

Nur [...] dem [...] und de [...] in den [...] Vorgar [...] herrlic [...] Münch [...] ausgere [...] huber?

Es is mut[...] fentlich Schön[...] komm[...] nur ei[...] doch n[...] gen ur[...] an, der

Hexenjagd heute

Franz S c h ö n h u b e r, Autor des Buches „Ich war dabei", das sich im wesentlichen mit der Waffen-SS auseinandersetzt, muß mehr und mehr „Sanktionen" über sich ergehen lassen. Dem Fernseh-Hauptabteilungsleiter und stellv. Chefredakteur wurde nun der Ehrenvorsitz im Bayerischen Journalistenverband (BJV) aberkannt, was dieser mit seinem Austritt, dem mindestens 12 seiner Kollegen spontan folgten, beantwortete. Von ca. 2000 Mitgliedern des BJV stimmten in Grafenau 89 für die Aberkennung, 55 lehnten diesen erstaunlichen Entscheid jedoch ab. Der BJV und sein Vorsitzender Erich Geiersberger stellten sich damit ein Zeugnis aus, das Meinungsfreiheit ausschließt. Zu allem Überfluß wertete Geiersberger diese Reaktion „als einen längst notwendig gewesenen Erneuerungsprozeß" seines Verbandes, was alles besagt. Schönhuber dagegen sieht darin eine „Gleichschritt", hinter dem eine „Reichsschrifttumskammer" winkt".

Zudem sieht Schönhuber nun doch noch einem Indizierungsverfahren entgegen. Nachdem das Stadtjugendamt München eine entsprechenden Antrag abgelehnt hat, soll angeblich nunmehr das Stadtjugendamt Bonn in die Bresche dieser Art Verfolgung eingesprungen sein, wovon Schönhuber erst in der Pressekonferenz am 15. März in München erfuhr. Dem Verfahren darf mit Zuversicht entgegengesehen werden, das kaum zu einer Indizierung des Buches führen wird. Inzwischen hat sich Bundesminister Josef Ertl positiv zu Buch und Autor geäußert „Respekt und Anerkennung für seinen Beitrag zu einer notwendigen offenen und ohne Heuchelei zu führenden Diskussion" gezollt. Franz Schönhuber ist nicht der Mann, der seinen Widersachern erliegt. Auf sein neues Buch „Die Antwort", das 1983 erscheinen soll und sich u. a. mit seinen Gegnern beschäftigen wird, darf man schon heute gespannt sein.

rungsverfahren in der Presse stehen. Ein »unabhängiger« Gutachter, beileibe kein Zeitgeschichtler, sondern Verwaltungsjurist, Sohn eines deutschen Emigranten in der Schweiz, helvetischer Staatsbürger und Unteroffizier der Schweizer Armee mit Lehrauftrag an der ultralinken Universität in Bremen, schreibt in Briefform ein Gutachten. Von diesem einmaligen »Zeitdokument« Professor Schefolds ist ein Satz wert, zitiert zu werden: »Insgesamt ist die Darstellung des Krieges durch die völlige Identifikation mit dem deutschen Standpunkt geprägt.« Die Wertung dieses Satzes überlasse ich dem Leser.

Neben Professor Buchheim, auf dessen Zeugnis ich bereits hingewiesen habe, schreibt nun Heinz Höhne vom »Spiegel«, der Verfasser des Standardwerks »Der Orden unter dem Totenkopf«:

»Ihr Buch hebt sich deutlich von der Rechtfertigungsliteratur ab und gehört auf eine Stufe, auf der beispielsweise das hoch gelobte Buch Ihres französischen Ex-Kameraden Christian de la Maziere (›Ein Traum aus Blut und Dreck‹) angesiedelt ist, dessen Veröffentlichung in der Bundesrepublik keinerlei Bedenken erregt hat.«

Professor Dr. Hellmut Diwald meint unter anderem:

»Sein Charakter als einer Autobiographie nicht rein privater Art, sondern die in engstem Zusammenhang mit den allgemeinen Geschehnissen bleibt, von denen das Leben des Autors bestimmt wurde, machen es aufgrund seines hohen intellektuellen Niveaus zu einem Dokument von zeitgeschichtlichem Rang.«

Der Politologie-Professor an der Ruhr-Universität in Bochum Dr. Bernard Willms stellt fest:

»Verbrechen werden als solche erkannt und verurteilt. Franz Schönhuber kämpft gegen pauschale Bewertungen und moralisierende Vorurteile. Es ist der gleiche Kampf, den auch die seriöse zeitgeschichtliche Forschung führt.«

Der Kommunikationswissenschaftler Professor Dr. Karl Steinbuch führte unter anderem aus:

»Schönhubers Buch berichtet – vergleichbar Grimmelshausens ›Simplizissimus‹ und Remarques ›Im Westen nichts Neues‹ – über die Erlebnisse eines deutschen Soldaten in einem schrecklichen Krieg.«

Ebenfalls positiv äußert sich der Ingolstädter Zeitgeschichtler Dr. Alfred Schickel.
Mit Wut im Bauch bereite ich mich auf die Verhandlung bei der Bundesprüfstelle in Bonn vor. Der Antrag hatte mich bereits genug Zeit und Geld gekostet. Ich muß lange mit mir kämpfen, um nicht den Bonner Prüfern einen Brief zu schreiben, daß ich mich weigere, zu einem solchen Possenspiel zu erscheinen. Schließlich siegt die Vernunft, woran mein Rechtsanwalt und vor allem meine Frau einen großen Anteil haben. Ausschlaggebend ist letztlich aber meine Sorge um den Ruf meiner Familie. Gerade sie, dabei vor allem meine Kinder, haben unter der monatelangen Hetzjagd zu leiden. Natürlich wird auch in den Schulen über ihren Vater gesprochen. Kinder können grausam sein, und sie geben oft gedankenlos weiter, was sie zuhause aufgeschnappt haben, und so fragte mancher Schulkamerad in aller Unschuld: »Was hat er denn Schlimmes angestellt?« Meine Kinder erzählen von diesen Gesprächen nur andeutungsweise. Sie sind taktvoll, sie wollen mich nicht kränken und noch mehr belasten. Aber sie verteidigen mich stets eisern, selbst wenn ihnen gelegentlich Zweifel an der Richtigkeit meines Handelns kommen.
Ich freue mich über sie, daß sie alles so gelassen wegzustecken versuchen und die ganze Angelegenheit von der sportlichen Seite nehmen. Werde ich doch einmal eingeladen, so kommt es vor, daß mein Sohn mit gutmütigem Spott sagt: »Um wieviel Sitzreihen bist jetzt wieder zurückgerutscht?«
Wie gut, daß sich die Jugend der Zeit anzupassen versteht. Sie hat einige »heilige Kühe« geschlachtet, die meine Generation begleitet haben. Für viele meiner Altersgenossen bedeutet, z. B. ar-

beitslos zu sein, einen Makel. Nicht nur in der Fama, sondern auch in der Realität, gibt es Menschen, die ausgerüstet mit einem Butterbrot, stundenlang ziellos in den Parkanlagen herumstreiften, um abends pünktlich um 6 Uhr wieder zu Hause zu sein – damit nur der Nachbar nichts merkt.

Ich muß an meinen Vater denken – wie er arbeitslos wurde. Ich beobachtete seine Reaktionen und verstand nicht, warum er so wahnsinnig darunter litt. Er war wegen seiner Offenheit, auch in politischer Hinsicht, aus dem Dienst des Städtischen Schlacht- und Viehhofes von Dresden entlassen worden. Wieder in München, ging er zu seinen ehemaligen Parteigenossen aus der sogenannten »Kampfzeit«. Ihre Antworten habe ich noch heute in meinen Ohren: »Xaver – persönlich stehe ich hinter dir, das weißt du ja. Ich würde dir auch gerne helfen, aber du hast halt auch ein paar Fehler gemacht.« Der letzte Satz diente bereits zur Vorbereitung eines Alibis für unterlassene Hilfeleistung. Natürlich hatten sie nur die Argumente des Arbeitgebers übernommen ... Parallelen?

Nur, meines Vaters Situation war ungleich schwerer. Die Situation der Arbeitslosen von heute ist mit der, besonders von vor 1933, nicht zu vergleichen. Damals hieß Arbeitslosigkeit Hunger ...

Den Anstoß zu den später folgenden Indizierungsanträgen gibt der Direktor des Münchner Stadtjugendamtes, Dr. Gundolf Seidenspinner. So unglaublich es auch klingen mag: Er will mein Buch auf den Index bringen, ohne es vorher gelesen zu haben! Seit dem 28.2.1983 ist er Professor für Sozialpädagogik an der Fachhochschule Landshut. Hoffentlich liest er dort die Arbeiten seiner Schüler, bevor er sie zensiert!

Im übrigen wird ihm für sein Tun trotzdem Mut bescheinigt. Diesmal von einer Dame der FDP, einer Stadträtin, von der man sonst nie etwas hört. In diesem Zusammenhang muß auch eine Dame namens Büttner erwähnt werden. Durch sie kommt meine Tochter in eine äußerst belastende Situation. Um das Thema »In-

dizierung von jugendgefährdenden Schriften« besonders praxis-
orientiert zu gestalten, lädt die Geschichtslehrerin des Gymna-
siums, das meine Tochter besucht, Frau Büttner, als für dieses
Gebiet zuständig, ein. Aus Loyalität zur Schule und zu den Beteiligten erzählt mir meine Tochter von dem Vorgang nur andeutungsweise. Allmählich aber erfahre ich, was die»Jugenddame«
sinngemäß sagte:»Ich darf Ihnen nur von Fällen berichten, bei
denen die Indizierung abgelehnt oder zurückgezogen wurde wie
hier in München. Deshalb kann ich Ihnen von unseren Absichten
zum Buch des bekannten Fernsehjournalisten Franz Schönhuber
berichten.« Dabei kommt die Dame mit geradezu umwerfender
Logik zu folgendem Schluß:»Nicht für das, was er geschrieben
hat, wollten wir ihn auf den Index bringen, sondern für das, was
er nicht geschrieben hat.« Der»Große Bruder« läßt grüßen! Übrigens, wie geht das praktisch: unter dem Titel»Ich war dabei«
darüber schreiben, wo ich nicht dabei war?
Das alles mag sich komisch lesen. Aber die Situation ist für mich

Die Kinder des Autors. Andrea und Florian Schönhuber

alles andere als komisch. Es geht auch um die weitere Belastbarkeit meiner Familie. Nichts trifft meine Frau stärker als der Versuch, mich als Jugendgefährder zu brandmarken und damit auch der Familie einen Makel anzuhängen: »Denk doch an unsere Kinder!« Mit diesem Appell weist sie auf den Ernst des Vorganges hin. Aber auch ihr selbst, nicht zuletzt als Anwältin, die einen hervorragenden Ruf hat, geht der Wirbel zunehmend auf die Nerven. Die Grenzen der Belastbarkeit werden deutlich. Ich bemerke immer häufiger einen bitteren Zug um ihre Lippen, wenn sie wieder eine besonders niederdrückende Kritik liest. »Ich versteh nicht, wie du das alles so locker wegstecken kannst«, meint sie dann, wenn ich sie scherzhaft darauf hinweise, daß nach einer kürzlich erfolgten Umfrage über die Wertschätzung bestimmter Berufsgruppen bei der Bevölkerung die Politiker an letzter, die Journalisten aber an vorletzter lägen. Daß manchmal bei mir Galgenhumor der Antrieb zu solchen Sprüchen war, will ich natürlich nicht zugeben. Mir entgeht auch nicht, wie Schatten der inneren Abwehr über das Gesicht meiner Frau huschen, wenn die Rede vor Gästen wieder auf das Buch kommt – zum hundertsten Mal.

In jenen Tagen bin ich nahe daran, aufzugeben. Aber ich zwinge mich durchzuhalten und glaube, dafür gute Gründe zu haben, und glaube dies auch noch heute: Wer A sagt, muß auch B sagen. Nicht wenige Briefschreiber und Anrufer zeigen mir gegenüber eine Wertschätzung, die mich fast beschämt. Sie machen meine Haltung größer, als sie vielleicht ist. Man muß es klipp und klar sagen: Standvermögen und Durchhaltekraft sind nicht allein eine Frage des Charakters, sondern auch der ökonomischen Verhältnisse. Ich weiß nicht, wie ich mich verhalten würde, wenn ich finanziell am Ende wäre!

Am 2. September 1982 fliegen mein Anwalt Dr. Reissinger und ich mit der Frühmaschine nach Köln. Ziemlich einsilbig sitze ich da und denke daran, welche Bedeutung diese Flugstrecke schon in meinem Leben hatte: Sitzungen des Gesamtvorstandes des Deutschen Journalisten-Verbandes in Bonn, Zusammenkünfte des Deutschen Presserates, diverse Medientagungen, Empfänge beim Bundespräsidenten und Ministern. Saß man im Flugzeug beim Hin- oder Rückflug mit Politikern zusammen, wurden Adressen ausgetauscht, Einladungen verabredet, besonders beliebt die sogenannten »Arbeitsessen«. Muß eine deutsche Erfindung sein, dieses scheußliche Wort. Dienstwagen an den Flughäfen ... Vorbei! ...

Wie sehr sich meine Situation verändert hatte, wird mir am Kölner Flughafen besonders eindringlich vor Augen geführt. Am Zeitungsstand sehe ich einen bayerischen CSU-Politiker. Einer von denen, die sich während meiner Amts- und Würdenzeit vor Anbiederung förmlich überschlugen. Ich denke daran, wie er mich nach meinem Fernsehinterview mit dem CSU-Bundestagsabgeordneten Dr. Erich Riedl, damals noch Vorsitzender des TSV 1860 München, anrief und sagte: »Gut, daß Sie's dem Herrn Haushaltsexperten so gegeben hatten, nur so weiter, steh voll hinter Ihnen!« – Feind, Todfeind, Parteifreund!

Ich kaufe mir eine Zeitung, stehe neben dem Herrn, fast auf Tuchfühlung. Angestrengt sieht er geradeaus, die vor ihm aufgereihten Titel muß er schon auswendig kennen. Die Verkäuferin fragt ihn nach seinem Begehr, er antwortet nicht. Mir wird die Sache peinlich, drehe mich um, gehe weg. Aber wie unter Zwang schaue ich zurück. Im Schaufenster spiegelt sich sein Gesicht. Unsere Blicke kreuzen sich sekundenlang. Er dreht den Kopf weg, verlangt hastig eine Zeitung und geht mit schnellen Schritten davon ...

Auf der Fahrt nach Bonn wird mir bewußt, warum das Wort »Indizierung« bei mir einen besonderen Stellenwert hat. Das kommt noch von meiner Kindheit. Indiziert hat damals praktisch nur die Katholische Kirche. Das war nicht einmal meiner frommen Mutter recht: »Das muß doch jeder selbst entscheiden, was er lesen will. Da laß ich mir auch vom Pfarrer nicht dreinreden.« Mit Recht hatten die Indizierer der Katholischen Kirche damals einige Bücher zu fürchten, wie der Teufel das Weihwasser – man verzeihe mir den unchristlichen Vergleich.

Im Auto muß ich daran denken, wie oft ich schon vor den Schranken eines Tribunals gestanden hatte:
1946 Kiel, englisches Militärgericht: 900 Reichsmark Strafe wegen Schwarzhandels. – Ein Jahr später, Spruchkammerverfahren in Traunstein: Menschliche und verständnisvolle Richter. Urteil: (Mitläufer) 500 Reichsmark Geldstrafe. – 1982 Journalisten-Tribunal in Grafenau: Aberkennung des Ehrenvorsitzes des Journalistenverbandes. – Im gleichen Jahr, Verfahren in München wegen »Volksverhetzung«, Verfahren eingestellt. –
Vielleicht kommt man noch auf die Idee, mir den feierlich verliehenen Bayerischen Verdienstorden klamm-heimlich wieder abzusprechen ... Allmählich halte ich alles für möglich.
Ich grüble, frage mich, was sind das für Menschen, die diese Inquisition in Gang gesetzt haben? Was sind das für Motive? Das Bild des Dr. Seidenspinner schiebt sich vor mein geistiges Auge: ein Milchgesicht um die Vierzig. Glatt, keine Konturen, hier hat das Schicksal mit einem Weichzeichner gearbeitet. Nicht einmal der Bart kann daran etwas ändern. Seidenspinner interessiert mich nur als Typ. So sehen für mich die vorgeblich »Sanften« aus, die deshalb so gefährlich sind, weil sie sich allen Zeitströmungen anzupassen verstehen, weil sie jedermanns Darling sein wollen. Heißt er nicht Gundolf? Ich will Dr. Seidenspinner damit nicht in Verbindung bringen, aber meine sogenannte »Vornamen-Theorie« fällt mir jetzt ein. Vornamen lassen oft auf die Väter schließen. In manchen Familien wurde ja buchstäblich ein Generationskrieg aus der Taufe gehoben. Ich kenne Männer mit stramm nordischen Vornamen, die sich an solcherart zum Ausdruck gebrachter »völkischer« Überzeugung ihrer alten Herren dadurch rächten, daß sie dagegen ihre Töchter und Söhne Mirjam und Abraham nannten: »Ätsch – wenn das euer Adolf wüßte.«
Ich schrecke auf, als der Wagen hält. Wir sind da.
Die Angehörigen der Jury lassen auf sich warten. Wir stehen etwas verloren auf einem Gang in dem tristen Gebäude. Neben uns ein junger Mann, der interessiert unseren Gesprächen zuhört. Ich frage ihn, was er hier mache: »Ich komme nach Ihnen dran,

bei mir geht's um Porno-Vorwurf.« Ich zucke zusammen. Gut, daß meine Frau das nicht hört ...

Die Sitzung beginnt. Die Jurymitglieder sitzen an den Längsseiten eines großen Tisches in einem hellen, nüchternen Konferenzraum. Am oberen Tischende der Vorsitzende, der leitende Regierungsdirektor Rudolf Stefen. Wir sitzen ihm gegenüber an einem kleinen quergestellten Tisch. Neben mir mein ausgezeichneter Verteidiger, Dr. Frank Reissinger, zur anderen Seite mein »Gutachter«, Professor Dian Schefold. Wir wollen höflich sein und schütteln uns die Hände. Man macht das viel zu oft in Deutschland, denke ich.

Neben Schefold nimmt ein sich freundlich gebender junger Herr vom antragstellenden Jugendamt Düsseldorf Platz. Er sagt während der Verhandlung kein einziges Wort. Nach der Verhandlung lese ich in einem Zeitungsinterview, er habe deswegen keine Fragen gestellt, um mir nicht weitere Möglichkeiten zur Selbstdarstellung zu geben. So etwas muß einem einfallen! Ein Schulbeispiel dafür, wie man Unvermögen kaschiert. Da werden ein paar Sätze auf die schnelle und ohne Sachkenntnis zusammengebastelt, wird quer durch den Garten zitiert, aus dem Zusammenhang gerissen und dann, wenn's um Argumente geht, fällt dem Herrn nichts ein.

Ich schaue mir die Gesichter der Vertreterinnen und Vertreter aus den Gruppen Kunst, Literatur, Buchhandel, Verleger, Jugendverbände, Jugendwohlfahrt, Lehrerschaft, Kirchen sowie die Vertreter der Länder Saarland, Nordrhein-Westfalen und Baden-Württemberg an. Sie wirken reserviert. Sicher ist auch meine Miene nicht die freundlichste. Mein Blick fällt auf eine junge Dame, die halblinks vor mir sitzt. Offenes sympathisches Gesicht. Auf dem Schoß hat sie ihr Baby sitzen. Es kräht ab und zu vergnügt in die Runde. Durch den Raum weht ein Hauch von Menschlichkeit, »Kläger« und »Beklagter« schmunzeln. Die Spannung lockert sich. Wie ich nachher erfuhr, war die junge Dame eine Oberregierungsrätin – zuständig für die Sportjugend. Die Verhandlungsführung ist sachlich. Die Fragen wirken fast

Düsseldorf 1982:
Anwalt Dr. Reissinger, der Autor, Prof. Dr. Schefold und der Vertreter des Jugend-
amts (v. rechts)

Keine Indizierung des Schönhuber-Buches

Mit seiner Mitteilung, mit der Zurücknahme des Antrags des Jugendamtes der Stadt
München auf Indizierung des Buches von Franz Schönhuber „Ich war dabei" sei das Indizierungsverfahren „abgeschlossen", erwies sich der BPR-Report der Bundesprüfstelle für
jugendgefährdende Schriften vom März 1982 als voreilig. Er hatte offensichtlich nicht mit der
Hartnäckigkeit gewisser Kreise gerechnet, denen eine objektive Darstellung jüngerer deutscher Geschichte durch Tatzeugen ein Greuel ist. So hatten denn das Jugendamt Düsseldorf und die Jugendbehörde Hamburg einen entsprechenden Antrag gestellt. Doch die
Prüfstelle lehnte es jetzt ab, das Buch Schönhubers zu indizieren. Die Begründung dieses
begrüßenswerten Schrittes liegt der Schriftleitung noch nicht vor. Sie wird aber zu ge-
gebener Zeit noch darauf eingehen.

geschäftsmäßig-kühl, keinerlei Gehässigkeit schwingt mit. Auch der Gutachter gibt sich verständnisvoll, räumt sogar ein, daß er in der Burteilung der Beschreibung meiner Entnazifizierung mißverständlich gewesen sei.

Wir stellen den Antrag, Herrn Schefold wegen Befangenheit abzulehnen, insistieren aber nicht. Am Verhandlungverlauf ist zu erkennen, daß diese Frage nicht mehr bedeutungsvoll ist.

Ich habe eine faire Chance, meinen Standpunkt darzulegen, spüre, wie ich auf zunehmendes Verständnis stoße. Dankbar bleibe ich in diesem Zusammenhang dem Vertreter der Literatur, Professor Dr. Alfred Domes, der sagte, er habe gelesen, was die Exil-Tschechen Pelikan, Pachmann und Ota Filip mir geschrieben hätten. Diese Stellungnahmen bewährter Anti-Faschisten spräche für mich, und außerdem könne er mitteilen, daß ein emigrierter hoher tschechischer Priester gemeint habe: »Dies ist ein wahrhaft abendländisch-christliches Buch.«

Die Verhandlung dauert nicht sehr lange. Es ist Pause. Wir gehen wieder auf den Flur. Die Jury bleibt im Konferenzraum und berät. Trotz unseres Befangenheitsantrags wirkt Schefold locker, gibt sich konziliant: »Sie sind ein bayerisches Phänomen, Herr Schönhuber«, meint er scherzhaft. – »Und deshalb muß mich ein anderer Alpenländler, ein Schweizer, mit Umweg über Bremen gleich auf den Index bringen wollen?« – »Daran glaub' ich jetzt sowieso nicht mehr.« – »Ihr Wort in Gottes und der Jury Ohren. Wäre diskutieren nicht klüger als indizieren?« – »Das können wir ja nachholen.« – »Gut, angenommen. Ich komme auch nach Bremen, in die Höhle des Löwen, in die dortige Uni.« (Auf die Einladung warte ich noch heute.) Schefold hält das ganze scheinbar für eine recht amüsante Angelegenheit. Mag er oder kann er nicht begreifen, wieviel hier für mich auf dem Spiel steht?

Als ich ihn frage, ob er Ärger bekommen hat, weil er in seinem Gutachten mir zumindest professionelles Können attestierte (»Der Autor schreibt gut und gewandt«), antwortet er nicht, lächelt nur verbindlich. Gedankenversunken gehe ich zum Fenster. Wie oft hörte ich von wildfremden Leuten: »Wir haben Ihr

Buch in zwei Nächten verschlungen.« Die Gegenseite fällt mir ein: einfach geschrieben, nicht reflektiert, auf Spannung gemacht, Emotionen weckend, das Volk versteht halt nichts von Literatur ...
Ich werde aus meinem Grübeln gerissen. Die Tür geht auf. Herauskommt aus dem Konferenzsaal die Dame mit dem Baby, sagt nur:»Es dauert nicht mehr lang.« Sie nickt mir freundlich zu. Ein befreundeter Journalist kommt auf mich zu:»Sie können gar nicht verlieren.« – »Hab schon Pferde kotzen gesehen«, ist meine sarkastische Antwort. Die Gespräche verstummen. Alles wartet. Endlich ist es soweit. Wir werden in den Sitzungssaal gerufen. Rudolf Stefen sagt nur einen einzigen Satz:

»Das Buch von Franz Schönhuber ›Ich war dabei‹ wird nicht in die Liste der jugendgefährdenden Schriften aufgenommen.«

Der Freispruch ist fast eine Formsache. Die großen Zeitungen, die bisher an herausragender Stelle von der drohenden Indizierung gesprochen hatten, geben sich nun nicht mehr so viel Mühe und tun die Angelegenheit mit ein paar Agentursätzen ab. Die Bundesprüfstelle unter Leitung von Herrn Stefen begründet später ihr Urteil ebenso fair wie sachkundig. Dabei wird zum Ausdruck gebracht, daß das Buch weder kriegverherrlichend noch NS-verherrlichend oder verharmlosend noch rassendiskriminierend sei.
Triumph stellt sich nicht ein. Ich fühle mich ausgelaugt ...

Aber meine »Freunde« wollen ihre Niederlagen nicht eingestehen – auch die Staatsanwaltschaft München hatte ja ein gegen mich in Gang gebrachtes Verfahren wegen Volksverhetzung eingestellt – und kommen auf eine »glänzende Idee«. Die Gewerkschaft »Handel, Banken und Versicherungen, Fachgruppe Buchhandel und Verlage«, verleiht mir in absentia während der Frankfurter Buchmesse den »Kriegspreis«. Am 9. Oktober kommt mein Buch in den Genuß einer »Anti-Laudatio«. Zu der Veranstaltung bin ich nicht eingeladen. Meine Bitte um Diskussion bleibt unberücksichtigt. Aus gutem Grund: Wissen jene Gewerkschafter doch selbst, daß ihre »Argumente« nichts anderes als künstlich aufgepumpte Sprechblasen sind.

Die Übergabe des »Preises« erfolgt am Stand des Langen-Müller-Verlages. Mein Verleger Dr. Herbert Fleissner tut das einzig Richtige. Er übergibt die Rakete, die übrigens publizistisch nirgends gezündet hatte, dem Papierkorb!

Zum Schluß nehme ich diese Tollheiten nicht mehr ernst. Allmählich können mich die Pfeile – und sind sie noch so vergiftet – nicht mehr treffen. Es amüsiert mich höchstens noch, daß ich schlagartig aus den Einladungslisten zu Festen der Staatskanzlei und des Landtagspräsidenden Dr. Franz Heubl gestrichen bin. Von seiten würdiger Politiker ist vielfach zu hören, es handle sich um ein schwebendes Arbeitsgerichtsverfahren des Franz Schönhuber gegen den Bayerischen Rundfunk und darauf dürfe man keinen Einfluß nehmen. Aber schon gibt man andererseits bereits eindeutig zu erkennen, daß man auf der Seite der Parteifreunde im BR steht.

Heute machen die Apparatschiks in der CSU-Zentrale keinen Hehl mehr daraus, daß meine Entlassung notwendig war, um das Personal-Tableau im BR grundsätzlich zu ändern. In der Tat: Wie Politiker und Journalisten darlegten, kam erst nach meiner Entfernung das Personen-Karussell in die gewünschte Bewegung, um endlich genau dort stehenzubleiben, wo die CSU-Kandidaten bequem ihre schwarzen Karrierepferdchen besteigen konnten. Dabei weiß ich aus vielen Begegnungen und Gesprächen, daß die Masse der CSU-Anhänger mit diesem politischen Ringelspiel nichts zu tun haben will, ja sogar dagegen ist.

Bei einem solchen Spiel bedarf es eines Königsmörders, oder, da es sich um ein bayerisches Stück handelt, eines Menschen, der die Rolle des »Hinhängers« zu übernehmen hat. Es gab ihn.

Dazu eine allgemeine Feststellung: Es gibt einen Spruch, der heißt: »La France aime la trahison, mais pas le traître.« – »Frankreich liebt den Verrat, aber nicht den Verräter.« Aber nicht alle Unternehmer handeln französisch. Es müssen nicht immer 30

Silberlinge und die dazugehörige Verachtung sein, manchmal besteht die Belohnung auch in einem höheren Posten.

Im BR selbst werde ich jetzt zur »Unperson«. Die Kameraleute müssen geflissentlich an mir vorbeischwenken, wenn ich doch mal bei einer Veranstaltung auftauche. Eine wahre Meisterleistung an »Schnittkunst« wird bei der Jahresbilanz von »Jetzt red' i« vollbracht. Obwohl man dabei sogar noch auf Sendungen des Jahres 1981 zurückgreift, wird mein Kopf fein säuberlich aus allen Diskussionsbeiträgen herausgeschnitten. Nur ein Räusperer von mir bleibt in der Sendung. Und dies nach 98 Sendungen über einen Zeitraum von 11 Jahren! Ich muß an »Professor Murkes gesammeltes Schweigen« von Heinrich Böll denken ...

Ein befreundeter Journalist dazu nach der Sendung: »Jetzt machen's dich allmählich zum bayerischen Trotzki. Den haben sie nach seinem Sturz aus allen offiziellen Fotos herausmontiert. Jetzt müßte eigentlich der BR alle Broschüren, in denen man dich neben dem Intendanten sieht, einstampfen.«

9.
Arbeitsgericht oder ein schwebendes Verfahren

Zu all den Anträgen, Anzeigen und Verhandlungen noch ein Nachtrag: Auch die sogenannten »Siege« kamen den Verleger wie auch mich teuer zu stehen. So fair mich auch die Bundesprüfstelle behandelt hat; die Kosten, von Gutachtern bis zum Rechtsanwalt, mußten alle von uns selbst getragen werden. Von Chancengleichheit kann bei solchen Auseinandersetzungen nicht die Rede sein. Wer zieht beispielsweise den Direktor des Münchner Jugendamtes, Gundolf Seidenspinner, zur Verantwortung, der die Indizierungslawine in Gang gebracht hat, ohne das Buch gelesen zu haben? Hat er da nicht fahrlässig gehandelt?

Am 11. Januar 1983 ergeht das Urteil des Arbeitsgerichts München in erster Instanz. Es fällt eindeutig zu meinen Gunsten aus. Sowohl die fristlose wie die ordentliche Kündigung werden als nicht rechtens erklärt. Wie zu erwarten war, geht der Bayerische Rundfunk, ohne die schriftliche Begründung des Urteils abzuwarten, in die Berufung. Der stellvertretende Intendant und Justitiar des BR, Albert Scharf, hatte Zeitungsberichten zufolge schon vorher angekündigt, daß der Sender notfalls den Prozeß durch alle drei Instanzen bis zum Bundesarbeitsgericht führen werde. Das kann er leicht tun. Die Spitze des Hauses geht ja keinerlei persönliches finanzielles Risiko ein – sie arbeitet mit dem Geld der Gebührenzahler, ich dagegen mit meinem eigenen. Es darf hier bemerkt werden, daß ich seit November des Jahres 1982 vom BR keinen Pfennig mehr bekomme. Der Intendant und seine beiden Mitstreiter in diesem Fall, Albert Scharf und Fernsehdirektor Dr. Helmut Oeller, verlieren, falls sie auch in letzter Instanz eine Niederlage einstecken müßten, keine müde Mark. Die Spitze des BR hat einmal öffentlich erklärt, daß Hauptabteilungsleiter für Entscheidungen verantwortlich gemacht würden, die den BR in nachteilige rechtliche oder finanzielle Situationen brächten. Die Verantwortung wird also nur nach unten delegiert! Sollte sie nicht an der Spitze beginnen?

Laut Nr. 4/83 der Radio- und Fernsehzeitschrift »Gong« wird nun vom BR auch noch erklärt: »Wir prozessieren, bis er 65 wird.« Das ist die Macht der Herrschenden gegenüber der Ohnmacht der Beherrschten. Manchester-Kapitalismus könnte man es auch nennen.

Nach dem Urteil des Arbeitsgerichts

Nun »schwebt« das Verfahren also wieder. Die Spitze des Bayerischen Rundfunks kann sich Fehler erlauben, ich nicht. Mit Argusaugen beobachtet der BR alle meine Diskussionen. Dies natürlich in der Hoffnung, daß mir in der Hitze der stundenlangen und leidenschaftlich geführten Diskussionen einmal ein Wort herausrutschen würde, das dann gegen mich im Gerichtssaal verwendet werden könnte. Außerdem ist niemand gefeit gegen sinnentstellende Verkürzungen oder verwirrende Halbzitate. Man durchforstet meine Artikel. Man zitiert, wenn es sein muß, auch solche Zeitungen gegen mich, die dem Bayerischen Rundfunk so ziemlich alles vorwerfen, was negativ anzumerken ist: vom Programm bis zur Administration. Der Zweck heiligt halt die Mittel! An dieser Stelle darf ich festhalten, was der Intendant einmal vor dem Presseclub gesagt hatte, nämlich daß es äußerst schwierig sei, jemanden aus dem BR zu entlassen. Da müsse schon jemand zweimal seine Sekretärin vergewaltigen und sich dabei auch noch erwischen lassen. Was aber habe ich mir »geleistet«? Ich habe weder Spesenbetrug begangen noch Mitarbeiter bestochen, noch die besagte Sekretärin vergewaltigt. Allerdings ein Buch geschrieben! Dabei ist es mein Bestreben gewesen, eine nicht unbeträchtliche Anzahl von Menschen aus einem jahrzehntelangen Dunstkreis von Diskriminierungen und historischen Schiefdarstellungen herauszuholen. Zugegeben, ein brisantes Unternehmen. Aber das hätte die Spitze des Hauses schon wissen müssen, als ich ihr von dem Unterfangen erzählte. Sie erhob keine Einwendungen, gab mir gute Wünsche mit auf den Weg. Eine Frage darf zwischendurch in diesem Zusammenhang gestellt werden: Was wäre geschehen, wenn ein Hauptabteilungsleiter in einem Buch sich als Überläufer zu erkennen gegeben und dabei den Einmarsch der Roten Armee in Ostpreußen als humane Aktion geschildert hätte?

Nach meiner Überzeugung nichts. Er wäre noch heute auf seinem Posten, trotz des vielleicht entstandenen Pressewirbels. Natürlich hätte es auch keinen Indizierungsantrag gegeben. Verherrlichung des Kommunismus und der Taten der Roten Armee sind ja wohl diesbezüglich kein Thema. Insofern ging die Spitze des BR nicht nur kein persönlich finanzielles Risiko ein, sondern sie konnte auch auf die in der veröffentlichten Meinung emotional weitverbreiteten Vorurteile spekulieren, deren Ursachen weniger böse Absichten, sondern historische Unkenntnisse sind. Aber wie ist konkret die Situation? Der Intendant ist Vorsitzender der ARD. Mich wird kein darin zusammengefaßter Sender mehr beschäftigen. Praktisch unterliege ich also einem Fernsehberufsverbot. Somit muß ich mich nach etwas anderem umsehen. Konkurrenzunternehmen gibt es nicht, wir haben ein öffentlichrechtliches Monopol. Mein Fachgebiet ist Politik, in erster Linie Medienpolitik. Da glaube ich mich so gut auszukennen, daß an einer Kritik des öffentlich-rechtlichen Monopols kein Weg vorbeiführt. Dies tun zu dürfen, hat mir übrigens auch schon während meiner Zeit als Hauptabteilungsleiter der Intendant konzediert. Die gleichen Sätze, die ich noch unbeanstandet als Angehöriger des BR sagen konnte, wurden mir nach meinem Rauswurf jedoch »gerichtsmäßig« angekreidet.

Es ist klar, daß gegen diesen Titanen BR mein Recht durchzusetzen nicht leicht sein wird. Es hat die verantwortlichen Herren bisher auch kaum sonderlich interessiert, daß die Zuschauer in vielen Petitionen und Zeitungsumfragen mich auf dem Bildschirm wiederhaben wollen. Von Chancengleichheit kann in diesem Kampf – wie schon gesagt – sowieso keine Rede sein. Bringe ich meine Argumente dort ein, wo sie bei einem Rechtsstreit hingehören, nämlich im Gerichtssaal, so sagt der BR dort nichts darauf, um am nächsten Tag sein elektronisches Nachrichtenmonopol einzusetzen und mich über das Mikrofon menschlich abzuqualifizieren. Nicht manipulieren bitte! Meine einzige Chance, mich gegen all diese Fehldarstellungen zu wehren, ist das vorliegende Buch.

Mittlerweile dringt Kunde aus dem BR, man brauche nur auf dieses zweite Buch zu warten, dann habe man endlich die Auflösungsgründe, um das Problem Schönhuber ein für allemal zu lösen. Da trifft es sich gut, daß wir 1983 der 50 Jahre zurückliegenden Machtübernahme gedenken. Was soll da einer eine größere medienpolitische Plattform haben, der dauernd aus dem Takt fällt. Die Musik bestimmen immer noch die Siegermächte. Die Strophen heißen Machtübernahme, Reichstagsbrand, Ermächtigungsgesetz. Aber man täusche sich nicht. Die Chöre, die hier gesungen werden, sind weitestgehend Pflichtübungen. Das Volk ist müde. Es singt kaum noch mit. Es bewegt nur noch tonlos die Lippen. Die tibetanischen Gebetsmühlen drehen sich ins Leere. Instinktiv ahnt das Volk, daß es den Propagandisten auf der Siegerseite und ihren Schülern auf der unseren gar nicht um Schuld und Sühne geht. Dazu möchte ich auf ein Erlebnis verweisen, daß der berühmte Völkerrechtler und Rechtsanwalt Professor Dr. Friedrich Grimm 1945 mit seinem französischen Vernehmungsoffizier hatte. Zu den Kriegsverbrechen meinte Grimm zu seinem Gegenüber:

»Ich nehme es mit all dem sehr ernst. Ich verurteile das Unrecht wie Sie, viel stärker noch als Sie, nicht nur um des Unrechtes an

sich willen, sondern als Deutscher, weil es den deutschen Namen entehrt, und endlich, weil es mir meine Lebensarbeit zerschlägt. Über die Verurteilung der Greuel als solche herrscht also Einverständnis. Aber es gibt da zwei Dinge. Die muß man auseinanderhalten: Die Greuel selbst als Tatsachen und die Art, wie davon in der Propaganda Gebrauch gemacht wird. Die Greuel verurteile ich, die Greuelpropaganda aber auch, um der Gerechtigkeit willen und für unser Volk.‹

Der französische Vernehmungsoffizier wurde unruhig, zum Schluß wütend, und es kam zu folgendem Dialog mit dem Offizier, der sich unter einem falschen Namen vorgestellt hatte. Er sagte: ›Ich sehe, ich bin an einen Fachmann geraten. Ich bin gar kein Professor aus Montpellier. Ich bin vom Contre-espionage-Bureau. Seit einigen Monaten tue ich nichts als das: Greuelpropaganda. Das war die entscheidende Waffe in diesem Krieg, damit haben wir den totalen Sieg erfochten.‹

Ich (Grimm) erwiderte: ›Jawohl, Sie haben den totalen Sieg. Nun aber wird es Zeit, daß Sie diesen Kampf einstellen.‹

›Nein!‹ rief nun der Kommandant aus: ›Jetzt fängt es erst richtig an! Wir werden fortfahren, jahraus, jahrein. Wir werden diese Propaganda noch steigern; bis in der Welt der letzte Funke der Sympathie für Deutschland ausgelöscht und das deutsche Volk selbst so restlos zerknirscht sein wird, daß es sich nie wieder erheben kann, bis die Deutschen so durcheinandergeraten sind, daß sie nicht mehr wissen, was sie tun.‹«

Was der Franzose damals sagte, ist eingetreten. Wir befinden uns mitten in einer Art zweiter Entnazifizierung. Diesmal soll sie sogar die Nachgeborenen betreffen. Aber das dürfen wir nicht weiter hinnehmen. Unsere nationale Identität steht auf dem Spiel. Ich bekenne mich zur Notwendigkeit der Vergangenheitsbewältigung. Auch zum Eingeständnis deutscher Schuld und deutscher Verbrechen. Aber die Besetzungsliste für das Drama muß überdacht werden. Schurken und Verbrecher sind in verschiedenen Sprachen und Kostümen, in Zweit- und Drittbesetzungen

vorstellbar. Für einige Regisseure ist es Zeit, abzutreten. Ihre Inszenierungen haben Staub angesetzt. Ihre Kritiker lassen sich nicht mehr mundtot machen, selbst wenn man sie auf den Index bringt und damit unter den Ladentisch verbannt. Man spürt es: Wer die Vergangenheit nicht bewältigt, hat auch keine Zukunft. Aber diese Vergangenheitsbewältigung ist ein umstrittenes politisches Thema. Es kann nicht nur mit der juristischen Elle gemessen werden. Leidenschaften müssen erlaubt sein. Voraussetzung ist dabei das Bekenntnis zur Demokratie. In meiner über dreißigjährigen Tätigkeit für den Sender ist aber noch nie an meinem Demokratieverständnis gezweifelt worden. Aber es geht nicht nur um Politik, es geht auch um meine Existenz. Ich bin 60 Jahre alt und habe drei Kinder, ihre Zukunft liegt mir am Herzen. Nun höre ich schon manche hämische Bemerkung bestimmter journalistischer Gegner: Jetzt wird er weinerlich! Ich werde nicht und war nie weinerlich! Meine Risikofreude ist bekannt und nicht unbedingt nachahmenswert. Vor mir standen 25jährige Kollegen, deren erste Fragen bei Vorstellungsgesprächen auf Absicherung und Pensionsberechtigung zielten. Also man rede mir in diesem Berufsstand nicht von weinerlich. Ich habe Kollegen erlebt, die sich in psychiatrische Behandlung begeben mußten, weil man ihnen eine Sendung weggenommen hatte. Ich habe vor allem junge Kollegen mit Zusammenbrüchen und Weinkrämpfen gesehen, nur weil ihre Gehaltsvorstellungen nicht übernommen worden sind, dabei hatten sie weder Frau noch Kind. Sie reden gerne von sozialer Verpflichtung, aber nur bei anderen!
Dazu eine Begebenheit, wie sie zum televisionären Alltag gehört: Ein junger, flotter Mitarbeiter betritt mein Büro. Er hat ein Anliegen. Auf deutsch, er will was! Jawohl, das Programm verbessern. – Sehr gut! »Programme werden von Menschen gemacht«, hebt der Nachwuchsmann bedeutungsschwanger an. »Und manche Kollegen werden halt älter.« Das ist der Lauf der Dinge. – »Wissen Sie, der Moderator, ich weiß, Sie mögen ihn gern, der bringt's nicht mehr. Der ist alt geworden.« – »Sie wissen, er hat

mein Alter.«–»Aber ich bitte Sie, bei Ihrer Vitalität. Das ist doch ein Unterschied!« Klar, denke ich, der Unterschied ist der, daß ich der Chef bin und der andere »nur« ein Mitarbeiter.

Nachdem der junge Mann alle Schwächen des älteren Kollegen penibel aufgezeigt hatte, blendet er Menschlichkeit ein: »Tut mir aufrichtig leid, das alles sagen zu müssen. Er ist ein Linker wie ich, aber das Programm ...«–Du krummer Hund, denke ich; du und ein Linker? Um seinen Job geht's dir und um sonst gar nichts. Ich beschließe, die Probe aufs Exempel zu machen: »Alles schön und gut und gesetzt den Fall, es wäre so, wie Sie es mir schildern. Wer aber soll ihn ersetzen?«

Die Antwort kommt wie aus der Pistole geschossen: »Ich!« – »Und um mir das zu sagen, haben Sie mir eine halbe Stunde Zeit gestohlen? Sie können sich den Job an den Hut stecken. Der Mann bleibt!«

Manchmal kam ich aus dem Staunen über eigenartige Verhaltensweisen von bestimmten Kollegen nicht mehr heraus. Ein Fahrer erzählte mir unter dem Siegel strengster Verschwiegenheit eine Geschichte, aber: »Bitte nennen Sie nicht den Namen des Journalisten und nicht meinen; die machen mich sonst zur Sau.«

Also: der Fahrer X fuhr den Journalisten Y. – Leopoldstraße! – »Halten Sie an!« – Der Kollege springt aus dem Wagen, eilt zum sogenannten »Stummen Verkäufer«, nimmt sich Zeitungen aus den verschiedenen Kästen, geht zurück zum Wagen. – »Entschuldigen Sie, aber Sie haben was vergessen.« – »Was?« – »Das Zahlen!« – »Aber das sind doch Springer-Zeitungen.« – »Aber das ist trotzdem Diebstahl.« – »Das ist kein Diebstahl, das ist Gesellschaftspolitik.«

Daß er durch sein Verhalten nicht den großen Konzernherrn Springer geschädigt hat, sondern den kleinen Mann, der seine Kästchen ordnungsgemäß abrechnen muß, störte ihn nicht. »La proprietée, c'est le vol« – »Eigentum ist Diebstahl«, sagte einmal der französische Theoretiker eines kommunistischen Ideals, Pierre Joseph Proudhon. Aber der wollte zum offenen Nachdenken anregen und nicht zu heimlichem Klauen. Unser Mann dagegen läßt sich von der Gesellschaft aushalten, die er verleumdet und bestiehlt.

Er stand selbstverständlich auch gegen mich in vorderster Reihe. Er kämpfte für die »Menschlichkeit«.

Noch ein Wort zum bevorzugten Angriffsziel der sogenannten Progressiven, der Springer-Presse. Als Mitglied einer Delegation des Deutschen Journalistenverbandes habe ich sie in Moskau, in den Redaktionsräumen der »Pravda« (Wahrheit?) nachdrücklich gegen ehrverletzende und wütende Angriffe von Seiten der sowjetischen Journalisten verteidigt. Nicht bei allen Delegationsteilnehmern, die sich mehr als genug gefallen ließen, fand mein Verhalten Zustimmung. Dabei war es für mich die selbstverständlichste Sache der Welt, Kollegen zu verteidigen, unabhängig davon, ob ich ihre politischen Auffassungen teile oder nicht. Manche werden nun sagen, was der Schönhuber heute durchmacht, ist nichts im Vergleich zu dem, was in der Zeit des Nationalsozialismus dessen Gegner erdulden mußten. Dies ist absolut richtig und jeder Vergleich mit jener Epoche wäre ebenso dumm wie unanständig. Aber, der Nationalsozialismus war ein Unrechtsstaat, während wir uns heute darauf berufen, daß wir in einem Rechtsstaat leben. Ein Merkmal eines demokratischen Rechtsstaates soll es aber auch sein, daß er die Ellenbogengesellschaft in ihre Schranken weist. Demokratie ist gelebte Diskussion.

Man kann dieses demokratische Spiel auch bei scheinbarer Wahrung der Formen inhaltlich aber ganz anders spielen. Und dann wird es ein ganz übles Spiel! Es soll an meinem Fall modellartig aufgezeigt werden. Solche Spiele werden ja nicht nur in München gespielt. Also: eine Organisation A pumpt Unruhe in die öffentlichen Kanäle. Die befreundete Organisation B und die nahestehende C ziehen nach. Es entsteht Wirbel. Der Angegriffene ist jetzt bereits in der Defensive. Bestimmte Personenkreise, die den vorgenannten Organisationen Sympathien entgegenbringen und in der veröffentlichten Meinung großen Einfluß haben, sorgen dafür, daß der Wirbel immer weitere Kreise zieht. Proportional

dazu steigt auch die Neigung von Kollegen, Sympathisanten und »Freunden« des Angegriffenen, von ihm zunächst unmerklich, später deutlicher abzurücken, um nicht in den Wirbel hineingezogen zu werden. So gerät der Angegriffene in einen Zwei-Fronten-Krieg. Er muß seine früheren Freunde von seiner Integrität überzeugen, ohne dabei von ihnen Hilfe verlangen zu wollen, weil er sie nicht in ihrer menschlichen Kleinheit bloßstellen darf. Gleichzeitig muß er sich seiner Haut gegen die Angriffe von außen erwehren. Diese ihm aufgezwungenen Abwehrreaktionen können ihm dann als mangelnde Zurückhaltung oder gar als Störung des Betriebsklimas angekreidet werden. Kurz: Nicht der Mörder ist schuldig, sondern der Ermordete.
Ich möchte zum Schluß dieses Kapitels aber nicht verhehlen, was der Hauptgrund meiner Auseinandersetzung mit dem BR war.

Letzter gemeinsamer Auftritt:
Der Autor mit Fernsehdirektor Helmuth Oeller

Es war die Frage der historischen Einschätzung der Waffen-SS. Fernsehdirektor Dr. Oeller verwahrte sich schärfstens dagegen, sie als vierten Wehrmachtteil anzusehen und ihre soldatischen Qualitäten anzuerkennen. Er sagte wörtlich: »Die Waffen-SS ist beim Nürnberger Prozeß zu Recht als verbrecherische Organisation eingestuft worden, ihre Mitglieder können also noch heute Verbrecher genannt werden.« Um dies zu untermauern, zitierte er aus einem von der VVN verbreiteten Flugblatt der Waffen-SS zugeschriebene Verbrechen. Diese Einstellung wird ihm bei einem Teil der veröffentlichten Meinung Pluspunkte einbringen. Ich muß fairerweise hier anmerken, daß weder Intendant Vöth noch sein Stellvertreter Albert Scharf gewillt waren, diese Version zu übernehmen. Sie wiesen sie zurück wie übrigens nahezu alle ernsthaften Historiker. Aber die Diskussionen über dieses Thema rissen und reißen nicht ab. Ich werde in den folgenden Kapiteln meine hier gewonnenen Erfahrungen aufzeigen, dort, wo es mir nötig zu sein scheint, Irrtümer korrigieren und Ergänzungen vornehmen.

Schönhuber siegt gegen BR

Münchner Arbeitsgericht hebt Kündigung wieder auf

Von Fritz Janda

München – Am Montagabend feierte Franz Schönhuber ausgiebig seinen 60. Geburtstag. Gestern vormittag lieferte ihm das Münchner Arbeitsgericht nachträglich das größte Geschenk. Im Rechtsstreit des Bayerischen Rundfunks (BR) mit dem von BR-Intendant Reinhold Vöth frist-

Sieg in erster Instanz

Gericht: Schönhuber-Kündigung unwirksam

lz. München

Am Montagabend lobte Verleger Herbert Fleissner vom Münchner Langen-Müller-Verlag seinen Erfolgs-Autor Franz Schönhuber als einen großen Erzähler, der hoffent-

fristlose Kündigung durch Intendant Reinhold Vöth eine sechsstellige Auflagenziffer erreichbar gewesen wäre.

Andererseits wäre ohne das Buch und den um dieses Werk

10.
Dum-Dum-Geschosse der Ultrarechten

Wenn ich auch nach wie vor die Überzeugung vertrete, daß die Waffen-SS als vierter Wehrmachtsanteil anzusehen und scharf von der KZ-SS zu trennen ist, so hat es aufgrund der unseligen Hausmachtspolitik von Heinrich Himmler an den Rändern organisatorische Überlappungen gegeben. Auch wenn sie zahlenmäßig kaum ins Gewicht fallen, boten und bieten sie immer wieder Anläße zur Diskriminierung der Waffen-SS. Historische Wahrheit aber ist auch, daß alle Wehrmachtteile vor allem gegen Ende des Krieges vereinzelt und äußerst widerstrebend Soldaten zu KZ-Bewachungsaufgaben abstellen mußten. Bei solchen Feststellungen macht man sich auch in der Waffen-SS nicht unbedingt Freunde. Aber das Gesamtbild dieser unbestreitbaren Elitetruppe wird nicht nur an glorreichen Schlachten gemessen.
Dazu auch eine persönliche Anmerkung: Einige 150prozentige wiesen tadelnd darauf hin, daß ich nicht lange genug an der Front gewesen sei, daß mir Tscherkassy und Caen »entgangen« seien und ich auch keine schweren Verwundungen vorzeigen könne. Sie müssen die Stellen bewußt oder unbewußt überlesen haben, worin ich anführe, daß mir die ganz schweren Prüfungen erspart geblieben seien und ich nicht wisse, wie ich sie bestanden hätte. Bei aller Bewunderung für die Tapferkeit anderer, einen Feigling kann man mich wohl auch nicht nennen, sonst hätte ich nicht für den ersten Tag meines Fronteinsatzes das Eiserne Kreuz Zweiter Klasse bekommen. Und nicht jeder, der Tscherkassy vorweisen kann, hat sich wie Leonidas bei den Thermopylen verhalten. Nicht jede Verwundung ist auch sichtbarer Ausdruck von bewiesener Tapferkeit. Die Kugeln und Granaten suchten sich ihre Ziele nicht nach moralischen Wertmaßstäben aus. Sie trafen Tapfere und Feige, Starke und Schwache. Und die Bombennächte in der Heimat waren nicht weniger schlimm als die Kämpfe an der Front. Es gab auch Helden, die ohne Verwundungen davonka-

men. Und nicht jeder Fronttag war Kampftag oder ein Prüfstand für Tapferkeit.

Jeder, der Soldat war, weiß außerdem, daß er sich die Kampfabschnitte nicht nach Belieben aussuchen konnte, sondern dort kämpfen mußte, wo er hingestellt wurde. Man konnte sich nicht einfach an einem Bahnhofsschalter anstellen und Fahrkarten zu »Heldenorten« kaufen! Auch hier galt: »Die Hälfte seines Lebens wartet der Soldat vergebens.« Die »wertmäßige« Unterscheidung zwischen Verwundung und Krankheit ist ebenso oberflächlich wie einseitig. So mancher Streifschuß hat keinerlei Beschwerden hinterlassen, dafür aber haben sich Soldaten im Kriege Herz-, Leber-, Nieren- und Magenleiden geholt, die sie ein ganzes Leben lang belasten. Und diese Leiden konnten sie dabei nicht sichtbar als »Trophäen« der Tapferkeit vorweisen. Ich kenne einen Landsmann, der in der Nähe der Front bei einem Arbeitskommando in eine Sägemaschine geraten war und dabei einen Arm verloren hatte. Gilt er nun als verwundet oder nicht? Tapferkeitsprotzerei ist eine Spezialität der Unsensiblen, der Grobschlächtigen, für die unter Umständen ein Nahkampf nichts anderes als eine Fortsetzung einer Wirtshausrauferei mit anderen Mitteln war.

Andere warfen mir auch vor, daß ich in der Nachkriegszeit Karriere gemacht habe, während sie auf der Strecke geblieben seien. Das sind die gleichen, die unentwegt mit ehrfürchtigem Bibbern in der Stimme von den Helden Rudel, Skorzeny und Degrelle sprechen und dabei übersehen, daß diese Männer auch nach dem Kriege recht erfolgreiche und sehr reiche Geschäftsleute wurden – übrigens auch durch Geschäfte mit ehemaligen Gegnern. Sie hatten eben nicht nur einen klugen Kopf für das Planen militärischer Operationen und die Kühnheit für deren Ausführung, sie übertrugen diese Eigenschaften später auf das Zivilleben.

Der inzwischen verstorbene Oberst Rudel hatte beispielsweise ein Vermögen als Repräsentant deutscher Firmen in Südamerika gemacht. Hier verkaufte er, angefangen von den Autos begehrter deutscher Nobelmarken über Stahl bis hin zu Industrieausrüstungen, alles, was die deutsche Exportindustrie zu bieten hat. Seine persönlichen Freundschaften zu dem damaligen argentinischen Staatspräsidenten Peron und dem noch amtierenden von Paraguay, General Strößner, hat ihm viele Wege geöffnet. Die deutsche Industrie war über diese Beziehungen alles andere als unglücklich, auch wenn sie manchmal so tat, als wäre dies Rudels Privatsache.

Auch Skorzeny war ein höchst erfolgreicher Kaufmann in Spanien. Seine besten Geschäfte machte er mit den Amerikanern. Er verkaufte ihnen Monierstäbe und Beton aus westdeutscher und österreichischer Fertigung. Diese Materialien wurden von den Amerikanern zum Ausbau ihrer Luft- und Seebasen benötigt: Business as usual! Im übrigen hatten die amerikanischen Militärs nie ideologische Vorbehalte, wenn es um ihre Interessen ging.

So war man im Pentagon in Washington Oberst Rudel durchaus dankbar, daß er sich in Fragen der Panzerabwehr als uneigennütziger Ratgeber zur Verfügung stellte. Er war ein gern gesehener Gast. Auch Skorzeny zog hinter den Kulissen politische Fäden. Er wurde beispielsweise vom ägyptischen Staatspräsidenten Gamal Abdel Nasser ins Vertrauen gezogen, als die Russen ihn umwarben. Skorzeny sollte dabei diskret die Amerikaner auf die Zwangslage aufmerksam machen, in der sich der damalige ägyptische Präsident befand ...!

Der dritte im Bunde, Léon Degrelle, machte es prosaischer: Er baute eine Kette von Großwäschereien auf. Auch diese Feststellungen werden den 150prozentigen nicht schmecken. Ein Held wie Degrelle, der Hitler so beeindruckte, daß er die Feststellung traf, sollte er jemals einen Sohn haben, so solle dieser wie Degrelle sein. Und nun Wäschereibesitzer! Aber das Leben geht nun einmal weiter. Und auch vom Eichenlaub konnte der Wallone nicht leben. Das Leben ist keine durchgehende Helden-Sage.

Letztlich beinhaltet die Frontkämpfer-Idealisierung, ins Absurde getrieben, daß nur noch der als wahrhaft tapferer Kämpfer anzusehen ist, der den Heldentod gefunden hat. Der Unterschied zwischen den heute noch unentwegt auf ihr Heldentum hinweisenden »Gestrigen« und mir wurde mir nie deutlicher als während einer Szene, die sich bei einer der Diskussionen abspielte: Da stand ein ehemaliger Angehöriger der Waffen-SS auf und sagte: »Herr Schönhuber, Sie haben einen Panzer abgeschossen, ich zwanzig. Sie schossen aus Angst um Ihr Leben und auf Befehl. Ich schoß aus Liebe zum Vaterland und freiwillig!« Die Szene war grotesk: Vor dem Eingang beschimpften mich Demonstranten wegen Verherrlichung der Waffen-SS, im Saal meinten einige, ich wäre der Waffen-SS und ihrer unsterblichen Taten nicht gerecht geworden. Dabei wiesen sie auf ihre Heldentaten und ihre Verwundungen hin.

Diese Schizophrenie liegt sozusagen schwarz auf weiß vor. Ein Autor, dessen Diktion den Gestrigen und Unverbesserlichen verriet, warf mir vor, kein Verständnis für die Leistungen der Waffen-SS gehabt zu haben, im Indizierungsantrag des Direktors des Stadtjugendamtes Düsseldorf, Saatkamp, stand dagegen folgender Satz: »Der Autor (Schönhuber) lernt bei der Waffen-SS nur ehrenwerte, leistungsbereite und tapfere Männer kennen; Tapferkeit und Heldentum erscheinen als ihre größten Ideale.« (S. 41, S. 127, S. 151, S. 264, S. 266, S. 305)

Vielleicht lag ich also richtig.

Dazu eine Frage: Was ist denn Tapferkeit? Doch wohl nichts anderes als die Überwindung der Angst. Und wer von sich behaupten kann, daß er keine Angst kennt, hat auch kein Gefühl. Ich war z. B. in meiner Jugend ein ganz passabler Skispringer, auch nicht gerade die bevorzugte Disziplin für Feiglinge. Ich sprang dann gut, wenn der Anlauf in einer Schneise lag, so daß einem die Höhenunterschiede optisch nicht richtig bewußt wurden. Mußte ich aber auf einen künstlichen Anlaufturm hinaufsteigen, so wurde es mir jedesmal schlecht, nicht selten mußte ich mich übergeben, sprang aber trotzdem. Vielleicht habe ich dadurch mehr Mut bewiesen als jener Naturbursche, der aus dieser luftigen Höhe so ruhig herabsah, als schaute er aus einem Fenster des ersten Stockes heraus.

Den Vogel bei den Attacken gegen mich schoß jemand ab, der

dabei weder Zeit noch Kosten scheute, im Eigenverlag eine Broschüre herausgab und sie an Hinz und Kunz verschickte. Der Titel: »Sie waren nicht dabei!« So wie dieser Herr das Dabeisein verstand und noch versteht, muß ich ihm recht geben.

Die Tochter eines im Dritten Reich sehr bekannten Mannes sagte über mich ebenso enttäuscht wie entrüstet: »Der ist ja gar kein Nationalsozialist!« – Jawohl, gnädige Frau, »damals« war ich zu jung und unwissend, um einer zu sein, und heute bin ich wissend und alt genug, um keiner mehr zu werden.

Und auch aus dem einstigen Mekka der Waffen-SS, aus Norwegen, kam böses Raunen. So wie weiland der Donnergott Thor seinen Hammer nach seinen Feinden schleuderte, um sie zu zerschmettern, so giftete ein »hehrer« Professor böse Sätze nach München. Nach Aufzählung vieler meiner Fehler kam er zum Schluß, daß ich doch wohl kein Mann germanischen Denkens sei. – Sie haben recht, Herr Professor, aber wie soll germanisches Denken in einen Kopf gehen, der eine Mischung aus Südtiroler Quadrat- und slawischem Rundschädel ist? Beim »Rasse-Günther« wäre ich wohl nicht allzu hoch in Kurs gestanden. Aber wenn ich die Bilder von Heinrich Himmler, Martin Bormann, Julius Streicher und anderen braunen Fußkranken der Völkerwanderung betrachte, dann komme ich mir dagegen fast wie die nordische Lichtgestalt Baldur vor. Aber Spaß beiseite: Ich bin nun einmal kein Nordmensch, habe die wärmende südliche Sonne lieber als das kalte Licht des Nordens. Ich bin Altbayer, und Menschen dieses Schlages schauen wohl kaum nach Potsdam oder gar Oslo, dafür eher nach Prag und Verona ...

Eigentlich kann man diese »Ewig-Gestrigen« vergessen. Sie leben in einem selbstgewählten Getto. Außer ihnen selbst und sensationslüsternen Fernsehredakteuren nimmt sie niemand mehr ernst. Ein ebenso geistvoller wie bissiger konservativer Intellektueller nannte diesen Klüngel einmal »Das völkische Abendmahl«. Die Lieblings-Attribute dieser völkischen Barden sind »hehr« und »erhaben«.

Aber lassen wir die Geschichten, die großen und die kleinen, die wahren und die verlogenen. Halten wir uns an die Geschichte: Es ist und bleibt Unsinn, Tapferkeit und militärische Tüchtigkeit unbesehen an eine bestimmte Rasse, eine bestimmte Hautfarbe zu knüpfen. Hannibal war dunkel, Dschingis Khan gelb, Napoleon ein eher kleinwüchsiger mediterraner Mensch, sein russischer Gegenspieler Kutusow ein Slawe mit wenig kriegerischem Aussehen. Hätte die Geschichte das Gardemaß von 1,74 Meter für die Waffen-SS, für die Leibstandarte gar 1,80 Meter, angelegt, wären viele Helden »durchgefallen«. Außerdem kämpften im Ersten Weltkrieg beispielsweise jüdische Soldaten und Offiziere auf beiden Seiten und an allen Fronten mit gleichem Mut wie ihre »arischen« Waffen-Kameraden. An diese geschichtliche Wahrheit wurde ich vor ein paar Monaten »hautnah« erinnert.

Es war an einen heißen Diskussionsabend in Stuttgart. Anschließend Signierstunde. Während ich schreibe und schreibe, klopft mir plötzlich jemand auf die Schulter. Ich schaue auf. Vor mir steht ein alter Herr, über achtzig, wie sich später herausstellt. In breitem Schwäbisch sagt er: »Was Se da über Pola g'sagt hen, kann i nur bestätige. Wisset Se, i war Freikorps-Kämpfer, in Oberschlesie dabei, am Annaberg, unter General Märker, dann Baltikum. I wisset Bescheid, wenn i damols a nur a jungs Bürschle war. I komm aus em nationale Haus.«
Ich sehe mir mein Gegenüber an. Offenes Gesicht, lustige Augen, kein Kostverächter, ein bißchen Grütznerfigur. Der Rotwein hat in das rötliche Gesicht feine Spuren gezogen, besonders das ausgeprägte Aderngeflecht an der Nase ist nicht zu übersehen. Der Mann ist breitschultrig, hält sich kerzengerade. Seine Figur verrät den ehemaligen Sportler. Muß höherer Offizier gewesen sein, denke ich, vielleicht bei der Waffen-SS?
Ich frage ihn geradeheraus. Der Mann antwortet nicht gleich. Sein Unbehagen wird spürbar, das Gesicht eine Spur dunkler. Er spricht plötzlich hochdeutsch: »Wissen Sie, ich war rassisch nicht einwandfrei, wie es damals hieß. Bin Halbjude, konnte nicht Soldat werden. Aber weil ich dekorierter Freikorps-Kämp-

fer war und sich einige Kameraden daran erinnerten, blieb mir
ganz Schlimmes erspart.«

Ich habe einen Knödel im Hals, sage nichts. Das Schweigen dauert ein paar Sekunden. Mein Gegenüber lächelt mir freundlich
zu, schüttelt mir die Hand und sagt, diesmal wieder auf schwäbisch: »Aber recht habet Se, machet Se nur so weiter und verges-
set Se net mei Buch zu signiere.« Ich schreibe nur meinen Namen, eine zusätzliche Bemerkung fällt mir nicht ein.

Das Gespräch machte mich nachdenklich und betroffen. Es be-
stärkte mich in dem Entschluß, gegen Klischeevorstellungen
weiter vorzugehen. Auf welchen Seiten auch immer.

In seinem Buch tickt eine Bombe

Samstagsclub-Chef Franz Schönhuber vom Bayerischen Fernsehen hat seine Erinnerungen geschrieben. Der Titel: „Ich war dabei". Damit meint er nicht nur seine Kriegsjahre bei der Waffen-SS.

durch Verschweigen noch d einseitige Darstellungen möchte durch dieses Buch e – die Kriegs- und Nachkri Generation – auffordern, k waltigung der Vergangen nicht allein ihren Kindern den ehemaligen Gegnern übersinnen

BILD + FUNK: Fürchten nicht Schwierigkeiten mit de Buch apostrophierten „Med bossen"?

historische Zusammenhänge im Fernsehen zur Diskussion zu stellen?
Schönhuber: Ich habe es versucht. Über das Scheitern dieser Versuche möchte ich nicht sprechen; es berührt Internes meines Hauses.
BILD + FUNK: Halten Sie die demokratische Ordnung unseres Staates für gefährdet?
Schönhuber: Ja, und zwar von

Schönhuber steht Rede und Antwort
Am Freitag Autogrammstunde im Arena-Verlag – Ein Buch ist umstritten

WÜRZBURG. Autogrammstunden sind für Literaturfreunde stets ein Ereignis. Den Dichter, den Schriftsteller persönlich kennenlernen zu können, ein Autogramm zu bekommen, schafft ein persönliches Verhältnis zu dem Buch, das man besitzt – sogar vielleicht bis zur letzten Zeile

paßt, jeden madig zu machen, der den Mut hat, einmal die Dinge anders darzustellen, wie es landläufig seit Jahrzehnten opportun ist.
Niemand fragt danach, wie viele namhafte Mitglieder der NSDAP in der DDR heute noch höchste Posten einnehmen. Waet es

Ein Bestseller zwischen Lob und Verdammung

Von PETER SCHMALZ

Reinhold Vöth kürzlich in kleinem Kreis gesagt haben, kommt für ihn

Frenetischer Beifall für Franz Schönhuber
Autor des umstrittenen Buches „Ich war dabei" auf Vortragsreise

Griesbach (pe). Franz Schönhuber, vielfach als Bayerns populärster Journalist apostrophiert, Autor des umstrittenen Buches „Ich war dabei" und wegen der dadurch ausgelösten Diskussion unter merkwürdigen Umständen vom Bayerischen Rundfunk als Hauptabteilungsleiter und stellvertretender Chefredakteur fristlos gefeuert, hat seine Vortragsreise weiter um die Vergangenheits-Bewältigung. Er hat eine Vortragsreise durch Bayern begonnen. Jetzt sprach er in Griesbach.

Gut 350 Personen füllen den sachlich ausgestatteten kleinen Festsaal im Griesbacher Steigenberger-Hotel bis auf den allerletzten Platz. Einige haben keinen Sitzplatz mehr gefunden und stehen neben dem Eingang und an den Fenstern. Das Publikum gehört sichtbar dem gehobenen Mittelstand an. Unter den Zuhörern sind auffallend viele ältere Herren, aber auch einige junge Männer sind nicht zu übersehen. Und was ebenfalls auffällt: Fast die Hälfte sind Frauen, eine Seltenheit bei einer Veranstaltung, bei der es um Politik geht.

Als Franz Schönhuber auf die Minute genau um 20 Uhr den Saal betritt, schlägt ihm eine Woge von Beifall und Zurufen entgegen. Schönhuber genießt sichtlich seine Popularität. Er hat sich kaum auf einen Stuhl neben dem Redner-Podium gesetzt, als er schon von Frauen und Männern umringt ist. Sein Buch „Ich war dabei" zum Signieren entgegenstrecken. Und Schönhuber unterschreibt.

und fühlte, das ist für ihn Geschichte. „Jeder Mensch hat ein Recht auf I und seinen Zuhörern zu, wie Irrtum bekennt." Er fühle Zeigefinger der Nation, sagt bekenne sich zu dem Buch, das tümern.

Das hat man ihm offensic Bayerischen Rundfunk übe Schönhuber vermeidet es, zu alle sitzt ist. Er ist Hauptabteilungs schmid direkt Stellung zu ne gen. Aber er habe keine He Umfeld aufzuzeigen, in dem se eine Reaktion auf ein mutiges Blatt vor den Mund, als er dann sein Buch gar nicht gelesen h in Grund und Boden verreiße blieren, die lieber rot als tot und damit ihren eigenen Unte len, von Theologen, die die Be den kommunistischen Manife sein.

Ludek Pachman spricht in a tung das aus, was Schönhuber will und darf: Im Grunde gibt Affäre Schönhuber, die immer noch um den Journalisten (der Schönhuber in einer stürmischen Manifestation in Grafenau een abwerkannte und damit viele M Austritt veranlaßte und vor allem fare des Bayerischen Rundfunks düster darte Adolf Hitler!

Das aktuelle Buch: Erinnerungen an dunkle Stunden

Das Recht auf Irrtum

Da kommt ein Bayer vom Jahrgang 1923 und erzählt, was er alles in seinem Leben bisher gemacht hat. Er ist Hauptabteilungsleiter beim Bayerischen Rundfunk mit Aspirationen auf den Stuhl der Fernsehchefredakteurs in München und zumindest südlich der Mainlinie eine bekannte Persönlichkeit, was bestimmt mit dazu beigetragen hat, daß er nicht lange nach einem Verleger zu suchen brauchte. Nun gibt es zahlreiche Erinnerungen von Leuten, die in den dunkelsten Stunden der jüngeren deutschen Geschichte mit dabei waren, aber sobald die von Franz Schönhuber auf den Markt kamen, löste eine besonders bunte desweile Kontroverse aus.

Franz Schönhuber: Ich war dabei. Verlag Langen-Müller, München. 352 S., 34 Mark.

Generation irregeführt wurde und erst die furchtbare Wahrheit begriff, als es zu spät war. Da nämlich, als man mit der tätowierten Nummer unter der Achsel bis zum bitteren Ende im Treufelskino steckte. Hier liest man fast Typologie der Waffen-SS, die geeignet ist, Pauschalurteile zu korrigieren.

Schönhuber begeht indes den „Fehler", altmodische Werte aus einer verleumden, inzwischen negativ besetzt sind, für die Gegenwart wieder in Ehren zu wollen. Er formuliert bajuwarisch-holzschnitt-

11.
Anmerkungen zu Haffner

Wir müssen eingestehen, daß es auch bei uns schwarze Schafe gab. Dies ist in jeder größeren Gruppierung unvermeidlich. Nicht alle Angehörigen dieser militärischen Elite waren sozusagen »Chevaliers sans peur et sans reproche«, also Ritter ohne Furcht und Tadel. Und wir waren keinesfalls der militante Flügel der Heilsarmee. Wir sollten auch die Gefühle jener NS-Gegner und KZ-Insassen respektieren, die beispielsweise General »Papa« Eicke nicht als fürsorglichen Frontkommandeur erlebten, sondern lediglich als brutalen KZ-Kommandanten. Oder darf ich zwei Kollegen anführen, zwei Brüder? Der eine, Hans Riehl, ist Mitglied der Chefredaktion der Münchner ›tz‹, der andere, Herbert Riehl-Heyse, leitender Redakteur der ›Süddeutschen Zeitung‹. Ihr Vater wurde bei dem Versuch, ein paar Tage vor Ende des Krieges das sinnlose Blutvergießen im heimatlichen Altötting zu verhindern, von einem Kommando der SS aufgegriffen und zusammen mit fünf anderen Altöttingern erschossen. Es war kein Kommando der Waffen-SS, aber kann man verlangen, daß jemand zwischen Sigrune und Sigrune auf der einen oder anderen Uniform differenziert, wenn sein Vater getötet wird? Bleibt mir noch die Feststellung, daß sich beide Kollegen trotz des schweren Schicksalsschlages gegen mich fair verhalten haben.

Auf der anderen Seite aber muß man auch den Schock verstehen, der nicht nur mich, sondern auch viele meiner ehemaligen Kameraden befallen haben mag, als wir in der Februarnummer des Jahres 1983 der Zeitschrift ›Deutsche Monatshefte‹ in dem Artikel von Hans-Dietrich Sander »Wie kann Bonn zu Piemont werden?« folgende Zeilen lasen:

»Die Deutschen schickten sich in dieses Geschick mit dem erleichterten Seufzer, daß eben Schlimmeres, wie das Sterilisierungspro-

jekt Theodore Kaufmans oder der Morgenthau-Plan nicht ver-
wirklicht wurde: NICHT EINMAL 500 000 JUNGE SS-MÄN-
NER WAREN ERSCHOSSEN WORDEN, WIE DAS SEBA-
STIAN HAFFNER VORGESCHLAGEN HATTE« (›World
Review‹, August 1942, Seite 13).

United States of Europe?
No. 4. The Reintegration of Germany into Europe

by SEBASTIAN HAFFNER
Author of 'Germany: Jekyll and Hyde'

Nazism is a rebellion against Christian European Civilisation.
Germany must rejoin this Civilisation. The Christian clergy must take the lead
in German re-education

Ich bin wie erschlagen. Kann dies zunächst gar nicht glauben. Besorge mir die Nummer. Lese es schwarz auf weiß. Der Artikel mit der Überschrift »United States of Europe« hat die in diesem Zusammenhang makabren Unterzeilen »Deutschland muß wieder der Zivilisation zugeführt werden« und »Die christliche Geistlichkeit muß die Führung in der deutschen Umerziehung übernehmen«. Zur »Heimführung« Deutschlands nach Europa in bezug auf die SS schreibt Haffner:

»Mit aller Wahrscheinlichkeit läuft dies auf das Töten bis zu 500 000 junger Männer hinaus, entweder durch summarisches Kriegsgerichtsverfahren (eine solche Massenjustiz kann nur summarisch erfolgen) oder sogar ohne ein Verfahren. Selbst wenn man die tatsächliche Tötung vermeiden will und dafür die SS in eine Anzahl von lebenslänglich mobilen Zwangsarbeiter-Divisionen zu internationaler Verfügung umwandeln wollte, würde dies nichts anderes als lebendigen Tod bedeuten.«

Schlagartig erinnere ich mich an die Gerüchte, die nach dem Kriege in unseren Gefangenenlagern kursierten: zwanzig Jahre

Zwangsarbeit für die Waffen-SS-Angehörigen in den Kohlegruben. Aber wenn dies auch nicht eintrat, haben viele meiner Kameraden Bitteres durchgemacht. Sie schufteten unter teils unmenschlichen Bedingungen in sowjetischen Steinbrüchen, in belgischen und französischen Kohlegruben und in den serbischen Lagern war der Tod für viele eine Gnade. Ich gedenke ihrer Schicksale mit Trauer und Empörung und danke Gott, daß dieser Kelch an mir vorüberging. Die Haffner'schen Ausführungen waren bereits 1942 im ›Völkischen Beobachter‹ zu lesen. Zumindest die Offiziere der Waffen-SS dürften sie gekannt haben. Könnte nicht dieses Wissen eine Erklärung dafür sein, warum die Verbände der Waffen-SS mit einer Härte ohnegleichen auch noch in ausweglosen Situationen bis zum bitteren Ende gekämpft haben? Dies wäre denkbar. Ich persönlich habe von den Haffner'schen Überlegungen bis vor ein paar Wochen nichts gewußt.

Wenn ich nun zurückdenke, fällt mir ein, daß die Waffen-SS damals kaum 500 000 Mann stark gewesen ist und ich damals jung war. Im Falle einer Realisierung dieser Überlegungen wäre ich »dabei« gewesen.

Anmerkung: Haffner, ursprünglich Dr. Raimund Pretzel, von 1936—1938 als freier Journalist in Berlin tätig, davor Gerichtsassessor, über seine schriftstellerischen Tätigkeiten in der Emigration im allgemeinen:

»Ich bin stolz darauf, damit nicht ganz ohne Einfluß geblieben zu sein« (nach seiner eidesstattlichen Versicherung vom 26.1.1975).

In manchen Auslagen von Buchhandlungen liegen die Bücher von Haffner und mir nebeneinander. Bisher habe ich das entfernt Mussolini ähnelnde Gesicht Haffners zwar nicht mit Sympathie, doch gleichgültig betrachtet. Nun schaue ich weg, um nicht Gefühle von Haß und Verachtung aufkommen zu lassen. Ich hämmere mir ein: Haß ist ein schlechter Ratgeber. Gleichzeitig verstehe ich jetzt aber jene Kameraden besser, die mich nach Erscheinen meines Buches anriefen und – teils dokumentarisch belegt – auf ihre schweren Mißhandlungen hinwiesen. Trotzdem versuche ich das zu vermitteln, was ich mir bei den Ausführungen Haffners selbst suggeriere: Wir müssen endlich raus aus dem Teufelskreis gegenseitiger Beschuldigungen, von Haß und Vergeltung. Tun wir dies nicht, wird die Aufrechnungsspirale eines Tages zur Todesschlinge, die alle Versöhnungsversuche abwürgt. Nur, moralische Ratschläge von Herrn Haffner verbitte ich mir ein für allemal. Was allein weiterhilft, ist Ehrlichkeit zu seinen Gegnern, zu sich und seinen ehemaligen Weggenossen. Und manchen großmäuligen Barden von Ruhm und Edelmut möchte ich mit Willy Brandt antworten: »Hätten Sie's nicht 'ne Nummer kleiner?«

Apropos Willy Brandt! Wie steht der frühere Bundeskanzler heute zu seinen Auslassungen in seinem gegen Kriegsende geschriebenen Buch »Verbrecher und andere Deutsche« (norwegischer Originaltitel: »Forbrytere og andre Tyskere«)?

»Ich habe mich nie zu einer Begeisterung für Todesfälle aufraffen können, aber so wie die Welt, in der wir leben, nun einmal ist, rechnete ich damit, daß es notwendig sein werde, eine ganz große Anzahl von wertlosen nazistischen Leben auszulöschen.«

Auch wenn man berücksichtigt, daß diese Zeilen im Kriege geschrieben worden sind, macht die Bezeichnung »von wertlosen nazistischen Leben« tief betroffen. Zurecht warf und wirft man diesem oder jenem nationalsozialistischen Funktionär vor, zynisch und menschenverachtend von »minderwertig«, »rattenhaft« und von »Untermenschen« gesprochen zu haben. Wir reagieren heute sehr sensibel auf ein bestimmtes Vokabular. Und das ist gut so. Aber diese Sensibilität darf sich nicht nur auf den Nationalsozialismus erstrecken.

Ich persönlich halte Brandt für einen human handelnden Menschen. Ich habe ihn deshalb zitiert, um zu beweisen, daß Ausnahmezeiten auch Ausnahmereaktionen hervorrufen können. Unter diesem Aspekt sollten wir heute den einen oder anderen

Satz aus einer Doktorenarbeit oder einem Zeitungsartikel der damaligen Zeit beurteilen. Man muß die Umstände und das Umfeld berücksichtigen. Aber dies zu tun, ist schwerer und mühsamer als sich moralisch aufplusternd in Szene zu setzen und schnell und unbedacht den Stab über diesen oder jenen Mitmenschen zu brechen.

Es wird Zeit, daß man auch von der Gegenseite ein ungeschminktes Bild bekommt. Dazu gehört allerdings Wissen und dazu wiederum der nötige Willen. Daran scheint es vielen zu mangeln. Vielleicht auch dem Bundespräsidenten Karl Carstens? Er erweckt in letzter Zeit immer mehr den Eindruck eines Mannes, der seine eigene politische Vergangenheit dadurch bewältigt, daß er Gegner des Nationalsozialismus in das Pantheon der Geschichte des Widerstandes aufnimmt, ohne genau zu prüfen, ob deren Widerstands-Schild möglicherweise nicht auch einige Flecken aufzuweisen hat.

Die Frage muß erlaubt sein, ob es zur Mitteilung in Bulletin des Presse- und Informationsamtes der Bundesregierung vom 3.1.1983 gekommen wäre, hätte Carstens oder seine dafür zuständigen Mitarbeiter die Emigrationsprodukte von Haffner genauer gekannt.

Presse- und Informationsamt der Bundesregierung

Nr. 1/S. 1   Bonn, den 3. Januar 1983

Bulletin

Glückwünsche für Sebastian Haffner

Der Bundespräsident sandte an Sebastian Haffner, Berlin, zu dessen 75. Geburtstag folgendes Glückwunschschreiben:

Welche Blüten die Vergangenheitsbewältigung 38 Jahre nach dem Ende des Dritten Reiches in der Bundesrepublik heute noch treibt, soll schließlich noch an folgendem Beispiel aufgezeigt werden: Am Sonntag dem 13. März 1983 konnten die erstaunten Bundesbürger am Bildschirm sehen bzw. tags darauf in den Zeitungen lesen, daß der 75 Jahre alte Bundestagsabgeordnete der »Grünen«, Werner Vogel, der als Alterspräsident des Bundestages vorgesehen war, sein Mandat nicht annehmen werde. Vorausgegangen waren heftige Diskussionen bei »Grün« wie »Rot«, als bekannt geworden war, daß Vogel, der seine Vergangenheit nicht geleugnet hatte, im Dritten Reich SA-Strumführer und Regierungsrat im Reichsinnenministerium unter Wilhelm Frick gewesen war.

Diese Republik, die frühere Parteimitglieder wie Globke, Lübke, Kiesinger, Filbinger und Carstens – um nur einige wenige aus einer wahren Legion zu nennen – in höchsten Staatsämtern »hingenommen« hat, kann mit einem Vogel als Alterspräsidenten nicht leben. Absurdes Theater?

12.
Zwischen Verklärung und Verdammnis

Neben SS-Soldaten, die nach dem Motto des Helden von Walther Flex in seinem Buch »Der Wanderer zwischen beiden Welten«, Erich Wurche, lebten: »reif werden und rein bleiben«, gab es aber auch solche, die nach dem Prinzip gehandelt haben: in jedem Städtchen ein anderes Mädchen. Sie verehrten den Führer und wußten um seine alkoholische Abstinenz, aber interpretierten diese nicht als eine Art Führerbefehl. Aber da kommen noch heute einige dieser Ultras daher und singen das Loblied auf den »Reichsheini«, also Heinrich Himmler, wissend, daß der tugendsame Mann eine Geliebte und von ihr Kinder hatte. Sein Mut reichte allerdings nicht aus, dies dem Führer zu beichten. Da lob ich mir diesbezüglich den »kleinen Doktor«, also Joseph Goebbels. Er bekannte sich auch vor seinem Führer zu der bildschönen Prager Schauspielerin Lida Baarova (zu einer Slawin!), wollte ihretwegen sogar auf den Ministerposten verzichten und als Botschafter, weit weg, nach Japan gehen. Wie die Welt weiß, ist daraus nichts geworden, und er blieb bei seiner ebenfalls außergewöhnlich schönen Ehefrau, Magda. Ich habe übrigens vor ein paar Jahren ein langes Fernsehinterview mit Lida Baarova gemacht, einer heute noch attraktiven Frau. Sie bekannte sich dabei ehrlich zu ihrer einstigen Liebe zum deutschen Propagandachef. Damit beschämte sie so viele Stars und Divas, die einst am »Braunen Hof« ein- und ausgingen, heute aber in ihren Memoiren des längeren und breiteren darlegen, wie sehr sie den Mann mit dem Klumpfuß verachtet hatten, wie sie innerlich »dagegen« waren und welch ein selbstmörderischer Mut sie sogar »Grüß Gott« statt »Heil Hitler!« sagen ließ. Ich habe mir unlängst alte Illustrierte aus der damaligen Zeit von Presse- und Filmbällen angesehen; das müssen samt und sonders fröhliche »Widerstandskämpfer« gewesen sein. Nicht wenige der heute lebenden Stars haben in ihren Memoiren geflissentlich übergangen, daß sie bei Wehrmachtbetreuungs-Tourneen am liebsten bei der Waffen-SS tingelten. Dies galt als eine Tournee der de luxe-Klasse ...

Im übrigen soll man nicht so tun, als wäre der sogenannte »Braune Hof« lediglich von Freudlosigkeit, Kleinbürger-Mief und Strickstrumpf-Tanten geprägt gewesen. Auch damals feierte man die Feste, wie sie fielen. Auch in dieser Gesellschaft gaben Damen den Ton an, deren Eleganz, modischer Chic und Esprit in anderen europäischen Metropolen Vergleichen durchaus standgehalten hätten. Man denke an die Damen Magda Goebbels und Hedi Bouhler, Gattin des Reichsleiters, die beide beim Zusammenbruch des Reiches Selbstmord begingen.

Ich wundere mich, daß manche Schreiberin oder mancher Schreiber ihrer »Weißmacher-Memoiren« nicht einmal schamhaft rot, sondern höchstens opportunistisch »politisch-rot« geworden sind! Aber lassen wir das! Wichtiger ist dies:

Die Tugendprotzerei und die Aufzählung von echten und vorgegebenen Heldentaten sowie der damit verbundene Hinweis »wir waren die Größten« genügen nicht, um die Problematik der Stellung der Waffen-SS und insbesondere ihrer Freiwilligen aus ganz Europa der heutigen Jugend verständlich zu machen. Wir müssen eine geistige Auseinandersetzung suchen. Wir müssen die Motive aufzeigen, die beispielsweise einen jungen, sensiblen französischen Intellektuellen bewogen, zur Waffen-SS zu gehen. Das waren ja in ihrer übergroßen Mehrzahl beileibe keine Schläger, die ich bei der Division Charlemagne in Wildflecken kennengelernt habe. Das waren junge Leute, die sich gegen das satte Establishment auflehnten, gegen die Bourgeoisie. Andere wiederum suchten das große Abenteuer, das ihrem Leben einen Sinn geben sollte; eine bestimmte Gruppe war religiös motiviert, beseelt von dem Gedanken, gegen Stalin, den fleischgewordenen Anti-Christen, kämpfen zu müssen. Ein kleiner Prozentsatz bekämpfte im Jahr 1944 noch einmal das Jahr 1789, setzte elitäres Denken gegen Freiheit, Gleichheit, Brüderlichkeit.

Ihre Gegenspieler wiederum wollten im Jahr 1944 das Revolutionsjahr 1789 mit neuen zeitgemäßen Inhalten versehen. Für sie stand der Sozialismus an erster Stelle ihres Engagements. So standen Linke und Rechte, Adelige und Proletarier nebeneinander. Darüber kann man nur reden, wenn man das »Damals« und das »Heute« nicht verwischt. Das Beharren auf der Position von »gestern« ist wie Butter, die ranzig geworden ist. Der Motivation von damals muß die geschichtliche Realität entgegengesetzt werden. Wir müssen uns nicht nur mit den (mißbrauchten) Idealen von einst, sondern auch mit dem Wissen von jetzt auseinandersetzen. Wer aber die bekannt gewordenen dunklen Punkte des Nationalsozialismus übergeht, glorifiziert möglicherweise seine eigene persönliche Geschichte, erschwert es aber dem Volk, die bittere Vergangenheit, die diese Unverbesserlichen mit verursacht haben, zu bewältigen. Verbitterung, Uneinsichtigkeit und daraus resultierende Aggressionen aber bewirken gar nichts. Junge Menschen erreicht man damit nicht. Einige meiner wichtigsten Gesprächspartner waren in den letzten Monaten meine Kinder, die Tochter 17, der Sohn 15, und deren Freunde. Für sie alle ist der Zweite Weltkrieg bereits so weit weg wie für meine Generation der Siebziger Krieg. Unsere Kinder haben ein anderes Lebensgefühl. Sie halten nichts von der These Clausewitz', wonach der Krieg die Fortsetzung der Politik mit anderen Mitteln sei. Sie halten Kriege in summa einfach für Verbrechen, wollen nicht einmal mehr zwischen ungerechten und gerechten unterscheiden. Übrigens stellt sich immer erst nach Kriegsende heraus, welche Partei gerecht bzw. ungerecht handelte. Die Gerechtigkeit ist natürlich immer auf der Seite des Siegers. Vor allem aber sind die Kinder mißtrauisch gegen große Worte und gegen Pathos. Sie suchen Zärtlichkeit, menschliche Wärme. Die Darstellung von Heldentaten imponiert jungen Menschen weniger als das sachliche Vorbringen authentischer Fakten. In diesem Zusammenhang freut mich ganz besonders der mündliche wie auch schriftliche Hinweis des Sohnes von SS-General Gottlob Berger, der meine Darstellung der europäischen Freiwilligenverbände fair und differenziert nannte. Es war ein Verdienst seines Vaters, des Organisators und Initiators der europäischen Freiwilligenverbände und Chefs des Kriegsgefangenenwesens in Deutschland, daß die Teilnehmer am Warschauer Aufstand den Kriegsgefangenenstatus erhielten. Auf diesem Gebiet sind besonders jene Historiker wichtig und stärker als bisher zu beachten, die die vorherrschende Einseitigkeit des Geschichtsbildes zu korrigieren versuchen. Zu dieser Korrektur gehört auch, daß man Anteil und Mitschuld der späteren Siegermächte am Aufstieg Adolf Hitlers nicht länger verschweigt. Aber unsere ehemaligen Gegner kennen ihre deutschen Pappenheimer. Der große französische Politiker und einer der Väter des Sieges von 1918, Clemenceau, hat uns haargenau beschrieben: »Die Deutschen kennen keine Mittellinie. In guten Zeiten verherrlichen sie ihre Ideale bis zur Selbstaufopferung, nach der Niederlage beschmutzen sie ihr eigenes Nest, nur um uns zu gefallen.« Ich will niemandem gefallen, aber, solange ich kann, dazu beitragen, daß die gefährlich verhängnisvolle Einseitigkeit abgebaut wird.

Zur Ehrlichkeit der Vergangenheitsbewältigung gehört auch das Eingestehen von Irrtümern oder mißverständlichen Äußerungen. Deshalb möchte ich an dieser Stelle unaufgefordert ein schiefes Urteil über die deutsche Generalität korrigieren, das in meinem ersten Buch durch verkürzte Wiedergabe entstanden ist. In einem Abschnitt über die Wirkung von Tagesbefehlen schrieb ich von Generälen, die »sterben ließen«. Ich wollte selbstverständlich nur auf einige hinweisen. Der historischen Gerechtigkeit halber ist hinzuzufügen, daß die deutsche Generalität einen außergewöhnlich hohen Blutzoll entrichtete, einen weit höheren, als es auf der anderen Seite der Fall war. Deutsche Generäle waren häufig an der Spitze der Truppen zu finden und gaben ein Beispiel von Mannesmut. Es kamen um: 13 Generalfeldmarschälle, 21 Generaloberste, 3 Generaladmirale, 136 Generale der Infanterie und anderer Waffengattungen, 11 Admirale, 294 Generalleutnante, 24 Vizeadmirale, 426 Generalmajoren, 35 Konteradmirale.

Von der Waffen-SS allein sind 63 Generäle gefallen oder hingerichtet worden.

Diese für sich sprechenden Zahlen entnahm ich dem Buch von Josef Folttmann/Hans Möller-Witten, »Opfergang der Generale«. Es ist nur klar, daß dieses Thema weitgehend tabuisiert ist ...

13.
Der Fall Rudel

Gespräche, die nur den nostalgischen Inhalt haben: »Weißt du noch, wie es damals war, da und dort?«, langweilen mich, um nicht zu sagen, sie gehen mir auf die Nerven. Diese Gespräche klingen meist ein bißchen antiquiert, denn es wird wohl kaum mehr Kriege geben, bei denen vor allem menschliche Tapferkeit, Mut, Anstand gefragt sind. Die nächsten Kriege, die hoffentlich nie stattfinden werden, wären eine Angelegenheit vor allem der Techniker und Elektroniker. Trotzdem muß man andererseits auch versuchen, zu verstehen, daß Menschen, deren Jugend und bestes Mannesalter von soldatischen Grundsätzen geprägt waren, von dieser Zeit nur schwer loskommen. Das beste Beispiel ist für mich Oberst Rudel. Hitler nannte den kürzlich verstorbenen Stuka-Flieger den tapfersten Soldaten unserer Geschichte. Zeitweilig soll er sogar mit dem Gedanken gespielt haben, ihn zu seinem Nachfolger zu machen. Ich kannte Oberst Rudel ziemlich gut, habe mit ihm oft diskutiert, gegen ihn Tennis gespielt oder mit ihm Skirennen gefahren. Ich bewundere nach wie vor den Soldaten Rudel, staune über seine unglaublichen Leistungen, die er als Unterschenkelamputierter vollbrachte, schätze seine menschlichen Qualitäten, aber hielt es – für ihn und für andere – ein Unglück, daß er unbedingt Politik machen wollte. Er hatte politisch nichts dazugelernt, nicht bemerkt, daß die Welt sich weitergedreht hatte, daß eine andere Generation herangewachsen war. Aber vielleicht mußte ein Mann so beschaffen sein, der, obwohl selbst schwer verwundet, einst einen Kameraden, der mit ihm weit hinter den russischen Linien abgeschossen worden war, auf seinen Schultern sicher zur eigenen Truppe zurückbrachte.
Die Frage sei gestattet, ob dieser Mann, der im Ausland noch heute hoch geschätzt ist, den das französische Fliegeridol Pierre Clostermann zu seinen Freunden zählte, so verbittert gewesen

wäre, wenn ihm diese unsere Republik eine helfende Hand gereicht, seine Leistungen als Soldat anerkannt hätte? In diesem Zusammenhang möchte ich daran erinnern, was Henri Nannen, Chefredakteur des »Stern« seit 1949, ein Weltmeister im politischen Slalomlauf, in seiner Illustrierten im Jahre 1950 über Hans-Ulrich Rudel, der sich damals in Argentinien aufhielt, von seinen Redakteuren Wim Sassen und Fritz Zschäckel unter der Überschrift »Brauchen wir heute Männer wie Rudel?« schreiben ließ:

»Der beste Dienst, den Männer wie Rudel, Baumbach und Galland dem Ansehen Deutschlands leisten konnten, dürfte die Tatsache gewesen sein, daß sie sich der Komödie eines Entnazifizierungsverfahrens entzogen haben. Die Geschmacklosigkeit, einen Mann mit 2350 Feindflügen und der höchsten Tapferkeitsauszeichnung vor eine Spruchkammer zu stellen, wäre nämlich im tiefsten Grunde – wenn auch mit umgekehrten Vorzeichen – nur Geist vom Geiste des Nationalsozialismus gewesen, des gleichen Nationalsozialismus, der für einen Soldaten wie Rommel das Volksgerichtsverfahren schon bereit hatte. Hans-Ulrich Rudel war weder ein ›Nazi‹ noch ein ›Militarist‹ im Sinne dieses Gesetzes, er war einfach ein junger, begeisterter und in todesmutigen Einsätzen seines Lebens an sich selbst zuletzt denkender Soldat. Abgesehen davon, daß der Kampf gegen den Militarismus auch nach diesem Krieg eine sehr einseitige Sache geblieben ist – die Bewunderung des echten, aufopfernden und selbstlosen Heldentums ist weder eine deutsche noch gar eine nationalsozialistische Erfindung. Und weil diese Bewunderung unabhängig vom Ausgang des Krieges, an dem ja alles Heldentum nichts drehen und wenden konnte, noch heute vor allem in der Jugend lebendig ist, ist es ein Verlust für Deutschland, wenn diese Männer heute in Argentinien oder irgendwo sonst in der Welt leben, und nicht bei uns. Wer Rudels Buch ›Trotzdem!‹ und Baumbachs ›Zu spät?‹ aufmerksam gelesen hat, zweifelt nicht daran, daß beide die Wahrheit des Satzes erkannt haben, wonach es sinnvoller ist, für sein Vaterland zu leben und zu arbeiten als dafür zu sterben.

Deutschland braucht heute mehr denn je Männer, die bereit sind, eine solche Arbeit um ihrer selbst willen zu tun, uneigennützig, sauber, von der Idee getrieben und mit dem elastischen Schwung, der auch die anderen – besonders die Jugend – mitreißt. Und es wäre für weitblickende und undogmatische Politiker eine wahrhaft lohnende Aufgabe, Männer vom Schlage eines Rudel zu gewinnen, sie von der Lauterkeit ihres politischen Wollens zu überzeugen, ihnen die Möglichkeiten und Grenzen unserer politischen Bemühungen darzulegen und sie zu Mitarbeitern an einer echten Erneuerung unseres staatlichen Lebens zu machen. Wir zweifeln keinen Augenblick daran, daß diese Männer das rechte und wirksame Gegengewicht gegen die Volkspolizeigeneräle von links wie gegen die politischen Hasardeure von rechts bilden könnten. Ein Gegengewicht, das nicht in Paragraphen und Bestimmungen eines Gesetzes zum Schutze der Demokratie, sondern in den Herzen der Jugend verankert wäre. Wenn nicht unser nationales Leiden, die politische Spätzündung, uns auch um diese Chance bringen soll, dürfte es Zeit sein, einmal über solche Möglichkeiten nachzudenken, ehe die Zwangsläufigkeit des Emigrantenschicksals allzu weit von der deutschen Wirklichkeit entfernt. Denn auch dafür gibt es in den Büchern Rudels und Baumbachs bereits tragische Anzeichen.«

Soweit damals der »Stern«.
Es ist ein Treppenwitz der Geschichte, daß das vom »Stern« gelobte Buch Rudels »Trotzdem!« einige Jahre später auf dem Index für jugendgefährdende Schriften landete. Jede Armee der Welt wäre stolz auf einen Rudel. Das französische Flieger-As Pierre Clostermann nannte ihn den überragendsten Kriegsflieger der Geschichte. Der damalige Verteidigungsminister Leber schmähte ihn dagegen öffentlich als »dieser Kerl«. Und wie beschämend verhielten sich weite Teile der Massenmedien jetzt bei seinem Tod. Da war in erster Linie von dem »Rechts-Radikalen« die Rede, davon, daß eines seiner Bücher auf dem Index für jugendgefährdende Schriften stand. Kaum ein Wort zu seinen in

der Kriegsgeschichte nahezu einmaligen Leistungen. Ich bin sicher, daß es noch Redakteure gibt, die damals Unteroffiziere und Offiziere waren, die – wären sie ihm damals begegnet – gesagt hätten: »Gestatten, Herrn Oberst meinen Respekt und meine Bewunderung zum Ausdruck bringen zu dürfen!« Ich möchte diesen Satz heute dem Soldaten Rudel am Grabe nachschicken! Im übrigen bin ich sicher, daß Vertreter des Staates bei der Beerdigung dabei waren – mit Ausweis des Verfassungsschutzes. Deutschland – deine Politiker!

Höchst merkwürdige Dinge spielten sich in den Tagen vor und nach dem Begräbnis von Oberst Rudel ab. Fast gleichzeitig feierte der Schriftsteller Heinrich Böll seinen 65. Geburtstag. In Funk und Fernsehen wurde »geböllert«, was das Zeug hielt. Daß man mich recht versteht: nichts gegen den Nobelpreisträger, der von nicht wenigen als ein bedeutender Schriftsteller geschätzt wird, aber mir war das Weihrauchkesselschwingen bei den Sendungen ebenso zuviel wie die Gehässigkeiten gegenüber dem großen Soldaten Rudel. Müssen wir denn immer von einem Extrem ins andere fallen? In jenen Tagen starb auch der französische Schriftsteller Louis Aragon. Eil- und bußfertig wurde in den deutschen Funk- und Fernsehstationen ehrend auf den Tod Aragons hingewiesen. Also hier störte es nicht, daß der Franzose ein eingefleischter Stalinist war. Berühmt ist sein von Byzantinismus übelster Art geprägter Satz: »Wenn ich ein Kind haben sollte, so müßte das erste Wort, das es zu erlernen habe, Stalin heißen.« Stalin nannte er auch den größten Philosophen aller Zeiten.

Rudel diente Hitler mit dem Schwert, Aragon dem Diktator Stalin mit der Feder. Beide blieben sie bis zum Schluß »Unverbesserliche«. Was macht da der Unterschied zwischen Hitler und Stalin?

Wie hieß es doch einmal: Am deutschen Wesen wird die Welt genesen. Die deutschen Intellektuellen können doch wohl damit nicht gemeint sein, abgesehen davon, daß ich diesen ganzen Satz für falsch halte. Bisher hat sich dieses deutsche Wesen immer nur groß im Sieg, aber klein in der Niederlage gezeigt.

Es erübrigt sich, zu sagen, daß das Wort »Grandeur« heutzutage nicht mehr übersetzbar zu sein scheint. Selbst De Gaulle hat bei seinem härtesten französischen Widersacher im Zweiten Weltkrieg, den Chef von »Vichy-Frankreich«, Marschall Pétain, zwischen dem Politiker und dem Soldaten Pétain unterschieden. Bei einer Gedenkrede für die Gefallenen von Verdun rühmte er ausdrücklich die militärischen Verdienste des Marschalls im Ersten Weltkrieg und zählte ihn zu den Rettern des Vaterlandes. Für den späteren »Niedergang« des Marschalls machte er vor allem sein hohes Alter verantwortlich. – »La vieillesse c'est un naufrage.« – »Das Alter ist ein Schiffbruch.«

Der »Fall« Rudel hatte noch weitere Nachspiele. Diejenigen Unverbesserlichen, die sich vor der sterblichen Hülle Rudels mit dem Hitlergruß verabschiedeten, taten weder ihm noch unserem Land einen Gefallen.

14.
Zum Streit um die Waffen-SS

Wahrscheinlich können nur tapfere Menschen die Tapferkeit eines anderen, auch eines Gegners würdigen. Ein bekannter deutscher Journalist erzählte mir einmal von einem Gespräch, das er mit dem legendären Helden des Palästina-Krieges, Moshe Dajan, führte. Er verhehlte ihm dabei nicht, daß er bei der Waffen-SS war. Dajans Gesicht veränderte sich in keiner Weise, als er sagte:»Es waren tapfere Soldaten, eine militärische Elite. Aber sie dienten einem unmenschlichen System.«
Zugegeben, die heutige Bundeswehr tut sich schwer mit ihrer Tradition. Kasernen werden nach Feldmarschall Rommel, der einmal Hitlers liebster Soldat war, benannt. Die Namen der 38 Divisionen der Waffen-SS aber, darunter absoluter Elite-Divisionen, dürfen nicht erwähnt werden. Was mag in hohen Offizieren der Bundeswehr und des Bundesgrenzschutzes vorgehen, die früher Angehörige der Waffen-SS waren? Ich traf bei meinen Diskussionen mehrere solcher höherer Offiziere der Bundeswehr, darunter einen Oberst, allesamt ehemalige Untersturmführer oder Obersturmführer der Waffen-SS. Sie mußten sich mitanhören, wie die Waffen-SS als Mörderbande beschimpft wurde. Ein jugendlicher VVN-Sympathisant verstieg sich sogar zu dem Satz:»Schade, daß von Euch im Kriege nicht mehr draufgegangen sind!«
Nicht nur in der Bundeswehr und im Bundesgrenzschutz kamen ehemalige Angehörige der Waffen-SS zu Rang und Ansehen. Auf den Schlachtfeldern von Vietnam starben auf seiten der Franzosen ehemalige Soldaten der Waffen-SS, die das Grauen der Schlachten in Rußland, an der Oder und in Berlin überstanden hatten, die zum Teil noch ein paar Jahre vorher gegen französische Truppen gekämpft hatten. Aus den »Prätorianern« Hitlers waren Fremdenlegionäre zur Verteidigung der »Grande Nation« geworden. Nur die wenigsten zogen mit Begeisterung die neue

Uniform an. Bei der in manchen Gefangenenlagern herrschenden Wahlmöglichkeit zwischen Legion oder Hungern entschieden sie sich für das erstere. Auch ich war nahe daran, dieses zu tun. Das Kriegshandwerk hatten die Soldaten der Waffen-SS nicht verlernt. Sie gehörten zu den gefragtesten Kämpfern der Legion.

Welch ein Wahnsinn der letzte Krieg gerade unter den europäischen Nachbarvölkern war und zu welch tragischen und grotesken Konstellationen er im und auch nach dem Völkerringen führte, beweist folgende Szene. Der General der Waffen-SS Wilhelm Bittrich, ein ehemaliger Reichswehroffizier, der vor 1933 eine zeitlang in der Sowjetunion Flieger ausgebildet hatte, wurde 1953 in Marseille vor ein französisches Militärgericht gestellt. Ihm wurde vorgeworfen, daß es in seinem Befehlsbereich zur Exekution französischer Geiseln gekommen sei. In dem Verhandlungssaal befanden sich viele französische Soldaten, die das Képi der Fremdenlegion trugen. Mit Verwunderung mußte ein Entlastungszeuge, später Oberst des Bundesgrenzschutzes, feststellen, daß sie zumeist deutsch sprachen. Es waren ehemalige Soldaten der Waffen-SS, die ihrem einstigen General ihren Respekt erweisen wollten, dem vor Gericht keine persönliche Schuld angelastet werden konnte. Oft war die Meinung zu hören, wenn man bei den Auseinandersetzungen auf den afrikanischen und asiatischen Kriegsschauplätzen bei Freund und Feind, also auch bei den Offizieren der Legion, die gleiche juristische Elle wie hier in Marseille anlegte, müßten die Militärgerichte ihre Arbeit wegen Überlastung einstellen. Diese Feststellung ist eben so realistisch wie traurig. Aber das Kriegshandwerk ist nun einmal kein Zuckerlecken. Die Übergänge zwischen notwendiger Härte und unnötiger Grausamkeit sind fließend. Was man aber bei Siegern gerne als Härte feiert, heißt beim Verlierer Grausamkeit.

Übrigens: Gerade Wilhelm Bittrich ist ein Beweis dafür, daß auch höchste SS-Offiziere keine blinden Gefolgsleute des Nationalsozialismus waren. Das Wort »Führer« ging ihm beispielsweise nie über die Lippen. Er sprach stets auch vor seinen Untergebenen nur von »Herrn Hitler«.

Kürzlich sprach ich über dieses Thema mit zwei kompetenten französischen Journalisten. Einer von ihnen gehörte einst zu den Freiwilligen der Waffen-SS. Nach seinen Erfahrungen kämpften in einigen Einheiten der Fremdenlegion auf dem vietnamesischen Kriegsschauplatz bis zu 75 Prozent ehemaliger Angehöriger der Waffen-SS. Stolz schwang in seiner Stimme mit, als er sagte: »Vous savez – la grandeur et l'âme de la Légion, c'était la Waffen-SS.« (»Die Waffen-SS war die Größe und Seele der Legion.«) Und leicht spöttisch fügte der »Ehemalige« hinzu: »Wenn die Zuschauer bei der Militärparade zu Ehren des 14. Juli in Paris immer wüßten, wem sie da zujubelten, wenn der ›Stolz Frankreichs‹, die Fremdenlegion, vorbeimarschiert! Sie können und wollen vielleicht auch nicht wissen, daß so mancher, der bei Dien Bien Phu für Frankreich den sinnlosen Heldentod starb, das Eiserne Kreuz auf dem Uniformhemd hatte.« Einer der deutschen Überlebenden des asiatischen Stalingrad schrieb mir unlängst aus Paris, wo er nach langem Kriegsdienst für Deutschland und Frankreich ein bescheidenes Veteranendasein genießt: »Ich hab's verlernt, Deutscher, Franzose oder Europäer zu sein, ich bin nur noch Weißer und – so groß die Scheiße auch manchmal gewesen sein mag – ›je ne regrette rien‹.« – (›Ich bedaure nichts.‹)

Dieser Mann verkörpert für mich den Typ des ewigen Landsknechtes, für den »der Krieg der Vater aller Dinge« ist. Dieser Typ war nicht selten in der Waffen-SS. Interessanterweise hält sich bis heute hartnäckig ein Gerücht, wonach im Anfangsstadium der israelischen Armee auch ehemalige Angehörige der Waffen-SS als Ausbilder dabei gewesen wären. Eine Bestätigung dieses Hinweises fand ich allerdings nirgends. Sicher ist dagegen, daß sich diesseits und jenseits der Mauer ehemalige Kameraden der Waffen-SS – hüben beim Bundesgrenzschutz, drüben bei der Volksarmee – gegenüberstanden und noch stehen.

Hierzu eine Geschichte, wie sie eigentlich nur das Leben schreiben kann: Vor einiger Zeit rief mich ein Leser meines Buches

»Ich war dabei« an, wir kamen ins Gespräch. Er selbst war Offizier der Waffen-SS, und zwar bei der Division Wiking, gewesen, die er für besser und schlagkräftiger als die Leibstandarte hielt. Sehr bald merkte ich aber, daß bei dieser Beurteilung auch ein persönliches Ressentiment mitschwang. So war es in der Tat: Sein Stiefbruder, mit dem er sich heute nicht mehr gut versteht, war Offizier bei der Leibstandarte gewesen, aber auf »Umwegen«. Als er 18 Jahre alt war, schrie er am 30. Januar, also ausgerechnet am Tage der Machtübernahme, aus jugendlichem Trotz »Heil Moskau!«. Dies angesichts der jubelnden SA- und SS-Leute. Sein Auftritt brachte ihm Schutzhaft ein. Als »Moorsoldat« erlag er jedoch den ideologischen Verführungen seiner Bewacher. Seine »Tat« wurde ihm als jugendlicher Leichtsinn nachgesehen, die Strafe erlassen. Der »umerzogene« junge Mann trat in die Reichswehr ein. Einige Jahre später kämpfte er dann in der »Legion Condor« im Spanischen Bürgerkrieg gegen die »Roten«. Danach meldete er sich freiwillig zur Waffen-SS und brachte es zum Hauptsturmführer.
Nach dem Krieg erinnerte er sich an 1933 und ging zur Volksarmee. Vor einiger Zeit schied er als Oberst aus der DDR-Armee aus. Sein verdienter Ruhestand wird ihm allerdings durch die Überzeugung versalzen, daß er es auch zum DDR-General gebracht hätte, wäre sein »Wiking«-Bruder nicht im »revanchistischen« Westdeutschland geblieben und somit ein dunkler Punkt in seinem Lebenslauf. Man müßte sich mal die Ordenssammlung des Herrn Obersten ansehen. Ob da auch das »Deutsche Kreuz in Gold«, das im Mittelpunkt ein Hakenkreuz aufweist und das er sich redlich verdient hat, dabei ist?
Umgekehrt gab es in der Waffen-SS auch Soldaten, die im Spanischen Bürgerkrieg auf der Seite der Rotspanier gekämpft hatten. Aus Enttäuschung über das dabei Erlebte wechselten sie später die Front und wurden in Rußland die härtesten und verbissensten Gegner ihrer ehemaligen Genossen.
Wie man sieht, machte sich der Osten die Vergangenheitsbewältigung relativ leicht. Sie stand unter dem Motto: Wer nicht gegen

uns, ist für uns. Anders war es in der Bundesrepublik. Ich glaube, solange dieses Land nicht versucht, mit den Vätern auf faire Weise ins reine zu kommen, werden sich die Söhne stets schwer mit dem Wehrdienst tun. Leider aber wird es auf diesem Gebiet immer schlimmer statt vernünftiger. Ich kann die Szene gut nachempfinden, die Generalmajor Remer in seinem Buch »Verschwörung und Verrat um Hitler« so beschrieben hat:

»Als der Sohn von Rudolf Hess in Anbetracht der Behandlung seines Vaters den Wehrdienst verweigerte, wurde er gerichtlich zur Rechenschaft gezogen. Als mein älterer Sohn, zur selben Zeit, nach der üblichen Untersuchung für wehrdiensttauglich befunden wurde, fragte man ihn nach seinen Wünschen, zu welcher Waffengattung er eingezogen werden wolle. Seine schlichte Antwort war: »Zu keiner!« Auf die erstaunte Frage »Warum nicht?« kam die Entgegnung: »Solange meinem Vater, Generalmajor Remer, die Pension vorenthalten wird, sehe ich keinen Anlaß, zu dienen.« Was geschah? Zunächst nichts. Später wurde er erneut untersucht und als dienstuntauglich eingestuft. Man kann sich auch so unauffällig aus einer Affäre ziehen!

Übrigens wurde ich auch wegen meiner Beschreibung der Wirkung des 20. Juli angegriffen. Generalmajor Remer hat, wie bekannt, mit dazu beigetragen, daß diese Offiziersrevolte niedergeschlagen wurde. Auf Unglauben stieß auch meine Auffassung, in der Waffen-SS habe man sich Gedanken über eine »zweite Revolution« gemacht, die den Nationalsozialismus sozusagen purifizieren, auf seine »reinen« Ursprünge zurückführen sollte. Heute kann ich als Kronzeugen für meine These einen hochgestellten, in der deutschen Presse sehr geschätzten Offizier anbieten: den 4-Sterne-General und ehemaligen Stellvertreter des Obersten Befehlshabers der Alliierten Truppen in Europa, Gerd Schmückle. Zum 20. Juli schrieb er:

129

»*Die allgemeine Stimmung in Deutschland war gegen das Attentat. Auch ich war dagegen. Mir schienen die Attentäter im gleichen Irrtum befangen wie die nationalsozialistischen Führer: nämlich in dem Irrglauben, nach einem verlorenen Krieg gebe es noch eine Reichsregierung. Als würde dann einfach weitergemacht.*« Schmückle empörte sich dann über den »*Ehrenhof*«, den Generäle bildeten, um Mitverschwörer aus der Wehrmacht auszustoßen.*

Ich glaube ihm das. Nur, meine Kameraden und ich hatten damals wenig Ahnung von diesem »Ehrenhof«, und was er trieb. Deshalb konnten wir uns auch kaum empören. Daß Gerd Schmückle meine These vom Streben der Waffen-SS nach einer »zweiten Revolution«, wie angedeutet, indirekt grundsätzlich bestätigte, erfüllt mich mit Genugtuung; die Form aber halte ich für unglaubwürdig.

Schmückle hält bei einem Zusammentreffen an der Front bei Stalingrad die Worte eines SS-Standartenführers so fest:

»*Nach dem Siege muß auch Deutschland gereinigt werden. Die Partei ist verwahrlost, Hitler nicht energisch genug. Der Führer kommt in Ehrenhaft, die Parteibonzen an die Wand. Sepp Dietrich, der Kommandeur der ›Leibstandarte Adolf Hitler‹, wird Reichskanzler. Dann beginnt der Aufbau eines nationalsozialistischen Europa.*«

Abgesehen davon, daß die Waffen-SS nach dem Urteil kompetenter Fachleute in Stalingrad gar nicht eingesetzt war, dürfte es Ihnen, Herr General, der Standartenführer so wohl nicht gesagt haben, schon allein deshalb nicht, weil ja Ihnen nach Ihren eigenen Aussagen die Distanz zum Dritten Reich ins Gesicht geschrieben stand. Sicher gab's auch bei uns dumme höhere SS-Offiziere, aber wohl keiner dürfte so dumm gewesen sein, in Sepp Dietrich den zukünftigen Reichskanzler zu sehen. Ich war selbst bei der Leibstandarte. Wir mochten den schneidigen Kommandeur, aber daß er nicht gerade ein Anwärter auf den Nobelpreis war, wußten wir auch. Und bei aller Kritik an bestimmten Praktiken des Nationalsozialismus, die gerade bei der Waffen-SS so stark war, halte ich es für undenkbar, daß ein SS-Offizier Hitler in Ehrenhaft hätte nehmen wollen und dies auch noch sagte. An dieser Stelle muß auch Sepp Dietrich größere Gerechtigkeit widerfahren. Er gehörte zu den ganz wenigen, die auch Hitler widersprachen und sich für in Ungnade gefallene Kameraden einsetzten. So verdankt möglicherweise General Speidel es gerade Sepp Dietrich, daß er den 20. Juli überlebte. Als Sepp Dietrich erfahren hatte, daß auch Speidel immer tiefer in den Kreis der Verdächtigen geriet, rief er den Chef des Reichssicherheitshauptamtes, Ernst Kaltenbrunner, an und verbürgte sich für Speidel. Aus den Worten von Schmückle spricht außerdem eine große Abneigung gegen die Waffen-SS, die er kaum so nennt und es bei »SS« beläßt. Eine Stelle ist typisch. Schmückle setzt sich dafür ein, eine Kaserne nach dem jüdischen Jagdflieger und Pour le Mérite-Träger des Ersten Weltkrieges, Wilhelm Frankl, zu benennen. Der Antrag blieb erfolglos. Erst zwölf Jahre später wurde er realisiert. Zur damaligen Ablehnung schreibt Schmückle in seinem Buch:

»Dieser Widerstand kam wohl aus demselben Geist, der Heuss vermuten ließ, das Geschehen sei nicht begriffen worden. Dazu gab es eine Geschichte: In Bergen-Hohne war eine Gedenkstätte für die Gefallenen deutscher Panzerdivisionen errichtet worden. Eine würdige Stätte. Mit großen Findlingen. In jeden von ihnen wurde das Zeichen einer Panzerdivision eingemeißelt. Doch: Mehr Findlinge wurden aufgestellt als es Panzerdivisionen im Heer jemals gegeben hatte. Die überzähligen Findlinge entsprachen der Zahl gepanzerter SS-Divisionen. Es wurde geflüstert, man habe sie schon jetzt aufgestellt, damit sie später – sobald die Zeit ihre Beschriftung erlaube – in den Gesamtrahmen passen würden. Für die SS also Vorsorge. Für den Juden Wilhelm Frankl nicht einmal Nachsicht ...«

Diese Sätze sind hämisch, polemisch und reißen ohne Not wieder alte Wunden auf. Wollen Sie denn, Herr General Schmückle, zwischen achtenswerten und weniger achtenswerten, zwischen guten und bösen Toten unterscheiden? Wollen Sie nicht wenigstens den unzähligen Toten der Waffen-SS Gerechtigkeit zukommen lassen? Sie wissen doch, daß viele im guten Glauben an eine schlechte Sache wie Sie gekämpft haben und dafür auch ihr Leben gaben. Was müssen eigentlich jene Bundeswehroffiziere von solchen Sätzen denken, die einmal bei der Waffen-SS waren und die so manch guten Kameraden verloren haben? Dürfen diese nicht wenigen Bundeswehroffiziere ihrer Trauer nicht sichtbar Ausdruck verleihen? Ich schäme mich für Sie, Herr General! Dies bei allem Respekt vor Ihren Leistungen als Frontsoldat, der mehrfach verwundet wurde. Im übrigen, daß wir uns recht verstehen: Ich bin selbstverständlich für eine Frankl-Kaserne, denn dieser Mann war ein großartiger Offizier, ein Vorbild für die soldatische Jugend. Aber man kann das eine tun und muß das andere deshalb nicht unterbinden.

Ich kann übrigens nicht bestreiten, daß Schmückle zu jenen Menschen gehört, denen ich eine herzliche Abneigung entgegenbringe. Vielleicht kommt es daher, weil ich im Gegensatz zum schwäbischen General Schmückle keiner »Mafia« angehöre.

Dazu der Originalton Schmückles aus seinem Buch »Ohne Pauken und Trompeten« über sein Verhältnis zum damaligen Oberstleutnant Erwin Rommel, 1937 Leiter einer Lehrgruppe auf der Kriegsschule Potsdam: »Ich kam mit ihm in Kontakt, weil meine Familie zur schwäbischen Mafia gehörte. Davon hielt er viel ...«

Deshalb hielt der spätere Generalfeldmarschall wohl auch viel von seinem Stabschef, seinem schwäbischen Landsmann General Speidel. Dazu Schmückle über ein Treffen mit Speidel: »Speidel begrüßte uns warmherzig und mit treuherzigem Augenaufschlag, mit dem sich Schwaben gerne einführen.«

Wie viele »Schwaben« dieser Art gab's denn in der deutschen

132

Führungsspitze, solche mit »treuherzigem Augenaufschlag«? Ich muß auch sagen, daß ich selten ein raffinierteres Buch gelesen habe als das von Schmückle, des früheren Pressesprechers von Franz Josef Strauß, als dieser noch Verteidigungsminister war. In Krieg und Frieden stand Schmückle nach seinen Aussagen vielen Personen und Dingen mit Vorbehalt gegenüber; aber diente und diente und diente ... und dies merkwürdigerweise stets nach oben. Darüber machten sich vor allem jene Gedanken, die vom »Bau« sind. General Karst schrieb in einem Bericht an die CDU:

»Ursprünglich CDU und Vertrauter von Minister Strauß, wechselte er (Schmückle), der seine Beförderung nur dem Druck von Franz Josef Strauß verdankt, als Brigadegeneral zur SPD über und wurde Mitglied der ÖTV. Sein Aufstieg war kometenhaft.«

Zur Zeit der Niederschrift dieses Buches las ich anklagende Töne in einer Tageszeitung; daß im Gegensatz zu 80 % der in den USA befragten Menschen, die stolz darauf seien, Amerikaner zu sein, wir es bei uns nur auf 21 % »stolze« Deutsche brächten. 71 % der Amerikaner seien bereit, für ihr Land zu kämpfen, bei uns nur 35 %. Ist das verwunderlich? Jahrelang sind unsere Umerzieher auf all den Werten herumgetrampelt, die Vaterlandsliebe und Wehrbereitschaft ausmachen. Jetzt geht die Saat auf. Jetzt wird die Re-Education zu einem Bumerang. Immer noch kann es passieren, daß jemand, der die Tapferkeit der deutschen Soldaten würdigt, Gefahr läuft, auf den Index für jugendgefährdende Schriften gesetzt zu werden. Deshalb sind wir hier vor allem auf Ausländer angewiesen, die dem deutschen Soldaten weit mehr Fairneß entgegenbringen, als dies im eigenen Land geschieht. So schrieb zum Beispiel der Oxford Historiker John Keegan in seinem Buch »Six Armies in the Normandy« über die Deutschen:

Die Kampfkraft der Wehrmacht war geradezu legendär... Wie die Deutschen der anrückenden Roten Armee Widerstand entgegensetzten, bleibt ein Mysterium. Eine Erklärung mag die Furcht gewesen sein, als Kriegsgefangene in die Hand eines gnadenlosen Gegners zu fallen. Eine andere war sicherlich die Erkenntnis, daß deutsche Frauen und Kinder vor dem Terror einer russischen Besatzung bewahrt bleiben sollten.«

Aber auch die deutschen Soldaten haben traumatische Erinnerungen hinterlassen. Man konnte in den besetzten Ländern schon Angst und Beklemmung empfinden, wenn ein Bataillon der Waffen-SS im Paradeschritt, mit dumpfem Trommelwirbel, das Pflaster erzittern ließ. So müssen einst römische Kohorten ausgesehen haben, deren militärische Disziplin und ausstrahlende männliche Kraft den Unterworfenen Eindruck machte, vor allem deren Frauen. So war es denn im Zweiten Weltkrieg in Frankreich und anderswo. »Es zittern die morschen Knochen der Welt vor dem großen Krieg. Wir haben den Schrecken gebrochen, für uns war's ein großer Sieg.« Die letzte Zeile war ein Menetekel. Die Hybris der Macht hat noch jeden verdorben.
Die deutsche Militärmaschinerie ist mittlerweile von der russischen abgelöst worden. Um dies zu sehen, genügt ein Besuch des Lenin-Mausoleums. Wenn die jungen Sowjet-Gardisten im Stechschritt zur Wachablösung marschieren, auf die Sekunde genau die Wache übernehmen, da dürfte jedem unverbesserlichen preußischen Militaristen das Herz höherschlagen. »Bürger in Uniform« sind diese Sowjetmenschen nicht. Sie sind Soldaten, nichts anderes, Menschen, die gehorchen, die nicht stundenlang darüber diskutieren, ob der Befehl auch sinnvoll sei.
Ein kluger amerikanischer General aus Texas sagte einmal: »Ich wünsche, daß wir siegen, aber nicht zu sehr.« – Ich glaube, Herr General, Sie haben mehr gesiegt, als Sie es wünschten, gewonnen haben nämlich nur die Sowjets.
Daß wir uns mit der militärischen Vergangenheit so schwer tun, hat Gründe. Der wichtigste dürfte sein, daß viele Angehörige der Kriegsgeneration nicht mehr zu sagen wagen, wie es war. Sie fürchten den Zeitgeist.
Die Kriegsgeneration, die zum Teil noch das gemeinsame Erle-

ben verband, die Hunger, Kälte erlitt, sich vor Angst in die Erde gekrallt hatte, tritt allmählich ab oder will sich kaum noch an jene Zeiten erinnern. Ob die Herren, die sich im vorigen Jahr beim Besuch des österreichischen Bundespräsidenten Kirchschläger trafen, auch ihrer Kriegszeit gedachten: der ehemalige Hauptmann Kirchschläger, die Oberleutnants Carstens, Schmidt, Strauß und der Ex-UNO Generalsekretär Waldheim? Vor 30 Jahren war das anders! Damals bat die HIAG (die Hilfsgemeinschaft auf Gegenseitigkeit der Soldaten der ehemaligen Waffen-SS) in Hamburg die Fraktionsvorsitzenden aller im Bundestag vertretenen Parteien, auf ihrer Versammlung zum Thema »Waffen-SS« Stellung zu nehmen. Für die SPD sprach Helmut Schmidt. Ich zitiere hierzu aus dem Artikel »Meine Partei und die Waffen-SS«, erschienen im »Wiking-Ruf« im Jahr 1953:

»Oberleutnant der Reserve Schmidt/SPD erklärte, daß er persönlich niemals mit der Waffen-SS in Berührung gekommen sei, jedoch müsse er als alter Kriegskamerad aus seiner Fronterfahrung heraus sagen, daß er immer das Gefühl der besonderen Zuversicht gehabt habe, wenn eine Division der Waffen-SS neben seiner Einheit lag. Leider verwechsle man die ehemalige Waffen-SS mit der Geheimen Staatspolizei und belaste sie mit der Schuld anderer Runenträger. Ihre Angehörigen dürfen nur unter dem Gesamtthema ›Deutscher Soldat‹ gesehen werden ...«

Nach Erscheinen meines Buches wurde ich von einer Briefflut überschwemmt. Es kamen allein an die 12000 Briefe. Aus ihnen, auch durch persönliche Gespräche, konnte ich viel Neues über die Waffen-SS erfahren. Vordringlich interessierte mich dabei das Schicksal der europäischen Freiwilligen, die eine stark prägende Wirkung auf meine eigene Entwicklung gehabt hatten. Dümmliche Publizisten unterstellten mir bei diesem Hinweis »eurofaschistische« Tendenzen. Sie nahmen übel, daß in dem Buch offen zum Ausdruck gebracht wurde, wie wir *damals* fühlten und was wir *damals* glaubten.

135

Die Aufstellung der Freiwilligenverbände war auch nicht, wie häufig von Historikern und Publizisten behauptet, völkerrechtswidrig. Sie entsprach den damaligen Gegebenheiten und Gesetzmäßigkeiten. So erfolgte in Frankreich die Einberufung der Freiwilligen mit ausdrücklicher Genehmigung des französischen Staatschefs, Marschall Pétain, dessen Legitimität wohl nicht bestritten werden kann, weil ansonsten die USA wohl kaum einen Botschafter (Admiral Leahy) akkreditiert hätten. In Holland fand die Anwerbung junger Niederländer die ausdrückliche Billigung und warmherzige Förderung des Oberbefehlshabers der Königlich-Niederländischen Armee (Heer), Generalleutnant Seyffardt. Er verabschiedete die an die Ostfront gehenden Soldaten auch persönlich und übergab den ersten Angehörigen der Freiwilligenbrigade, später Division, die Fahne. Ein Regiment trug seinen Namen und entsprechende Ärmelstreifen. Wie war es in Dänemark? Offiziere und Unteroffiziere des königlichen Heeres, die sich freiwillig zur Legion Danmark (später Regiment) zu melden beabsichtigten, bedurften dafür der ausdrücklichen Genehmigung der Militärbehörde; Offiziere meldeten sich auch persönlich bei König Frederik X. ab, der ihnen Soldatenglück wünschte. Dies geht aus den Mitteilungen des königlichen Stabskapitäns Freiherr von Schallburg hervor. Der aus einer deutsch-baltischen Familie stammende tapfere Offizier fiel bei Demjansk am 2. Juli 1942. Sein früher Tod verhinderte es, daß er ebenso populär wie der aus Belgien stammende Léon Degrelle wurde, der jedoch zweifellos das stärkste Charisma aller Offiziere der Freiwilligeneinheiten aufwies. Auch die belgischen Offiziere, die sich zu den Freiwilligeneinheiten meldeten, wurden zur Abmeldung zu König Leopold III. befohlen, der sich eingehend mit ihnen über ihre Ansichten und Ziele unterhielt und sie beim Abschied Gottes Segen anvertraute. In Finnland gab es einen Staatsvertrag zur Aufstellung eines finnischen Freikorps innerhalb der Waffen-SS (bis 1943). Hernach erfolgte die Rückbeorderung durch Marschall Mannerheim. Auch Rumänien kannte einen Staatsvertrag über den Dienst königlich-rumänischer Soldaten deutscher Herkunft (Siebenbürger, Banater) in der Waffen-SS bzw. in der Deutschen Luftwaffe. In Ungarn ermöglichte ein Staatsvertrag den Übertritt von Honvéd-Soldaten in den Dienst der Waffen-SS, sofern sie deutscher Herkunft (Batschka) waren. In Lettland wurde auf ausdrückliches Ersuchen des Oberbefehlshabers der republikanisch-lettischen Armee (bis zur Besetzung des Landes durch die UdSSR), General Dankers, zunächst eine lettische Division der Waffen-SS, dann ein Armeekorps unter dem Kommando von General Dankers selbst aufgestellt. Der letzte Kommandeur der Junkerschule in Bad Tölz, Richard Schulze-Kossens, berichtet in seinem Buch »Militärischer Führernachwuchs der Waffen-SS – Die Junkerschulen« von Offizieren aus 12 Ländern, die auf dieser Junkerschule waren, darunter auch der Sohn des damaligen isländischen Staatspräsidenten. Die europäische Zerrissenheit spiegelt die Tatsache wider, daß auch der Sohn eines der Minister Churchills, Amery, der Waffen-SS angehörte. In der Waffen-SS dienten ferner: Esten, Letten, Bulgaren, Ukrainer, Italiener, Kroaten, Bosniaken, Montenegriner, Tataren, Kaukasier, Inder, etliche Schweizer, sogar Engländer (British Free Corps). Was sie alle wollten, brachte bezeichnenderweise ein Nichtdeutscher, der Schweizer Dr. Riedweg (der erste Chef der sogenannten »Germanischen Leitstelle«), auf folgende Formel: weg vom Pan-Germanismus, Hinwendung zu einer wirklichen europäischen Armee und weltweiten antibolschewistischen Truppe ohne rassische Diskriminierung.

Die Niederlage der Deutschen 1945 war so total, die begangenen Verbrechen so fürchterlich, die Umerziehung so erfolgreich, daß es noch viele Jahre dauern wird, bis die Geschichtsschreibung Sieger und Besiegte einigermaßen gerecht beurtcilcn wird.
Die Wahrheitsfindung wird jedoch auf beiden Seiten immer schwieriger. Mehr und mehr verkürzt sich ja bei vielen »alten Kameraden« das Erinnerungsvermögen auf das Anekdotische, zu: »Weißt du noch, damals als wir zusammen …« So mögen napo-

leonische Veteranen 50 Jahre nach der Schlacht von Austerlitz gesprochen haben, um ihre alten und kalten Knochen wenigstens symbolisch an der »Sonne von Austerlitz« zu wärmen. Man sollte diese Männer nicht verlachen, auch wenn man sie nicht mehr versteht. Jeder Mensch hat nur ein Leben, jeder macht etwas anderes daraus. Und wenn es ihm genügt, aus der ersten Hälfte seines Lebens so viel gemacht zu haben, daß ihm für die zweite Hälfte die Erinnerung genügt, so ist dies seine Sache.

Rückblickend zum Thema Waffen-SS ist die Behauptung sicher nicht unrichtig, daß die Überlebenden dieser Truppe alles andere als ein monolithischer Block sind. Es gibt eine Gruppe, die 1945 unter die Räder gekommen ist. Sie fand später keinen Anschluß mehr. Die daraus resultierende Verbitterung trieb sie zu einem »Ohne-mich«-Standpunkt. Diese Gruppe ist also politisch ohne Relevanz.

Dann gibt es eine verschwindende Zahl von Ehemaligen, die sich heute noch den Ideen des Nationalsozialismus verpflichtet fühlen. Sie sind vernünftigen Argumenten nicht zugänglich. Bei ihnen ist Hopfen und Malz verloren. Gottseidank steht die Lautstärke, die sie zuweilen entwickeln, umgekehrt proportional zu ihrer Zahl. Jedoch sind sie die besten »Propagandisten« des Auslandes und bestimmter Teile der inländischen veröffentlichten Meinung. Der Schaden, den sie anrichten, ist beträchtlich.

Eine nicht geringe Zahl ehemaliger Offiziere der Waffen-SS gelangte nach dem Kriege in Wirtschaft und Industrie in hohe Positionen. Sie ging politisch auf Tauchstation. Es interessierte sie vor allem Geld und Erfolg.

Als gefährlichste Gruppe würde ich jene Intellektuellen anführen, die aus der Waffen-SS kamen und später Spitzenpositionen in den Medien erreichten. Sie müssen fast täglich gegen die Schatten der Vergangenheit ankämpfen, müssen pausenlos um ein demokratisches Alibi besorgt sein. Deshalb sind sie häufig Spitzen im Sinne der Umerziehung nach vorgegebenen Muster. Für die Gegner des deutschen Volkes sind sie die besten Garanten dafür, daß wir auch weiter schuldbewußt und gesenkten Hauptes durch die Weltgeschichte wandeln. Deshalb beläßt man sie auch dann auf ihren Posten, wenn ihre tiefbraune Vergangenheit scheibchenweise an die Öffentlichkeit dringt. Die Namen sind bekannt.

Aber alle diese erwähnten Gruppen sind eigentlich »Randgruppen«. Ich möchte generell sagen, daß 90 Prozent der ehemaligen Angehörigen der Waffen-SS sich vorbehaltslos nach dem Zusammenbruch zu den Ideen der Demokratie bekannt und mit allen Kräften am Aufbau der Bundesrepublik mitgearbeitet haben. Sicher wird auch diese Meinung auf Widerspruch stoßen. Es gibt genug unversöhnliche Kreise, auch im Westen, die ja dem gesamten deutschen Volk eine SS-Blutgruppe eintätowieren möchten. Diese Pharisäer auf den selbstgezimmerten Podesten moralischer Erhabenheit! Dabei kann sich niemand seinen Vater, sein Volk, seine Rasse aussuchen. Es bedeutet Schicksal, in jene tragische Epoche hineingeboren und ihren Zwängen ausgesetzt worden zu sein. »Bruder Eichmann« hat überall auf der Welt seine Verwandten, nicht nur in Deutschland. Seine ebenso kleinbürgerlichen wie tödlichen »Qualitäten« stecken in so manchem Zeitgenossen. Inständig zu hoffen wäre, daß die Welt dafür keine »passenden« Arbeitsplätze mehr bereitstellt.

Aber vergessen wir auch nicht: Neben der Selbstbestimmung gibt es eine Fremdbestimmung. Der Mensch denkt, Gott lenkt. Wohin die Würfel rollen, weiß nur er allein.

15.
Jugend – damals und heute

Meine Generation würfelte es in eine Zeit, die geprägt war von einer gewissen Demokratiemüdigkeit, in eine Republik, deren soziale Ordnung gestört und von Skandalen geschüttelt war. Parallelen zu heute sind unübersehbar. Die Warnlampen blinken. »Völker hört die Signale!« Der Nationalsozialismus und die damit verbundene Hinwendung zu autoritären Staatsformen gewann immer mehr an Boden. Die ausschließlich römisch-katholischen Länder wie Italien und Spanien waren vom Faschismus geprägt und damit von einer ständestaatlichen Ordnung. Obwohl Nationalsozialismus und Faschismus nicht das gleiche sind, wurden nach der sog. Machtübernahme Hitlers und im Krieg die Übergänge manchmal fließend. Führende Faschisten und Nationalsozialisten waren damals nicht nur viele Jahre jünger als die in der Regel bereits betagten Vertreter der klassischen Demokratien, sie verkörperten auch einen anderen Typ. Neben den ebenso abgeklärt wie verbraucht wirkenden Regierungschefs wie Chamberlain, Daladier und auch Roosevelt vermittelten uns einige den Eindruck von drahtigen Sportsleuten und wagemutigen Abenteurern, die allerdings später zu bedenkenlosen Desperados wurden. So wie auch Teile der heutigen Jugend höchst despektierlich von »alten Knackern« auf den Regierungsbänken sprechen und lieber jungen Utopisten nachlaufen, so sagte uns damals der echte oder virtuos gespielte schwarze und braune Elan mehr zu als das vorsichtige »kompromißlerische« Verhalten der sechzig- und siebzigjährigen Demokraten. Welcher junge Mensch war schon bereit, einen Staatsmann zu bewundern, dessen Symbol wie bei Chamberlain der Regenschirm war? Da wirkte ein Mussolini am Steuer eines Sportflugzeuges oder auf dem Sitz eines rasanten Motorrades schon anders. Ähnliches galt für einen Luftmarschall Balbo, den späteren Gouverneur von Libyen oder für die deutschen

Pour le Mérite-Jagdflieger Göring und Udet. Gerade dieser großartige spätere Kunstflieger imponierte uns unbeschreiblich, wenn er, die ewige Zigarette lässig an die Unterlippe geklebt, sich ans Steuer seines kleinen, roten Flamingo setzte, unter Brücken durchflog, zwischen Kirchtürmen donnerte, mit seinem kleinen an einem Flügel angebrachten Sporn ein Taschentuch vom Boden aufpickte. Zwischendurch flog er nach Grönland oder landete auf dem Zugspitzplatt. Zudem galt er als Freund des »Eisernen«, also von Hermann Göring. Und jenseits der deutschen Reichsgrenzen kämpfte ein richtiger Turner, ein drahtiger junger Mann namens Henlein mit seinen zwanzig- und dreißigjährigen Mitarbeitern gegen einen ältlichen tschechischen Staatspräsidenten Benesch, den die deutschen Wochenschauen und die amtlichen Photos immer nur als Ausbund von Häßlichkeit zeigten. Eine andere Faszination, nämlich die des Bösen, ging von Reinhard Heydrich, zuletzt Reichsprotektor von Böhmen und Mähren, aus. Er sah gut aus, war ein glänzender Fechter, spielte gekonnt Geige, machte eine Flugzeugführer-Prüfung und hatte bei all seinem Tun jene Skrupellosigkeit, die gerade schwache Naturen bekanntlich anzieht. Und die schicken Bösen imponieren halt leider auch jungen Menschen mehr als die braven Guten. Man sehe sich diesbezüglich heute nur viele Filme an! Auch der englische Faschistenführer Sir Oswald Mosley gehörte zu jenen Zeitgenossen, die bei der Jugend »ankamen«. Er war ein wegen seiner Tapferkeit hochdekorierter Offizier des Ersten Weltkrieges und gehörte in seiner Jugend zu den besten Degenfechtern Europas. Ohne seine Hinwendung zum Faschismus – er war ein großer Bewunderer Mussolinis – hätte er bei seiner, auch von Gegnern anerkannten politischen Begabung vielleicht sogar Premier werden können. Er war ein Genießer, großer Herzensbrecher, zweimal verheiratet. Seine Gattinnen gehörten zu den, wie man sagte, schönsten und intelligentesten Frauen Englands. Seine erste Frau war Cynthia Curzon, die Tochter des Vize-Königs von Indien, Lord Curzon. Lady Cynthia starb bereits mit 34 Jahren an einer Blinddarmoperation. 3 Jahre später heiratete er Diana Mitford,

141

deren Schwester Unity eine der glühendsten Hitler-Verehrerinnen war. Am Tage des Kriegsausbruchs unternahm sie einen Selbstmordversuch im Englischen Garten in München, der die bildschöne Engländerin für den Rest ihres nur noch kurzen Lebens zu einem Schattendasein verdammte.

Übrigens kam auch ein Argentinier, der wie Mosley nicht nur mit Worten, sondern ebenfalls mit dem Degen glänzend fechten konnte, über Rom zum Faschismus, der spätere Staatspräsident Juan Perón. Er war in Italien Militärattaché gewesen und, wie Mosley, ein ausgesprochener homme à femmes, schneiderte sich dann allerdings eine Weltanschauung zusammen, die stark syndikalistische Züge trug. Was Gregor Strasser einst über die Deutschen sagte, als er von ihrer »tiefen antikapitalistischen Sehnsucht« sprach, machte Perón zur Stoßrichtung der Argentinier.

Der Faszination der jugendlichen braunen und schwarzbehemdeten Politiker erlagen allerdings nicht nur die jungen, sondern auch ältere und erfahrenere Leute. Sogar der britische Presselord Rothermere, ein engagierter Deutschengegner, der sich während des Ersten Weltkrieges nicht gescheut hatte, die Greuelmärchen von den in Belgien durch deutsche Soldaten abgehackten Kinderhänden verbreiten zu lassen, schrieb damals als 60jähriger folgende Zeilen, die ich dem Buch von Georg Franz Willing, »Die nationale Erhebung«, mit dazugehörigen Anmerkungen entnehme.

»Ich schreibe aus einem neuen Land auf der Landkarte Europas. Es heißt Naziland. Von allen historischen Wandlungen unserer Tage ist die Umformung Deutschlands unter Hitler die schnellste, vollkommenste und plötzlichste gewesen. Diese Nation von 65 Millionen steht hinter ihm, einig wie nie zuvor... Eine plötzliche Ausdehnung des Nationalgefühls ist eingetreten wie damals in England unter Königin Elizabeth. Jugend hat die Befehlsgewalt übernommen! Ein Strom jungen Blutes belebt das Land neu. Er fließt so stark in den entferntesten Kanälen des Nationallebens wie bei seinem Herzen.« 1930 habe er (Rothermere) vorausge-

sagt, daß die Hitlerbewegung zu einer »nationalen Wiedergeburt Deutschlands« führen würde. »Ich trete für das Recht der Jugend ein.« Rothermere selbst war damals, wie gesagt, ein Sechziger, Mussolini erreicht die größte Macht im Alter von 39 Jahren. »Ich baue fest darauf«, fuhr er fort, »daß Hitler, der im Alter von 43 Jahren zur Macht gelangt ist, ähnliche Erfolge in Deutschland erzielen wird ... Allen voran ist da die Befreiung des Landes von der Herrschaft jener muffigen, stets kuschenden deutschen Republik zu nennen, die ganz und gar kein Ansehen, kein Selbstvertrauen und keine Selbstachtung hatte. Enthüllungen, die der Sturz der republikanischen Minister mit sich gebracht hat, beweisen, daß deren Verwaltungstätigkeit nichts war als ein Wandschirm, hinter dem Banden gewissenloser Politiker unter Vorspiegelung republikanischer Gesinnung das Volk systematisch ausplünderten. Zum erstenmal in Deutschlands gesamter Geschichte hatten Betrug und Bestechung angefangen, sich in großangelegter Weise über den gesamten Staatsdienst zu verbreiten.

Überdies aber fiel das deutsche Volk rasend schnell unter die Bevormundung durch fremde Elemente. In den letzten Tagen des vorhitlerischen Regiments gab es zwanzigmal soviel jüdische Regierungsbeamte in Deutschland wie vor dem Krieg. Israeliten mit internationalen Bindungen hatten sich in Schlüsselstellungen der deutschen Verwaltung eingeschmuggelt. Nur drei deutsche Ministerien hatten unmittelbare Beziehung zur Presse, aber in jedem dieser drei Fälle war der für die Nachrichtenverbreitung und Auslegung der Politik vor der Öffentlichkeit verantwortliche Beamte ein Jude. Von solchem Schimpf hat Hitler Deutschland befreit. Durch Mobilisierung der Jugend zur Unterstützung einer kraftvollen Nationalpolitik hat er schon jetzt eine verzagende, verbitterte Nation zu einer hoffnungsfreudigen, auf ihre Zukunft vertrauende gemacht ... Ich habe mich mit eigenen Augen und Ohren überzeugt, daß die Sympathien der überwältigenden Masse der deutschen Bevölkerung auf seiten dieser Organisation wackerer junger Patrioten stehen. Sie sind der Vortrupp einer nationalen Erhebung, die unter der sachgemäßen, zweckbestimm-

ten Führung Hitlers und seiner Handvoll Gehilfen außerordentlich schnell Deutschland das Vertrauen in die eigene Kraft und sein glückliches Geschick wiedergibt, das durch die Kriegsniederlage erschüttert war. Nichts hat die Welt heute so nötig wie Realismus. Hitler ist ein Tatsachenmensch. Er hat sein Land aus der fruchtlosen Leitung zaudernder, halbherziger Politiker gerettet. Er hat seinem nationalen Leben den unüberwindlichen Geist sieghaltender Jugend eingeflößt.«

Für junge, im Sinne der »re-education« umerzogene Menschen, die diese Zeilen heute lesen, mögen sie schockierend klingen, aber sie gehören auch zur geschichtlichen Wahrheit und zeigen, daß der Faszination Hitlers und seiner Bewegung auch absolut demokratisch empfindende Menschen außerhalb Deutschlands erlegen sind. Dazu gehört auch Lloyd George, einer der Väter von Versailles, der nach einem Deutschlandbesuch Adolf Hitler den »George Washington« der Deutschen nannte und später warnend hinzufügte: »Scheitert Hitler, kommt der Kommunismus.« Auch Churchill war noch 1938 von dem deutschen Reichskanzler sehr beeindruckt und hätte sich einen Hitler gewünscht, wenn Großbritannien im Ersten Weltkrieg unterlegen wäre. Selbst der später als deutscher Musterdemokrat gefeierte und liebevoll »Papa Heuss« genannte erste Präsident der Bundesrepublik schrieb vor der Machtübernahme, Hitler gehöre in eine Reihe mit Ferdinand Lassalle, August Bebel und Friedrich Naumann. Auf seine damalige Meinung nach dem Krieg angesprochen, entgegnete er laut Schwinges »Bilanz der Kriegsgeneration«, er könne nicht bestreiten, daß das Buch »falsch« gelegen habe. Daran aber sei sein Vater schuld, der seinen Söhnen eine Erziehung gegeben habe, in der so etwas wie die spätere Entwicklung zum Nationalsozialismus keinen Platz gehabt habe. Seine Phantasie habe jedenfalls nicht ausgereicht, ein derartig verbrecherisches Regime für möglich zu halten...
Frage: Dürften denn dann nicht auch Millionen von Deutschen ebenfalls zu geringe »Phantasie« für sich in Anspruch nehmen?

Davon kann heute aber keine Rede sein. Nach wie vor gilt eisern der Satz des bekannten deutschen Hochschullehrers Theodor Eschenburg: »Wer die Alleinschuld Deutschlands am Zweiten Weltkrieg bestreitet, entzieht der Nachkriegspolitik das Fundament.« Der Versuch, Korrekturen vorzunehmen, macht einen zum bösartigen Außenseiter. Dies wurde mir bei vielen Diskussionen immer bewußter. Die »Väterverfolgung« hat manchmal geradezu pathologische Züge.

Je länger ich den Tiraden der gnadenlosen Väter-Beschimpfer zuhörte, um so mehr kam mir oft in den Sinn, daß dieser oder jener das Zeug zu einem strammen NS-Funktionär gehabt hätte. Auf einen Nenner gebracht konnte man feststellen: Die Unwissenden und Manipulierten redeten, die Wissenden schwiegen. Warum? Aus Angst? Das auch, aber vor allem aus Resignation. Einige honorige Bürger meinten nach einer Diskussion zuweilen: »Wissen Sie, was ich gesagt hätte, wenn ich etwas gesagt hätte?« – Ja, wenn das Wörtchen wenn nicht wäre, verehrter Herr. Am Konjunktiv liegt's eben, daß die Unwissenden immer stärker werden! Gelegentlich saß ich nach heißen Diskussionen hinterher auch mit jugendlichen Gegnern zusammen. Manche unter ihnen waren mir wirklich sympathisch. Es ist ganz sicher nicht allein ihre Schuld, daß sie so geworden sind. War unsere Jugend eine verratene, so ist die heutige eine alleingelassene.

Wie alleingelassen diese jungen Menschen sind, wurde mir bei gelegentlichen Einladungen zu einer der Nobelherbergen deutlich, wo man für Nulldiäten sündteure Preise zahlt. Nach der harten Pflicht in Bierzelten und Wirtshaussälen, war für mich so ein Besuch amüsante und entspannende Kür. Ich kam mir dabei wie ein Wanderer zwischen beiden Welten vor, wie ein Exote, den man bestaunt, aber der einem letztlich fremd bleibt.

Leicht ließ sich feststellen, daß die sogenannte gute Gesellschaft in ihren luftigen »Fluchtburgen« nur wenig Ahnung von dem bedrohlichen Murren im Souterrain der Gesellschaft hat oder haben will. Und so tanzen sich die Damen und Herren zu den Klängen der Schlager aus der Ufa- oder Tobiszeit in ihre Jugend zurück, wo sie ein knackiges BDM-Mädchen und er ein schmucker Hitlerjunge waren. Das waren noch Zeiten. Und dann mit Achselzucken und bitterem Ton: »Und unsere Kinder. Schauen wir uns doch viele unserer heutigen Lehrer und den Geschichtsunterricht an!« Wenn ich dann, der Atmosphäre angepaßt, höflich frage, was Frau Direktor oder Herr Generaldirektor denn wohl getan hätten, um ihre Kinder vor dem Abgleiten in ideologische Extreme zu bewahren, war man nicht selten böse. »Ja, was hätten wir den tun sollen, damals in der Aufbauzeit. Der Tag hatte nicht selten zwölf Stunden. Hätten wir denn da noch unseren Kindern Unterricht in Geschichte geben sollen?« Gespräche dieser Art fanden meistens schnell ein Ende. Was gab's da noch zu sagen! Nach solchen Gesprächen dachte ich oft an Ernst Jünger, der 1938 schrieb: »Die Geschichte kennt Prozesse, bei denen, wenn Millionen schweigen, EIN guter Zeuge das Urteil wenden kann.« Es wäre hybrid und vermessen, sich selbst als diesen *einen* Zeugen sehen zu wollen. In den letzten Jahren haben bedeutende Historiker und Journalisten versucht, den permanenten Geschichtsfälschungen entgegenzutreten. Man hat sie mehr oder minder totgeschwiegen. Vielleicht lag's auch daran, daß sie zu bescheiden und nobel auftraten. Aber so sehr es ästhetisierenden Zeitgenossen an die Nieren gehen mag: heutzutage muß man schreien und provozieren, um sich Gehör zu verschaffen. Es gilt auch hier das Sprichwort: »Wie man in den Wald hineinruft, so schallt es zurück.« Bleibt zu hoffen, daß dieser Widerhall lauter und stärker wird. Die besagten »Fluchtburgen« kann man allerdings abschreiben. Diesen Herrschaften geht's nur noch darum, ihre »Beute« in Sicherheit zu bringen und soweit es die Gesundheit zuläßt, lustvoll zu konsumieren. Wahrscheinlich trieben vor und nach 1933 Kälte und Spießertum des elterlichen Hauses manche enttäuschten jungen Menschen in die Arme der braunen Verführer. »Jugend soll von Jugend geführt werden«, sagten die Nationalsozialisten und die meisten der Jugendlichen hörten dies gern. Hier fanden sie Nestwärme und Herausforderung. Der HJ-Kameradschaftsabend von damals war die Gruppenstunde von heute. Und welcher Jugendliche schläft zuweilen nicht lieber im Zelt als unter der Daunendecke im häuslichen Bett? Und gerade weil viele der nationalsozialistischen Führer noch sehr jung waren, trafen sie auch den Ton, der die Jugend ansprach, besonders in den Liedern: »Der Wind streicht über Felder, ums regennasse Zelt…« »Aus grauer Städte Mauern. zieh'n wir in Wald und Feld…« »Steige hoch, Du roter Adler…« »Ist das Ziel auch noch so hoch, Jugend schafft es doch!« Kaum ein Lehrer hat damals diese Jugend aufgeklärt über die Gefahren, die hinter der romantische Fassade lauerten. Parallelen zu heute sind auch hier erlaubt. Manche angepriesene und hochgelobte Friedenstaube wird sich noch als beutegieriger Geier entpuppen. Wir werden es noch erleben. Hoffentlich ist es dann nicht zu spät, um sich zu wehren.

Da haben Konservative in der Regel ein besseres Gespür für politische Entwicklungen als progressive Polit-Astrologen. Ausgerechnet ein Mann aus dem so viel gescholtenen nationalen Lager, der mit Hitler noch 1923 gemeinsam zur Feldherrnhalle marschiert war, nämlich General Erich Ludendorff, sollte sich als wahrer Seher erweisen, als er 1933 an Reichspräsident Hindenburg schrieb:

»Sie haben durch die Ernennung Hitlers zum Reichskanzler unser heiliges deutsches Vaterland dem größten Demagogen aller Zeiten ausgeliefert. Ich prophezeie Ihnen feierlich, daß dieser unselige Mann unser Reich in den Abgrund stürzen und unsere Nation in unfaßbares Elend bringen wird.«

Aber heutzutage wird unwissentlich oder mit voller Absicht alles, was damals rechts war, in einen Topf geworfen und einfach als faschistisch abgetan.

16.
Nationalsozialismus und Faschismus

»Wir hatten keine strenge doktrinäre Grundlage.
Unsere Doktrin war die Tat.«
(Mussolini)

Die einen meiner Kritiker warfen mir zu wenig Distanz zum Nationalsozialismus, die anderen zu wenig zum Faschismus vor.
Bei den meisten unter ihnen war, wie gesagt, ihre historische Un-
wissenheit mit den Händen zu greifen, oder sie hatten ein ideologisches Brett vor dem Hirn. Gemeinsam war ihnen, daß sie einfach nicht willens waren, einen Unterschied zwischen Faschismus und Nationalsozialismus zu sehen. Man warf Braun und
Schwarz in einen Topf und stülpte einen Grauschleier darüber.
Abgesehen davon, daß ich mich für jedermann sicht- und lesbar
deutlich genug vom Nationalsozialismus distanziert und gleichzeitig darauf hingewiesen hatte, daß der Faschismus in der Umarmung durch den Nationalsozialismus ebenfalls gestorben war,
gehe ich von dem historisch unanfechtbaren Grundsatz nicht ab:
Nationalsozialismus und Faschismus sind nicht identisch. Die
sowjetischen Propagandisten und Schriftsteller, die »Ingenieure
der Seele«, wie sie Stalin einmal nannte, haben schon gewußt,
warum sie immer vom faschistischen Todfeind sprachen und den
Nationalsozialismus quasi links liegen ließen, wo er übrigens
auch historisch richtig liegt. Dies gilt, wie Professor Diwald zu-
treffend schrieb, zumindest für seine Anfangsjahre. Die Kommunisten fürchteten durch den Gebrauch der Bezeichnung »Nationalsozialismus« eine gefährliche Abwertung und Belastung
des Begriffes Sozialismus. Ihnen war bewußt, daß durch eine Be-
schäftigung mit dem Programm des Nationalsozialismus teils
konstruierbare, teils tatsächliche Ähnlichkeiten zwischen Kommunismus und Nationalsozialismus zutage träten: verschiedene
Brüder gleiche Kappen. Jeder, der Geschichte nur einigermaßen

kennt, kann sofort die Parallelen aufzählen: Organisierte Auf-
märsche, Fahnenkult, Spruchbänder, den verordneten blinden
Glauben an den Führer. Sogar die Lieder klangen und klingen
ähnlich. Im übrigen hatten die Nationalsozialisten auf diesem
Gebiet genausowenig Skrupel wie die Kommunisten. Aus »Brüder, zur Sonne, zur Freiheit« wurde »Hitler ist unser Führer, ihn
lohnt nicht goldener Sold/der von den jüdischen Thronen vor
seine Füße rollt.« Und dann sang man »Brüder in Zechen und
Gruben«. Die Melodie blieb allemal die gleiche. Beiden gemeinsam war ein Feindbild. Bei den Nationalsozialisten war es die
»jüdisch-bolschewistische Weltverschwörung«, bei den Kommunisten die »klerikal-faschistisch-kapitalistische Allianz«:
»Schlagt die Faschisten, wo ihr sie trefft!«
Und wo sahen die Kommunisten nicht überall Faschisten! Dazu
Stalin im Jahre 1924: »Faschismus ist eine Kampforganisation der
Bourgeoisie, die sich auf aktive Unterstützung der Sozialdemokratie stützt. Faschismus und Sozialdemokratie schließen einander nicht aus, sondern ergänzen sich; das sind keine Antipoden,
sondern Zwillingsbrüder.« Im Sprachschatz der Kommunisten
und Nationalsozialisten kamen die Worte »ausrotten«, »vernichten«, »vertilgen« besonders häufig vor.
Im Gegensatz dazu: Einen Todfeind, im wahrsten Sinne des
Wortes, einen Feind also, der physisch liquidiert werden sollte,
kannte der Faschismus nicht.
Auch viele linksstehende jüdische Intellektuelle haben bis vor ein
paar Monaten sich des von den Kommunisten vorgegebenen Fas-
chismusbegriffes bedient. Erst als von der gesamten kommunistischen Presse, aber auch von Teilen der Presse in den demokratischen Ländern das Vorgehen Israels im Libanon faschistisch genannt, Menachem Begin sogar als »Nazi« bezeichnet wurde, be-
quemte sich die »Allgemeine jüdische Wochenzeitung« zu einer
Klärung der Begriffe. Dies allerdings gründlich und mit beträcht-
licher Objektivität. Anlaß zu dem Artikel »Was heißt Faschismus«, erschienen am 3. September 1982, waren die Vorgänge um
die Verleihung des »Goethe-Preises« der Stadt Frankfurt an

Ernst Jünger. Vorangestellt wurde dem Artikel ein Zitat aus der ›Neuen Zürcher Zeitung‹:

»... weil der Faschismusbegriff durch seine liederliche Verwendung heutzutage im öffentlichen Sprachbewußtsein kaum noch einen faßbaren Inhalt hat, sondern weiterum zu einer ebenso wohlfeilen wie suggestiven Denunziationsvokabel geworden ist.«

Die ›Allgemeine jüdische Wochenzeitung‹ folgert:

»Die schweizerische Zeitung prangert zu Recht die liederliche, daß heißt gedankenlose Verwendung des Faschismusbegriffs an. Der Ursprung dieser Verwendung ist jedoch alles andere als liederlich gewesen, im Gegenteil: Sie ist durchaus absichtlich schon in den zwanziger Jahren vom italienischen Faschismus Mussolinis auf alle nationalistischen und rechtsradikalen Bewegungen sowie auch auf konservative Strömungen in der Welt übertragen worden. Bereits im Jahre 1927 findet sie sich in Hamburger Reden des damaligen Vorsitzenden der Kommunistischen Partei Deutschlands, Ernst Thälmann, als Synonym für Hitlers Nationalsozialismus.

Bis 1945 jedoch pflegte man zumindest im Westen Hitlers Anhänger in Abkürzung als Nazis, also als Nationalsozialisten, zu bezeichnen, und man verwandte den Faschismusbegriff hauptsächlich für die Anhänger Mussolinis in Italien und General Francós in Spanien ... Hier soll keineswegs der italienische Faschismus mit seinen ständestaatlichen Vorstellungen etwa beschönigt oder von seiner antidemokratischen Politik entlastet werden. ABER DAS SPEZIFIKUM DES DEUTSCHEN NAZISMUS, DER SYSTEMATISCHE MASSENMORD UM EINER RASSISTISCHEN WAHNSINNSIDEE WILLEN, IST MUSSOLINIS ITALIEN FREMD GEBLIEBEN.*

Wohin die undifferenzierte denunziatorische Anwendung des Faschismusbegriffs letzthin führt, haben wir alle in den letzten Mo-

* Hervorhebung durch den Autor

naten und Wochen mit Bitternis erfahren müssen, als die Radika-
len von links und von rechts begannen, den Staat Israel als faschi-
stischen Staat und den Überlebenskampf Israels als Faschismus zu
beschimpfen sowie schließlich die energische Ausräumung des pa-
lästinensischen Terrorzentrums in Beirut mit dem Holocaust Hit-
lers in Parallele zu setzen. Die Folgen dieser hinterhältigen, verlo-
genen Denunziation sind allenthalben in der westlichen Welt zu
spüren.«

»Spät kommt Ihr, doch Ihr kommt, Graf Isolan!« ist man ver-
sucht mit Wallenstein zu sagen. Tatsächlich gab es im Faschismus keine rassistische Komponente. In der faschistischen Bewegung waren Juden zum Teil sogar
an führender Stelle tätig. Zum Beispiel war der Gründer des rö-
mischen Faschismus, Enrico Rocca, ein Jude. Einer seiner ideologischen Schrittmacher war Gino Arias. Die faschistische Miliz
baute an führender Stelle der zeitweilige Staatssekretär im Innenministerium Aldo Finzi auf. Er wurde 1944 als Führer einer antifaschistischen Partisanengruppe von den Deutschen erschossen.
Die charmanten und intellektuellen Jüdinnen Angelica Balaba-
noff und Margherita Sarfatti standen nicht nur Mussolinis Geist
nahe. Erst als der italienische Faschismus durch den unerbittli-
chen Würgegriff der Deutschen in seinen letzten Zügen lag,
konnte er sich dem Befehl zur Judenverfolgung nicht mehr entziehen, befolgte ihn aber dann mehr als halbherzig. Genick-
schüsse blieben eine sowjetische, Vergasungen eine nationalsozialistische »Spezialität«. Auch das Verhungernlassen. Ein Wor-
kuta oder ein Auschwitz wäre in den faschistischen Herrschafts-
bereichen undenkbar gewesen. Wenn die Gegner des Faschismus
auf die Insel Lipari hinweisen, auf der Mussolini Regimegegner
internieren ließ, sollte bemerkt werden, daß diese Insel Sanato-
riumscharakter gegenüber den vorgenannten Schauplätzen der
Hölle hatte.
Weitere Ähnlichkeiten bei Rot und Braun: Sowohl Nationalsozialisten wie Kommunisten förderten den Massenkult. Ein Fa-

schist dagegen hätte nie den Satz akzeptiert: »Du bist nichts, dein Volk ist alles!« Für den Faschismus war nämlich nicht wie bei den Nationalsozialisten das Volk das wichtigste im Leben der Menschen, sondern der Staat. Daraus läßt sich auch das Verhältnis der Parteien zu Volk und Staat ableiten. Nach Mussolini befiehlt der Staat der Partei, nach Hitler die Partei dem Staat. Der Faschist war seinem Wesen nach eher ein Einzelkämpfer, dem die »tenue«, die Haltung, vielfach wichtiger war als die Sache, für die er eintrat. Auf den Faschisten trifft der Satz von Buffon zu: »Le style, c'est l'homme.« An dieser Stelle sei des vielleicht geistvollsten, faschistischen Schriftstellers von Frankreich, Drieu La Rochelle, gedacht, der einmal schrieb: »Man ist eher einer Haltung verpflichtet als einem Gedanken.«

Was aber Faschismus inhaltlich genau bedeutet, das konnte nicht einmal der Duce selbst genau sagen. Er gab auf eine diesbezügliche Frage eine typisch »faschistische« Antwort: »Wir hatten keine strenge doktrinäre Grundlage. Unsere Doktrin war die Tat.« (Italienische Enzyklopädie 1932) Zu diesem Thema möchte ich eine persönliche Bemerkung machen, an der mir viel liegt. Durch schicksalhafte Umstände habe ich neben dem Nationalsozialismus auch den Faschismus persönlich erlebt. Den Unterschied lehrte mich das Leben, das mich an die Nahtstellen beider Ideologien kommen ließ. Leser meines ersten Buches wissen, daß ich Ausbilder in der französischen Waffen-SS-Division Charlemagne war, die meines Erachtens von französisch-faschistischem Geist erfüllt war, auf Korsika lernte ich italienisch-faschistische Soldaten, die »Camicie nere« (die Schwarzhemden), kennen. Ich glaube erfahren zu haben, wie die meisten der mir bekannten Franzosen und Italiener dachten und fühlten. Mehrmals bin ich auch mit Angehörigen der spanischen »Blauen Division« zusammengekommen. Ihrer aller Enttäuschung über bestimmte nationalsozialistische Praktiken war nicht zu übersehen.

Damals war ich knapp 21 Jahre alt, aber trotzdem fühlte ich instinktiv die Unterschiede zwischen Faschismus und Nationalsozialismus. Alles war natürlich unausgegoren, gedanklich noch nicht untermauert. Aber wo hätte ich mich auch weiterbilden können? Es gab darüber keine Literatur, auch keine Lehrer, mit denen man hätte darüber sprechen können. Alles blieb sozusagen selbstgestrickt. Mir fiel lediglich damals schon auf, daß man es in Deutschland nicht gerne hörte, wenn man den Begriff Faschismus mit unserer nationalsozialistischen Bewegung in Verbindung brachte.

In den letzten Jahren genügte mir nicht mehr die Erinnerung, auch nicht das optische Wahrnehmen von Ähnlichkeiten. Ich wollte mehr wissen.

Bei nicht wenigen bedeutenden Historikern fand ich die theoretische Bestätigung meiner in der »Praxis« gemachten Beobachtungen. Aber auch die sachkundigsten Historiker – die meisten kaum beachtet – konnten die Wirkung der Nebelgranaten, die von den Sowjetpropagandisten über dieses historische Terrain geschossen wurden, wobei deutsche Links-Intellektuelle sich als Munitionsschlepper betätigten, nicht entscheidend vermindern. Die meisten Historiker wollten sich an diesem heißen Eisen nicht die Finger verbrennen. Einer tat's mutig und verbrannte sich prompt nicht nur einen Finger, sondern die ganze Hand: der einst als Adenauer-Preisträger gefeierte Schweizer Armin Mohler. Nach Erscheinen meines Buches »Ich war dabei«, dem er hohe – in vielen Augen natürlich unverdiente – Anerkennung zuteil werden ließ, schickte er mir seinen Aufsatz »Der faschistische Stil« mit folgendem Begleitschreiben:

»In beiliegendem Aufsatz schrieb ich – zuerst 1973 –, daß das ›Dritte Reich‹ nicht verstanden werden kann, wenn man nicht zwischen faschistischem Elan und nationalsozialistischer Prinzipienreiterei unterscheidet. Sie sind der erste Autor, bei dem ich dieselbe Meinung finde, und zwar ganz unabhängig von mir – was mich natürlich darin bestätigt, daß ich auf eine Ader gestoßen bin ...«

Lieber Herr Mohler, man muß vielleicht die Hartnäckigkeit eines Schweizers, eines Baslers obendrein haben, um sich, wie

Ihr sagenhafter Landsmann Winkelried, unter den Historikern zu behaupten und alle gegnerischen Speere auf sich zu ziehen. Aber Sie haben durch Ihre Schriften ebenfalls eine Bresche geschlagen, andere werden sie ausweiten!

Die Schwierigkeiten, zwischen Faschismus und Nationalsozialismus zu differenzieren, liegen auf der Hand. Auch bei den großen Vertretern des literarischen faschistischen und des nationalen Stils sind die Übergänge manchmal fließend und nach Schaffensepochen verschieden. Immerhin: Als Vertreter des faschistischen Stils, wenigstens zeitweise, wären zu nennen: in Deutschland Gottfried Benn und Ernst Jünger, in Italien Tommaso Marinetti, in Frankreich Drieu la Rochelle, Robert Brasillach, Céline, Rebatet und Henry de Montherlant; in Spanien der Politiker und Gründer der Falange, José Antonjo Primo de Rivera, nicht zu vergessen vor allem der Amerikaner, Ezra Pound, einer der bedeutendsten Poeten des 20. Jahrhunderts, den man nach der Gefangennahme durch seine Landsleute zunächst einmal in Italien bei sengender Hitze in einem Käfig »ausstellte«: Ein besonderer Humanitätsakt von »Christian soldiers«!

Wer sagt da immer noch, der Geist stünde links? Wo stehen dann Knut Hamsun, Ezra Pound, Montherlant; D'Annunzio und die vielen anderen?

Je mehr ich mich mit der Materie beschäftigte, meine eigenen Erinnerungen und Erfahrungen zu werten suchte, um so stärker drängte sich mir die Frage auf, ob denn die Waffen-SS sich in den letzten Jahren nicht mehr und mehr zur faschistischen Seite hinbewegte? Die Beantwortung dieser Frage ist nicht leicht. Ich habe darüber mit ehemaligen Kameraden nächtelang diskutiert. Die aus den Diskussionen gewonnenen Erfahrungen lassen sich so zusammenfassen: Bei den »Nur-Soldaten«, die alles unter dem Gesichtswinkel vergleichbarer Tapferkeit sehen, wollte man von einem faschistischen Geist nichts bemerkt haben. Für sie waren die nationalsozialistischen Deutschen eben bessere Soldaten als die faschistischen Italiener und damit basta. Mein Argument, daß unter Umständen eine bessere Idee nicht unbedingt von den besseren Kämpfern vertreten werden muß, zog nicht.

Ernst nahm und nehme ich jene Diskussionspartner, die gleich mir in nicht deutschen Freiwilligen-Einheiten dienten und auf unterschiedliche völkische Zielsetzungen hinwiesen. Sie haben recht, wenn sie sagen, daß die Flamen und die Niederländer eher zum nationalsozialistischen Deutschland tendierten, ihre Idealvorstellungen in einem »Dietsland«-Europa sahen. Dagegen waren die Wallonen vom lothringisch-burgundischen Gedanken bewegt.

Bei den Flamen spielte überdies eine nicht unbeachtliche Rolle, daß ihnen Belgien zu wallonenlastig war, daß sie sich von daraus resultierenden französischen Einfluß bevormundet fühlten. Aber bei aller Hinwendung zu Deutschland und dem germanischen Gedanken: Die übergroße Mehrheit der Flamen und Niederländer wollten mit den rassistischen Himmler-Ideen und all ihren grauenhaften Nebenerscheinungen nichts zu tun haben.

Bei kroatischen, montenegrinischen, bosnischen, ukrainischen, albanischen, bulgarischen, turkmenischen und tatarischen Einheiten spielte die Ideologie eine Nebenrolle. In dieser osteuropäischen Wetterecke ging es vor allem um das Austragen historischer Revanchen, religiöser Glaubenskämpfe und um territoriale Forderungen.

Sicher bin ich, daß nicht nur die italienischen, sondern auch die spanischen und weite Teile der französischen Freiwilligen-Einheiten von faschistischem Geist durchdrungen waren. Allein das Betonen ihrer Individualität, die permanente Diskussionsfreude, die Lust, alles in Frage zu stellen, was rational nicht begründbar ist, sind nicht unbedingt nationalsozialistisch zu nennen. Selbst dort, wo sie rassische und mentalitätsmäßige Unterschiede durchaus gelten ließen, blieb auch ihnen die nationalsozialistische Konsequenz der Rassenverfolgung unheimlich. In einem polnischen Mädchen eine nicht gleichberechtigte Partnerin zu sehen, dürfte einen französischen Waffen-SS-Mann, besonders, wenn sie hübsch war, schlechterdings unmöglich gewesen sein.

Ich habe dies in Wildflecken selbst immer wieder erlebt. In der Nähe unserer Kaserne war ein Munitionslager mit nicht wenigen Ostarbeiterinnen. Kein Franzose fand etwas dabei, sich aus diesem Lager seine »Kriegsbraut« zu holen und mit ihr öffentlich zu flanieren. Wir Deutschen beneideten sie.

Überhaupt war der Unterschied während meiner Dienstzeit in einer deutschen und französischen Waffen-SS-Einheit eklatant. Bei der Division Charlemagne hatte die Disziplin nichts Preußisches. Man fühlte sich nicht als deutscher Söldner, und geradezu eifersüchtig wachte man über die eigene Unabhängigkeit. Man kämpfte nicht für Deutschland, sondern gegen den Bolschewismus. Deutschland bot lediglich die Möglichkeit dazu; c'est tout! Im übrigen verhehlten einige meiner französischen Kameraden ihre antideutsche Gesinnung keineswegs, besonders jene, die vom Geist der »Action Française« und damit von dem »Papst« der französischen Rechten, Charles Maurras, geprägt waren. Der Chef der französischen Miliz, die ja später bekanntlich in die Waffen-SS eingegliedert wurde, Joseph Darnand, sagte am Ende des Krieges: »Die deutschen Nazis sind und bleiben immer die Feinde der französischen Faschisten. Das habe ich 1945 in Deutschland gelernt.«

Auf einen Punkt möchte ich noch hinweisen, wo die Ansichten der französischen Faschisten und deutschen Nationalsozialisten besonders weit auseinanderklafften: das war die Einstellung zur Homosexualität. Nicht wenige der französischen Schriftsteller wie Brasillach und de Montherlant waren homosexuell. Das war kein Thema. Jeder soll nach seiner Façon selig werden! Bei uns dagegen wurden Homosexuelle ins KZ gesteckt, bei der Waffen-SS nach dem Willen Himmlers unter Umständen sogar füsiliert. Aber auch bei der Waffen-SS mußte ein allerdings ganz geringer Prozentsatz, darunter höhere Offiziere, eine lebensgefährliche Gratwanderung zwischen soldatischer Männerfreundschaft und dem Klein-Bißchen-Mehr bewältigen. Dies wurde aber erst nach dem Kriege bekannt. Sollten mich bei dieser Feststellung wieder einmal ein paar Puristen angreifen, so bitte ich sie, an Alexander den Großen und andere zu denken. Es gab in der Geschichte genug tapfere Homosexuelle, auch der erschossene SA-Chef Ernst Röhm muß dazu gezählt werden.

Ein wesentlicher Unterschied zwischen Nationalsozialisten und Faschisten besteht meines Erachtens auch darin, wie sie Politik praktizierten. Bei uns war es häufig verbissene Pflicht; viele französische Faschisten sahen in der Politikausübung eher eine Kür, auch in Richtung Genußmaximierung. Es gefiehl ihnen, die Spießer zu schockieren, sich elitär zu geben. Sie hielten nichts von der dritten Säule der Französischen Revolution, der Egalité. Die Friedens-Schalmeien der damaligen »Front-Populaire«, der Volksfront, für sie die Front der intellektuellen Spießer, waren ihnen ein Signal für eine immer stärker werdende Dekadenz.

Zu diesem Thema noch ein anderer Punkt. Wir haben es hier nicht allein mit abstrakten Ideen zu tun, sondern auch und vor allem mit Menschen, mit ihren Vorlieben und Aversionen. So waren einige der durchaus faschistisch geprägten Führer von Freiwilligen-Verbänden persönlich sehr auf den Menschen Hitler fixiert. Ich denke vor allem an den hochdekorierten Chef der Wallonen, Léon Degrelle. Ihm schmeichelte es, daß Hitler ihn mit Gunstbeweisen überhäufte. Er wanderte einmal auch buchstäblich in den Fußstapfen des »Führers«: Eines Tages wurde er überstürzt von der Front zurückgerufen, um eine hohe Auszeichnung von Hitler persönlich in Empfang zu nehmen. Bei der Zeremonie sah Hitler das geflickte Schuhzeug des wallonischen Kriegshelden. Er rief seinen Diener und SS-Offizier Heinz Linge: »Degrelle dürfte in etwa meine Schuhgröße haben, bringen Sie ihm ein paar Schuhe von mir. So kann der Mann doch nicht rumlaufen.« Linge beeilte sich, den Auftrag auszuführen, und kam mit dem gewünschten Paar zurück. Degrelle zwängte sich hinein, unter Schmerzen, wie er später sagte, und mit eingerollten Zehen. Immerhin, nicht nur des Kaisers neue Kleider zählen, sondern auch des Kaisers neue Schuhe.

Ende 1944 ging es den Angehörigen der Freiwilligen-Verbände vor allem um Haltung, um »tenue«. Über den Ausgang des Krie-

ges machten sie sich zu diesem Zeitpunkt wohl keine Illusionen mehr. Mir scheint es in meiner Erinnerung so, als hätte ich aus den damaligen Gesprächen in der Division »Charlemagne« viel flackernde Exaltiertheit herausgehört, manch heroischen Vergleich vernommen. Man sprach fiebrig von der »crépuscule des dieux«, der Götterdämmerung, von den »idées trahies«, den verratenen Ideen, den »illusions perdues«, den verlorenen Illusionen: Hinzugefügt aber muß werden, daß sich meine französischen Kameraden später mit größter Tapferkeit schlugen. Wie ihr Eid es befahl, blieben sie treu »jusqu' à la mort«, bis zum Tod. Zweifellos gehört die theatralische Pose, auch eine gewisse Großmäuligkeit, zum faschistischen Stil. Ernst Nolte berichtet, was kurz vor Ende des Krieges Mussolini seinen ihm treugebliebenen Schwarzhemden in der Mailänder Präfektur zurief. »Wir werden das Veltlin erreichen, um uns aufzustellen zur letzten verzweifelten Abwehr: mit der Sonne im Gesicht sterben, den Blick auf die Gipfel der Berge gerichtet, letztes Lächeln des Vaterlandes.« Wie man weiß, war das Ende Mussolinis kein heroischer Abgang. Es gab keine verzweifelte Gegenwehr. In einen deutschen Militärmantel gehüllt, einen Stahlhelm auf dem Kopf, zog er in einem deutschen Konvoi nach Norden, als ihn italienische Partisanen erkannten, gefangennahmen und kurzerhand erschossen. Vorher riefen sie ihm noch zu: »Warum hast du den Sozialismus verraten!«
Von Ritterlichkeit der marxistischen Partisanen ihren Gegnern gegenüber war in der Regel nicht viel zu bemerken. Meine französischen Kameraden dachten hier anders. Sie erkannten die Tapferkeit der anderen Seite durchaus an. Sie sprachen von ihren kommunistischen Widersachern mit weitaus größerer Achtung als von den, wie sie abwertend sagten, Spießbürgern ihres eigenen Landes. Sie sprachen von der »Solidarität der Kämpfer«. Steingewordener Ausdruck dieser Solidarität ist die unterirdische Kathedrale in »Valle de los caidos« (Tal der Gefallenen) in der Sierra guadarrmar in der nach dem Willen Francós und der Falange die Gebeine der Gefallenen aller Lager des Bürgerkrieges

hätten vereinigt werden sollen. (Die damalige katholische Kirche aber ließ, wie A. Mohler berichtet, die gefallenen Kommunisten nicht zu.) Der Gedanke an ein solches Ehrenmal wäre im nationalsozialistischen Deutschland nicht vorstellbar gewesen. Übrigens, sollten sich heute in der Bundesrepublik nicht diejenigen zutiefst schämen, die nicht einmal das Andenken der gefallenen Soldaten achten und Kriegerdenkmäler schänden? In Frankreich und England wäre ein Vorgang undenkbar, der sich nach dem Kriege bei uns abgespielt hatte. Das Einzelgrab des 1923 von den Franzosen standrechtlich erschossenen Ruhrkämpfers Albert Leo Schlageter in der Golzheimer Heide bei Düsseldorf, 1931 zunächst monumental errichtet, wurde nach dem Kriege eingeebnet und mit Wohnblöcken überbaut.

Auch maßgebliche Kreise der Waffen-SS haben sich während des Krieges gegen ein Verächtlichmachen des Gegners gewehrt. Ausgerechnet der Chefredakteur der SS-Zeitschrift »Das schwarze Korps« und Kriegsberichterstatter der Waffen-SS, Gunter D'Alquen, hat auf die Unsinnigkeit der von Parteikreisen oft gebrauchten Bezeichnung »Untermensch« für Russen hingewiesen: »Unsere Männer wissen nicht, wo sie im Kampf mit den ›Untermenschen‹ den Arsch lassen sollen. Wenn unsere Männer die Bezeichnung lesen, dann werden sie sich fragen: Die uns so zusetzen und bessere Panzer haben als wir und auch sonst in Taktik und Strategie auf der Höhe sind, das sollen lauter Untermenschen sein?« Die Soldaten der Waffen-SS machten sich also die Himmler-Theorie kaum zu eigen. Als Zeugen dafür möchte ich einen evangelischen Pfarrer aus Etzelwang – ich werde auf ihn später zurückkommen – anführen, der mir schrieb:

»Von einem gewissen Interesse mag es sein, daß mir im Süden Rußlands eine von einer SS-Einheit aus der Roten Armee direkt übernommene Maschinengewehr-Gruppe über den Weg lief. Die SS hatte diese Russen gleichberechtigt zu einem Zeitpunkt, entgegen allen Vorschriften, in sich eingegliedert, als von Wlassow-Armee noch keine Rede war.«

159

Für mich steht fest: Gerade wegen ihrer ideologischen Prägung und Ausbildung ist in der Waffen-SS mehr als anderswo über Sinn und Unsinn des Nationalsozialismus nachgedacht worden. Dabei gab es die verschiedensten Richtungen. Ich fand es aufregend, bei Georg Demmler in seinem Aufsatz Faschismus-Nationalsozialismus eine mir bis dahin neue Überlegung zu entdecken, die die Frage nicht ganz unberechtigt erscheinen läßt, ob in der Waffen-SS auch Gedankengut der Nationalbolschewisten um Ernst Niekisch zu finden war. Demmler schreibt:

»Von einem jungen deutschen Wissenschaftler namens Kurt Hancke erschien 1940 eine Schrift ›Deutscher Aufstand gegen den Westen‹. Sie diente laut Vorwort des Verfassers dem Zweck, ›die Fronten eines ideologischen Kampfes, den die Wissenschaft des Abendlandes seit Jahren am Werk sah, von seiten des Reiches und mittels geistesgeschichtlicher Analyse zu klären‹. In diesem Zweiten Weltkrieg sah er den ›größten Aufstand der Deutschen gegen den Westen‹. Der Kampf gegen die westliche Aufklärung hat schon und gleichzeitig mit ihrem siegreichen Vormarsch um die Wende vom 18. zum 19. Jh. mit der ›Deutschen Bewegung‹ begonnen; die Romantik ist ihr sinnfälligster Ausdruck. Hancke spricht in seinen nachgelassenen Papieren – er fiel zu Beginn des Rußlandfeldzuges im Juni 1941 als Stoßtruppenführer – von der ›immanenten Verwestlichung‹, die in der hemmungslosen Übernahme des nordamerikanischen Lebensstil um sich greift. Die Herrschaft der USA, die sich seit dem Weltkrieg für den Gesamtbereich der zivilisatorischen ›Modernität‹ in unbegrenztem Ausmaß durchgesetzt hat, ist auch für das nationalsozialistische Deutschland noch kaum erschüttert, weil sie in ihrem Hintergrund noch kaum erkannt wurde.‹ Diese unverhüllte Kritik am Nationalsozialismus aus dem Munde eines jungen SS-Offiziers ist besonders beachtlich. Hancke fährt in seiner Stellungnahme fort: ›Es ist jedoch abermals der Geist der alten Aufklärung, der heute in Gestalt der Übertechnik, der rationellen Standardisierung, des rasanten Leerlaufs, der totalen Verkitschung die Welt durchwal-

tet. Hier gilt es, die äußeren Fronten zu vertiefen und in radikaler Selbstbesinnung die Überwindung der Aufklärung durch diese selbst als eine deutsche Sendung erneut bewußtzumachen.‹«

Aus diesem Brief kann man ersehen, daß es in der Waffen-SS keinen »Einheitstyp« gab. Was Faschisten und Nationalsozialisten noch grundlegend unterschied war die Attitüde, die Geste. Bei den Faschisten hatte sie gerne etwas Theatralisches, »Wagnerianisches«. Die Selbstdarstellung, nicht selten bis zum bitteren Ende, spielte im Faschismus eine nicht unwesentliche Rolle. Das Banner des Faschismus war schwarz. Ausdruck auch einer bestimmten und bewußten Bejahung des Todes im Kampf. Die spanischen Faschisten brachten dies auf die kürzeste Formel: »Viva la Muerta« – »Es lebe der Tod«. Ein Widerspruch, aber mit Stil. Als eine der typischen Szenen faschistischen Denkens und Handelns sehe ich die Episode des Kampfes um die Festung Alcazar im Spanischen Bürgerkrieg, die jedes spanische Schulkind kennt. Ich zitiere sie nach Armin Mohler:

»An diesem Tag (am 23. Juli 1936) erhält Oberst Moscardó, Verteidiger des Alcazar, über eine noch intakte Telefonverbindung mit der Stadt einen Anruf. Anrufer ist der Chef der belagernden Roten Milizen. Er fordert Moscardó zur Übergabe des Alcazars auf, andernfalls dessen Sohn, der sich in der Hand der Milizen befinde, füsiliert werde. Zur Bekräftigung wird der Sohn ans Telefon geholt, und es kommt zu folgendem Dialog:
Der Sohn: ›Papa!‹
Moscardó: ›Ja, was gibt es mein Sohn?‹
Der Sohn: ›Nichts, sie sagen bloß, daß sie mich erschießen werden, wenn du den Alcazar nicht übergibst.‹
Moscardó: ›Dann empfiehl deine Seele Gott, rufe ,Viva l'España! und stirb wie ein Patriot.‹
Der Sohn: ›Ich umarme dich, Papa.‹
Moscardó: ›Ich umarme dich, mein Sohn.‹ Dann fügt er für den

Chef der Milizen, der den Hörer wieder übernommen hat, hinzu:
›Ihre Frist ist nutzlos. Der Alcazar wird niemals übergeben.‹
Moscardó hängt ein, und sein Sohn wird unten in der Stadt er-
schossen.«

Mohler analysiert diese Szene:

»Das ist, trotz des zum Teil noch traditionellen Vokabulars, eine
typisch faschistische Szene. Helden der Handlung sind nicht wie
im Nationalsozialismus Massen (etwa die bedrohte Bevölkerung
einer bedrohten Provinz), sondern zwei einzelne, fest umrissene
Gestalten: der Oberst und sein blutjunger Sohn. Die Szene wik-
kelt sich in jenem ›kalten Stil‹ ab, mit gebändigten Emotionen, je-
der auf die Durchführung seiner Rolle (nicht seiner ›Mission‹) be-
dacht, das ganze aus der Spannung von Jugend (der ›Papa‹ sagen-
de Sohn) und Tod (die Drohung des Milizchefs) lebend. Und das
auf dem Hintergrund der ›España Negra‹, des regentrüben Leh-
mes, der starrverhängten Gesichter, eben des Todes.«

Man stelle sich nun die Front am Alcazar mit umgekehrten Vorzeichen vor: Der Belagerer wäre Moscardó gewesen, der belager-
te Festungskommandant ein Roter, dessen Sohn sich in der Hand
Moscardós befände, und die Geschichte wäre dann wie geschildert abgelaufen. Unsere Lehrer, die Alcazar häufig nicht einmal
buchstabieren können, würden in den Schulklassen das hohe
Lied des braven roten Mannes und seines tapferen Sohnes an-
stimmen lassen. Die Tapferkeit von Faschisten zu rühmen, ist
aber heute verpönt und sogar gefährlich. Es droht der Index.
Noch heute sehe ich mich drei bedeutenden Zeitgenossen gegenüber sitzen und ihnen die Geschichte vom Alcazar erzählen. Die
Indignation, die sich auf ihren angepaßten Gesichtern immer
stärker abzeichnete, sprach Bände. Als ich nun auch noch bemerkte, daß es wie bei den Kommunisten, auch bei den Faschisten Kämpfer mit »menschlichem Antlitz« gegeben habe, wäre
der Dickste unter ihnen beinahe explodiert, und der Jüngste ver-
kroch sich wie üblich hinter seiner ebenso arroganten wie Kom-

plexe demonstrierenden Haltung. Er betrachtete mich so mitleidig, als wäre ich aus einem Irrenhaus auf Bewährung entlassen worden und hätte noch Eingewöhnungsschwierigkeiten. Der dritte sah mich längst des Faschismus überführt an und blickte zum Himmel, als müsse er dort oben dafür Abbitte leisten, daß er diesem Höllensohn nicht schon längst das Handwerk gelegt habe. Meinen weiteren Hinweis, den ich einer ARD-Dokumentation des in Italien aufgewachsenen jüdischen Autors, Ralph Giordano, verdanke, nach der der italienische Faschismus am besten von allen Ländern mit der Weltwirtschaftskrise vom Jahre 1929 fertiggeworden sei, ersparte ich mir unter diesen Umständen.

Übrigens sind an den historischen Mißverständnissen um den Faschismus die Faschisten selbst mitschuld. Eben dadurch, daß die meisten Faschisten viel mehr der Form des Faschismus verhaftet waren als seinem Inhalt, läßt er sich auch so leicht mißdeuten. Wenn man heute jemanden fragt, was ein Nazi sei, so fällt dem Angesprochenen eine Menge ein: von Autobahnen bis Auschwitz. Anders verhält es sich bei der Frage nach dem Faschismus. Den kann und konnte ja jeder, wie Mussolini selbst, nach seiner Façon auslegen; da gab's eine italienische, eine französische, eine spanische und eine rumänische Variante. Gemeinsam war vor allem den mediterranen Faschisten aber eine fast erotisch zu nennende Todessehnsucht, die gleichzeitig zu einer Sublimierung und Maximierung des Lebensgenußes führt.

Als ich diese Zeilen geschrieben hatte, fiel mir durch Zufall ein in der französischen Zeitung »Le Monde« erschienenes Interview mit dem in Polen geborenen und jetzt an der israelischen Universität in Jerusalem als Professor für politische Wissenschaften wirkenden Zeev Sternhell in die Hände. Dieses Interview hatte das Erscheinen des Buches »Ni droite ni gauche. L'idéologie fasciste en France« – »Weder rechts noch links. Die faschistische Ideologie in Frankreich« zum Anlaß. Sternhell sagte in dem Interview: »Der Faschist ist von einem Ideal der Modernität und der Jugend besessen: Er möchte einen neuen Menschen schaffen, der Liebhaber des Sportes und des Auto-Stops ist, in einer neuen Stadt wohnt, die durch eine futuristische Architektur wiederbelebt wurde. Er bewundert Le Corbusier, Marinetti, Gropius. Er liebt Motoren, Mechanik, Geschwindigkeit.«

17.
Verbrechen und Niederlage

Es ist sicher nicht unrichtig, in den zwanziger und dreißiger Jahren von einem von Faschismus mitgeprägten Europa zu sprechen. Er ist also auch für Krieg und Katastrophe mitverantwortlich zu machen. Was im Faschismus als Hoffnung für Teile der europäischen Jugend begonnen hatte, erwies sich als tödliche Enttäuschung. Der Faschismus starb vor allem in der Umarmung durch den Nationalsozialismus.
Aber war damals auch der Nationalsozialismus außerhalb Deutschlands verankert? Ich neige dazu, eher mit Nein zu antworten. Abgesehen von Mussert in Holland und Quisling in Norwegen, die sich bemühten, ihre sozialistischen und völkischen Ideen unter einen germanischen Hut zu bringen, sowie dem ehemaligen französischen Kommunisten Doriot, der nach seinem Wechsel von links nach rechts aus einem ursprünglich internationalen Sozialismus einen nationalen machte, waren weder Degrelle in Belgien, genauer gesagt Wallonien, Professor Hlinka in der Slowakei, Dr. Pavelic in Kroation noch Codreanu in Rumänien, typische Nationalsozialisten. Da stand ihnen auch ihr klares Bekenntnis zum Christentum im Wege. Mussolini selbst und der spanische Faschist Franco bekannten sich ausdrücklich zur katholischen Kirche und verbanden sie mit der nationalen Tradition ihrer Völker. Die Action Fançaise verlangte einen militanten Katholizismus und legte sich dabei mit Papst und Vatikan an, und Codreanus »Eiserne Garde« war ursprünglich eine religiös bestimmte Bauernbewegung.
Ein lupenreiner Nationalsozialist, noch dazu in der schlimmsten Form des »Nazi« war eigentlich nur einer: der Führer der ungarischen »Pfeilkreuzler«, Ferenc Szálasi. Er war ein Rassist, ein ausgesprochener Judenhasser. Dazu erzählte mir vor kurzem ein pensionierter Oberst der Bundeswehr und damaliger Hauptmann der Luftwaffe folgende Begebenheit: »Als Admiral Hor-

thy den Abfall Ungarns plante und, um dies zu verhindern, im Gegenzug die Deutschen seinen Sohn als Geisel nahmen, mußte auf Druck Hitlers der Reichsverweser die Macht an den Führer der ›Pfeilkreuzler‹, Szálasi, abgeben. Eine der ersten Handlungen dieser ›Pfeilkreuzler‹ war es, die Juden auf der Margaretheninsel in Budapest zusammenzutreiben, in die Donau zu stoßen und auf die verzweifelt im Wasser treibenden Menschen Maschinengewehrsalven abzugeben. Etwa zur gleichen Zeit rückten Panzereinheiten der Waffen-SS in Budapest ein, um die Lage militärisch zu stabilisieren. Als sie von dem Massaker hörten, eilten die Soldaten der Waffen-SS auf die Margaretheninsel und erzwangen mit vorgehaltener Waffe die Einstellung der Exekution.« (Der Zeuge dieses Vorfalls, Ritterkreuzträger Oberst Konrad Knabe, war damals als Flieger in Budapest stationiert. Er hat übrigens unter anderem zwei militärisch sehr interessante Bücher geschrieben: »Das Auge Dietls« und »Die schweigende Front«.)

Ich habe diese Geschichte nacherzählt, weil sie typisch für den Zwiespalt ist, in den Soldaten kommen können: Verteidigen sie das Vaterland, verteidigen sie auch das herrschende Regime. Der manchmal erst redende und dann denkende jetzige Arbeitsminister Norbert Blüm von der CDU brachte diesen Zwiespalt auf eine höchst einfache Formel: »Die KZs standen, solange die Front hielt!« Die Gegenfrage, Herr Blüm, müßte heißen: »Was wäre aus den Millionen nach dem Westen flüchtender deutscher Menschen geworden, wenn damals die Front aufgegeben hätte?« Aber soviel Zeit zum Nachdenken oder wie es heute so schön heißt, zum Reflektieren hat im allgemeinen der kämpfende Soldat nicht. Im übrigen hatten den möglichen Gewissenskonflikt zwischen soldatischem Dienst am Vaterland und persönlicher Ablehnung des Regimes – dies nicht zuletzt durch eigene, bittere Erfahrungen – auch sowjetische Offiziere durchzustehen.

Nicht wenige der hohen und höchsten Sowjet-Offiziere waren im Laufe der stalinistischen Säuberungen, soweit sie nicht erschossen worden waren, in die sowjetischen Straflager geschickt und degradiert worden. Als Stalin nach Kriegsbeginn aus dem Kampf um die Sowjetunion äußerst geschickt plötzlich die Verteidigung des russischen Vaterlandes machte, alle Kräfte zur Verteidigung des »Heiligen russischen Bodens« aufrief, erinnerte er sich auch der inhaftierten Offiziere, ließ sie sofort frei und gab ihnen ihre Ränge zurück. Unter den Freigelassenen und Rehabilitierten war auch Rokossowski, der später entscheidende Schlachten schlug, höchste Ehrenzeichen bekam, ja, zum Marschall befördert wurde. Unter den russischen Emigranten geht folgende Geschichte um: »Eines Tages schickte der Marschall eine Karte von der Front an einen seiner ehemaligen Bewacher im GULAG: ›Von der Front grüßt Sie herzlich Rokossowski, Marschall der Sowjetunion und Ihr ehemaliger Putzer‹…«

Gerade im letzten Krieg hat das Schicksal jäh persönliche Bindungen und Beziehungen verändert. Ich habe z. B. den späteren Abfall Italiens, wie bereits in meinem Buch »Ich war dabei« beschrieben, in Korsika erlebt, wo über Nacht aus Freunden durch Befehl militärische Gegner wurden. Von den politischen Hintergründen wußten wir nichts. Die Situation stellte sich für uns einfach dar: Mussolini war ein tragischer Held, Marschall Badoglio ein Verräter, der italienische König ein Schurke. In den Zeitungsbildern wurde er auch so gezeigt, wie man sich bei geschickter Textierung einen Schurken vorstellen kann: höhnisch grinsend, zwerghaft klein, mit lächerlichem Lametta und »Operettenorden« auf der Brust und, wie er Mussolini freundschaftlich die Hand reichte, bevor er ihn in die Falle lockte. Wir sagten unter uns: »Schon wieder haben sie uns verraten, die Italiener, wie 1914.«
Wir wurden bitter , überheblich. Zur Melodie der faschistischen Giovinezza, der damaligen Nationalhymne, sangen wir: »Wir sind tapfere Italiener. Unser Land wird immer kleener. Sizilien ging schon längst verloren, der Feind, er steht vor Romas Toren – Giovinezza, Giovinezza!« Wir verbrüderten uns mit den tapferen faschistischen Schwarzhemden, den Camicie Nere. Wir

wollten nie Verräter werden, eingedenk des Spruches auf unserem Koppelschloß: »Meine Ehre heißt Treue.«

Angesichts dieses »Verrates« wurde ich von der allgemeinen Stimmung mitgerissen und drängte für ein paar Wochen meine bisher immer stärker gewordenen Vorbehalte gegenüber der nationalsozialistischen Ideologie wieder zurück. Ich war noch jung – 20 Jahre!

Es ist bekannt, daß auch von den italienischen Faschisten genügend viele Verbrechen begangen wurden. Es sei hier nur an die berüchtigten »Strafexpeditionen« der Jahre 1921/22 erinnert. Und gegen Ende des Krieges galt für beide Seiten, Faschisten wie Antifaschisten, der biblische Satz: »Auge um Auge, Zahn um Zahn.« Viele der westlichen Linksintellektuellen nennen die Morde an den führenden Faschisten einen »Selbstreinigungsprozeß«, der in Deutschland ausgeblieben sei. Was ist das für eine Moral? Eine doppelte? Eine Hinrichtung ohne Gerichtsverfahren, ist das nicht Mord?

Wie in »Ich war dabei« beschrieben, gerieten Freiwillige der Division Charlemagne in Bad Reichenhall in amerikanische Gefangenschaft. General Leclerc, der die französischen Truppen in diesem Raum befehligte, verlangte ihre Auslieferung. Widerwillig kamen die Amerikaner diesem Begehren nach. Unmittelbar vor Inkrafttreten des Waffenstillstandes wurden die SS-Freiwilligen von einem französischen Exekutionskommando hingerichtet. Der Jüngste unter ihnen war 17 Jahre alt. In seinem Gutachten für die Indizierung nannte Professor Schefold diesen Vorgang »problematisch«. Was hätte man wohl geschrieben, wenn sich deutsche Soldaten wie das französische Exekutionskommando verhalten hätten? Immerhin zeigte der Führer des französischen Peletons Verständnis für ein soldatisches Begehren. Zuerst sollten die jungen SS-Soldaten durch Schüsse in den Rücken hingerichtet werden. Als die Freiwilligen dagegen heftig protestierten und baten, aufrecht und mit dem Gesicht zu den Gewehrläufen sterben zu dürfen, erwies man ihnen diese »Gnade«. Vielleicht wird mancher überhebliche Intellektuelle und ruhebedürftige Spießer in diesem Lande dazu sagen: »Was spielt das dann noch für eine Rolle?« Nun, vielleicht ist es das für eine Hundertstelsekunde aufzuckende Glücksgefühl, ehrenhaft zu fallen...

18.
Meine Freunde, die Sudetendeutschen

»Geographie ist Schicksal«
(Napoleon)

Liebes Fräulein Helga!
Habe Ihre Adresse in den Papieren meines Bruders gefunden.
Muß Ihnen die traurige Nachricht bringen, daß mein Bruder und
Vater, die noch einmal heimgingen, am 30. September von den
Tschechen nach Brünn geschafft wurden. Dort lebten sie noch
acht Tage. Dann sind sie direkt erschlagen worden. Meine Mut-
ter, die schwer krank war, erlag einem Herzschlag. Nun stehe ich
ganz allein da. Bin nun in Hof und gehe in das Austauschlager,
damit ich in die russische Zone zu meiner Tante kann. Ich bin ja
erst 14 Jahre alt. Mein lieber Bruder erzählte oft von Ihnen. Er
hatte Sie sehr gern. Er sprach sehr oft von Ihnen und machte Plä-
ne.
Nun leben Sie wohl, alles Gute für die Zukunft, Ihre traurige
Anni Wagner.«
(Aus »Dokumente zur Austreibung der Sudetendeutschen«)

Nach meiner fristlosen Entlassung aus dem Bayerischen Rundfunk zeigte es sich sehr schnell, wo und wer meine Freunde waren. Sowohl die Organisation der Sudetendeutschen, »die Sudetendeutsche Landsmannschaft«, wie auch viele Einzelpersön-
lichkeiten setzten sich für mich ein. Sie sandten Resolutionen an
den Bayerischen Rundfunk, intervenierten bei Politikern, luden
mich zu allen möglichen Veranstaltungen als Ehrengast ein oder
verpflichteten mich demonstrativ als Festredner, worüber einzelne politisch gebundene Funktionäre nicht gerade glücklich
waren. Dr. Walter Becher machte da eine rühmliche Ausnahme.
Er blieb fair, obwohl wir nicht immer einer Meinung waren.
Übrigens, die sog. »Liebe auf den ersten Blick« war es zwischen

den Sudetendeutschen und mir nicht. Zeitweilig war ich nach dem Kriege in Gefahr, dem Zeitgeist zu erliegen. Das Gift, das gerade von vielen Intellektuellen gegen die Sudetendeutschen verspritzt wurde, zeigte auch bei mir Wirkungen, wenn auch nur schwach. Immerhin: Gerade in den Jahren zwischen 1954 bis in den Anfang der sechziger Jahre »bemühte« ich mich um Skepsis gegenüber Aufmärschen und Traditionsveranstaltungen der Sudetendeutschen. Bisweilen war ich in meinem Bemühen »erfolgreich«, manchmal widerte ich mich dabei selbst an, wenn ich nämlich die Verlogenheit meiner von mir mühsam selbst aufgebauten und vorgegebenen Argumente ahnte und spürte. Offen will ich auch eingestehen, daß mir wohl auch ein wenig um meine Karriere bang war, wenn ich allzu heftig gegen den Zeitstrom geschwommen wäre. Damals hätte ich ein solches Argument allerdings weit von mir gewiesen!

In dieser Gemütslage und geistigen Verfassung machte ich einen Fernsehfilm mit dem Titel »Sudetendeutsche zwischen Lob und Verdammnis«. Drehort war eine der sudetendeutschen Mustersiedlungen, die Stadt Waldkraiburg. Um besonders modern und fernsehgerecht zu sein, interviewte ich unter anderem die jungen Fußballer sudetendeutscher Herkunft, die ausschließlich die dortige Fußballmannschaft stellten. Ich überfiel sie mit der ebenso simplen wie dämlichen Frage, ob sie lieber hierbleiben oder doch eines Tages zurückgehen wollten. Damit waren die jungen Burschen überfordert und in eine peinliche Situation gebracht worden. Sie wollten einerseits ihre heimatbewußten Väter nicht verletzen, andererseits aber auch nicht das Gastland Bayern mißachten, das ihnen volles Heimatrecht gegeben und sie neben den Altbayern, Schwaben und Franken zum vierten bayerischen Stamm erklärt hatte. Der jeweilige bayerische Ministerpräsident, ganz gleich, ob es sich um den Sozialdemokraten Dr. Wilhelm Hoegner oder um einen CSU-Ministerpräsidenten handelte, übernimmt automatisch die Schirmherrschaft über die Sudetendeutschen.

Als ich später die beschriebene Szene über den Bildschirm flimmern sah, schämte ich mich – auch für die guten Kritiken, die der Film bei den großen, sogenannten progressiven Zeitungen bekam. Die Proteste der Sudetendeutschen nahm ich als berechtigt hin, gleichzeitig aber auch als Aufforderung, mich mit ihren Problemen mehr als bisher geschehen zu beschäftigen. Ich suchte Kontakt zu ihren Kreisen, lernte kluge, vor allem geschichtsbewußte Leute kennen. Natürlich entgingen mir auch nicht die Spannungen innerhalb der Landsmannschaft. Die Kampagne der deutschen Links-Intellektuellen konzentrierte sich auf einen der sudetendeutschen Wortführer, ihren späteren Sprecher Dr. Walter Becher. Ihn stempelte man pars pro toto zum Negativsymbol ab. Die Sudetendeutschen aber ließen ihn in ihrer großen Mehrheit nicht fallen. In diesem Sinne handelten sie eher wie die solidaritätsbewußte deutsche Linke, als rechte Wegwerfgesellschaften, wie sie sich gerade bei Teilen der CSU-Spitze etabliert haben. Von seiner Partei, der CSU, bekam Dr. Becher deshalb auch nur halbherzige Unterstützung. Er hat dies wohl nie ganz überwunden und behielt bis zum Ende seiner Sprechertätigkeit eine gewisse Distanz zu Strauß, obwohl er dessen politische Bedeutung voll anerkannte. Es störte ihn weniger der Politiker als der Mensch Strauß.

Gemessen am Verhalten ängstlicher, um ihre demokratische Reputation oder glaubhafte Abkehr von den Sünden der Vergangenheit besorgter Konservativer verhielten sich gegenüber Becher die sozialdemokratischen Wortführer der Sudetendeutschen, Wenzel Jaksch und Richard Reitzner, dessen Sohn Almar wie auch Volkmar Gabert, geradezu vorbildlich. Die inzwischen verstorbenen Jaksch und Reitzner, beide ehemalige Bundestagsabgeordnete, hätten übrigens in der heutigen Sozialdemokratie wohl kaum noch eine Wirkungsmöglichkeit gefunden. Beide fühlten sich nämlich zuerst als Sudetendeutsche und erst dann als Sozialdemokraten. Jaksch vor allem prangerte öffentlich das Unrecht der Vertreibung an. Schon während seiner Emigration in London hatte er Eduard Benesch vor Rache- und Revanche-Aktionen gewarnt.

Aber zum sudetendeutschen Wesen gehört auch Toleranz. Manche Sudetendeutsche erzählten mir schmunzelnd die Geschichte, wie Siegfried Zoglmann, damals noch bei der in den fünfziger Jahren rechts angesiedelten FDP, und der linke Wenzel Jaksch (SPD) ihre gemeinsamen Erlebnisse während der Wahlkämpfe in der Tschechoslowakei austauschten. Im Verlaufe dieser Kämpfe hatte einmal die Zoglmann-Gruppe Jaksch zum Parterrefenster hinausgeworfen, also in einer Art Miniaturausgabe des Prager Fenstersturzes. Bei aller politischen Gegnerschaft wurden sie jedoch keine persönlichen Feinde und in der Sorge um das Schicksal der Sudetendeutschen ließ sich der eine von dem anderen nicht übertreffen.

Der erste namhafte Sudetendeutsche, den ich kennenlernte, war Volkmar Gabert, der spätere Landesvorsitzende der bayerischen SPD. Auch er hatte wie Reitzner und Jaksch den Krieg in England als Emigrant verbracht. An Bedeutung blieb er aber weit hinter den Vorgenannten zurück und seine Beziehung zur Landsmannschaft war nie sehr eng. Wegen seiner Unentschlossenheit, seiner überzogenen Kompromißbereitschaft, seines ewigen Taktierens und Finassierens nannten ihn manche hinter vorgehaltener Hand »das Sudetendeutscherl«. Im persönlichen Umgang war er angenehm und liebenswürdig.

In der heutigen Sozialdemokratie finden sich kaum noch herausragende Freunde der Sudetendeutschen, außer vielleicht zu Wahlzeiten. Einen besonders dunklen Punkt in den Beziehungen zwischen der SPD und der Sudetendeutschen Landsmannschaft markiert das Jahr 1973. Da beschloß die damalige Mehrheitsfraktion des Münchner Stadtrates, die SPD-Fraktion, mit einer Gegenstimme, den Sudetendeutschen das traditionelle Grußwort der Stadt München zu ihren Pfingsttreffen zu verweigern. Die Gegenstimme kam von einer SPD-Stadträtin, meiner Frau Ingrid. Bald darauf trat sie aus der Partei aus und gab ihr Mandat zurück.

Je mehr ich mich mit den Sudetendeutschen befaßte, um so unverständlicher wurde mir die Haltung von vielen Bundesdeut-

schen, vor allem auch Journalisten. Viele hielten es mit dem Grundsatz: nichts ist mir wichtiger als die Pflege meiner Vorurteile. Diese Vorurteile aber haben ihre Wurzeln im mangelnden Geschichtswissen. Eine diesbezügliche Episode wird mir im Gedächtnis bleiben. Als Chef des Bayerischen Regionalprogramms hatte ich einem Reporter einen Filmbericht zu einem sudetendeutschen Treffen in Auftrag gegeben. Er hatte sich bisher als durchaus intelligenter Mitarbeiter erwiesen. Bei der Textabnahme des Filmes im Schneideraum sprach er immer von dem »antinationalsozialistischen Benesch«. Ich machte ihn darauf aufmerksam, daß dies zumindest sprachlich nicht ganz korrekt sei, denn Benesch gehörte immerhin zu den maßgebenden Köpfen der ersten nationalen Partei der Tschechoslowakei, die vor dem Ende des Ersten Weltkrieges gegründet wurde. Einige Jahre später, im Jahre 1926, erhielt sie ihre endgültige Bezeichnung »Československá narodné socialiticka straná«, auf deutsch »Tschechoslowakische national-sozialistische Partei«. Als ich dem Mitarbeiter das alles auseinanderzusetzen versuchte, schaute er mich so mitleidig an, als habe er einen Schwachsinnigen vor sich. Aber da er es mit mir wegen eines Benesch nicht verderben wollte, sicherte er mir immerhin zu, sich diesbezüglich erneut informieren zu wollen. Nach einigen Stunden kam er wieder und meinte betreten: »Sie haben recht. Aber weder in der Schule noch später auf der Universität habe ich jemals davon gehört.«
Die sudetendeutsche Geschichte sollte als Teil des Geschichtsunterrichts fester Bestandteil im Lehrplan der Schulen sein. Führte man solche Unterrichtsstunden unter der Leitung objektiver Lehrer ein, dann würden auch bald die diffamierenden Behauptungen unterbleiben, wie zum Beispiel jene, wonach die Sudetendeutschen rückwärts orientiert wären und außerhalb der Zeit stünden. Dann würde unsere Jugend erfahren, wie es in dem so liberal eingeschätzten Staat des »Darlings« der westlichen Intellektuellen, Thomas Garrigue Masaryk, wirklich zuging: Sudetendeutsche Arbeiter, die 1919 für den Anschluß ihres Gebietes an Deutsch-Österreich in Kaaden und weiteren Städten friedlich

demonstrierten, wurden von tschechischen Militär- und Polizeieinheiten rücksichtslos zusammengeschossen! 54 Demonstranten starben auf der Straße, Hunderte von Verletzten wurden in Krankenhäuser eingeliefert oder nach Hause transportiert. Viele starben später. Die Tschechen verweigerten die Bekanntgabe der genauen Zahl der Toten. Sie wird auf knapp 200 geschätzt.

Es könnte endlich klargestellt werden, daß die Behauptung, die Sudetendeutschen wären sozusagen von Anfang an »Heim-ins-Reich«-Schreier oder gar Nationalsozialisten gewesen, eine bewußt in die Welt gesetzte Geschichtslüge ist. Tatsache ist nämlich, daß nach dem 1918 vereitelten Anschluß an Deutsch-Österreich die Sudetendeutschen mit demokratischen Mitteln um eine Autonomie innerhalb der Tschechoslowakei nach Schweizer Muster kämpften, wozu sich Benesch in Saint Germain, dem Schauplatz der Unterzeichnung des Friedensvertrages für Österreich verpflichtet hatte. Auch Henlein und seine Anhänger waren zunächst für diese Lösung. Um sie zu erreichen, flogen sie sogar nach England, verhandelten dort mit einflußreichen Politikern und erbaten ihre Hilfe. Kluge englische Politiker wollten helfen. Sie dachten an eine Revision des Vertrages von Saint Germain. Zudem wollten sie verhindern, daß aus dem sudetendeutschen Brandherd ein zur Explosion drängendes globales Pulverfaß würde. Das gemeinsame Bemühen scheiterte an der Intransigenz der Franzosen und besonders an deren Günstling Eduard Benesch. Sein Deutschenhaß und sein tschechischer Chauvinismus machten ihn unfähig und taub für vernünftige Vorschläge. Erst als dies die Sudetendeutschen begriffen und die Faszination des Dritten Reiches wegen der innen- und außenpolitischen Erfolge immer größer wurde, begann auch in der SdP, in der Sudetendeutschen Partei, Konrad Henlein eine hin zum Reich tendierende Neuorientierung. Sie galt nicht allein Hitler. Sie galt dem Volk. Sie galt der Schutzmacht Deutschland. Hitler hatte sehr klug darauf hingewiesen, es mit der Bedeutung des Begriffes Schutzmacht ernster halten zu wollen, als dies die Weimarer Republik getan hat. Der weitere Gang der Ereignisse ist bekannt.

175

19.
Henlein zwischen Hitler und Benesch

Die Sudetendeutsche Partei war ursprünglich nicht antisemitisch eingestellt. Sie wußte um die positive Haltung gerade der Prager Juden zum Deutschtum und zur deutschen Kultur. Erst als infolge der generellen Zunahme des Antisemitismus in Deutschland und in der Tschechoslowakei die Juden zum Boykott beispielsweise von Karlsbad aufforderten, kam es zu den ersten antisemitischen Pamphleten: »Wir brauchen keine Juden mehr, es kommen dafür andere her.«

Allmählich verlieren jedoch die Nebelgranaten, die bewußt über die sudetendeutsche Geschichte geschossen werden, ihre Wirkung. Man beginnt klarer zu sehen und damit gerechter zu urteilen. Die Geschichte wird auch einen Konrad Henlein, der zumindest am Anfang einem Turnvater Jahn und dem Theoretiker des Ständestaates, Othmar Spann, eher verpflichtet war als Hitler, fairer beurteilen. Er wollte das Beste für seine Landsleute, hatte aber nach dem Anschluß nicht mehr die Kraft und die Möglichkeit dazu. Er wurde mehr und mehr von seiner alten Umgebung isoliert. Nicht wenige seiner Vertrauten wurden ins Altreich versetzt, einige landeten sogar im Gefängnis. So wurde er zur Marionette degradiert. In den letzten Kriegstagen setzte er seinem Leben selbst ein Ende. Es blieb ihm vieles erspart.

Aber auch Benesch, der in der Liste der charakterlosen und revanchistischen Staatsmänner einen Spitzenplatz einnehmen dürfte, kam so um seinen letzten Triumph: den Führer der Sudetendeutschen am Galgen hängen zu sehen.

Daß meine Beurteilung Henleins auch von jenen Zeitgenossen geteilt wird, die schon damals Distanz zum Nationalsozialismus hielten, geht aus dem von tiefer Lebensweisheit durchdrungenen Buch »Geschichten eines alten Österreichers« von Alfons Clary Aldringen hervor. Der mittlerweile 90jährige böhmische Edelmann hat sowohl Henlein wie seinen tschechischen Gegenspieler

Benesch kennengelernt. Über Henlein schreibt er: »*Er war nicht das, was man sich unter einem ›Nationalsozialisten‹ vorstellt. Ein leidenschaftlicher Patriot wohl, aber ursprünglich maßvoll in seinen Ansichten und Zielen. Er hat sich selber gemacht, war nicht von Leuten aus dem Reich gemacht worden. Er geriet dann in einen Strudel, den er in keiner Weise beherrschen konnte; scheinbar mächtig, in Wirklichkeit nahezu ohnmächtig, mußte er geschehen lassen, was er mißbilligte oder gar nicht übersehen konnte, bis er plötzlich vor dem bitteren Ende stand, um zuletzt noch ausgerechnet vor mir sein Schicksal mit erschütternden Worten zu zeichnen.*« Das Gespräch mit Henlein fand unmittelbar vor dessen Selbstmord statt.*

Zu Benesch meinte der Edelmann ebenso kurz wie bündig: »*Ein Mann der kleinen Finessen mag er gewesen sein; ein auch schweren Situationen gewachsener Staatsmann niemals.*«

Nie hat wohl Benesch verwinden können, daß unter Henleins Führung die Sudetendeutsche Partei bei der Wahl am 10. März 1935 mit 1 249 530 Stimmen alle Erwartungen übertraf. Die Wahl glich einem Erdrutsch. Die Sudetendeutsche Partei wurde vor den tschechischen Agrariern zur stärksten Partei der Republik. Obwohl die Agrarier fast 100 000 Stimmen weniger erhielten, gelang es der tschechischen »Patent-Demokratie«, der Agrar-Partei zu 45 Sitzen und damit zu einem Sitz mehr als der Henlein-Partei zu verhelfen. Der von Benesch, insbesondere aber von seiner Frau geschürte tschechische Chauvinismus hätte es wohl nicht überwunden, wenn die Deutschen auch noch im Prager Parlament die stärkste Partei gestellt hätten. Dieser tiefsitzende Stachel mag auch beim schändlichen Verhalten tschechischer Chauvinisten in den letzten Tagen des Krieges gegenüber den wehrlosen Deutschen zumindest eine Nebenrolle gespielt haben. Ich darf darauf hinweisen, daß der Haß auf die Deutschen geradezu kultiviert wurde. Im Prager Parlament sagte einmal 1938 die Parteifreundin von Benesch, Frau Seminova: »Wir haben euch gejagt, wir jagen euch, wir werden euch jagen!« So wurde die Vertreibung vorbereitet. Die Seminova war bekannt wegen ihrer hysterischen Aggressionen gegen die Sudetendeutschen. So warf sie einmal dem sudetendeutschen Abgeordneten Bartsch eine Aktentasche mit derartiger Wucht ins Gesicht, daß er sich in ärztliche Behandlung begeben mußte.

Im übrigen glaube ich, daß das Ausmaß des Schreckens der Vertreibung in der Bundesrepublik bis heute noch nicht völlig bekannt ist. Ängstlich waren ja immer bis vor kurzem offizielle Stellen bemüht, diesbezügliche Dokumente unter Verschluß zu halten. Begründet wurde dies mit dem Hinweis, man wolle ein Aufrechnen vermeiden und außerdem würde ein Bekanntwerden der unvorstellbaren Grausamkeiten der dringend nötwendigen Versöhnung abträglich sein. Die Darstellung geschichtlicher Vorgänge aber kann sich nicht an kurzatmigen aktuellen politischen Vorstellungen orientieren. Die volle Wahrheit wird auch hier eines Tages ans Licht kommen. Ich selbst habe Einblick in verschiedene Dokumente bekommen. Sie haben mich erschüttert. In diesem Zusammenhang darf ich auf das leidenschaftslos geschriebene Werk »Deutscher Exodus« hinweisen. Es gibt zunächst eine Übersicht über die Verluste bei der Vertreibung:

»Nach einer sehr sorgfältigen Berechnung des Statistischen Bundesamtes in Wiesbaden hat die sudetendeutsche Zivilbevölkerung im Zusammenhang mit Flucht, Vertreibung und Deportation 200 280 Tote verloren. Sie wurden erschossen oder erschlagen oder starben an Hunger und Erschöpfung oder in den Arbeitslagern der östlichen Deputationen ... Die Zahl der Opfer der Vertreibung ist in Ost und West niemals ins öffentliche Bewußtsein gedrungen. Auch in Deutschland ist sie nur einem kleinen Kreis bekannt. Sie ist kein Thema der Publizistik und der Massenmedien geworden wie die Opfer des Faschismus und der Judenverfolgung.

Die Statistiken und Dokumentationen über diese Ungeheuerlichkeiten sind unbekannt geblieben. Die Zahlen werden von den amtlichen deutschen Stellen auch dann nicht genannt und nicht veröffentlicht, wenn es sich um Wiedergutmachungsforderungen von Ost- oder Südoststaaten geht.«

Zum besseren Verständnis der komplizierten Situation der Sudetendeutschen im Benesch-Staat sei auf die folgenden Dokumente (»Dokumentensammlung zur Sudetenfrage«) verwiesen:

1934, 21. Oktober

Rede Konrad Henleins für die „Sudetendeutsche Heimatfront"[1]) in Böhmisch Leipa

Es entspricht... unserer grundsätzlichen Überzeugung, daß sowohl Faschismus wie Nationalsozialismus an den Grenzen ihrer Staaten die natürlichen Voraussetzungen ihres Daseins verlieren und daher auf unsere besonders gearteten Verhältnisse nicht übertragbar sind...

Wir stehen nicht an, zu bekennen, daß uns ein grundsätzlicher Unterschied vom Nationalsozialismus trennt, wir werden niemals auf die Freiheit des Individuums verzichten...

Man muß sich aber doch über das Eine im Klaren sein, daß letzten Endes — und gerade vom Standpunkt der Demokratie! — ein Staat nur dann als konsolidiert betrachtet werden kann, wenn er sich auf die freiwillige und aus der inneren Überzeugung kommende Überzeugung seiner Bürger zu stützen vermag. Bajonette und Zwangsmaßnahmen haben auf die Dauer noch keinen Staat gesichert.

Wir sind gerne bereit, anzuerkennen, daß die Tschechoslowakei jener Staat ist, in dem Tschechen und Slowaken die gesicherte staatliche Grundlage ihres völkischen Lebens gefunden haben. Aber das Bedürfnis eines Volkes, sich auszuleben, muß seine unverrückbaren und unüberschreitbaren Grenzen in den Grundsätzen der Ethik und Humanität finden, auf die man sich tschechischerseits immer wieder beruft.

Daß wir Sudetendeutsche die Unantastbarkeit unseres Lebensraums und unseres Volksbodens, unserer Lebensrechte, unseres kulturellen und wirtschaftlichen Besitzstandes, unseres Arbeitsplatzes fordern — das werden auch unsere tschechischen Mitbürger verstehen: denn diese Forderungen sind so primitive Selbstverständlichkeiten, daß jedes Volk Verachtung treffen würde, wenn es nicht bereit wäre, diese Güter mit allen Mitteln zu bewahren. Das Sudetendeutschtum bietet offen und ehrlich die Hand zum Frieden. Wer sie ausschlägt, muß dafür die Verantwortung übernehmen...

Rede von Wenzel Jaksch zur Lage der Sudetendeutschen nach 18 Jahren Tschechoslowakei

...Die Grundfragen des nationalen Zusammenlebens wurden seit 1918 entweder einseitig beantwortet oder sind ungelöst geblieben. So geht der nationale Kleinkrieg auf allen Fronten weiter und verpestet die innenpolitische Atmosphäre... Offiziell werden die Deutschen als Gleiche unter Gleichen bezeichnet. Inoffiziell sind die nationalen Kampfvereine[1]) als Hüter der Ungleichheit tätig. Die deutsche Sozialdemokratie... steht in schärfsten Widerspruch zu dem Geist jener Minderheitsorganisationen,[1]) die in jedem Deutschen einen Staatsfeind sehen. Wer den letzten deutschen Briefträger oder Eisenbahner ausrotten will, ist ein Totengräber der Staatsgesinnung im Grenzgebiet... Unsere berechtigten Beschwerden sind bisher an einer Mauer des Schweigens abgeprallt. Wir müssen aussprechen: die tschechische Politik steht vor der inneren Entscheidung, ob in ihrer Staatskonzeption für die Sudetendeutschen Platz ist oder nicht. Dieser Entscheidung kann sie nicht ausweichen. Es ist die folgenschwerste Entscheidung, die die tschechische Politik seit 1918 zu fällen hat...

Nicht die Gleichberechtigung der Bürger bringt die Lösung, sondern der Kern des nationalen Problems liegt darin, ob die qualitative Gleichberechtigung der Völker gesichert werden kann. Wir erklären ganz offen, daß die Benachteiligung der Deutschen im öffentlichen Dienst, in der Sprachenfrage und in der ganzen Verwaltung einen Grad erreicht hat, der als unhaltbar empfunden wird. Das schweizerische Beispiel zeigt, daß gerade die zahlenmäßig stärkste Nation eines Vielvölkerstaats mit weiser Mäßigung vorgehen müßte...

Anmerkung:

[1]) Gemeint sind die tschechischen, staatlich geförderten Einrichtungen zur Unterwanderung des sudetendeutschen Siedlungsgebietes.

Quelle:
„Deutscher Nachrichtendienst"; Prag; 28. April 1936.

20.
Der Holocaust von Prag

Die ganze Verzweiflung, die bei vielen älteren Sudetendeutschen noch durch ihre Träume geistert, die ihr ganzes Leben begleiten wird, beschreibt Ingomar Pust in dem Vorwort zu dem erschütternden Bericht »Schreie aus der Hölle«:

»Vor 60 Jahren wurden 3,6 Millionen Sudetendeutschen das Selbstbestimmungsrecht verweigert. 27 Jahre später wurde dieses Volk nach einem Massenmord von fast unirdischer Dimension aus der 1000 Jahre alten Heimat verjagt.

Die Bundesversammlung der Sudetendeutschen hat einen Preis für das beste Filmdrehbuch ausgesetzt, das den Schrecken der Vertreibung schildern soll. Wird das möglich sein? Die historischen Unterlagen sind eine Dokumentation des Grauens, deren Lektüre schon Übelkeit auslöst.

Aber der Film wird dennoch kaum naturalistisch gedreht werden können. Todesmärsche und Massenerschießungen wird man rekonstruieren können, man kann Leichen mit abgeschnittenen Nasen, Ohren, Geschlechtsteilen zeigen, Verwundete, die aus den Fenstern geworfen wurden, Menschen, die mit dem Kopf nach unten über Feuern geröstet wurden. Die nackten Frauen wird man darstellen können, die auf den Knien durch die mit Glasscherben bestreuten Straßen Prags gepeitscht wurden. Die Tausende Frauen wird man filmen können, die mit Kindern und Kinderwagen in die Moldau und Elbe geworfen und dann mit Maschinengewehren beschossen wurden. Mit Puppen werden auch die Köpfe der toten Mütter und Babies dargestellt werden können, die aus dem Unrat der Lagerlatrinen ragten, bis sie vom Kot der Leidensgenossen zugedeckt waren. Man wird zeigen können, wie blutige Bündel von Gefolterten auf dem Boden Menschenkot schlucken mußten, wie ihnen Knebel mit Menschenkot in den Mund gestoßen wurden.

Aber wer soll die Schreie der Deutschen nachahmen können, deren zerfleischte Körper mit Salzsäure eingerieben wurden, die geschlagen wurden, daß ihre Geschlechtsteile nur noch blutige Klumpen waren, wer soll die Schreie der blutiggepeitschten Frauen nachahmen, die nackt mit dem After auf SS-Dolche gedrückt wurden. Hunderttausende gingen durch diese Folterhölle, ehe sie erschlagen oder erschossen wurden.«

Erschüttert las ich auch vom Schicksal von vielen meiner Kameraden, die nicht wie ich das Glück hatten, Prag ein paar Wochen vor dem Massaker zu verlassen. Meine Bitte, die Junker-Schule verlassen und an die Front gehen zu dürfen, rettete mir vermutlich das Leben. In dem Kapitel »Der Totentanz begann in Prag« in dem bereits erwähnten Buch »Schreie aus der Hölle« heißt es:

»Am Nachmittag des 5. Mai war der größte Teil der schwachbesetzten deutschen Dienststellen in Prag gestürmt worden. Nur größere Wehrmachtdienststellen und die Kasernen konnten sich noch behaupten. Eine von einem entschlossenen Hauptmann zusammengeraffte Gruppe deutscher Soldaten verteidigte den Massaryk-Bahnhof, in dem sich Tausende deutscher Flüchtlinge und Verwundeter befanden. Ein grausiges Schicksal ereilte Tausende von Verwundeten in einigen Lazaretten. Sie wurden vom Mob gestürmt. Die bettlägerigen Verwundeten wurden in ihren Betten erschossen. Aber auch die gehfähigen Verwundeten, die sich an diesem Tag auf Ausgang befunden hatten, waren verloren. Wo ein einzelner Soldat auftauchte, wurde er erschlagen oder aufgehängt. Bei der Scharnhorst-Kaserne wurden Tausende gehfähig Verwundete, die man aus anderen Lazaretten zusammengetrieben hatte, durch Maschinenpistolensalven erschossen.
In der Nacht zum 6. Mai wurden an allen Gebäuden und Litfaßsäulen Transparente angebracht: ›Nemcum smrt!‹ – ›Tod den Deutschen!‹.
Zugleich rief der Sender ununterbrochen die Tschechen zur Vernichtungsaktion gegen die Deutschen auf. Ihre Wohnungen wur-

den systematisch zerstört. Viele Bewohner wurden aus dem Fenster geworfen oder erschlagen. Tausende aber unter furchtbaren Mißhandlungen in Kellern und improvisierten Gefängnissen zusammengepfercht.

Aus den deutschen Widerstandszentren heraus wurde versucht, durch Panzer- und Stoßtrupps wenigstens in der unmittelbaren Umgebung die Massaker an der deutschen Zivilbevölkerung zu verhindern. Diese Aktionen verhinderten die Tschechen aber, indem sie nackte deutsche Frauen und Mädchen als ›Panzersperre‹ vor sich hertrieben.

An zahllosen Stellen der Stadt waren Frauen vollkommen unbekleidet mit Kolbenschlägen und Peitschenhieben durch die Stadt getrieben worden. Sie wurden gezwungen, Barrikaden wegzuräumen und Leichen zum Abtransport zusammenzutragen. Oft mußten diese geschundenen Frauen ihre eigenen Angehörigen in Massengräber werfen. Die Erfassung der Deutschen geschah so, daß die Hausmeister verpflichtet waren, alle deutschstämmigen Einwohner anzuzeigen, die vogelfrei geworden waren.

Die Deutschen Prags, die an diesem 5. Mai schon erfaßt wurden, erlebten Qualen schon auf dem Weg in die Kinosäle und Schulen, wo sie interniert wurden. Auf den Straßen warteten Ansammlungen von Tschechen aller Schichten. Die verhafteten Deutschen, Männer, Frauen und Kinder, mußten durch die Straßen spießrutenlaufen. Sie wurden mit Steinen, Stöcken, Schirmen und auch mit siedendem Wasser attackiert. Mit erhobenen Armen taumelten sie dahin. Frauen wurden aus den Gruppen herausgerissen und in die nächsten Häuser und Lokale verschleppt. Wer immer wollte, konnte sie vergewaltigen. Krankenschwestern wurden nackt ausgezogen und öffentlich mißbraucht. Den Frauen wurden die Köpfe mit Papierscheren kahlgeschoren. Die Gesichter wurden mit Farbe angestrichen. Man riß ihnen die Kleider vom Leib und malte ihnen Hakenkreuze auf Rücken und Brust. Man schändete sie zu Tausenden. Sie wurden gezwungen, die Münder zu öffnen, damit ihre Quäler ihnen ihren Harn in den Mund rinnen lassen konnten. An anderen Stellen sah man nackte Frauen, *die gezwungen wurden, auf den Knien den Asphalt aufzuwaschen. In die unterirdischen Klosettanlagen des Wenzelsplatzes wurden Hunderte von Deutschen hineingetrieben, so daß sie dort so zusammengepfercht standen, daß niemand die Arme rühren konnte.*

Aber das waren noch harmlose Quälereien gegen das, was noch kommen sollte. Am schlimmsten erging es uniformierten Soldaten, die allein außerhalb Prags in die Hände der Tschechen fielen. Jene, die erschossen wurden, hatten noch Glück. Viele wurden zu Tode gemartert, erhängt, in Jauchegruben ersäuft und in Fässern zu Tode gerollt. In Prag selbst kam es an diesem hellichten Tag zu den ersten Massenerschießungen von Zivilisten, bei denen ein immer größerer Teil der Bevölkerung tätig oder zuschauend teilnahm. Es waren dieselben Leute, die bisher auf das unterwürfigste die Kriegsmaschine der Deutschen bedient hatten.

Aber das alles war erst der Anfang, die Apokalypse des Grauens, die über die Deutschen des Sudetenlandes kam.«

Ich möchte Ihnen, verehrte Leser, weitere Einzelheiten dieser Apokalypse des Grauens ersparen. Zum anderen möchte ich auch an dieser Stelle an den französischen Spruch erinnern: »Das Vorwort zur Versöhnung ist die Wahrheit.« Die unbestreitbare Wahrheit aber ist, daß im Kriege und in der unmittelbaren Nachkriegszeit neben tapferen Taten und menschlichem Verhalten auch Feigheit und Unmenschlichkeit auf beiden Seiten zu finden waren. Der Geist der Rache beherrschte vielerorts auch das Verhalten der Sieger uns gegenüber. Man braucht nicht allein an Nürnberg zu denken. Auch wenn Paul Giesler, der einstige Architekt Hitlers, ob zu Recht oder zu Unrecht, als sogenannter »Unbelehrbarer« eingestuft wird, – die Wahrheit seiner Schilderungen in »Der andere Hitler« aus dem Gefängnis der Todeskandidaten in Landsberg am Lech hat noch niemand bestreiten können. Giesler schildert darin, wie Persönlichkeiten, politisch und rassisch Verfolgte aus München, eingeladen wurden, den Hinrichtungen beizuwohnen:

»*Die Hinrichtungen fanden immer am Freitagvormittag statt, sie waren verbunden mit Einladungen an die Auerbachs und Ohrensteins und weitere Ehrengäste aus München, die auf Stühlen vor den Galgen saßen. Wir wurden über die Stunden der Vollstreckung in die Zellen eingesperrt.*«

Der Regensburger Seelsorger der zum Tode Verurteilten, der sogenannten »Rotjacken«, Prälat Morgenschweiß, hat ebenfalls mannhaft von dieser »Sieger-Rachejustiz« berichtet. Ich weiß, daß mir hier von bestimmten Kreisen sofort Auschwitz und Treblinka entgegengehalten wird. Aber so werden wir die Geschichte nie bewältigen. Und wenn zu Recht jenen entgegengetreten werden muß, die Auschwitz über die umstrittene Zahl von sechs Millionen Toten in Frage stellen, so muß das gleiche Prinzip auch gegen die Opfer der Siegerjustiz angewendet werden dürfen. Mord bleibt Mord, Unmenschlichkeit bleibt Unmenschlichkeit, ob es sich um hundert, eine Million oder um sechs Millionen Menschen handelt, ob um Deutsche, Polen oder Juden.
Die Frage aber muß lauten: Wie lassen sich jemals solche Verbrechen vermeiden? Nur, wenn man die Menschen nicht wieder in eine Situation bringt, die Treibsatz zum Freiwerden der dunkelsten und unmenschlichsten Triebe schafft. Auf gar keinen Fall aber ist der Versöhnung gedient, wenn man die Wahrheit indiziert und verbietet, weil sie angeblich der Verständigung zwischen den Völkern abträglich sei und Revanchegelüste wecke.
Der »Bromberger Blutsonntag« beispielsweise, bei dem massenhaft Angehörige der deutschen Volksgruppe in Polen ermordet wurden, ist eine historische Tatsache, da können sich diverse Jugendämter noch so sehr dagegen sträuben. Man darf auch nicht den Todesmarsch der Deutschen in Serbien vergessen. Das Schicksal der Deutschen rührte sogar den gewiß nicht zartbesaiteten Tito, der anordnete, man solle aufhören, sie wie Hunde zu behandeln.
Wie hieß es im Refrain eines der Partisanen-Kampflieder:
»*Nur über deutsche Leichen geht unser freier Schritt.*«

Aus Würzburg schrieb mir eine Leserin, Sudetendeutsche, die länger in Prag gelebt hat, nach Lektüre meines Buches »Ich war dabei«. Der Brief ist Dokument einer europäischen Tragödie:

»Bei den angesprochenen Seiten dreht es sich um Ihren Prager Aufenthalt und den Beobachtungen, die Sie bei den Tschechen gemacht haben, beziehungsweise wie Sie sie beurteilt haben: nämlich genau richtig! Und das in so kurzer Zeit.
Bei den Tschechen war die politische Situation eine ähnliche wie in den anderen von den Deutschen besetzten westlichen Ländern.
Zwei Beispiele, zwei Schicksale, möchte ich aufzeigen:
Da war der greise Universitätsprofessor, ein Tscheche, der geheime Vorlesungen hielt, nachdem die tschechischen Universitäten geschlossen worden waren. Man ließ ihn sogar gewähren. Er war Kommunist und setzte auf den Osten. 1945 kam er um.
Da war der tschechische ehemalige Oberst i.G. (Im Generalstab), k.u.k.-Offizier, dann Legionär in Rußland. Er setzte sich 1919 von den Bolschewiken ab, verweilte in Samarkant, nahm eine Usbekierin zur Frau und kam über Wladiwostok wieder in seine Heimat zurück. Er setzte 1939 auf den Westen, auf Europa. Sein ältester Sohn meldete sich zur Waffen-SS, war von Anfang an im Osten eingesetzt, kam unverletzt zurück, tauchte unter, wurde verraten und 1947 hingerichtet. Seine letzte Kugel hat er bei seiner Festnahme auf seine Häscher abgefeuert.
Der jüngere Sohn war bei der Wehrmacht. Ebenfalls im Osten. Er kam in russische Kriegsgefangenschaft, wurde der tschechischen Justiz ›weitergereicht‹ und kam in die Steinbrüche ...
Der jüngste Sohn war in einer Napola*, starb aber 1941 an spinaler Kinderlähmung.
Der ehemalige Oberst, überzeugter Europäer, nun Kollaborant richtete Anfang Mai 1945 seine letzte Kugel auf sich selbst, nicht gegen seine Häscher.
Im April 1945 wimmelte es in Prag von deutschen Uniformen,

---

* Napola – Nationalpolitische Erziehungsanstalt

aber die wenigsten Uniformträger sprachen deutsch. Ich bemerk-
te vielfach am Ärmelaufschlag ›Wallonie‹.«

Nicht nur im Kampf um Berlin, sondern auch bei den Kampfhandlungen um Prag sind französische und belgische Angehörige
der Waffen-SS gefallen. Sie wollten bis zu ihrem Tod auch die
deutschen Zivilisten schützen.
Übrigens gab es auch in der Tschechoslowakei eine kleine Zahl
von Faschisten. Ihr Führer war General Gajda, der unmittelbar
nach dem Ersten Weltkrieg die tschechische Legion in Rußland
geführt hatte. Die Faschisten trugen schwarzes Hemd, Käppi mit
Liktorenbündel und sie setzten auf Mussolini, nicht auf Hitler.

Wie prominente ausländische Politiker, Wissenschaftler und
Geistliche auf die Vertreibung damals reagierten, sollen folgende
Stimmen zeigen, die der »Dokumentensammlung zur Sudeten-
frage« entnommen sind:

Lord Bertrand Russel in einem Leserbrief an die „Times";
(englische Tageszeitung); London; 23. Oktober 1945:
„... Sind Massendeportationen dann Verbrechen, wenn sie
von unseren Feinden getan werden und gerechtfertigte Mittel
gesellschaftlicher Berechtigung, wenn sie von unseren Ver-
bündeten in Friedenszeiten durchgeführt werden? ... Das sind
Fragen, die man jetzt in England weit mehr diskutiert, als
die vergangenen Sünden der Nazis ..."
Delegation von 21 britischen Abgeordneten, hohen Geistlichen
und Adligen (u. a. die Abgeordneten Boothley, Crossman und
Stokes; der Bischof von Coventry und der Erzbischof von
Westminster; die Publizisten Brailsford und Gollancz) spre-
chen am 26. Oktober 1945 bei Premierminister Attlee vor.
Sie empfehlen, die Vertreibungen über den Winter 1945/46
einstellen zu lassen und in der Zwischenzeit eine neue Politik
für dieses Problem zu entwickeln. (Quelle: „Times"; (eng-
lische Tageszeitung); 26. Oktober 1945)

Der Schweizer Volkswirtschaftler Prof. Dr. Wilhelm Röpke:

„In der Tat ist kein Wort scharf genug, um die Potsdamer Beschlüsse und die im schlimmsten Nazigeist vorgenommene

Ann O'Hare McCormick in der „New York Times"; (US Tageszeitung); 4. Februar 1946:

„... Wir tragen die Verantwortung für Grausamkeiten, die nur mit den Grausamkeiten der Nazis zu vergleichen sind ..."

Der britische Abgeordnete Richard R. Stokes in der „East Anglian Daily Times" (englische Tageszeitung); Ipswich; 12. Oktober 1946:

„... Jede Vertreibung — wie gut auch immer durchgeführt — muß unmenschlich sein. Mit welchem anderen Ausdruck könnte man sonst einen Befehl bezeichnen, der zur gewaltsamen Vertreibung von Millionen Menschen aus Heimstätten führt, in denen sie (und ihre Vorfahren) Jahrhunderte gelebt haben ..."

Die Bischöfe der Katholischen Kirche in den USA am 16. November 1946:

„... Wir rühmen uns unserer Demokratie; durch die Vertreibungen aber ließen wir uns, vielleicht ohne es zu erkennen, von den Herdentheorien einer herzlosen, totalitären Philosophie beeinflussen ..."

(Quelle: „Pilgrims of the Night"; New York; 1950; S. 6)

21.
Den Fleiß im Rucksack

Die Vertriebenen haben in der Bundesrepublik unschätzbare Aufbauarbeit geleistet. Beispielsweise gründeten die Sudetendeutschen Vertriebenenstädte wie Waldkraiburg, Geretsried, Neu-Gablonz, Bubenreuth, Traunreut und Neutraubling. Alle Städte haben zwischen 10 000 und 18 000 Einwohner. Sie gelten als Mustersiedlungen in der kommunalpolitischen Landschaft Bayerns. Traunreut liegt ganz in der Nähe meiner Geburtsstadt Trostberg, keine 10 km entfernt. Als ich in Traunreut beim »Tag der Heimat« 1982 sprechen durfte, habe ich mir vorher den Friedhof angesehen. Hier künden Steine und Kreuze von der wechselvollen Geschichte der Volksdeutschen in Südeuropa, von den Schwaben aus der Batschka und aus dem Banat, den Sachsen aus Siebenbürgen, den Deutschen vom hohen Norden, aus Estland, Lettland, Litauen, den Deutschen aus Polen, Jugoslawien und Rußland. An den Kreuzen steht nicht selten »geboren in Brünn, in Reichenberg, in Neusatz, gestorben in Traunreut«. Steingewordene »Berichte« von Schicksalen, die nicht selten aus versteinerten Herzen in der Bundesrepublik verdrängt wurden.
Werden wir es denn nie schaffen, uns zu unserer Geschichte zu bekennen, zu ihren Höhen, aber auch zu ihren Tiefen? Die deutsche Geschichte hat nicht 1933 aufgehört und nicht 1945 begonnen. Wollen wir denn auch nie zugeben, daß die treuesten Söhne Deutschlands jene waren, die im Ausland, in einer ihnen nicht selten feindlich gesinnten Umgebung lebten, einer Umgebung, die sie duldete, weil sie deren Fleiß und Tüchtigkeit brauchte?
Wenn die Polen ihr Nationallied singen »Noch ist Polen nicht verloren«, so gilt das hierzulande als Ausdruck des Suchens nach nationaler Identität. Bei den Sudetendeutschen und allen Vertriebenen nennt man ein gleiches Bestreben nicht selten Revanchismus.

Die erste Strophe der polnischen Nationalhymne heißt:

> *»Noch ist Polen nicht verloren,*
> *solange wir leben.*
> *Was uns eine fremde Übermacht genommen,*
> *das nehmen wir mit dem Säbel wieder ab.«*

Und die letzte:

> *»Überschreiten wir die Weichsel,*
> *überschreiten wir die Warthe,*
> *wir werden immer Polen bleiben*
> *wie der Bonaparte uns gelehrt,*
> *so haben wir zu siegen.«*

Nicht auszudenken, wenn sich die Sudetendeutschen ähnliche Gedanken zur Rückkehr in die Heimat machten.

Die gleichen Kreise aber, die – übrigens zu Recht – hierzulande für das Selbstbestimmungsrecht der Palästinenser eintreten, mokieren sich manchmal über die Sudetendeutschen, wenn sie auf das gleiche Recht pochen. Selbstbestimmung aber ist unteilbar.

Als unentwegter Streiter für das Volksgruppenrecht hat sich neben vielen anderen besonders der Sudetendeutsche Rudolf Pietsch hervorgetan. Aber vielleicht gehört zur Bewältigung und zum Begreifen der Geschichte ein bestimmtes Alter und eine gewisse angeborene Toleranz. Dazu ein Beispiel: Vor meiner Rede in Traunreut saß mir gegenüber ein älterer weißhaariger Herr. Er war wie ich Ehrengast. Er sprach mich schmunzelnd an: »Kennen Sie mich noch?« Ich dachte angestrengt nach, mußte aber bei allem Bemühen, höflich sein zu wollen, passen. »Es ist zwar schon lange her, aber Sie haben mich sogar in Ihrem Buch erwähnt. Ich war Mitglied der Spruchkammer von Traunstein, vor der Sie vor gut 35 Jahren standen!« – Jetzt war der Groschen gefallen. Wir unterhielten uns glänzend, stellten eine weitgehende Übereinstimmung unserer Ansichten fest. Ich freute mich, diesem Mann, der trotz der damals verständlichen Wogen des Hasses und der Voreingenommenheiten so fair und anständig geblieben war, nach so vielen Jahren auch persönlich meinen Dank ausdrücken zu dürfen. Der Mann heißt Schaffner und ist heute stellvertretender Bezirkstagspräsident von Oberbayern.

Nach der Veranstaltung saß ich noch lange mit sudetendeutschen und einheimischen Freunden zusammen. Was mag der Grund sein, warum ich mich nicht nur auf sudetendeutschen Veranstaltungen, sondern auch bei ihren geselligen Zusammenkünften, ihren Bällen und Feiern so wohl fühle? Weil es hier nicht so sauertöpfisch, so bundesrepublikanisch verspannt zugeht wie in der sogenannten Society. Vielleicht wissen es gerade die Sudetendeutschen, die ein so schweres Schicksal hinter sich haben, zu schätzen, was es bedeutet, in Freiheit leben und feiern zu dürfen. Sicher haben ihre Festivitäten weniger »Glamour«. Hier gibt es keine berühmten Heroin-Heroen und abhängige Haschisch-Hascherl. Hier wird nicht der modische »dernier cri« vorgeführt, hier gleichen die Tänze weder gymnastischen Einlagen noch »Fast-Akten«, hier mag alles braver, meinetwegen biederer, dafür weit gemütlicher und menschlicher sein. Die Gratwanderer zwischen Gesellschaft und G'sellschaft mögen sich beim Anblick der sich zu Polka- und Walzerklängen drehenden Ballteilnehmer mokieren, sie vielleicht sogar als »gestrig« abtun; aber vielleicht werden sie noch erleben, daß das, was heute »gestrig« zu sein scheint, morgen schon wieder heutig und zukunftsträchtig ist.

Zweifellos ist das Wesen der Sudetendeutschen mehr vom österreichisch-habsburgischen Erbe bestimmt als von »reichsdeutschen« Einflüssen. Darum fühlen sie sich bei ihren Pfingsttreffen auch in Wien so wohl. Mittlerweile ist ja Österreich deutscher als Deutschland, gemeint ist die Bundesrepublik. In Österreich haben die Bestarbeiter in Sachen Vergangenheitsbewältigung kaum Chancen auf einen Arbeitsplatz, übersieht man den von Bundeskanzler Kreisky herzlich gemiedenen Simon Wiesenthal. Der Jude Kreisky ist zu den ehemaligen Nationalsozialisten, die ihren Glauben ganz oder fast ganz abgeschworen haben, fairer und menschlicher als die gesamte bundesdeutsche Politprominenz. Er hat aber auch keine Berührungsängste zu fürchten wie ein Bundespräsident Carstens oder der eine oder andere schwarze und rote Spitzenpolitiker. Er koalierte mit dem ehemaligen Hauptsturmführer der Waffen-SS und nachmaligen Chef der »Freiheitlichen Partei Österreichs«, dem Liberalen Friedrich Peter. Wie man hört, sollen in seiner Umgebung sogar ehemalige Offiziere der Waffen-SS Dienst tun oder getan haben. Kreisky, der vor den Nationalsozialisten fliehen mußte und Emigrant in Schweden war, weiß aus eigenem bitteren Erleben, was Flucht und Vertreibung bedeuten.

Ein halbes Menschenalter liegt inzwischen die Vertreibung zurück. Auch viele Tschechen bedauern mittlerweile, daß man nicht mehr von einem sudetendeutschen »Musterländle« sprechen und es vorzeigen kann. Aber hier hat die Vertreibung bei den Deutschen so viele Narben hinterlassen, daß an ein unbefangenes Zusammenleben zwischen Deutschen und Tschechen auf absehbare Zeit nicht zu denken ist. Aber auch Tschechen haben böse Erinnerungen an die Okkupationszeit.

Ich habe öfter die ehemals sudetendeutschen Gebiete besucht. Überall finden sich Zeichen des Verfalls, einer organisierten Zerstörung der kulturellen Vergangenheit unserer Landsleute. Aus blühenden Dörfern mit schmucken Häusern und Kirchen sind sozialistische Wohnsiedlungen ohne Charakter geworden, zu denen die manchmal schlecht bestellten Felder »passen«. Die zurückgebliebenen Sudetendeutschen wirken noch immer eingeschüchtert. Sie sprechen ungern Deutsch, wenn Tschechen in der Nähe sind. In letzter Zeit entdecken allerdings auch die Tschechen wieder »ihre Sudetendeutschen« – Naši Nemci –, wie sie einmal von oben herab sagten. Sie bemühen sich, den Sudetendeutschen mehr Rechte einzuräumen; dies in der pragmatischen Erkenntnis, daß ein kranker Gaul die Staatskarosse nicht aus dem Dreck ziehen kann.

Wenn man an die vergangenen Jahre zurückdenkt, so kommen einem Goethes Verse aus dem »Faust« in den Sinn: »Vernunft wird Unsinn, Wohltat Plage; weh' Dir, daß Du ein Enkel bist! Vom Rechte, das mit uns geboren ist, von dem ist, leider nie die Frage.«

193

Zum Verhältnis Sudetendeutsche und Tschechen noch eine persönliche Anmerkung: Erstaunlicherweise hat sich nach Erscheinen meines Buches folgende, eigentlich fast groteske Situation ergeben. Neben Sudetendeutschen zählen Tschechen zu meinen Freunden. Sie haben mich auch, trotz anderer politischer Auffassungen, gegen Angriffe in Schutz genommen. Zu meinen Freunden gehört vor allem Jiři Pelikan, der ehemalige Präsident des Kommunistischen Weltjugendverbandes, spätere Generaldirektor des Tschechoslowakischen Fernsehens, der als Anhänger des »Prager Frühlings« in Schwierigkeiten geriet, nach Italien emigrierte und heute als Abgeordneter der Sozialistischen Partei Italiens im Straßburger Europaparlament sitzt. Als mein Buch von Ignoranten auf den Index gebracht werden sollte, trat Pelikan für mich ein. Er schrieb:

»Ich habe das Buch ›Ich war dabei‹ von Franz Schönhuber sowie die kontroversen Kritiken des Buches mit Interesse gelesen, und zwar aus zwei Gründen: Ich kannte Herrn Franz Schönhuber als Journalisten des Bayerischen Rundfunks aus der Zeit vor 1968, als ich Generaldirektor des Tschechoslowakischen Fernsehens war und Franz Schönhuber mit seinen Programmen zur Zusammenarbeit zwischen der ČSSR und der Bundesrepublik beigetragen hat. Zweitens auch deshalb, weil ich selbst ›dabei‹ war, daß heißt am Zweiten Weltkrieg teilgenommen hatte, und zwar als Mitglied der illegalen KPTsch und des tschechoslowakischen Widerstandes, also auf der ›anderen‹ Seite der Front als Franz Schönhuber.

In vielen Sachen habe ich natürlich eine andere Meinung als der Autor des Buches, weil ich Abgeordneter der Sozialistischen Partei und Chefredakteur der Zeitschrift der tschechoslowakischen sozialistischen Opposition (Listy) bin, und vor allem, weil ich die Erlebnisse des Zweiten Weltkrieges ganz anders erlebt habe (ich selbst wurde zusammen mit meinem Bruder im April 1940 von der Gestapo verhaftet, und als ich im Jahre 1941 floh, wurden meine Eltern im Jahre 1942 von der Gestapo als Geiseln verhaftet

und meine Mutter kehrte nie wieder aus dem Konzentrationsla-
ger zurück). Aber desto interessanter fand ich das Buch als einen
Beitrag, die Mentalität eines Teil der deutschen Jugend und des
deutschen Volkes in der Zeit der Hitler-Diktatur und des Zweiten
Weltkrieges zu verstehen und als ehrliche Aussage ohne Mythos
oder propagandistische Klischees.
Ich kann nicht mit den Kritikern des Buches einverstanden sein,
die behaupten, daß das Buch den Krieg verherrlicht und daß es
sogar rassistisch ist. Im Gegenteil, ich bin der Meinung, daß Franz
Schönhuber, aufgrund bitterer Erfahrungen, den Leser zur Ver-
söhnung zwischen den Völkern auffordert. Man kann und soll
mit dem Buch polemisieren (mit dem Autor), aber man soll das
Buch nicht tabuisieren und einer wahren Debatte über diese Pro-
bleme ausweichen. In diesem Sinne ist das Buch ›Ich war dabei‹
nützlich zum Studium der Vergangenheit des deutschen Volkes
und des nationalsozialistischen Deutschlands.«

Freundschaftliche Hilfe bot mir auch ein Tscheche an, der auf der
rechten Seite des politischen Spektrums steht, der Schachgroß-
meister und konservative Politiker Ludek Pachmann. Auch er
saß in einem nationalsozialistischen Gefängnis und später in
einem kommunistischen.
Gern und oft war ich später in Prag, ließ mich einfangen von dem
unvergleichlichen Zauber dieser Stadt, wo das Leben so beschau-
lich, ja träge dahinfließt wie die Wasser der Moldau. Ich liebte die
schattigen Biergärten und die mit prallen Typen dargebotenen
Volksschwänke in den Bierlokalen, die meistens die k.u.k.-Zeit
wiederaufleben lassen. Mich beeindruckten die kleinen, aber
künstlerisch besonders hochstehenden Theater, vor allem das
»Schwarze Theater«. In dieser Stadt hat man sich auch die Oasen
der Gemütlichkeit weit stärker bewahrt als beispielsweise in meiner Heimatstadt München, wo die Pranken beutegieriger Baulö-
wen der weiß-blauen Metropole schmerzlich sichtbare Narben
schlugen.
Wenn ich an lauen Sommerabenden am Ufer der Moldau saß,

konnte ich mir nie so recht vorstellen, daß dieser ruhige, träge Fluß bei Hochwasser zu einem reißenden, bedrohlichen Strom werden kann. Genauso erging es mir bei den Menschen. Wenn ich sie in ihrer behäbig-verbindlichen Art beobachtete, wollte es nicht in meinen Kopf, daß einige unter ihnen in den Maitagen des Jahres 1945 zu reißenden Bestien geworden waren. Aber diese Maitage in Prag und die nicht wenigen Schauplätze deutscher und alliierter Untaten beweisen, daß es in jedem Volk einen gewissen Bodensatz pöbelhafter Grausamkeit und intellektueller Versteinerung gibt, der zu bestimmten Zeiten und unter bestimmten Voraussetzungen alle menschlichen Empfindungen außer Kraft setzt. Hoffen wir, daß »hüben wie drüben« nie mehr solche Nährböden entstehen.

22.
»Gut schwäbisch alle Wege«
oder die Ungarndeutschen

Neben den Sudetendeutschen hatte ich die stärksten Verbindungen zu den Ungarndeutschen, zu den Schwaben. Ich mag ihre verbindliche Art, zu der mit Sicherheit die jahrhundertelange Nachbarschaft zu den Ungarn etwas beigetragen haben mag. Aber auch die Schwaben haben es nicht immer leicht mit dem gastgebenden Volk gehabt. Gerade die sonst so charmanten und liebenswürdigen Ungarn kannten in ihren Magyarisierungsbestrebungen keinen Spaß. Die rumänischen, slowakischen und deutschen Minderheiten bekamen dies schmerzlich zu spüren. Die Ungarn haben wie ihre bevorzugten Freunde, die Polen, ein besonders hochfahrendes Nationalgefühl. Wie hieß es doch einst, lange vor dem Zweiten Weltkrieg: »Extra hungariam non est vita, si est vita, non est ita.« (»Außerhalb Ungarns ist kein Leben, und wenn es eines gibt, dann ist es nicht wie in Ungarn.«) Gemeint ist ein nicht so schönes.

Zwar respektierte man wie in anderen Ländern die Angehörigen der deutschen Volksgruppe als fleißige, verläßliche und tüchtige Menschen, machte sich aber gleichzeitig über ihre Tüchtigkeit und – wie das die Ungarn gerne taten – ihre Schwerfälligkeit lustig. Mit Ausnahme der uns eher geneigten Kroaten und Slowaken handelten wohl alle Gastvölker, die Tschechen wie die Polen, Serben und Rumänen nach der Devise: Man muß sie nicht lieben, »unsere Deutschen«, aber man darf sie schätzen und von ihnen profitieren. Aus diesem Grunde ist es auch verständlich, daß der Großteil der Vertriebenen den Emigranten aus den Ostblockstaaten, die also mehr oder weniger freiwillig nach dem Westen und in die Bundesrepublik gekommen sind, keine übertriebene Sympathien entgegenbringt. Schlechte Erfahrungen wirken da noch nach. ›Radio Freies Europa‹ wurde und wird von vielen Vertriebenen als im Grunde antideutscher Sender angesehen, was er bis zu einem gewissen Grade war und teilweise auch noch ist. Die polnische Abteilung – ich schätze sie sonst sehr – denkt beispielsweise in der Frage der Oder-Neiße-Gebiete nicht anders als die heutige kommunistische Regierung. Aber es ist hervorzuheben, daß die Ungarn ziemlich die ersten waren, die den geflohenen Volksdeutschen die Erlaubnis zum Besuch der alten Heimat gaben. Gerade bei den Schwaben aus der Batschka ist der familiäre Zusammenhalt besonders groß und so rollten die sogenannten »Speckzüge« bald in großer Zahl nach Ungarn. Die »reichen Verwandten« aus dem Westen, die es kraft ihrer Tüchtigkeit und ihres Fleißes hierzulande zu etwas gebracht hatten, halfen ihren Angehörigen im Osten so gut es ging. Im übrigen sind die Ungarn heute froh, daß sie nicht dem tschechischen und polnischen Austreibungsbeispiel gefolgt sind und die Volksdeutschen deshalb nur in zahlenmäßig weit kleinerem Ausmaß ihre Heimat verlassen mußten. Die deutsche Volksgruppe in Ungarn wird auch von der kommunistischen Regierung als stabiles Ordnungselement angesehen, auf das man gerade in schwierigen Zeiten nicht verzichten kann und will.

Am Rande sei erwähnt, daß zwei bedeutende Ungarn, die in der Nachkriegszeit eine Rolle spielten, eigentlich deutscher, das heißt schwäbischer bzw. sächsischer Herkunft waren: Der lange eingekerkerte und inzwischen verstorbene Fürstprimas Mindszenty, dessen ursprünglicher Name Pehm magyarisiert wurde, und der berühmte Kommunistenführer und Spanienkämpfer Laszlo Rajk, der von seinem Nebenbuhler um die Macht, Rakosi, zur Strecke gebracht und gehängt wurde. Er hieß noch in seiner Jugend ›Reich‹. Er stammte aus Siebenbürgen. Einer seiner Brüder stand übrigens auf der anderen Seite. Er war ein führender ungarischer Faschist.

Über das Schicksal der Vertriebenen aus Polen weiß ich aus eigener Anschauung weniger. Aber in diesem Zusammenhang darf ich auf eine Unterlassung hinweisen, die mir in »Ich war dabei« unterlaufen ist. Ich sprach damals im Zusammenhang mit meiner Ausbildungszeit in Arys (Masuren) von einer Freundin, die »Wasserpolackin« gewesen sei. Ich vergaß zu erwähnen, daß ihre Familie eigentlich aus Ostoberschlesien stammte, wo im ländlichen Raum um Gleiwitz und Beuthen beispielsweise noch »wasserpolnisch« gesprochen wurde. Allerdings waren auch in der masurischen Mundart polnische Elemente enthalten. Ein hervorragender Kenner der Verhältnisse schrieb mir zu diesem Volk:

»Die Masuren, die zum großen Teil evangelisch sind, wurden von den Polen nach 1945 fast restlos vertrieben. Ich habe dort 1978 nur eine Handvoll alter Masuren in den mir seit 1923 bis 1927 bekannten Orten angetroffen. Bei der Abstimmung im Jahre 1920 stimmten sie zu 97,5 % für Deutschland. Das haben ihnen die Polen bis heute nicht vergessen ... Sie haben die Masuren eines großen Teils der ihnen verbliebenen Kirchen beraubt ...«

Mir ist dieser Nachtrag eine Ehrensache, habe ich doch dieses wunderschöne Land und seine Bewohner bis heute in bester Erinnerung. Außerdem hat der selbst aus Masuren stammende Siegfried Lenz recht, wenn er dem Sinne nach schrieb, das deutsche Wort Treue ließe sich am überzeugensten auf masurisch aussprechen.

Aber kaum ein anderes Wort deutscher Sprache hat eine solche Wertminderung erfahren wie das Wort Treue. Heute werden Menschen verspottet, verlacht oder totgeschwiegen, die man gestern noch hoch verehrte. Treue zu den ehemaligen Kameraden unter Berücksichtigung des Satzes »Wo das Verbrechen beginnt, hört die Kameradschaft auf« gilt als gestrig.

23.
Versöhnung – der Fall Hess

Mit dem Thema Patriotismus ist zu verbinden der Begriff soldatische Ehre. Dazu möchte ich in diesem Kapitel eine Geschichte erzählen, die mich mit Trauer und hinsichtlich der Bewältigung der Zukunft mit tiefem Pessimismus erfüllt. Diese wahre Geschichte begann in den letzten Tagen des Krieges und findet ihre Fortsetzung in der Gegenwart. Zur Kriegshandlung zunächst ein Zeuge von der »anderen Seite«, der amerikanische Oberst der Infanterie, Wallace R. Cheves, damals 1945 Kommandeur eines amerikanischen Bataillons, das beim Ort Wingen sur Moder/Elsaß auf erbitterten Widerstand der Deutschen stieß:

»Die Gebirgs-Division Nord hielt im Keller der Kirche ca. 250 amerikanische Soldaten, darunter einige Offiziere, gefangen, die nach zwei Tagen härtester Kämpfe durch mein Bataillon befreit werden konnten. Diesen Gefangenen ist kein Leid geschehen und sie wurden im Einklang mit der Genfer Konvention behandelt. Unsere Krankenwagen wurden nicht beschossen, wenn sie sich teilweise bis auf 100 m der Sicht des Gegners näherten, um Verwundete zu bergen. Unsere verwundeten Soldaten in Gefangenschaft wurden von den Ärzten der Geb.Div. Nord in höchst beispielhafter Weise behandelt. Die Geb.Div. Nord nahm auch amerikanische Offiziere mit auf den Rückzug, erlaubte ihnen aber einige Stunden später, zurückzubleiben, ohne auf sie zu schießen...«

Die Division, die hier angesprochen wurde, war eine Division der Waffen-SS.

Durch Zufall trafen sich viele Jahre später einige Angehörige der deutschen und der amerikanischen Einheit, die sich damals gegenüberlagen. Aus diesem privaten Treffen wurde ein Traditionstreffen, mit gegenseitigen Besuchen in Deutschland und den USA. Man ehrte gemeinsam die Gefallenen der Gebirgs-Division Nord und ihres einstigen Gegners, der 70th US-Infantery-Division »Trailblazer« (Bahnbrecher). Soldaten von »hüben und drüben«, die anständig gekämpft hatten, bekundeten gegenseitig ihren Respekt, betonten ihre Verbundenheit und brachten den festen Willen zum Ausdruck, alles zu tun, damit es nie mehr zu kriegerischen Auseinandersetzungen zwischen ihren Völkern komme.

Da schlug 1977 die Stunde des berühmt-berüchtigten amerikanischen Kolumnisten Jack Anderson, dessen Methoden der Wahrheitsfindung auch in journalistischen Kreisen nicht unumstritten sind. In einer in ganz Amerika erschienenen Kolumne sprach er von einer »makabren Reunion«. Er beklagte dabei, daß diese mit Wissen des US-Oberkommandos in Europa und im Beisein des Brigade-Generals Theodore Mataxis stattgefunden habe. Wörtlich schrieb er:

»Doch uniformierte Angehörige der Achten amerikanischen Infanteriedivision tönten Trauermusik, als Veteranen der 70. amerikanischen Division Kränze an den Gräbern der toten SS-Truppen in der Nähe von Buchholz (Westdeutschland) am 26. September niederlegten. Und ein amerikanischer Militärpfarrer, ob Sie es glauben wollen oder nicht, sprach über den Gräbern ein Gebet.«

Der unversöhnliche Haß, der nicht einmal vor den Toten haltmacht, drückt sich im letzten Satz aus. Dazu muß man wissen, daß Jack Anderson, wie es sein deutscher Kollege und Freund Dagobert Lindlau einmal ausdrückte, »tief religiös« ist und sich, wie in einem Fernsehfilm der ARD zu sehen war, als Sonntagsprediger betätigt.

Ich frage Sie, meine Leser, wo liegt das Verwerfliche dieses Treffens? Da haben auf der deutschen Seite Soldaten anständig gekämpft, unter schwierigen Umständen das Leben ihrer Gegner nicht nur geschont, sondern sie über die Genfer Konvention hinausgehend human behandelt (Freilassung der 8 amerikanischen Offiziere), und jetzt treffen sich die Kämpfer von einst wieder und beschließen, ihre Toten zu ehren. Man kann dies Solidarität der Kämpfer nennen.

Nun, Jack Anderson ist kein deutsches Problem. Er ist Amerikaner. In unserem Lande dagegen haben wir es mit den kleinen Andersons zu tun, deren es genug gibt.

Zum Thema Versöhnung darf ich jungen Menschen – auch wenn sie mich auslachen – ein Gedicht ans Herz legen. Es stammt von Heinrich Lersch, einem Arbeiter-Dichter, und heißt »Brüder«:

»Es lag schon lang ein Toter vor unserm Drahtverhau,
die Sonne auf ihn glühte, ihn kühlte Wind und Tau.
Ich sah ihn alle Tage in sein Gesicht hinein,
und immer fühlt ich's fester: Es muß Dein Bruder sein.
Ich sah ihn alle Stunden, wie er so vor mir lag,
und hörte seine Stimme aus frohem Friedenstag.
Oft in der Nacht ein Weinen, das aus dem Schlaf mich trieb.
Mein Bruder, lieber Bruder – hast Du mich nicht mehr lieb?
Bis ich, trotz aller Kugeln, zur Nacht mich ihm genaht
und ihn geholt. – Begraben: ein fremder Kamerad.
Es irrten meine Augen. – Mein Herz, Du irrst Dich nicht.
Es hat ein jeder Toter des Bruders Angesicht.«

Wie sagte Friedrich Franz von Unruh in ›Ermutigung – ein Appell an die Deutschen‹: »Selten wohl hat ein Volk seine tapferen Söhne derart im Stich gelassen, selten sich selbst so verraten.« Was müssen eigentlich die Eltern, Geschwister oder Witwen gefallener deutscher Soldaten denken, wenn sie in Hausfluren lesen: »Deutschland verrecke!«?

Zur geistigen Verfassung der Bundesrepublik schrieb der bekannte russische Dissident und Schriftsteller Alexander Sinowjew zum Jahreswechsel 1982/83 in ›Le Figaro‹ unter der Überschrift »La Crise de l'Occident – l'Idéologie de la culpabilité« (Die Krise des Westens – Die Ideologie der Schuld):

»Dies ist für mich das seltsamste und schrecklichste Phänomen
von allem, was ich im Westen feststellen konnte: Die Deutschen

selbst wünschen nicht, daß man ihnen ihre Verbrechen verzeiht ...
Die Deutschen haben alle Vorteile der Ideologie der Schuld ge-
nossen. Sie leiten daraus ab, daß für alles, was heute in ihrem
Leben geschieht, sie nicht verantwortlich sind. Dies gilt insbeson-
dere für die Berechtigung des Gefühls, daß sie für das Schicksal ih-
res Volkes und ihres Landes vor der Geschichte keine Verantwor-
tung mehr haben. Die Deutschen wollen nicht mehr – um einen
Ausdruck von Hegel aufzunehmen – ein geschichtliches Leben
führen. Sie haben die königlichen Wege der Geschichte verlassen
und kosten die Reize der geschichtlichen Zweitklassigkeit.«

Zur geistigen und charakterlichen Zweitklassigkeit eine zeitgemäße Anmerkung: Am Tage, als ich von den Angriffen des Ame-
rikaners Jack Anderson und der Nürnberger Sozialdemokraten
hörte, sah ich im Fernsehen folgende Szene: Die Abgeordneten
des Deutschen Bundestages erhoben sich bei der Bekanntgabe
des Todes von Breschnew zum Zeichen ihres Respektes und ihrer
Trauer von ihren Sitzen. Breschnew war ein gelehriger Schüler
Stalins. Zynisch könnte man sagen: ›Bei Breschnew standen sie
auf, den Hess aber läßt alle Welt weiter sitzen!‹ Und damit komme ich zu der vielleicht interessantesten, sicher aber wichtigsten
Begegnung. Es handelt sich nicht um einen Ehemaligen, sondern
um den Sohn eines Ehemaligen: Wolf Rüdiger Hess.
Ich treffe den vierzigjährigen Bauingenieur im Franziskaner:
»Ich geh' gern bayrisch essen«, sagte er mir noch, als wir einen
Termin vereinbaren. Er kommt pünktlich, ein stattlicher, sehr
bayrisch wirkender Mann. Ich bin überrascht, kaum eine Ähnlichkeit mit dem Vater ist zu bemerken: »Ich bin im Wesen eher
meine Mutter«, meint er im Verlaufe unseres Gesprächs, »impul-
siv, während mein Vater wohl mehr der Typ eines introvertierten
Mannes ist.«
Man sieht ihm den Sportler an. Er war zweimal Allgäuer Jugend-
meister im Abfahrtslauf und somit auf dem Sprung zur deutschen
Spitzenklasse. Aber der Hess-Sohn entschied sich für den Beruf
und für seine Familie.

Man spürt seine tiefe Liebe zum fernen Vater, aber er macht sich nichts vor. Er ist ein realistisch denkender Mann.

Wir sind uns einig, daß der Nationalsozialismus tot ist, nicht mehr zum Leben erweckt werden kann und darf. Wir sind uns auch darin einig, daß der Fall Hess nicht nur humanitäre Aspekte, sondern vor allem historische hat. Inzwischen kann man fast mit Sicherheit davon ausgehen, daß Hess im Auftrag Hitlers 1941 nach England geflogen ist, um dem »Brudermord« ein Ende zu bereiten. Der Beweis für diese These wird zwar noch einige Zeit auf sich warten lassen, da die englischen Archive erst im nächsten Jahrhundert zugänglich sein werden. Aber man wird dahinterkommen, daß es damals in England selbst zwei Gruppierungen gab: eine, die für die Aufnahme von Verhandlungen, die andere dagegen war, und daß sich endlich die intransigente Clique um Churchill durchsetzte. Ein alttestamentarischer, menschlich begreifbarer Haß gab gegen Hess und gegen seine Mission mit den Ausschlag. Und damit, so meinen noch heute manche Historiker, – auch gegen die politische Vernunft. Wird aber die These von der offiziellen Mission endgültig und unwiderlegbar bestätigt, brächte dies das bisher gültige Bild von Schuld und Sühne, von Ursache und Wirkung durcheinander. Dies scheint man in England zu befürchten. Was für einen Grund hätten sonst die Engländer, von der bisher allgemeingültigen Übung abzugehen, nämlich 30 bis 50 Jahre nach einem historischen Ereignis die damit zusammenhängenden Akten freizugeben? Die Sperrfrist wurde erst kürzlich bis zum Jahr 2017 verlängert. Aus diesen Gründen soll Hess weiter die Isolationsfolter ertragen müssen und soll im Gefängnis sterben. Die historische Wahrheit aber wird man auf Dauer auch mit diesem Akt mittelalterlicher Barbarei nicht verhindern können.

Wie lebt Rudolf Hess in Spandau? Das Komitee »Laßt Hess frei« hat sein Gefängnisdasein beschrieben:

»Er wird in einem gigantischen Gefängnis festgehalten: Im Alliierten Militärgefängnis Berlin-Spandau. Um ihn herum Hunder-

te verlassener Gefängniszellen. Seine Zelle mißt 2,50 m mal 2,30 m. Er hat eine Pritsche mit Strohsack, einen Tisch, einen Stuhl, sonst nichts. Sein Tagesablauf ist genau reglementiert: vom Aufstehen um sechs Uhr bis zum »Licht aus« um 22 Uhr. Gefängnisputzen muß der alte Mann laut Gefängnisvorschrift genauso wie Wäschewaschen. Er darf einmal in der Woche ein Bad nehmen. Er darf einen Familienangehörigen eine Stunde im Monat unter strenger Bewachung sehen. Er darf jede Woche einen Brief von 13 000 Worten von seiner Familie empfangen und einen gleichlangen Brief schreiben. Die Briefe werden zensiert. Einmal in der Woche erhält er eine Stunde Besuch vom französischen Militärpfarrer. Die übrige Zeit ist er völlig allein. Er hat keine Gesprächspartner, keine Gemeinschaftsveranstaltungen, keine sonstige Abwechslung. Er hat nur seine vier zensierten Bücher, die pro Monat zugelassen sind. Rudolf Hess ist der einsamste Mann der Welt ...«

Wenn ich an Rudolf Hess denke, fällt mir Verçingetorix ein. Ihn ließ Cäsar nach seinem Sieg über die Gallier im Triumphzug und in Ketten über die Alpen treiben und nach acht Jahren Gefangenschaft in einem Kerkerloch von einem nubischen Sklaven erdrosseln. Hess erdrosselt man – und dies seit 41 Jahren! – seelisch. Mit welchem Recht, außer dem des Siegers? In Nürnberg schuf man 1945 für ihn ein neues »Gesetz«: »Verbrechen gegen den Frieden«. Dieses »Gesetz« gab es vor Nürnberg nicht; es wurde nach Nürnberg nicht ein einziges Mal mehr angewandt. Gelegenheit dazu hätte es nicht wenige gegeben, von Vietnam über Afghanistan bis zu Beirut!
Eine besondere seelische Grausamkeit besteht auch darin, daß die Familienbesuche unter unwürdigen Bedingungen verlaufen: Bei jedem Besuch sind die vier perfekt deutschsprechenden Direktoren dabei. Es darf kein politisches Wort gewechselt werden. Geht die Besuchszeit zu Ende, so zählt der Posten wie ein Ringrichter bei einem Boxkampf: »Noch fünf Minuten, noch vier Minuten, noch drei Minuten, noch zwei Minuten, noch eine Minute... aus!«

Seit 42 Jahren in Haft

Seit 17 Jahren in Einzelhaft

Aber nicht nur Wolf Rüdiger Hess, sondern alle politisch interessierten Menschen der Welt würden gerne wissen, wie Hess
heute über den Nationalsozialismus denkt. Sein Sohn erzählte
mir, daß sein Vater geistig durchaus noch rüstig ist, daß er nie
verrückt war, sondern in Nürnberg sich nur verrückt gab, um
einerseits dieses unwürdige Theater nicht mitmachen zu müssen
und – dies aber ist eine Vermutung – weil auch er keine Antwort
auf jene nationalsozialistischen Verbrechen fand, die erst nach
seinem England-Flug begannen. Fest steht, daß Hess unter den
braunen Machthabern den Typ des Idealisten verkörperte. Man
nannte ihn »das Gewissen der Partei«. Diesen Ausdruck hörte
ich auch von meinem Vater. Fest steht, daß unmittelbar nach der
Machtübernahme Rudolf Hess versucht hatte, Exzesse und
Übergriffe von Nationalsozialisten gegen Andersdenkende zu
verhindern. Am 1. November 1933 gab er folgende Verfügung
heraus:

207

»Gegner des Nationalsozialismus versuchen da und dort, den starken Eindruck, den die große Disziplin der nationalsozialistischen Revolution hinterlassen hat, dadurch abzuschwächen, daß sie durch Provokateure Nationalsozialisten zu Übertretungen oder sonstigen Handlungen verleiten, die Mißstimmung in der Öffentlichkeit erzeugen sollen. Um den Provokateuren das Handwerk zu legen, werden künftig durch Nationalsozialisten begangene Gesetzesübertretungen unabhängig von Geldstrafen noch strenger als bisher durch Parteistrafen geahndet.*

Das Bild der nationalsozialistischen Revolution, das Werk der alten Kämpfer, soll nicht durch Verfehlungen und Taktlosigkeiten Übereifriger getrübt werden, die großenteils sich erst in jüngster Zeit zum Nationalsozialismus gesellten.

Demgemäß wird ausdrücklich jede Anwendung kleinlicher Schikanen untersagt. Dies bezieht sich auch auf den Versuch, bei der Hissung von Fahnen oder bei der Anwendung des ›Deutschen Grußes‹, außerhalb offizieller Veranstaltungen gegenüber Nicht-Parteigenossen einen Druck auszuüben ...

Schon vorher, am 13. Oktober 1933, hatte Hess versucht, auch auf religiösem Gebiet Scharfmacher in die Schranken zu weisen:

»Im Anschluß an die Erklärung des Reichsbischofs Müller, wonach keinem Pfarrer Schaden dadurch erwächst, daß er nicht der Glaubensbewegung der ›Deutschen Christen‹ angehört, verfüge ich:

Kein Nationalsozialist darf irgendwie benachteiligt werden, weil er sich nicht zu einer bestimmten Glaubensrichtung oder Konfession oder weil er sich zu überhaupt keiner Konfession bekennt. Der Glaube ist eines jeden eigenste Angelegenheit, die er nur vor seinem Gewissen zu verantworten hat. Gewissenszwang darf nie ausgeübt werden.«

Zweierlei ist hier bemerkenswert. Auch in der Verfügung von Hess zum 1. November 1933 kommt das in der Partei weit verbreitete Mißtrauen gegen die »Märzenveilchen« zum Ausdruck, also gegen die Opportunisten, die noch rechtzeitig auf den Wagen der Sieger aufspringen wollten. Sie gebärdeten sich in der Tat häufig päpstlicher als der Papst. Zum anderen: Wenn sich Hess auch noch 1933 guten Glaubens gegen den Gewissenszwang ausgesprochen hat, die fatale Entwicklung zur totalen Gleichschaltung, zur Meinungsdiktatur, die in den folgenden Jahren immer stärker wurde, konnte er nicht verhindern.

Was Hess nicht hatte, war Durchsetzungsvermögen. Deshalb ging sein Einfluß in dem Augenblick zurück, als die Nationalsozialisten ihre Macht mehr und mehr festigten. Der Condottiere unter den Nationalsozialisten, Hermann Göring, und der pedantische Buchhalter der Macht, Heinrich Himmler, zogen an ihm vorbei. Der Mann, der wie die typologische Vollendung eines aggressiven und glänzend formulierenden linken Intellektuellen galt, Joseph Goebbels, stellte ihn in den Schatten. Die Revolution begann ihre Kinder zu fressen: Gregor Strasser und Ernst Röhm. Hess dagegen wurde mehr und mehr zu einer Repräsentationsfigur. Sein diabolischer Stellvertreter Martin Bormann fand bald unter Umgehung seines Vorgesetzten einen direkten Draht zu Hitler. Aber fallen ließ Hitler seinen offiziellen Stellvertreter Hess nie. Auch nach dem Englandflug hielt er seine schützende Hand über die Familie Hess. Bezeichnenderweise war es zunächst der Hess-Stellvertreter Bormann, der die Familie zu drangsalieren versuchte. Das haben in der Regel typische Stellvertreter so an sich. Hitler wies jedoch Bormann in die Schranken. Im übrigen konnte sich die resolute, aus einem dickköpfigen niedersächsischen Bauerngeschlecht stammende Ilse Hess durchaus selbst helfen. So rief sie einmal Heinrich Himmler an und sagte zu ihm: »Wenn Sie schon glauben, Sie müßten mich telefonisch überwachen lassen, dann machen Sie es doch wenigstens technisch so perfekt, daß es nicht dauernd in der Leitung knackt. «

Am Schluß unserer langen Unterhaltung meinte Wolf Rüdiger Hess noch: »Man soll hierzulande endlich mit der Legende aufhören, daß es immer die ›bösen Russen‹ wären, die meinen Vater drangsalierten. Wie die anderen auch behandeln sie meinen Vater innerhalb der barbarischen Gefängnisordnung durchaus korrekt und mit einem sehr sorgsam verborgengehaltenen, aber spürbaren Respekt. Wenn die Westmächte die Freilassung meines Vaters ernsthaft wünschten, wäre sie realisierbar.«

Das Verhalten der Siegermächte aber ist nicht nur inhuman, es ist auch politisch dumm. Stirbt Hess in Spandau, wird dort seinem dornenreichen Märtyrer-Dasein die Krone aufgesetzt.

Von all den prominenten Persönlichkeiten in- und außerhalb der Bundesrepublik, die sich für Hess eingesetzt haben, imponierte mir besonders Prof. Dr. Hans Joachim Schoeps, Erlangen. Er war in seiner Jugend einer derjenigen deutschen Juden, die auch im Deutschland nach der Machtübernahme den Kopf hoch trugen, nicht kuschten und gegenüber den Nationalsozialisten ihren Stolz auf das Judentum bekundeten. Für ihn war es alles andere als eine Selbstverständlichkeit, für einen Mann einzutreten, der an führender Stelle eines Regimes stand, das schon damals die Juden zu quälen begann.

»Von der Parteien Gunst und Haß verzerrt, schwankt sein Bildnis in der Geschichte.« Der Haß hat sich genug ausgetobt. Es ist an der Zeit, daß wir von Hess ein vorurteilsfreies und historisch genaueres Bild zeichnen. Dies hat erstaunlicherweise einer der Größen des »Dritten Reiches« versucht, der nach dem Krieg zum Kronzeugen der anderen Seite geworden war: Albert Speer. Er sagte zu Ilse und Wolf-Rüdiger Hess: »Ich glaube nicht, daß ich in der Geschichte einen bedeutungsvollen Platz einnehmen werde, im Gegensatz zu Hess, der bereits heute einen hohen Rang in der Geschichte gefunden hat.« Er ist und bleibt eine geschichtliche Figur, die zur Auseinandersetzung zwingt. Hier werden sich die Geister scheiden. Aber anders als bei Streicher, Himmler oder Kaltenbrunner muß sich kein Deutscher beim Anblick des Bildes von Hess schämen. An dieser Stelle sei seines Verteidigers Dr. Alfred Seidl gedacht, der auch heute noch unentwegt für seine Freilassung kämpft.

Bei allen meinen Diskussionen forderte ich die Freilassung von

Hess. Fast alle Versammlungsteilnehmer stimmten zu. Aber ich habe noch den Satz im Ohr, der aus einer Gruppe brutaler und fanatischer Jugendlicher kam:»Der soll doch im Gefängnis verrecken und Sie könnten ihm dabei Gesellschaft leisten.« Den gleichen Typen aber funkeln die Augen vor Entrüstung, wenn sie über »Amnesty International« erfahren, daß ein südamerikanischer linker Revolutionär schon seit ein paar Monaten sitzt. Ich hielt's mit der Bibel:»Sie wissen nicht, was sie tun.« Aber man soll solche Typen nicht Linke nennen. Sie sind Ultras und Chaoten. Auf der linken Seite des politischen Spektrums haben sich auch Helmut Schmidt und Willy Brandt für Hess eingesetzt.

Ich habe Willy Brandt auch als dramaturgischen Übergang zum nächsten Teil dieses Buches angeführt. Er steht für eine andere Zeit, man kann auch sagen, für eine andere Epoche, einen anderen Stil.

Klaus Harpprecht fragte 1970 in »Portrait und Selbstportrait im Palais Schaumburg« den zum Kanzler gewählten Willy Brandt: »Hat es eine gewisse Logik, daß nach dem Kanzler Konrad Adenauer, der ein Mann der inneren Emigration war, jetzt nach zwei Jahrzehnten ein Mann der äußeren Emigration Deutschland repräsentieren kann?« Willy Brandt:»Ich habe es in der Wahlnacht gesagt und ich wiederhole es: ›Jetzt hat Hitler endgültig den Krieg verloren.‹«

Dieser Satz ist böse. Er wird auch fortlaufend Böses produzieren. Er beinhaltet, daß bis zur Kanzlerschaft von Willy Brandt der Schatten Hitlers über die Bonner Szene gegeistert habe.

Aber die Zeit, in der der gewaltige Atem Shakespeares durch die dramatischen geschichtlichen Ereignisse blies, Schurken und Helden von fast übermenschlichem Maß die Bühne beherrschten, ist abgelöst worden von einer eher provinziellen Guckkastenbühne, die keine weltbewegenden Dramen mehr zuläßt. Der schon erwähnte russische Dissident Sinowjew schrieb:

Die große historische Rolle Deutschlands ist zu Ende. Es war eine grandiose, schreckliche, tragische Rolle, aber es hat aufgehört, sie zu spielen. Es gibt kein deutsches Nationalgefühl mehr. Die deutsche Nation existiert nur noch dem Anschein nach, formell.«

Es besteht die Gefahr, daß Sinowjew recht behält. Jedenfalls will ich diesen Aspekt berücksichtigen. Deshalb ist im zweiten Teil dieses Buches weniger von Geschichte die Rede, sondern von Geschichten. Diese machen vor allem jene Zeitgenossen und Politiker, die Angst haben, von der Geschichte eingeholt zu werden und sie deshalb pausenlos verdrängen. Diese Verdrängung entspricht dem Zeitgeist. Die Menschen wollen nichts mehr wissen von Blut und Tränen. Wer könnte das nicht verstehen? Genieße das Leben, heißt das Gebot der Stunde. Arthur Schnitzlers ewiger »Reigen« dreht sich im Schatten der Atombombe immer hektischer. Wer weiß, wann aus dem »Reigen« ein Totentanz wird? Ich habe lange genug mitgetanzt. In den Medien und auf den rutschigen Brettern der politischen bayerischen Landesbühne. Die Partner wechselten, das Stück blieb das gleiche. Nicht immer schätzte ich die Schritte meiner Partner richtig ein, bemerkte nicht die Fallen und Fußangeln.

Im folgendem möchte ich Sie nun, verehrte Leser, einen Blick hinter die Kulissen des bayerischen Komödienstadels samt bundesweiter Gastspiele werfen lassen. Dabei sollen die verschiedenen politischen und gesellschaftlichen Ensembles vorgestellt werden, die Kulissenschieber, Souffleure, Stichwortgeber, vor allem aber Regisseure, die an der Dramaturgie jenes Stückes – halb Lehrstück, halb Schmierenkomödie – gebastelt hatten, dessen Ausgang ich im ersten Akt beschrieben habe. Es gibt keine Wirkung ohne Ursache. Sie können sie im Film meines Lebens entdecken. Es ist ein Film mit Momentaufnahmen, harten Schnitten und jähem Wechsel von Ort und Zeit.

Vielleicht sollte ich noch darauf hinweisen, daß es natürlich ein sehr bayerisches Stück war, das mit mir gespielt wurde. Man ist versucht, Willy Brandt beizupflichten, der einmal sagte: »In Bayern gehen die Uhren anders.«

Teil II

Wir spielen alle, wer es weiß, ist klug.
Arthur Schnitzler

1.
Komödienstadel

Es gibt kaum einen Volksstamm der Welt, dessen theatralische Ader so entwickelt ist, wie beim bayerischen. Es ist weniger die hintergründige, manchmal auch abgründige, ironisch-amüsante Art der Wiener, deren beste Vertreter es mit dem bekannten Dramatiker und Arzt Arthur Schnitzler halten, der einmal sagte: »Wir spielen alle, wer es weiß, ist klug!« Nein, in der bayerisch-theatralischen Ader kommt es sicher zu häufigeren Adrenalinstößen. Die Lust am »Komödi-Spuin« ist derber, vordergründiger. Man gibt sich häufig dümmer, als man ist, gleichzeitig ist man aber beleidigt, wenn jemand die Verstellung nicht bemerkt, die gespielte Dummheit womöglich ernst nimmt. Der Humor hat manchmal einen makabren Beigeschmack. In Bayern kursiert folgende »Lagebeschreibung«: »Bayern ist ein Land, das von Franken regiert, von Pfälzern verwaltet, von den Schwaben ausgebeutet wird, in dem die Altbayern noch schnaufen dürfen, wenn es die Flüchtlinge gestatten. Aber, so sagen die Altbayern, wenn die Russen kommen und die Intelligenz ausrotten, dann sind wir endlich wieder unter uns!« Dies ist übersteigerter Ausdruck bayerischer Vorwärtsverteidigung, hinter der sich leichte Verletzlichkeit und ein gewisser weiß-blauer Minderwertigkeitskomplex verbergen.
All das, auf das Politische übertragen, könnte man durchaus einen weiß-blauen Komödienstadel nennen. Gespielt wird in mehreren Häusern. Das bayerische Polit-Staatstheater rekrutiert sich aus den Mitgliedern der Regierung und des Senats; das Volkstheater hat seine Heimat im Bayerischen Landtag, daneben gibt es Wanderbühnen, Stadttheater und Kellertheater. Auf manchen dieser Bretter, die angeblich die Welt bedeuten, versuchte ich mitzuspielen, geriet in Schwierigkeiten mit meinem Rollenverständnis und gelegentlich in Gefahr, mich zu überschätzen. Je größer meine Popularität wurde, desto näher geriet

ich an den Abgrund. Meine »Freunde« begannen den Abstand nicht mehr in Metern, sondern in Zentimetern zu messen. Ihre Freude wuchs, je geringer der Abstand wurde. Nach dem Motto »steter Tropfen höhlt den Stein« tröpfelten die zahlreichen »Ohrwürmer« Mißtrauen gegen mich in das Ohr des großen Meisters, also in das von Franz Josef Strauß. Die Methode zeigte Wirkung. Er braucht ja seine »Prinzengarde« als Bedienungspersonal der Applausmaschinen. Mein »Freund« Franz Josef ging auf Distanz, ließ mich endlich fallen.

Nun darf man die Bezeichnung »mein Freund«, genauer »mei Freind«, in Bayern nicht allzu wörtlich nehmen. Besonders im politischen Bereich. Hier ist die Entwicklung in Sachen Freundschaft geradezu inflationär. Aber man kann eigentlich nicht verlieren, was man nie besaß. Wirkliche Freunde waren Strauß und ich nie, sondern eine bestimmte Wegstrecke lang höchstens Interessenpartner. Jeder wußte, was er vom anderen zu halten hatte. Wahrscheinlich ahnte Strauß nur durch scheinbar belanglose Nebensätze oder auch nur durch bloßes Schweigen, daß ich immer mehr von ihm abrückte.

Heute weiß ich, daß Strauß nur noch ein Mythos ist. Seine Wirkung liegt in seinem Ruf, dem er aber schon seit langem nicht mehr gerecht wird. Darüber kann auch nicht hinwegtäuschen, daß ihn seine Jünger teils aus politischen, teils aus egoistischen Gründen noch in einer Rolle feiern, in der er eine ausgesprochene Fehlbesetzung ist, nämlich in der Rolle des zupackenden »Schweren Helden«. Dabei ist er eine Mischung aus einem gealterten Hamlet, mit gelegentlichen Textschwierigkeiten und einem bramabasierenden Volkstribun à la Marc Anton.

Wehner sagte einmal von Strauß: »Er ist ein Kraftwerk ohne Sicherung.« Das mag einmal so gewesen sein. Heute ist die Kraft geringer, die Sicherung größer. Geblieben ist Strauß seine unausrottbare Neigung, andere zu schulmeistern, ihnen boshaft und von oben herab Zensuren zu erteilen. Davon kann nicht nur Kohl ein Lied singen. Originalton Wienerwald von 1976: »Er (Kohl) ist total unfähig. Im fehlen die charakterlichen, die geisti-

gen und die politischen Voraussetzungen. Ihm fehlt alles dafür.«
1982 hat Strauß großmütig seine Meinung revidiert. Jetzt gibt er
folgende Zensur: »Entwicklungsfähig und kann lernen.« Weiter
zu den Anforderungen, die das Amt an Kohl stellt: »Heute gewachsen.« Da wird sich der Kohl aber freuen, daß er dazugelernt
hat und ein kluger Junge geworden ist!
Eine ähnliche Beurteilung verpaßte Strauß dem damaligen CSU-
Fraktionsführer Gustl Lang, der inzwischen Justizminister geworden ist und aus dem »Gustl« hochoffiziell einen »August«
machen ließ. Franz Josef über seinen August im Jahre 1982: »Ich
schätze seinen ungeheuren Fleiß. Ich hoffe, er hat noch Zukunft,
und ich werde ihn fördern. Doch ihn als meinen staatsmänni-
schen Gegner zu erfinden, das regt zu – wenn auch nicht gerade
freudiger – Heiterkeit an. Da sind doch die Größenordnungen
verschoben.« Dieses »Zeugnis« wurde dem August in der in Regensburg erscheinenden »Mittelbayerischen Zeitung« genüßlich
»überreicht«. Es fehlte nur noch die Frage: »Haben Sie überhaupt Abitur?«
Ich kann nicht verstehen, warum – wie man in Bayern sagt –
»g'standene Männer« alles schlucken, was Strauß ihnen an Grob-
heiten an den Kopf wirft oder in seltener Überheblichkeit über
sie verbreitet. Sie bräuchten ihn doch nur anzuschauen: Seine fe-
mininen Hände sind für ihn typischer als sein Stiernacken. Ein
kluger Kolumnist sagte einmal: »Strauß kann nur den niederma-
chen, der vor ihm selbst in die Knie geht. Bei ›Stehern‹ kneift er.
Aber vergessen tut er nichts.« Das wird der Landtagspräsident
Franz Heubl sicher noch einmal erfahren.
In vielen Zeitungen wurde Heubl einmal im Zusammenhang mit
der Goppel-Nachfolge so zitiert: »Das Amt braucht einen Herrn
und Strauß ist kein Herr!« Diesen Satz hat Heubl dementiert.
Seine Gegendarstellungen wurden abgedruckt. Geklagt hat er
gegen die Verbreiter dieses Satzes, obwohl so angekündigt,
jedoch nicht. Aber lassen wir das. Adenauer sagte einmal: »Was
kümmert mich mein Geschwätz von gestern!« Ein Motto, nach
dem sie alle handeln, nicht nur die CSU, sondern auch die SPD.

2.
Zwischen König Ludwig und Kurt Eisner

In einer Kolummne schrieb ich einmal: »Am liebsten würde die bayerische SPD ihren alljährlichen Parteitag auf Schloß Neuschwanstein abhalten und am Ende als Alibi die Internationale singen.« So absurd es auf dem ersten Blick scheinen mag, ist das Bild nicht. Die Spannweite der weiß-blauen SPD reicht in der Tat vom »königlich-bayerischen« SPD-Dorfbürgermeister bis zu Münchner »Wadlbeißern«, den Jusos, die in der Räterepublik einen Glanzpunkt der bayerischen Geschichte sehen. Darüber hinaus gab es in der bayerischen SPD Föderalisten und Zentralisten; erstere kamen vor allem aus Oberbayern, letztere aus Franken.
Daß sich Dr. Kurt Schumacher, unbestritten der bedeutendste SPD-Politiker der Nachkriegszeit, und Dr. Hoegner, Bayerns führender Sozialdemokrat, nicht gerade mochten, war bekannt. Schumacher war Zentralist, Hoegner geradezu leidenschaftlicher Föderalist. Vor allem aber war er Bayer. Ich kann mich noch gut an eine Unterhaltung mit Dr. Hoegner nach der Einweihung der Polizeischule in Aichach erinnern. Hoegner wetterte lautstark gegen die nördlichen Genossen, sprach von einer verpaßten Chance, den Charakter und das Erscheinungsbild der SPD auf die einzelnen deutschen Bundesländer zuzuschneiden. Im übrigen hielt er den Internationalismus für überlebt und machte besonders Wehner für die bedenkliche Entwicklung verantwortlich. Vereinfacht könnte man sagen, Hoegner vertrat für viele im weiß-blauen Freistaat den Typ der »königlich-bayerischen Sozialdemokraten«. Mir persönlich war Hoegner zu trocken, zu wenig humorig. Er war der Prototyp des pedantischen bayerischen Berufsbeamten. Auch mit seinem parteiinternen Rivalen, dem »roten Baron«, Waldemar von Knoeringen, konnte ich nichts anfangen. Er wirkte auf mich zu wolkig, zu wenig konkret. Seine Reden waren verblasen. Er hätte ein Wittelsbacher

sein können. Die Tatsache, daß er während des Krieges auf seiten der Engländer Propaganda gegen uns gemacht hatte, brachte ihn mir auch nicht gerade näher. Mir imponierte Dr. Schumacher. Ich bewunderte seinen kämpferischen Elan. Viele meiner Kameraden und auch ich waren der Meinung, daß gerade er sich am stärksten für die deutschen Interessen einsetzte. Wir hatten auch Verständnis dafür, daß er Dr. Adenauer einmal »Kanzler der Alliierten« nannte.

Es gibt darüber zwar keine Statistik, aber ich glaube, die Mehrzahl der Angehörigen der ehemaligen Waffen-SS hat zunächst eher in Richtung SPD tendiert. Das Solidaritätsgefühl, das die Partei damals verband, erinnerte an die Frontgemeinschaft. Der Ruf nach mehr sozialer Gerechtigkeit fand gerade bei Angehörigen der Waffen-SS ein besonderes Echo, hatte man doch im Gegensatz zum Heer bereits früh begonnen, die Klassenschranken niederzureißen. Söhne der Arbeiterklasse und des Bauernstandes wurden hohe Offiziere der Waffen-SS, in vergleichsweise weit höherer Zahl als beim Heer. Darüber hinaus war Dr. Schumacher der erste bundesdeutsche Politiker, der versuchte, der Waffen-SS als militärische Organisation gerecht zu werden, und sich gegen die bewußte oder unbewußte Vermengung mit den KZ-Bewachern wandte. Sogenannte Intimkenner behaupteten und tun es noch heute, daß schon damals Wehner die Hand des Vorsitzenden Schumacher geführt habe. Dem großen Taktiker Wehner wurde der rechnerische Hinweis unterstellt, daß von der ehemaligen Waffen-SS mit Verwandten und Sympathisanten noch gut 700 000 bis 800 000 Menschen am Leben und – was wichtiger wäre – wahlberechtigt seien.

Diese Version mochte ich mir nie ganz zu eigen machen. Auch heute noch glaube ich, daß es Schumacher ernst mit seinem Versöhnungsangebot meinte, wenn sicherlich auch, wie das bei Spitzenpolitikern legitim ist, Wahlüberlegungen eine Rolle spielten. (Bei Adenauer dürften übrigens solche Überlegungen sogar die Hauptrolle gespielt haben.) Außerdem gab damals bei der SPD noch die Frontgeneration den Ton an. Die hatte sicher nicht vergessen, daß der einstige Reichspräsident Ebert, ein SPD-Politiker, der zwei Söhne im Ersten Weltkrieg verlor, auch auf dem Deutschland-Lied als Nationalhymne bestanden hatte.

Bekannt ist auch, daß eine Delegation höherer Waffen-SS-Offiziere ein freimütiges Gespräch mit Schumacher hatte, wobei die Offiziere klarzumachen versuchten, daß vieles im Programm der SPD für sie nachvollziehbar sei. Von SS-General Gille, dem Helden von Tscherkassy, wurde mir berichtet, daß er im Krieg im Kreise seiner Offiziere durchaus mit Respekt von der SPD sprach und bekannte, daß er sie vor 1933 gewählt habe. Lediglich der Internationalismus dieser Partei habe ihn gestört und bewirkt, daß er sich den Nationalsozialisten näherte. Nicht wenige ehemalige Angehörige der Waffen-SS traten nach dem Krieg in die SPD ein. Sie gehörten später zu den eifrigsten Mitarbeitern. In meiner bayerischen Heimat gibt es, besonders in der Oberpfalz, eine Anzahl davon in SPD-Gremien. Sie genießen hohes Ansehen.

Viele meiner ehemaligen Kameraden hatten für Adenauer bedeutend weniger übrig. Man wußte, daß er einmal separatistische Neigungen hatte und außerdem störte seine enge Verbindung zum Klerus. Ich wage zu sagen, daß die Mehrzahl der Waffen-SS-Angehörigen zwar durchaus religiös, dabei aber scharf antiklerikal war. Zu den Negativ-Figuren, die man bei den spärlichen, weltanschaulichen Unterrichtsstunden vorgesetzt bekam, zählte der politisierende Prälat, der hinter den Kulissen und in den Couloirs die Fäden zieht.

Rückblickend möchte ich zum Verhältnis zwischen ehemaligen Angehörigen der Waffen-SS zur SPD folgendes feststellen: Es stand unter einem ungünstigen Stern. Es beruhte zum Teil auch auf einem Mißverständnis. Die wahre Zuneigung war relativ kurz und sie kühlte schnell ab. Mit den jüngeren Kräften, die den Krieg nur noch vom Hörensagen kannten, kamen auch wieder die alten Vorurteile. Die Umerziehung tat ihre Wirkung. Die ehemaligen Soldaten der Waffen-SS waren enttäuscht, viele zogen sich aus dem politischen Leben ganz zurück und gingen in eine Art innere Emigration. Andere wiederum sahen, daß es die sogenannten bürgerlichen Parteien mit der Vergangenheit nicht so genau nahmen, nicht zuletzt wohl auch deshalb, weil viele ihrer Funktionäre dem Nationalsozialismus auch nicht gerade feindlich gegenübergestanden waren. Also näherte man sich der CDU/CSU, am Anfang aber wohl mehr der FDP.

Diese Partei war damals noch liberal-konservativ, wobei die Betonung eher auf konservativ lag. Man könnte vereinfacht sagen, sie stand sogar noch rechts von der CDU/CSU. Die FDP geriet bei der englischen Besatzungsmacht sogar einmal in Schwierigkeiten, als man bemerkte, daß ehemals prominente Nationalsozialisten sich anschickten, auch in der FDP Karriere zu machen. Schon sprach man von einer Unterwanderung der Bundesrepublik, ja manche übereifrige Gralshüter der Demokratie witterten bereits einen neonazistischen Putschversuch. Man sprach von einer Nau-Nau-Bewegung. Dem ehemaligen Staatssekretär im NS-Propagandaministerium, Dr. Werner Naumann, wurde unterstellt, die FDP zu einem braunen Auffangbecken gemacht zu haben.

In den oberen Rängen der SPD konnten sich nur jene ehemaligen Nationalsozialisten halten, die bei Kriegsende blitzschnell einen Stellungswechsel vollzogen hatten. Mit dem gleichen Eifer, den sie in der Propaganda für die Nazis an den Tag gelegt hatten, dienten sie nun den neuen Herren. Der spätere ›dpa‹-Chefredakteur und SPD-Bundestagsabgeordnete Fritz Sänger »glänzte« noch am 3. Februar 1945 mit einem besonderen Durchhalte-Artikel. Er schrieb im nationalsozialistischen ›Neuen Wiener Tagblatt‹:

»Deutschland hat keine Milde zu erwarten und darf nicht mit der Nachsicht seiner Gegner rechnen. Nichts wäre verfehlter und es wäre zugleich sträflicher Leichtsinn, wollte man noch annehmen, die Feinde Deutschlands könnten sich trennen, ehe sie das Ziel der Vernichtung Deutschlands erreicht hätten. Das muß man in Deutschland wissen und sich vor Augen halten, wenn die Gegner versuchen, durch ein Manöver eine Entscheidung zu erschleichen,

220

die ihre Waffen bisher nicht zu erzwingen vermochten. Das deutsche Volk aber hat auf alle Feindversprechungen nur eine einzige, dafür aber um so kräftigere Antwort bereit, den kompromißlosen Kampf bis zum Letzten.«

Ich will nicht wissen, wieviele junge Menschen noch auf diesen »Heldengesang« hereingefallen sind und tatsächlich noch kompromißloser gekämpft haben. Am 6. Mai 1945, also zwei Tage vor der Kapitulation des Dritten Reiches, meldete sich ein Oberleutnant und Kriegsberichterstatter Dr. Erhardt Eckert zu Wort. Unter dem Titel »Parole: Leben!« schrieb er in der in Reichenberg erscheinenden Tageszeitung »Zeit«, dem Hauptorgan der NSDAP im Reichsgau/Sudetenland, unter anderem:

»Das Geschick hat uns den Sieg, für den wir seit 1939 unter unserem großen Führer Adolf Hitler gekämpft haben, aus den Händen gewunden. Wir, die letzten Armeen Deutschlands, kämpfen für das Leben des deutschen Volkes, unsere Frontrichtung ist der Osten. Halten die deutschen Divisionen von Riga bis Brünn gegen das Vorrücken des ›Eisernen Vorhanges‹ der Sowjets stand, dann ist die Chance des Lebens unser. Stürzt die feldgraue Mauer im Osten zusammen, dann heißt unser Schicksal: Liquidation. An anderer Stelle wird versucht, unsere Zukunft im Verhandlungswege auf eine tragbare Grundlage zu stellen. Gegen Osten aber, gegen den Bolschewismus, tragen wir unsere Zukunft allein in der Hand. Bei Johann Gottlieb Fichte heißt es: ›Ohne Freiheit bleiben wir ohne Gott und in dem Nichts.‹ Das klingt, als wäre es für uns heute geschrieben. Wir kämpfen gegen das bolschewistische Nichts und für die Freiheit unseres Volkes und für das Leben unserer Frauen und Kinder. Als Fichte seinen Kampf für Deutschland begann, sagte er: ›Ich weiß recht gut, was ich wage. Ich weiß, daß ein Blei mich töten kann. Aber dies ist es nicht, was ich fürchte, und für den Zweck, den ich habe, würde ich gern auch sterben.‹ Das soll auch unser Gelöbnis sein.« (zitiert aus der Sudetendeutschen Zeitung vom 2. Mai 1955)

Der Verfasser dieser Zeilen bot während des Krieges als journalistischer Sonderführer »Glanzleistungen« nationalsozialistischer Sprachkunst. Er lobte Hitlers »Feldherrngenie«, bekämpfte die »bourgeoisen« Kapitalistenregierungen, stellte den Briten eine »schaurige Abrechnung« in Aussicht, ihn widerten die »brutalen, unmenschlich-häßlichen Negerfratzen« französischer Hilfstruppen an. Zu seinem Vokabular gehörte auch »dämliche Judenvisage«.

Eigentlich zitiere ich ungern, da ich weiß, daß man mit Presseausschnitten einem Menschen nie ganz gerecht werden kann. Aber vielleicht ist es als ein Akt ausgleichender Gerechtigkeit zu verstehen, wenn man das Zitieren nicht nur einer Seite überläßt! Dr. Eckert war nach dem Krieg viele Jahre lang Leiter des SPD-Pressedienstes in Bonn und Weisungsbeauftragter für alle von der SPD herausgegebenen Pressedienste. Dr. Eckert ist tot, diese Zeilen können ihm somit nicht mehr schaden. Ich möchte auch nicht zu erwähnen vergessen, was mir unlängst ein jüngerer SPD-Funktionär, der noch unter Eckert gearbeitet hat, über seinen ehemaligen Chef gesagt hat:

»Er kam nach dem Krieg zu Schumacher und bekannte offen, was er für Unsinn geschrieben hatte und daß er jetzt zur Überzeugung gelangt sei, er könne am besten in der SPD auch aufklärerisch mitarbeiten. Schumacher hörte ihn sich an und meinte, so einfach ginge das nicht, er möge erst einmal seine ›Sünden‹ abarbeiten und sich an der Basis bewähren. Dies tat Eckert. Er verrichtete zwei Jahre lang die einfachsten Arbeiten, dann erhielt er Pardon und konnte in der SPD seinen Weg machen.«

So weit, so gut – es ist die Sache der SPD, sich großzügig und auch »klug« zu verhalten, denn daß Eckert ein hervorragender Propagandist war, hat er im und nach dem Krieg eindrucksvoll bewiesen. Aber es gab nun auch »Ehemalige«, die den demokratischen Weg auf der rechten Seite begehen wollten, denen aber hat man nicht einmal nach 20 Jahren ihre »Sünden« verziehen, ja, sie mußten sogar ohne »Absolution« sterben.

In ihrer eigenen Vergangenheitsbewältigung blieb die SPD stets auf dem linken Auge blind. Klaus Jelonneck, Chefredakteur des DGB-Zentralorgans »Welt der Arbeit«, schrieb einmal: *»Manche ehemaligen Nazis sind heute bessere Demokraten als manche Antifaschisten, die diese Republik lieber heute als morgen liquidieren möchten.«* Dies ist unzweifelhaft richtig. Aber warum benimmt man sich dann so unversöhnlich gegenüber Nichtsozialisten, wenn bekannt wurde, daß sie auch einmal braune Töne von sich gegeben hatten? Muß man nicht auch ihnen zubilligen, daß ihre Umkehr ehrlich gewesen sein kann? Auch wenn sie nicht gleich in die SPD eintraten?

Für mich ist der Lebensweg Eckerts lediglich ein Beweis meiner Devise, daß der Weg des politischen Irrtums in der Bundesrepublik nach wie vor unterschiedlich bewertet wird. Geht jemand den Weg von rechts nach links, zeigt er Einsicht, geht jemand den umgekehrten Weg, ist er entweder charakterlos, ein Dummkopf oder ein Verräter. Außerdem scheint Empfindlichkeit in Sachen Vergangenheitsbewältigung ein Privileg der ehemaligen Kommunisten zu sein. Man denke an Wehner. Immer wieder wies er in Interviews darauf hin, daß man ihm die ehemalige Zugehörigkeit zur Kommunistischen Partei nie vergeben werde. Der gleiche Wehner aber konnte zum Fraktionsvorsitzenden im Bundestag aufsteigen und Minister werden, er, der in jungen Jahren bereits ein nicht unbedeutender Funktionär der KPD war. Auch das Bild des in seiner Jugend weit links gestandenen Willy Brandt wurde in der Nachkriegszeit von der Mehrheit der deutschen Intellektuellen und Künstler wie eine Monstranz durch die Lande getragen, und Brandt konnte sogar Bundeskanzler werden. Man nenne mir einen so in der Jugend exponierten Ultra-Rechten, oder sagen wir Nationalsozialisten, der ähnliches erreichte? Die Hinweise auf Bundeskanzler Kiesinger und Bundespräsident Carstens stechen nicht. Das waren nie Kämpfer, sondern höchstens Mitläufer, insofern habe ich wiederum mehr Verständnis, ja sogar Achtung für Wehner und Brandt. Sie haben im Kampf gegen die Nationalsozialisten immerhin ihr Leben riskiert. Und es ist typisch, daß ich bei erklärten ehemaligen Gegnern des Nationalsozialismus weit mehr Verständnis fand, als bei der verwaschenen bürgerlichen Mitte. Hat ein Ludek Pachmann, der sowohl in kommunistischen wie nationalsozialistischen Gefängnissen saß, nicht eher recht, wenn er mir beispielsweise schreibt:

»Meine Erinnerungen an den Zweiten Weltkrieg sind diametral verschieden von denen Franz Schönhubers: Im Alter von knapp 17 Jahren lernte ich ein Gestapo-Gefängnis kennen und schloß mich dann dem Widerstand an – leider dem kommunistischen, da ich keinen anderen entdeckte. Über meine Erlebnisse kann ich jederzeit frei berichten, ohne daß man sofort von einer ›Affaire‹ Pachmann redet. Warum eigentlich? Ist es wirklich ein Zeichen einer höheren Intelligenz, wenn sich einer mit 18 Jahren der kommunistischen Bewegung anschließt als wenn man sich mit 18 Jahren für den Kampf seiner Nation samt ihren falschen Propheten begeistert? War es wirklich ein größerer Fehler, dem zweitgrößten Massenmörder Adolf Hitler den Sieg zu wünschen als ihn dem allergrößten Massenmörder, J.V. Stalin, zu wünschen? Warum gibt es also nur eine ›Affaire Schönhuber‹ und nicht etwa eine ›Affaire Leonhard‹* oder eine ›Affaire Buber-Neumann‹**? Wir alle zusammen haben uns geirrt und die geschichtliche Wahrheit kann man nur dann entdecken, wenn alle verschiedensten Reflexionen

---

* Wolfgang Leonhard, Autor des Buches »Die Revolution frißt ihre Kinder«, kam als einer der ersten kommunistischen Emigranten mit Walter Ulbricht aus Moskau nach Berlin, spielte dort als Propagandist eine Rolle. Einige Jahre später kehrte er dem Kommunismus den Rücken und gilt heute im Westen als Experte für die Vorgänge innerhalb des Ostblocks.

** Margarete Buber-Neumann war die Frau des später in den Säuberungen umgekommenen deutschen kommunistischen Spitzenfunktionärs Heinz Neumann. Sie schrieb später unter dem Titel ›Als Gefangene bei Stalin und Hitler‹ ein aufsehenerregendes Buch über ihre Erlebnisse in Stalins Gefängnissen und später nach ihrer Auslieferung nach Deutschland in nationalsozialistischen Konzentrationslagern.

224

miteinander konfrontiert und nebeneinander ausgewertet wer-
den ...
Leute, die ihre wahren Erlebnisse aus der damaligen Zeit aufrich-
tig schildern, sollten geschätzt und nicht beschimpft werden. Viel
mehr Verachtung als die damals in den ›Garde-Einheiten‹ käm-
pfenden Menschen verdienen Heuchler und Opportunisten, zum
Beispiel diejenigen ›hundertprozentigen Antifaschisten‹, die ihren
antifaschistischen Kampf erst nach dem Tode von Adolf Hitler
angefangen haben.«

Soweit Pachmann.
Nach dem Krieg war ich politisch heimatlos. Es ist nicht zu leugnen, daß ich es mir dann nach der Rückkehr aus der Gefangenschaft relativ einfach machte. Zunächst ging ich überhaupt nicht
zur Wahl, dann wählte ich die SPD und ärgerte mich später, als
die »Nach-Schumacher-Ära« kam, darüber so schwarz, daß ich
die familienbedingte Aversion gegen die Schwarzen überwand
und sie die nächsten Male, sozusagen als das kleinere Übel, mit
einem Kreuzchen bedachte.
Politisch war für mich Denkpause. Zumindest bis zu der Zeit,
als ich Chefredakteur der Münchner Boulevardzeitung TZ wurde. Hier bekam ich Kontakt mit der Münchner SPD, deren Mitglied schon Jahre vor unserer Eheschließung meine Frau war.
Nach meinem Sturz als Chefredakteur der Zeitung hüllten sich,
wie nicht anders vorauszusehen war, die ›Schwarzen‹ in Schweigen. Der damalige Oberbürgermeister der Stadt München, Dr.
Hans-Jochen Vogel, aber ging weiter. Er beschwor seine Genossen, nicht für mich einzutreten, denn man müsse ja auch mit den
Verlegern Politik machen, und diese nähmen übel, wenn man
sich mit einem solidarisiere, der ihnen den Fehdehandschuh hin-
geworfen habe und noch dazu weg vom Fenster sei. Hinzugefügt
werden muß, daß wir uns, Vogel und ich, von Anfang an in herz-
licher Abneigung zugetan waren. Ich habe das SPD-Wunderkind
und den Schützling von Dr. Hoegner (dieser war auch der
Schrittmacher für das zweite Wunderkind, dem damaligen SPD-

Mitglied und heutigen parteilosen Polizeipräsidenten Dr. Manfred Schreiber) auf einem Abend des »Clubs republikanischer Publizisten« kennengelernt. Den Aufstieg des Professoren-Sohnes mit dem dichten, dunklen Haar habe ich hautnah mitverfolgt, über mehr als 25 Jahre. Ich kenne nahezu alle Etappen seines Weges, seine grandiosen Siege und Niederlagen, seinen Reifeprozeß von einem beinahe unerträglich selbstsicher wirkenden Einserschüler, der 1951 sein juristisches Studium mit der Note »sehr gut« als Bester von 374 Examensbewerbern abgeschlossen hatte, bis zu dem in München geschlagenen, an sich zweifelnden Parteiführer, der aber doch manchmal, gerade in der Niederlage, Größe bewies. Seine Kämpferqualitäten sind nicht zu unterschätzen.

Die folgenden Zeilen schrieb ich schon vor ein paar Jahren in einem Interview des »Playboy«:

»Wir saßen im damaligen Café Lenbach, als der blutjunge Rechtsreferent der Stadt München den anwesenden Publizisten, darunter Jesko von Puttkamer, dem späteren Botschafter in Israel, Helmut Hammerschmidt, einst Intendant des Südwestfunk Baden-Baden, Hans-Werner Richter, Vater der ›Gruppe 47‹, Auskunft über ein strittiges journalistisches Rechtsproblem gab. Wortkaskaden prasselten auf uns herab. Wir erstarrten schier vor Bewunderung, wagten kaum zu fragen, hatten auch gar keine Zeit dazu, denn nach Erfüllung seines Pensums entschwand er. Dann 1956, ein Schwabinger Café, nach einer Veranstaltung mit Ungarn-Flüchtlingen. Er hatte nach Meinung von Experten den falschen Mann als Referenten eingeladen, der mit der Revolution wenig zu tun hatte. Das sollte nun kein Vorwurf sein, Vogel konnte ja über die spezifischen ungarischen Verhältnisse gar nicht so gut orientiert sein, er aber hörte nur den Vorwurf heraus, den Zweifel an seiner Unfehlbarkeit. Charakterzüge deuteten sich an, die ihn hochtragen, später aber auch stürzen sollten: Kritikempfindlichkeit, Dünnhäutigkeit, heftiges Reagieren bei Mei-

nungen Andersdenkender«. (Dies soll sich inzwischen geändert haben, Anm. des Verfassers.)

»Dann lange Diskussion bei liberalen Freunden im ›Grünwalder Kreis‹, im ›Club republikanischer Publizisten‹. Er war immer Star, scheu bewunderter Primus, der Mann mit der großen Zukunft. Nur einer, mit dem galligen Humor der großen Karikaturisten und einer ›Kodderschnauze‹ begabt, wie sie im Buche steht, Henry Meyer-Brockmann, scherzte immer: ›Jochen, heut' hast wieder deine Karriere-Schleich (Schuhe) an‹, und er zielte dabei auf die enorme Schuhgröße – 46 oder 47 nach meiner Erinnerung. Allerdings hat Vogel auch große, stets rote Hände; und so Grobschlächtiges paßte eigentlich gar nicht zu der geschliffenen Diktion von Vogel'schen Reden.

Dann geht dieser Mann in das Rennen um den begehrtesten Oberbürgermeisterstuhl der Bundesrepublik. Er soll in München Nachfolger des populären Thomas Wimmer werden, ein unbekannter Rechtsrat, der sich vorher als Amtsgerichtsrat im oberbayerischen Traunstein seine Sporen verdient und später ein kurzes, aber erfolgreiches Gastspiel in der bayerischen Staatsregierung unter seinem Mentor Dr. Wilhelm Hoegner gegeben hatte. Viele sind skeptisch, auch der amtierende Wimmer ›Dammerl‹ ein Mann aus dem Volke, ehemals Schreiner, grantelnder Bilderbuch-Münchner. Dieser alte Sozialdemokrat kann mit dem Wunderknaben aus bürgerlichem Hause nur wenig anfangen.

Auch die Presse ist skeptisch. Übrigens ahnte Vogel bereits damals, wie wichtig eine gute Presse sein kann. Er stellt sich in den Redaktionen vor, tritt zurückhaltend und höflich auf, zeigt keine Spur von Anmaßung, gewinnt die öffentliche Meinung, gewinnt die Wahl mit dem sensationellen Ergebnis von 64,2%, schlägt damit seinen ebenfalls recht populären Widersacher, den »Ochs'n-Sepp«, Dr. Josef Müller, CSU, unerwartet hoch. Diese Niederlage bedeutete das Ende der politischen Karriere von Dr. Josef Müller. Die ›Süddeutsche Zeitung‹ kommentiert 1960 dieses Ereignis so: ›Dieser junge Mann mit dem Schlapphut, der immer prallen Aktentasche und der Abneigung gegen Nikotin, gehört zu der Sorte

227

von cleveren Nachwuchspolitikern, wie sie in allen großen Parteien jetzt auftaucht. Männer mit mathematisch-kühlem Verstand und straffgezügeltem Temperament, robuster Gesundheit und der Bereitschaft, das Wort ›Privatleben‹ ganz klein zu schreiben. Nicht wenige prophezeien Dr. Vogel eine steile Karriere und mancher scheint ihm Außerordentliches zuzutrauen.‹

Im Rathaus beginnt ein anderes Leben. Vogel kehrt mit eisernem Besen. Der von 1943 bis 1945 als Soldat, zuletzt im Range eines Unteroffiziers, im Feld aktive und zweimal Verwundete verlangt aber nichts, was er nicht selbst zu tun bereit ist.

In seinem Eckzimmer über dem Marienplatz, das er pünktlich um 8 Uhr, nicht selten aber vorher betritt, brennt das Licht oft bis 24 Uhr. Referenten und Beamte stöhnen, passen sich aber scharwenzelnd an, dienern um ihn herum.

Vogel wird immer erfolgreicher, avanciert zum Lieblingskind der deutschen Presse, nichts scheint das politische Glück dieses Sonnyboys zu trüben. Auch in der Partei beginnt er bald uneingeschränkt zu herrschen. Der Münchner Unterbezirksvorstand macht, was Vogel will. Seine Popularität bei den Münchnern steigt und steigt und der ›Hansi‹ zeigt sich nicht nur im Rathaus, bei Parteiversammlungen, diversen Veranstaltungen, sondern auch beim weiß-blauen Nationalereignis, dem Oktoberfest, als Alleskönner. Wenn er den Zapfhahn in den Banzen treibt und sein ›O'zapft is!‹ in die Menge ruft, glaubt man, er habe sein ganzes Leben lang nichts anderes getan als Bier anzuzapfen.

Bei seiner Wiederwahl erlebt er einen persönlichen Triumph, 77,9% entscheiden sich für ihn.

Doch dann macht Vogel seinen ersten – und wie sich später herausstellen sollte – entscheidenden Fehler. Er holt sich Leute nach München, die ein paar Jahre später seine erbittertsten Feinde werden sollten. Junge, karrieresüchtige Linke, pragmatisch wie er, aber nicht so geduldig und ergeben wie die altgedienten Beamten und Parteileute. Ihre abweichenden Meinungen gehen ihm allmählich auf die Nerven. Als sie aber nun gar anfangen, nicht nur *die Zustände, sondern auch die Person Vogels zu kritisieren, kommt es zu den ersten Konflikten.«*

Hinzufügen möchte ich diesem vor Jahren verfaßten Artikel, daß er in seinem Perfektionismus sogar den Dialekt miteinbezog. Bayrisch spricht er wie eine Fremdsprache. Diese aber perfekt.
Seit Beginn seiner politischen Laufbahn gehörte er zu den schärfsten Vergangenheitsbewältigern. Beflügelte diesbezüglich den SPD-Vogel der tiefbraune Schatten seines Vaters, der als Professor ein Herold der nationalistischen und völkischen »Ideale« des Nationalsozialismus war und sicher nichts dagegen hatte, daß sein Sohn in die Hitlerjugend eintrat?
Auf mich wirkte Vogel stets gehemmt und unfrei, was er aber bei seinen öffentlichen Auftritten geradezu meisterhaft zu überspielen verstand. Dabei versuchte er den Eindruck eines Mannes zu machen, der Tag und Nacht bemüht ist, Sorgen und Nöte anderer zu lindern. »Der Menschheit ganzer Jammer« schien ihm bei diesem Tun ins Gesicht geschrieben zu sein. Ebenso gravitätisch und gestelzt wie sein Gang sind auch seine Reden. Aus Vogels Munde atmen auch die nebensächlichsten Sätze den Geist einer bedeutsamen Verkündung. In seiner Diktion wurde er hierbei Willy Brandt immer ähnlicher.
Aber wie immer man zu Vogel stehen mag: Er erwies sich stets als treuer Soldat seiner Partei. Auch vor Himmelfahrtskommandos scheute er nicht zurück. Er ging nach Berlin als die SPD dort im Keller war und übernahm die undankbare und von vornherein aussichtslose Aufgabe, im Bundestagswahlkampf gegen Kohl anzutreten. Seine Haltung in der Niederlage war nobel. Sie verdient Respekt. Aber wir eilen den Ereignissen voraus.

3.
Die SPD-»Wadlbeißer«

Die Jungsozialisten in der Münchner SPD, die zu diesem Zeitpunkt gegen das träge SPD-Etablishment aufzumucken begannen, witterten in meinem Fall, also in meinem Streit mit dem tz-Verleger, eine gute und populäre Konfliktchance mit dem »Alten«. Sie verteidigten mich offen, obwohl ich sie vorher häufig attackiert hatte. Sie hielten es dabei mit Voltaire, der einmal sinngemäß sagte: »Ich teile zwar deine Meinung nicht, werde aber alles tun, damit du sie frei äußern kannst.« Damals begann, trotz unterschiedlicher politischer Meinung, meine Freundschaft zu Dr. Jürgen Böddrich, dessen politische Stärken allerdings mehr im Kopf als in den Ellenbogen liegen. Ich mochte diese jungen Burschen. Sie werden es zwar nicht gerne hören, aber unsere Diskussionen erinnerten mich an die Gespräche, die ich mit den französischen Freiwilligen der Division Charlemagne hatte. Außerdem entwickelten sie gerade in der Kommunalpolitik sehr vernünftige Ideen, zu denen ich teilweise auch noch heute stehe. Ich stellte die Jusos typologisch den Vogel-Brüdern, dem roten Hans-Jochen und dem schwarzen Bernhard von Mainz, gegenüber. Bei beiden hatte ich das Gefühl von typischen Karrieristen, die sich einmal überlegt haben, wo's denn schneller ginge, links oder rechts rum. Aber vielleicht irre ich mich.
Ohne die Basisarbeit der Jungsozialisten wären beispielsweise damals Begriffe wie »Altstadtsanierung« nie so stark ins Bewußtsein der Bevölkerung eingedrungen. Das SPD-Etablishment war zu dieser Zeit in München bereits allzu sehr mit der mächtigen Bourgeoisie, den sogenannten »großen Familien«, verbunden. Vogel, der sich schwer tat, Widerspruch zu ertragen, fühlte sich nunmehr herausgefordert. Nachdem ich bereits acht Tage nach meiner Entlassung als Chefredakteur der TZ, bei der Konkurrenz, der »Münchner Abendzeitung«, politischer Kolumnist geworden war, hatte ich die Möglichkeit, in die Auseinanderset-

zungen zwischen dem rechten, dem etablierten SPD-Flügel, und dem progressiven, dem linken, einzugreifen.

Einige der führenden Vertreter des linken Flügels und ich wurden persönliche Freunde. Sie besprachen mit mir und meiner Frau, die sich politisch sozusagen reaktivieren ließ, ihre Probleme. Gemeinsam erörterten wir tatktische und strategische Aktionen. Meine Frau ließ sich 1971 als Kandidatin für den Stadtrat aufstellen. Die »Vogel-Schar«, an der Spitze der Ober-Vogel, kämpfte erbittert. Die Linken wurden bei den parteiinternen Aufstellungswahlen vernichtend geschlagen und auf die hinteren Plätze abgedrängt. Immerhin aber erreichte meine Frau als Linke noch den Platz 38 von 80 Kandidaten. Um so größer war ihr Triumph, als sie bei der Stadtratswahl auf Platz 15 vorgehäufelt wurde: es war das zweitbeste persönliche Ergebnis.

Für mich war nun die Situation alles andere als leicht. Meine Frau saß im Stadtrat. Ob man es nun glaubt oder nicht, sie hat mich nicht ein einziges Mal informiert. Sie wollte es nicht, ich auch nicht. Es war auch nicht nötig; denn zu diesem Zeitpunkt hatte ich bereits mehr Informanten als ich brauchte. Ich kenne die Neigung zur »Sippenhaftung« bei Parteien genügend. Aber ich kann ehrlichen Herzens behaupten, daß einige meiner Meinungen über Personen und Parteien von meiner Frau nicht geteilt werden. Meine Frau tat alles, um die Loyalität zu ihrer Partei nicht zu verletzen.

Meine Freitags-Kolumne in der Abendzeitung wurde zum Podium der Auseinandersetzungen zwischen rechts und links. Ich war zur Speerspitze der Linken geworden und griff meistens Vogel schwer an. Die CSU schaute dabei mit Vergnügen zu. Später sollte ihr allerdings das Vergnügen vergehen! Zeitweilig kam es fast zu gegenseitigen Sympathiekundgebungen zwischen Strauß und den Jusos, denn beide waren sich einig in der absoluten Antipathie gegenüber Vogel. Ich kann nicht leugnen, daß mir das Spiel Spaß machte, wenngleich mich oft Zweifel ob der Vertretbarkeit plagten. Allmählich nahmen meine Treffen mit den Linken fast konspirative Formen an. Die SPD-Rechten suchten nun

231

den Informanten auf die Spur zu kommen. Einige ihrer Vertreter trieben sich bei uns auf der Straße herum, um zu sehen, wer mich in meiner Wohnung besuchte. Noch mehr allerdings ärgerte es sie, daß auch konservative Bürger nun die Nähe der Linken suchten. Manchen ging es wohl vorsorglich darum, das Terrain zu sondieren und darüberhinaus, um bei einem Sieg der Linken die richtigen Adressen zu haben. Zum Schluß triumphierte die Linke. Kollegen machten mir später das zweifelhafte Kompliment, sie an die Macht geschrieben zu haben.

Über eine Fehlinformation, die ich aus dem Kreis meiner linken Informanten erhielt, kam es dann buchstäblich zum Schwur. Mitglieder des Münchner Unterbezirksvorstandes wurden zum Oberbürgermeister Dr. Vogel zitiert, der ihnen zunächst eine fürchterliche Standpauke hielt und dann jeden einzelnen auf Ehr- und Parteigewissen fragte, ob er mich informiert habe. Ehre hin und Parteigewissen her, mein Informant schwieg, ich selbstverständlich auch. Dies bis heute. Und so wird es auch weiterhin bleiben.

Problemlos aber war deshalb mein Verhältnis zu den Münchner Linken trotzdem nie. So sehr ich ihre kommunalpolitischen Vorstellungen für bedenkenwert und teilweise auch für notwendig ansah, so sehr störte mich ihre außenpolitische Zielsetzung, soweit sie eine solche überhaupt hatten. Schon damals waren Ansätze zu einem neutralistischen Kurs erkennbar. In der Außenpolitik aber neigte ich damals mehr den Vorstellungen von Strauß zu, der mit dem Osten nicht aus der Position der Schwäche und der Vorleistungen verhandeln wollte.

Die Situation ist heute natürlich nicht mehr die gleiche. Im Osten und im Westen ist einiges in Bewegung geraten. Die totale Festlegung auf den »American way of life« scheint mir nicht notwendig zu sein. Wir müssen einen eigenen Weg gehen. Aus der Sojetunion kann eines Tages wieder Rußland werden. Und nur eine gute Zusammenarbeit zwischen den Russen, nicht den heutigen Sowjets, und den Deutschen sichert den Frieden in Europa und in der Welt. Mir persönlich liegen übrigens mentalitätsmäßig die

Russen mehr als die Amerikaner; das hat nichts damit zu tun, daß ich selbstverständlich für die NATO und für die Verteidigung der Freiheit bin. Allerdings nicht bedingungslos. Die heute noch in den amerikanischen Massenmedien herrschende Deutschen-Hetze läßt zuweilen daran zweifeln, ob man uns als gleichberechtigte Partner akzeptiert. Als Kanonenfutter sollten wir uns zu schade sein.

Je weniger die Jusos sich meinen Argumenten zugänglich zeigten, um so mehr entfremdeten wir uns. Ich warf ihnen Blindheit auf dem linken Auge vor, fand es unredlich, daß sie zwar rechte lateinamerikanische Diktaturen angriffen, zum großen Bruder jenseits der Mauer aber meistens schwiegen. Ich meinte, das »J'accuse« (»Ich klage an«) von Emile Zola könne nicht nur *eine* Stoßrichtung haben. Außerdem war für viele Jusos jeder ein »Faschist«, der auch Patriotismus für eine Tugend hielt. Vom Faschismus aber hatten sie so gut wie keine Ahnung. Sie wußten nicht, daß bei der Gründung der faschistischen Partei am 23. März 1919 in Mailand sehr linke Töne zu hören waren, daß man von einem nationalen Sozialismus sprach, der auch Eigentumsrechte tangiere. Im übrigen erwähnten die Faschisten in diesem Zusammenhang – man höre und staune – mehrfach Kurt Eisner, das insgeheim bewunderte Vorbild vieler Jusos.

Die Selbstzerfleischung innerhalb der Münchner SPD aber ging munter weiter. Zwischendurch machten sich »rechte« Delegationen, zu denen beispielsweise auch der damalige DGB-Landesvorsitzende von Bayern, Willy Rothe, gehörte, nach Bonn auf, um Willy Brandt und seinen Anhang auf die Gefahren einer Spaltung an der Isar aufmerksam zu machen. Schnellstens eilte dann dieser nach München und beschwor manchmal etwas halbherzig, wie mir schien, die Genossen einig, einig und nochmal einig zu sein. Die »lieben« Genossen nahmen dies, wie sich zeigte, nicht allzu ernst. Sahen sie darin doch eher eine Pflichtübung ihres großen Vorsitzenden. Der alte Taktierer Wehner war einmal auf der einen, dann auf der anderen Seite mahnend zu vernehmen. Zwischendurch bekam er wieder einen seiner bekannten Wutanfälle und nannte laut Zeitungsmeldungen Dr. Hans-Jochen Vogel schlicht und einfach ein »weiß-blaues Arschloch«. Am geschicktesten bei dieser Auseinandersetzung verhielt sich Dr. Peter Glotz. Er blieb das »Weltkind in der Mitt'n«, heiratete nach links die ehemalige Musikpädagogin Anke Riedel-Martiny, die ihren Mann und ihre drei Kinder auf dem Altar der Politik und der Liebe opferte, und blieb gleichzeitig in enger Tuchfühlung mit dem rechten Dr. Hans-Jochen Vogel. Inzwischen sind sie noch weiter zusammengerückt.

Mittlerweile ist jedoch der Schmelz ab und der Glotz kein Wunderkind mehr, sondern ein gebeutelter Vierziger, der wohl auch in seine politische Midlife-Crisis gekommen ist. Wie übrigens alle diese SPD-Sonnyboys, angefangen mit Bölling, dessen unbestreitbares Verkaufstalent ihn zu einem erstklassigen politischen Fassadenkletterer gemacht hatte. Geblieben ist Glotz seine Famulus-Attitüde: »Zwar weiß ich viel, doch möcht' ich alles wissen.« Ich hoffe, daß ihm dies erspart bleibt. Glotz ist übrigens gebürtiger Sudetendeutscher. Aber auf diese Feststellung dürften weder Glotz selbst noch seine Landsleute Wert legen.

Im Grunde genommen war und ist der Konflikt in der Münchner SPD ein Generations- und – wenn man so will – auch ein Klassenproblem. In der Münchner SPD eroberten in den sechziger Jahren die Studenten einen Kreisverband nach dem anderen. Sie waren geschickte Debattierer, machten die Genossen Arbeiter müde, und wenn diese dann nach Hause gingen, weil sie ja im Gegensatz zu den Studenten am nächsten Tag wieder früh aufstehen und zur Arbeit gehen mußten, wurde abgestimmt. Durch arrogante Reden, vorgetragen in einem unverständlichen Polit-Rotwelsch mit intellektueller Kälte obendrein, verprellten sie dabei jedoch viele Menschen, die in der SPD die Vorreiterin des menschlichen Fortschritts sehen wollten. So wurde in München die vielfach ausgezeichnete Arbeit von SPD-Bürgermeistern und Landräten draußen auf dem Land wieder zunichte gemacht. Gerade die kommunalen Würdenträger der SPD mußten inmitten eines schwarzen Umfeldes ja besonders gute Leistungen vorzeigen, um sich behaupten zu können. Dies gelang ihnen sogar in Niederbayern und der Oberpfalz, wo bei Landtagswahlen Ergebnisse bis zu 70 % zugunsten der CSU keine Seltenheit sind. Aber allmählich wurden auch diese SPD-Kämpfer müde und nicht wenige wandten sich verbittert und entmutigt von der Politik ab. Volkmar Gabert, der für die desolaten Zustände der Partei in Bayern mitverantwortlich war, zog sich nach Straßburg in das Europa-Parlament und damit aufs Altenteil zurück: »Après moi le déluge!« (Nach mir die Sintflut!)

All diese Vorgänge muß man unter dem Aspekt sehen, daß man in einer Zeit des Überflusses lebte. Damals ging es noch an, diese oder jene »Belastbarkeit« proben zu können. Damals saßen dicke Unternehmer in den Kabaretts und ließen sich, besonders wenn das Fernsehen dabei war, mit Genuß von den bösen Kabarettisten beschimpfen. Wer nicht beschimpft wurde, war nicht »in« und Politik wurde oft auch als Amüsement oder auf Bayerisch als Gaudi angesehen. Jeder bessere Salon hielt sich etwas zugute, Politiker einzuladen, und als Unterhaltungskünstler hatten sie einen besonders hohen Stellenwert.

4.
Die Dressur der politischen Salon-Löwen

Daraus könnte man journalistisch etwas machen, dachte ich und schlug deshalb meiner damaligen Verlegerin, Anneliese Friedmann, eine monatliche »Polit-Party« vor. Die Politiker sollten »garniert« und eingerahmt werden durch Persönlichkeiten aus Kunst, Wissenschaft, dem Showbusiness, den Kirchen und Gewerkschaften. In Extraseiten und in den Kolumnen »aufgearbeitet« könnte darüber berichtet werden. Die charmante und kluge Verlegerin, damals im STERN unter dem Namen »Sybille« selbst als Kolumnistin tätig, war von dieser Idee sehr angetan. Zur ersten Polit-Party kam sogar das Fernsehen. Man stolperte über Kabel und Beine und die Politiker spielten, wie vorausgesehen, das Spiel mit. Man gab sich allseits konziliant, versöhnlich, modisch-modern jedenfalls. Die Rechten legten Wert darauf, mit den Linken fotografiert zu werden und umgekehrt, die Alten mit den Jungen, und alle zusammen besonders gerne mit schönen und interessanten Frauen – nach dem Motto: was sind wir flott, was sind wir tolerant! Alle sprachen mit der Blickrichtung, auch in der Zeitung zitiert zu werden. Es waren verbale Orgien der Unverbindlichkeit und des Anbiederns an den Zeitgeist. Die Konservativen wollten progressiver sein als die Progressiven, diese wiederum betonten, daß sie in mancherlei Hinsicht die wirklichen und die echten Konservativen seien. Strahlender Mittelpunkt war natürlich die Verlegerin selbst. Wer mit ihr auf das Titelblatt kam, galt als Top-Persönlichkeit. Kam ein Gespräch irgendwo ins Stocken, warf ich ein Stichwort hin, auf das manche ansprangen wie der Hund auf die Wurst. Ansonsten hatte ich, wie ein Zirkusdompteur, für die richtigen Gruppierungen zu sorgen. Zum ständigen Inventar der Eingeladenen gehörten Polizeipräsident Dr. Manfred Schreiber sowie der heutige Generalintendant der bayerischen Staatstheater, Professor August Everding. Mir war durchaus klar, daß wir damit die Politik denaturierten, daß wir mit den Politikern Werbung machten. Aber nachdem sie alle die Rolle nicht ungern spielten, bekämpfte ich mein schlechtes Gewissen mit dem (fadenscheinigen!) Argument: Mach ich's nicht, macht's ein anderer. Es gab übrigens noch andere »Salons« dieser Art in München, keiner fand jedoch die Resonanz der Parties von Frau Friedmann. Überflüssig zu sagen, daß eine Henriette Hertz oder Rahel Varnhagen nicht dabei war. Warum rissen sich die Politiker so um diese Einladungen? Weil im Zeitalter der Television der *Verkauf* der Politik oft wichtiger ist als der *Sinn*, die *Verpackung* entscheidender als der *Inhalt*. Mit der Zeit nahm ich das Ganze nicht mehr sonderlich ernst und freute mich sogar, wenn andere sich ärgerten. Das haben mir viele nicht verziehen. Es ist verständlich.

Allmählich aber ging mir diese Art von Polit-Schau selbst auf die Nerven. Ich versuchte, die Kolumne von der Verpackung weg und nach Inhalten hin zu orientieren. Das gefiel dem Verlag wiederum weniger. Aus seiner Sicht war dies aber selbstverständlich. Die Käufer von Boulevardzeitungen lesen lieber, wie es dem Hund der Politikerin A geht und was die Freundin des Politikers B macht, als was deren politische Vorstellungen sind. So trennten wir uns in aller Freundschaft. Ich bin dem Verlag auch heute noch dankbar für das Podium, das er mir lange Jahre geboten hatte, auch für die kollegiale Zusammenarbeit.

Die Trennung war für mich auch eine Frage der Arbeitsökonomie. Mittlerweile war ich Hauptabteilungsleiter im Bayerischen Fernsehen geworden und zudem noch Vorsitzender des Bayerischen Journalistenverbandes.

In Erinnerung an eine Sendung, die ich beim Bayerischen Rundfunk in's Leben gerufen hatte – sie hieß »Und was bleibt?« –, stellt sich heute die Frage, was aus den damaligen Protagonisten, sprich Party-Koryphäen, geworden ist? Die alten Fuhrleute haben immer noch die Zügel in der Hand. Bei manchem jungen Nachwuchspolitiker verschiedener Couleur hat sich die Ochsentour gelohnt. Sie sind was, aber vor allem angepaßt. Und meine Ex-Freunde, die Jusos? Diese Zeiten sind vorbei, wo damals, in den sechziger und anfangs der siebziger Jahre, die jugendlichen roten Helden und die roten Schönen der Nacht Schlagzeilen gemacht haben. Aus den »Wadlbeißern« der Gesellschaft sind brave Haushunde geworden. Viele, die mit echtem oder pseudorevolutionärem Elan, Kragen offen und Brust frei, als Bürgerschrecks auftraten, sind heute seriöse Geschäftsleute mit Nadelstreifenanzügen. Nicht untypisch, daß einer ihrer einst führenden Vertreter inzwischen Verwaltungsdirektor des Münchner Bestattungsamtes ist. Dort kann er über alles Vergängliche nachgrübeln und die zu Grabe getragenen Hoffnungen betrauern! Sic transit gloria mundi ...

5.
Das Kreuz des Südens

Während der rote Stern im Sinken begriffen war, begann das Kreuz des Südens immer mehr zu strahlen. Im Gegensatz zur SPD, die eine ideologisch geprägte Partei ist, deshalb dauernd internen Spannungen, Franktionskämpfen bis zu Spaltungen ausgesetzt war, ist die CSU weniger Partei als Interessenverband. Ihr ideologisches Rüstzeug ist gering: abgestuft christlich, unterschiedlich sozial, dafür aber unglaublich geschickt. Man kennt seine Pappenheimer und weiß, was die Leute vor allem wollen: panem et circenses, Brot und Spiele, letzteres auf Bayerisch Gaudi! Das gemeinsame Interesse der CSU-Spitzen heißt: Erhaltung und Verwaltung der Macht. Und für Franz Josef Strauß selbst ist der Parteiapparat auch ein Disziplinierungsinstrument für Rivalen oder aufmüpfige Mahner.

Und trotzdem: Die Partei wächst und wächst. Besonders Intellektuelle in diesem Lande fragen sich immer wieder, wie ist dies möglich? Ich will versuchen, darauf Antworten zu geben.

1. Der Schock über zwölf von Ideologie beherrschte Jahre sitzt immer noch tief. Man lehnt sich lieber an eine Partei an, deren bestimmendes Element der Pragmatismus ist.

2. Der CSU ist es gelungen, alles, was gegen den Sozialismus ist, unter ihrem Banner zu vereinen. Daran hat Strauß das Hauptverdienst. Ob die Ränder nach seinem Abgang wieder ausfransen ist möglich, ja sogar wahrscheinlich.

3. Keine Partei in der Bundesrepublik hat einen so schwachen Gegner wie die CSU in der bayerischen SPD. Diese hat weder die personelle noch materielle Ausstattung um gegen die CSU bestehen zu können.

4. Traut man den Schwarzen zu, besser mit dem Geld umgehen zu können als die Roten. Dies aus der Erkenntnis heraus, daß Leute, die Geld haben, eher wissen, was es wert ist als jene, die mit irdischen Gütern nicht so gesegnet sind.

5. Haben gerade akademische Spitzenfunktionäre der SPD kaum noch Kontakt zum Volk. Sie meinen, Politik wäre via Politologie erlernbar. Deshalb fehlt ihnen auch jede Fähigkeit zu vernünftiger Analyse von Wahlniederlagen. So sagte ein Münchner SPD-Landtagsabgeordneter resigniert zum Abschneiden seiner Partei bei der letzten Bundestagswahl: »Die Menschen halten es halt mit Brecht: ›Erst kommt das Fressen, dann die Moral‹«. Richtig, aber die Alternative stimmt nicht. Die SPD hat nämlich, nimmt man alle Affairen der letzten Jahre zusammen, nicht einmal die höhere moralische Legitimation. Also war die Wahl höchstens zwischen mehr oder weniger, besserem oder schlechterem »Fressen«.

6. Und letztens: Diesmal fanden die Bayern in Helmut Kohl ein »Nordlicht«, dessen Strahlen auch ihre Herzen zu wärmen verstand. Die Wahl war primär ein Votum für Kohl. Alles andere ergab sich von selbst.

Die Verwalter der Macht bleiben in Bayern in den nächsten Jahren die gleichen.

Der Prototyp eines politischen Buchhalters ist der Fraktionsvorsitzende der CSU im Bayerischen Landtag, Gerold Tandler, der eine wirklich bewundernswerte Karriere über Dentistenlehre, Bankkaufmann, CSU-Generalsekretär, CSU-Innenminister bis zum CSU-Franktionsvorsitzenden gemacht hat. Als Generalsekretär war er stets »his masters voice«, ohne sich allerdings dem großen Meister Franz Josef Strauß ganz auszuliefern. So blieb er beispielsweise, was in den Führungszirkeln der CSU selten ist, immer beim distanzgebietenden »Sie« in der Anrede. Wahrscheinlich war und ist er klug genug zu wissen, daß es besser ist, sich möglicherweise auf handfestes Material zu verlassen als auf allerhöchste Gunst. Vom Kreis der Kumpane hielt er sich etwas fern, ohne es sich mit ihnen allerdings zu verderben. Tandlers Achillesferse ist seine Eitelkeit. Eine Eitelkeit, die ihre Wurzel im oft zu beobachtenden Komplex der Kleinwüchsigen hat. Deshalb gibt er sich im Umgang mit Menschen die Haltung eines bulligen Boxers. Mit Sicherheit nahm er deshalb auch Unterricht in

Judo und ließ dies überall publizieren nach dem Motto: ein gesunder Geist in einem gesunden Körper! Dabei wirkt er im Grund ausgesprochen unsportlich. Sein Körper hat fast etwas feminines, das Gesicht ist ohne Konturen. Das Schicksal hat hier seinen Griffel noch nicht angesetzt. Sein bemüht ironisches Lächeln hat immer noch etwas zweideutiges, läßt auf innere Unsicherheit schließen.

Zwei Typen von Menschen sind ihm suspekt: Intellektuelle und Unabhängige. Dabei hat er sich auf eine bewundernswerte, autodidaktische Art Wissen angeeignet, besonders auf historischem Gebiet. Es wird wohl wenige Politiker geben, die so viel, zumindest faktenmäßig, beispielsweise über die französische Revolution wissen wie Tandler. Verschmitzt lächelnd meinte er einmal zu mir: »Der Fouché war schon ein großer Mann« – und nach einigem Nachdenken setzte er hinzu: »Ein Gerissener, ein Überlebenskünstler, den man nur bestaunen kann.«

Wie Dr. Glotz ist auch Tandler Sudetendeutscher. Diese Herkunft dürfte er weder als Makel noch als Vorzug empfinden. Seitdem er Posthalter und Gastronom in Altötting geworden ist und eine fesche Einheimische geheiratet hat, gibt er sich altbayrisch. In dieser Rolle hat er noch Schwierigkeiten; es fehlen ihm Gelassenheit und Toleranz, vor allem aber die für diese Rolle unbedingt notwendige Eigenschaft, nämlich über sich selbst lachen zu können. Ob er eines Tages, den Dolch im Gewande, in den Mantel eines Königsmörders wie weiland Fouché schlüpfen könnte, wenn es darum ginge, Strauß früher, als von diesem selbst beabsichtigt, auf das politische Altenteil abzuschieben, das ist die Frage. Keine Frage ist, daß er bei einem solchen Vorhaben bereits eine große Konkurrenz vorfände. Nicht wenige dieser potentiellen Königsmörder aber halten es mit der Devise von Karl Valentin, des berühmten Münchner Humoristen: »Mögen hätten wir schon wollen, aber trauen haben wir uns nicht dürfen.«

Zur Geschichte dieser Partei gehört auch die Geschichte der Intrigen und des Fallenlassens von »Freunden«. Auf diese Partei trifft im besonderen Maße der Spruch von der Steigerung des Be-

241

griffes »Feindschaft« zu: Feind, Todfeind, Parteifreund! Das alles kann sich die CSU in Bayern leisten, weil ihr das gelungen ist, was die anderen Parteien vergeblich versuchten: die Identifikation mit der Bayerischen Mentalität vorzutäuschen. Insofern war der Wahlspruch vor der letzten Landtagswahl: »Wir in Bayern« bei aller Dürftigkeit der Aussage so dumm nicht. Auf dem satten Polster von nahezu 60 Prozent Ja-Stimmen läßt sich ganz gut leben und in Ermangelung eines wirklichen politischen Gegners bekämpft man sich halt intern, getreu einer alten bayerischen Wirtshausmentalität: »G'rafft muaß wer'n!«, auf Hochdeutsch: »Gerauft muß werden!« Anders ausgedrückt: Mir san gegen alle, und wenn's sei muaß, a gegen uns selber. Mir san mir! Diese CSU-Art war auch ihrem Gründer, dem verstorbenen Rechtsanwalt und hemdsärmeligen Abwehroffizier Dr. Josef Müller, genannt der »Ochsen-Sepp«, nicht fremd. Diesen eher respektvoll zu verstehenden »nom de guerre« erhielt er übrigens deshalb, weil der oberfränkische Bauernbub in seiner Jugend auch gelegentlich Ochsengespanne bewegte. Diesem Mann, der während des Krieges seine Freunde vornehmlich im Vatikan fand, war die Lust an der Intrige ein bestimmendes Element in seinem Leben. Zweifellos hatte er ein hohes Gespür für politische Entwicklungen und Notwendigkeiten. Er war es, der aus Kenntnis des italienischen Faschismus verhinderte, daß die von ihm und seinen Freunden ins Leben gerufene Partei in ihr Programm das Wort »Antifaschismus« aufnahm. Wie man in dem Buch »Die Weiße Liste« von H. Wuermeling nachlesen kann, hat er als einer der ersten vor einer Gleichsetzung Faschismus = Nationalsozialismus gewarnt: »*Alle Eingaben, die von draußen reinkamen, also über Fragen einer Parteigründung zum Beispiel, wurden mir vorgelegt. Unter anderem auch eine Urkunde, die einen Vorschlag Scharnagls* enthielt, eine antifaschistische Partei zu gründen. Da habe ich widersprochen und gesagt, es sei ein enormer Unterschied zwischen Faschismus und Hitlerismus gewesen. Deshalb möchte ich das Wort Faschismus nicht übernehmen.*«

* Karl Scharnagl, bis 1933 OB der Stadt München.

Das politische Gespür dieses Mannes aber war nur die eine Seite seines Wesens, das so viele Façetten aufwies, daß es nur sehr schwer zu erfassen war. Josef Müller kam aus einem gewissen Zwielicht, in das er bereits während des Dritten Reiches geraten war, auch nach dem Kriege nicht mehr heraus. Er war schlau und fromm, schlagfertig und humorvoll, jovial und gerissen: ein genialer Überlebenskünstler. Kalt ließ er niemand, er hatte nur Freunde oder Feinde. Für die einen war er ein Patriot, für die anderen ein Landesverräter. Die ihn mochten, nannten ihn großzügig und couragiert, die ihn haßten, habgierig und unzuverlässig. Zweifellos ist Dr. Josef Müller die schillerndste Figur auf der politischen Bühne der Nachkriegszeit. Man darf gespannt sein, ob es dem Journalisten Günter Peis, der schon durch manche zeitgeschichtliche Sensation überraschte, in seinem in Arbeit befindlichen Buch »Der Advokat« unter Berücksichtigung von Originalbriefen und -dokumenten gelingen wird, Licht in das Halbdunkel zu bringen.

Die Kenntnis der Person des ersten CSU-Landesvorsitzenden ist aber der Schlüssel zum Verständnis der permanenten Kulissenkämpfe dieser Partei. Die alten Kämpen in der heutigen Führungsriege der CSU haben in jenen stürmischen Auseinandersetzungen um Dr. Müller ihre politische Feuertaufe erhalten und damit auch ihre ersten Narben. Sie schmerzen noch heute, machen vorsichtig. Damals mußten sie lavieren zwischen zwei starren Fronten innerhalb der Partei. Da war die Gruppe der Ultramontanen um Dr. Alois Hundhammer mit ihrem eifernden und militanten Klerikalismus, dort die eher fortschrittlich geprägte Richtung um Dr. Müller, die der sozialen Komponente der Partei größeres Gewicht verleihen konnte. Wenn sich diese Gruppe auch letztlich durchsetzte, mit Relikten der Hundhammer'schen Vorstellungswelt muß sich die Partei noch heute herumschlagen. Auch mit dem Thema Widerstand im Dritten Reich. Darüber wird heute in manchen CSU-Kreisen nicht übermäßig gerne gesprochen. Dies trifft auch für andere Parteien zu.

Die Übergänge von Sympathisanten zu Gegnern des Nationalsozialismus waren fließend, manchmal beeinflußt durch persönliche Freundschaften zwischen den Lagern, manchmal getrübt durch persönliche Animositäten, vorzugsweise im gleichen Lager. Die Kämpfe, die in den Nachkriegsjahren zwischen Dr. Müller, Dr. Hundhammer, Dr. Fritz Schäffer, Dr. Ehardt und Baumgartner getobt haben, finden in der deutschen Parteienlandschaft nicht ihresgleichen. Die Amerikaner waren diesem bayerischen Raufhandel nur selten gewachsen. Wurde es ihnen zu dumm, so befreiten sie sich aus den Netzen der Intrigen durch Rundumschläge. Einmal setzten sie Dr. Schäffer als bayerischen Ministerpräsidenten ab, dann wieder machten sie wegen seiner Vergangenheit auch Dr. Müller Schwierigkeiten. Hierbei bekam die nachfolgende bayerische CSU-Politiker-Generation einen hautnahen Unterricht in der Kunst des Überlebens. Es fällt auf, daß über diese ersten Nachkriegsjahre in Bayern öffentlich so wenig gesprochen wird. Wer weiß denn schon, daß einmal in der CSU-Landtagsfraktion ein Abgeordneter saß, der als Offizier der Waffen-SS beim Eupen-Malmédy-Prozeß angeklagt, zum Tode verurteilt, dann dieses Urteil aufgehoben und dieser Mann zu Recht voll rehabilitiert wurde? Ein anderer Offizier der Waffen-SS saß übrigens in der FDP-Fraktion.

Der zeitgeschichtlichen Forschung steht hier ein weites Betätigungsfeld zur Verfügung, die Widersprüche aufzuklären. Ich kann mich aber manchmal des Eindrucks nicht erwehren, daß man an gewisse Dinge jener Zeit nicht allzu gern herangeht. Vielleicht ist Angst dabei im Spiel, auch jenen zu nahe zu kommen, die heute noch da und dort an den Schalthebeln der Macht sitzen. Jedenfalls ist es gefahrloser, seinen forschenden Mut an den Taten und Untaten der toten Naziführer zu strapazieren. Aber warum nicht das eine tun und das andere nicht lassen?

Fest steht: Führende Vertreter der CSU haben bewußt die Zeit des Nationalsozialismus erlebt. Wo sie genau standen, ist nicht immer leicht zu definieren; es soll an einem Beispiel später zumindest versucht werden. Widersprüchlichkeiten fallen nicht nur bei Müller auf. Zudem gibt es Politiker aller Couleur, die sich wie Tintenfische bei drohender Gefahr »einschwärzen«.

Zurück zum »Ochsen-Sepp«. Eines bleibt unumstritten: Dr. Joseph Müller wurde der Entdecker jenes Mannes, der später in Bayern wie auch in der Bundesrepublik eine bedeutende Rolle spielen sollte: Franz Josef Strauß. Sie hatten manches gemeinsam, der damalige Franz Strauß schob später sogar namensmäßig den »Josef« nach. Der Franz Josef aber war dem »Ochsensepp« an politischem Gespür, an Gerissenheit, rhetorischer Kraft und analytischer Fähigkeit weit überlegen.

Unbestreitbar ist und bleibt die Tatsache: Ohne »Ochsensepp« kein Franz Josef Strauß.

6.
Es begann in Schongau

Seine politische Karriere begann Strauß als Landrat im oberbayerischen Städtchen Schongau. Starthilfe bekam er dabei von seinem amerikanischen Freund Ernest Hauser, einem geborenen
Österreicher. Dieser CIA-Mann und nachmalige Lockheed-
Schwindler gehörte sicher zu den übelsten Figuren, die uns die
Besatzungsmacht bescherte. Alte Schongauer können sich noch
gut an das Duo Strauß–Hauser erinnern. Über die Zusammenarbeit zwischen dem Oberbayern und dem Neu-Amerikaner
gibt es in Schongau zwei Meinungen. Die einen sagen auf gut
bayerisch: »Bei dene zwoa drah’ i de Hand net um«, was besagen
soll, daß der eine dem anderen in nichts nachstand. Andere wiederum – und die sind in der Mehrzahl – meinen, Strauß habe
durch oftmaliges Dazwischentreten das Schlimmste verhindert
und alles in allem positiv für die Bevölkerung gewirkt. Diese
unterschiedliche Einschätzung – viel gelobt und viel gescholten –
sollte Strauß bis heute nicht verlassen. Wie er sich aber dann vom
Landrat in Schongau und dann später in München, beginnend als
CSU-Generalsekretär, durch das Gestrüpp der Intrigen zwischen Müller, Hundhammer, Baumgartner und dem bayerischen
Ministerpräsidenten Ehard durchkämpfte und bei allen wech-
selnden Koalitionen stets oben und dabei blieb, das bewies eine
geradezu venezianische Kunst des Spielens hinter den Kulissen.
Damals mag er auch gelernt haben, daß Mißerfolg ansteckend ist
und man sich ihn nur vom Leibe halten kann, wenn man dem Ba-
zillusträger die Hand verweigert und ihn möglichst aus seinem
Gesichtskreis verbannt. Es gibt Zeitgenossen, die diese Haltung
schon bei dem Oberleutnant Strauß, der das Kriegsende auf einer
Flakschule in Schongau erlebte, feststellen zu können glaubten.
Dazu gibt’s auch hier zwei Versionen. Die eine steht in den
»Münchner Portraits« des langjährigen CSU-Journalisten und
Strauß-Anhängers Hans Wüst:

»Als die amerikanischen Panzer im April 1945 gegen das Lechtal vorrückten, was nach den Plänen einer ebenso größenwahnsinnigen wie schon desorientierten Wehrmachtsführung die ›Lechlinie‹ bei Schongau hätte werden sollen, bewährte sich zum ersten Mal in größerem Maßstab die Kaltblütigkeit und Umsicht, die Franz Josef Strauß so oft nachgerühmt werden ... Offizierskollegen, die noch nicht erkannt hatten, was die Stunde geschlagen hat, wurden einer dezenten Seelenmassage ausgesetzt. Das Gros der Lehrgangsteilnehmer wurde schließlich, mit Entlassungsscheinen besser als mit Waffen ausgerüstet, ›in Marsch gesetzt‹, wie Strauß sagt, das heißt unauffällig im Gelände verteilt. So waren sie noch Soldaten und doch keine mehr. Einen noch immer kampfesfreudigen Leutnant, der Verwirrung hätte stiften können, wurde man auf unerwartete Weise los. Er verspürte den Drang zu einem Spähtruppunternehmen gegen die vorrückenden Amerikaner, bei dem er dann den Tod fand. Das war dann jedoch der einzige Verlust, den die ganze Altenstädter Garnison, dank vernünftiger Kommandeure und dank der von Strauß und seinen Gesinnungsfreunden eingefädelten ›Abwicklung‹ in den letzten Kriegstagen zu verzeichnen hatte.«

Dies ist die eine Seite.
Aber lassen wir dazu auch den obersten der »vernünftigen Kommandeure« zu Wort kommen. Es handelt sich um General Hiller, dem Strauß als Abteilungsadjutant von einer der fünf Abteilungen unterstand. Hiller sagte dazu in der Nummer 11 der Soldaten-Zeitung vom 23. März 1962:

»Strauß war 1944/45 mit mir sehr viel in meinem Kommandeurszimmer allein. Und als dann der Krieg zu Ende war und die Amerikaner kamen, am 9. Mai, er ist ja noch monatelang dort gewesen, und das pfiffen alle Spatzen vom Dach in Schongau, Strauß wäre jahrelang bei der Widerstandsbewegung gewesen.
Soldaten-Zeitung: ›Strauß wäre bei der Widerstandsbewegung? Und das war in Schongau Stadtgespräch?‹
General Hiller: ›Aber erst nachdem die Amerikaner kamen. Und

das hätte er mir unter vier Augen ja auch mal sagen können...
Aber am 9. Mai, wie dann die Amerikaner kamen, da war er
plötzlich seit zwei Jahren Widerstandskämpfer. Bis dahin hatte
ich nichts davon bemerkt... Und dann habe ich ihn vielleicht sechs
oder achtmal getroffen, wir sind abends oft zusammen nach Haus
gegangen und da haben wir uns oft über das Soldatentum unter-
halten – die einzelnen Formulierungen weiß ich nicht mehr – ich
war damals so darüber entrüstet, weil er einfach alles, aber auch
alles ablehnte, was überhaupt mit Soldatentum zu tun hatte... An
einem Abend in seiner Wohnung da war er so stark negativ, daß
ich, sein früherer Vorgesetzter, nahe daran war, ihm eine runter-
zuhauen.‹«

Soweit der »ahnungslose« General.
Nun muß man aber Strauß fairerweise zubilligen, daß er sicher
Gründe gehabt haben mag, seine Widerstandtätigkeit auch vor
seinem Vorgesetzten zu verbergen. Aber was für eine Art Widerstand er konkret geleistet hat, weiß man bis heute noch nicht genau. Ich kann mich nur daran erinnern, daß der Schrifsteller
Hans Hellmuth Kirst, der in der gleichen Einheit wie Strauß war
und sich dort als NS-Führungsoffizier betätigte, mit dem nachmaligen Verteidigungsminister heftige Sträuße ausfocht, wobei
sie sich wechselseitig unterstellten, alles andere als NS-Gegner
gewesen zu sein. Mittlerweile haben sie ja bekannterweise Burg-
frieden geschlossen...
Eine Eigenschaft aber zeigte Strauß von Anfang seiner politischen Karriere an. So groß seine Fähigkeit auch sein mag, ins
Fettnäpfchen zu treten, noch größer ist seine Begabung, sich auf
manchmal abenteuerliche Weise aus einer mißlichen Situation
herauszuwinden. Ich behaupte, jeder andere Politiker wäre über
Spiegel- und Fibag-Affairen endgültig gestolpert, Strauß fing
sich wieder. Am Ende der Spiegel-Affaire fand er folgende genia-
le Formulierung, die ich der »Zeit« entnehme: »*Wenn* Fehler
unterlaufen seien, so bedauere er sie.« Man muß dieses »Wenn«
in der für Strauß typischen Diktion hören und sich dabei vorstel-

len, wie er – immer, wenn er doziert – die Kuppen des Daumens und des Mittelfingers zusammendrückt, den Zeigefinger spreizt und mit seinen flinken Augen die Wirkung bei den Anwesenden abschätzt: dann hat man Strauß, wie er leibt und lebt.

Dazu sagte mir einmal voll Bewunderung ein Landrat: »So, wia der si rauswuzeln ko, das macht eam koana nach!« Das stimmt. Übrigens: »rauswuzeln« heißt herauswinden.

Heute spricht Strauß von jenen Tagen auch nicht mehr allzu gern, am wenigsten von seiner einstmals engen Freundschaft mit Ernest Hauser. Auch nicht darüber, daß ihm lieber die Hand abfallen solle, als wieder zum Gewehr greifen zu müssen. Der Name Schongau hat ihn auch später in seinem Leben verfolgt, denn der Schatten des Schwindlers Hauser reichte sogar von Amerika herüber, wohin sich dieser später nach seinen Eskapaden als CIA-Offizier zurückgezogen hatte. Aber hier treffen wir auf eine Eigenschaft des bedeutendsten bayerischen Politikers der Nachkriegszeit, die er bis heute nicht abgelegt hat, weil er sie nicht ablegen kann: die mangelnde Menschenkenntnis. Es gibt wohl kaum einen Politiker der Bundesrepublik, der Schmeicheleien so zugänglich ist wie Strauß. Das wurde und wird natürlich schamlos ausgenützt.

Zu dieser Schwäche kommt eine geradezu unglaubliche Vertrauensseligkeit. Man muß dabeigewesen sein, wenn diesem Mann zu später Stunde und nach Alkoholgenuß der berühmte »Gaul« durchgeht, mit welcher Ungeniertheit er dann über Dinge spricht, die am Rande von Staatsgeheimnissen liegen oder sogar mittendrin. Man muß es erlebt haben, in welch rüder Form er über Leute herzieht, die glauben, ihn zu ihren Freunden zu zählen. Und man muß aus nächster Nähe erlebt haben, wie grausam und rücksichtslos er Menschen fallenließ, die für ihn wertlos geworden waren, ihm nicht mehr nützen oder schaden konnten. Es ist auch kein Zufall, daß er ausgesprochen allergisch reagiert, wenn in einem Gespräch der Name Marcel Hepp fällt. Hepp war Stellvertretender Chefredakteur des Bayernkurier, sein persönlicher Referent und ein Strauß-Anhänger durch und durch, dabei von hohem intellektuellen Niveau und glänzenden journalistischen Eigenschaften. Inmitten der Strauß'schen »Jubelschar« wirkte er wie ein verirrter Vogel und unter den sogenannten »Spezln« immer wie ein Herr. Mit Ausnahme von Strauß war er dieser Umgebung intellektuell weit überlegen. Hepp hatte lediglich einen Fehler: Er überschätzte Strauß. Er meinte, in ihm jene Eigenschaften zu finden, die ihn zum großen Chef des konservativen Lagers in der Bundesrepublik befähigten. Er sah seinen Irrtum ein und erkannte, daß für Strauß die Politik nicht zuletzt ein Mittel zu persönlicher Genußmaximierung ist. Dies verbitterte ihn; trotzdem blieb er loyal. Dann wurde er unheilbar krank und der Kontakt mit dem Vorsitzenden brach ab.

Echte Freunde hat Strauß wohl keine, dafür aber eine nicht geringe Zahl von »Spezln«. In diesem Kreis herrscht, abgesehen von einem harten Kern, eine starke Fluktuation. Arme Leute sind übrigens nicht darunter. Für den Sohn eines Mittelständlers, des in München hochgeachteten Metzgermeisters Strauß senior, hatte Geld immer etwas Faszinierendes. Hier sind bei ihm Anklänge an eine amerikanische Mentalität spürbar. In nicht wenigen Kreisen in »God's own country« gilt ja der Erfolg, gilt Geld als eine Auszeichnung, die man unmittelbar aus der Hand Gottes erfährt. Deshalb hielt Strauß stets Kontakt zum großen Kapital. Deshalb zählt Flick zu seinen Freunden, auch Johannes Fürst von Thurn und Taxis und andere mehr. Ob auf beide der Satz »noblesse oblige« anwendbar ist, mögen die Leser von Klatschspalten entscheiden. Auch Friedrich Jahn, den »Hendl-Jahn«, nannte er seinen besten Freund, zumindest solange dieser noch oben auf der Hühner-, sprich Erfolgsleiter stand. Doch darüber später mehr.

Daß ihn die reichen Leute umschwärmen, macht ihn sogar stolz. Deshalb störte es ihn auch nicht, daß Bilder, die einer seiner Söhne von einer Kreuzfahrt auf der Yacht von Karl Flick geschossen hatte, in der »Bunten« erschienen. Die Parteifreunde aber ärgerten sich. Selbstverständlich nur im geheimen. Sie befürchteten von diesen Bildern, von dieser Zurschaustellung von Reichtum und Geld eine negative Wirkung auf die Wähler. Aber der Partei, die dafür sorgen will, daß der Himmel über Bayern blau und die Berge weiß bleiben, kann so etwas in der Tat kaum schaden. Vielleicht ändert sich das bald. Ein Minister sagte mir einmal: »Im Zweifelsfall wird dieser Mann immer auf der Seite des Geldes stehen.« Und mit Sicherheit, hält Strauß es mit Malraux, der einmal schrieb: »Mit der Macht flirtet man nicht, man heiratet sie.« Strauß heiratete Marianne Zwicknagel, die aus einem ebenso betuchten wie einflußreichen Haus stammt.

Von diesem Erfolgsdenken hat sich Strauß niemals befreien können. Hieraus resultiert auch seine völlige Unsensibilität, was das Aufbegehren junger Menschen angeht. Er kann nicht verstehen, wie jemand aussteigen kann. Er kann ebenfalls nicht einsehen, daß jemand nicht im Sinne Darwins das Leben als dauernden Kampf ums Überleben begreifen will. Er kann dies nicht, weil ihm eine Eigenschaft total fehlt, die nötig ist, andere zu begreifen: Strauß kann nicht zuhören, es sei denn, man singt das Hohelied seiner Person. Strauß kann kaum diskutieren, dafür aber vor allem monologisieren. Andere Argumente als er zu haben, nimmt er meist übel. In diesem Übelnehmen wird er bestärkt von seiner Kamarilla, die in jeder anderen Meinung eine Majestätsverletzung sieht. Hinter vorgehaltener Hand flüstern dies auch manche seiner Minister oder CSU-Abgeordneten. Damit aber hat es sich. Im übrigen erkennen sie – und da tun sie in der Einschätzung ihrer eigenen Fähigkeiten und Möglichkeiten recht –, die überragenden Fähigkeiten ihres Herrn und Meisters an. In der Tat gibt es – politisch gesehen und gemessen an Strauß – bei den Parteispitzen nur Mittelmaß oder vielleicht gehobenes Mittelmaß. Auch Kultusminister Professor Dr. Hans Maier, mag er zwar klug und vor allem hoch gebildet sein, fehlt das nötige Durchsetzungsvermögen. Das weiß er selbst.

Die Nachfolgeseilschaft ist eine Seilschaft fürs Mittelgebirge. Für das politische Hochgebirge fehlt nahezu allen die geistige Konstitution, die Kondition und die (politische) Ausrüstung.

Trotz langjähriger und genauer Kenntnis von Strauß bilde ich mir nicht ein, eine Art Alleinbeurteilungsanspruch hinsichtlich der Bewertung seiner Person zu haben. Ich sehe ihn anders wie Bernt Engelmann, der ihn zum Buhmann der Nation hochschreiben wollte, übrigens bei sehr präziser Angabe von Fakten. Ich liege aber auch nicht gänzlich auf der Linie des glänzenden Pamphletisten und Strauß-Bewunderers William S. Schlamm, der in seinem 1976 bei Langen-Müller erschienenen Buch »Zorn und Gelächter« unter der Kapitelüberschrift »Strauß – wer sonst?« u. a. schrieb:

»Er (Strauß) selbst hat angstvoll davor gewarnt, daß eine schlimme Zeit für Deutschland kommen werde, in er ein Strauß Kanzler werden könnte. Die Zeit scheint leider gekommen zu sein. Jedoch ist Franz Josef Strauß, schon immer eine Gefangener seiner eigenen taktischen Schläue, noch immer nicht bereit, seine Kandidatur aufrichtig anzumelden. Also tue ich's für ihn. Ich tue es schweren Herzens. Dieser genialische Strauß, weitaus der intelligenteste, gebildetste und erfahrenste Politiker Deutschlands, ist reifen Alters, aber immer noch voll von Spezi-Sturm und Spezi-Drang; immer noch sein eigener ärgster Feind; immer noch getrieben von Furien der Taktlosigkeit und den Hexen einer offenbar unstillbaren Sehnsucht nach ›Volksgunst‹ und Presselob. Aber er ragt um einen hellen Kopf über alle anderen Kanzlerkandidaten ...«

Dieser Beschreibung kann man weitgehend zustimmen, nicht allerdings der Folgerung, die Schlamm damals zog!

»Und wenn es um Deutschland wirklich so schlimm steht (wie alle seine Politiker von ganz links bis ganz rechts alarmierend beteuern), daß es nur noch auf die Kraft des einen Mannes am Steuerrad ankommt – wie kann man da, aus puren Geschmacksgründen, auf Franz Josef Strauß verzichten?«

Man kann und man soll. Es wäre nicht gut für Deutschland, wenn er es jemals im Ausland verträte. Er weckt alle Ressentiments gegen uns Deutsche und er müßte, um sie zu überwinden, mehr Konzessionen machen als jeder andere deutsche Politiker. William S. Schlamm hat recht: In der Klarheit und Schärfe seiner politischen Analysen wird Strauß wohl von kaum einem anderen deutschen Politiker erreicht. Hätte er mehr Selbstdisziplin und wäre die Diskrepanz zwischen dem Analytiker auf der einen und dem »Menschenkenner« auf der anderen Seite nicht so groß, müßte man Strauß gleichberechtigt neben Dr. Adenauer und Dr. Schumacher nennen. Aber das ist bereits eine nostalgische Bemerkung. Seine Uhr ist abgelaufen. Ganz gleich, welche Funktionen er auch noch übernehmen wird. Hans-Jochen Vogel nannte ihn mal einen »noch recht vitalen Kleinbürger«. Dabei traf er nur die eine Seite des Wesens des bayerischen Politikers, die andere hat europäisches Format. Würde Strauß geadelt werden, müßte ein Januskopf sein Wappenzeichen sein.

7.
Dossier auf bayrisch

Ein Schlüsselwort bei diesem Kampf um die Macht heißt »Dossier«. Einen Zipfel des Schleiers, der über dieser »Kampfesweise« liegt, zeigte das berühmte Heubl-Dossier, dessen Urheberschaft nie völlig geklärt wurde. Aber es reichte aus, Dr. Franz Heubl zu signalisieren, daß sich jede Anti-Haltung gegen Strauß nicht auszahlen würde. Kurze Zeit später schloß er dann auch seinen Frieden mit dem Meister und wurde wieder ein Jünger. Was sie allerdings voneinander auch heute noch halten bzw. sagen, wenn die Stunden alt und die Zungen gelockert sind, beweist, daß sie sich gegenseitig nichts vergessen haben.

Und auch hier sind wir wieder bei einer besonderen Tugend des großen Meisters. Wie bereits gesagt: Er vergißt nichts. Auch nicht die kleinste Kränkung (oder was er darunter auch verstehen mag), die man ihm zugefügt hat. Er kann die Erinnerung, wenn es ihm nützlich erscheint, für einige Zeit außer Kraft setzen, gespeichert bleiben die Vorgänge allemal und im richtigen Zeitpunkt wird die Erinnerung an sie wieder aktiviert.

Hintergrundgespräche liebt diese seine Partei ganz besonders. Dabei wird mehr der Parteifreund durch den Kakao gezogen als der Parteigegner. Geschätzte Partner sind dabei einige Journalisten. Daraus ist ein Geschäft auf Gegenseitigkeit entstanden. Bringst du mir Pluspunkte im innerparteilichen Karriererennen, liefere ich dir Material aus dem engsten Kreis. Besonders beliebte Nachrichtenumschlagplätze sind in München eine gut abgeschirmte Nebenstube des Nobel-Restaurants »Käfer«, einem Lokal in der Nähe des Friedensengels, und ein Nebenzimmer in den feinen »Maximilianstuben« auf Münchens Prachtstraße, der Maximilianstraße. Spitzenreiter in punkto Intimkenntnisse aus der CSU-Spitze und der Handlungsabläufe in der bajuwarischen Regierung ist beileibe kein Journalist der großen Münchner Zeitungen, nein, es ist der Kolumnist der »Passauer Neue Presse«,

Oskar Hatz, der heimliche Polit-König von Niederbayern. Der schnauzbärtige Jerry Cotton-Leser, meistens in Tracht und wie die ältere Ausgabe des berühmten oberbayerischen Wildschützen Jennerwein anzuschauen, zieht wie die Spinne im politischen Netz von seinem mit Dokumenten und Zeitungen vollgepropften Büro aus die Fäden. Oder anders ausgedrückt: Er sitzt den Politikern buchstäblich auf der Pelle; denn sein Büro, dem eine ebenso verschwiegene wie liebenswürdige Sekretärin vorsteht, liegt nur einen Steinwurf vom Landtag entfernt, in einer kleinen, schmalen Gasse. Hatz betreibt die Kolumne mit fast sportlichem Ehrgeiz und freut sich jedesmal diebisch, wenn er im Informationsrennen seine Kollegen um Längen schlägt, was meistens der Fall ist. Nicht zu vergessen übrigens seine originellen Namensbezeichnungen: Dr. Stoiber nannte er einmal »ein Springginkerl«, was dessen Rastlosigkeit auf bayerisch weit besser wiedergibt als die Übersetzung ins Hochdeutsche durch das Wort Springinsfeld.

Überhaupt scheinen Generalsekretäre aller Couleur eine gewisse Typenverwandtschaft zu haben. Dies gilt für ihr Auftreten wie für ihr Argumentieren. Beispiele dafür sind neben Dr. Edmund Stoiber auch Dr. Peter Glotz sowie der frühere FDP-Generalsekretär Günter Verheugen. Sie wirken wie wertfreie und austauschbare Diener ihrer jeweiligen Herren. Verheugen hat durch seinen Übertritt zur SPD diese Meinung auch bereits in der Praxis erhärtet. Stoiber und Glotz sind zwar laut Parteibuch in Bayern beheimatet, die Mentalität dieses eigenwilligen Volkes (»Bayern, ein wilder Bergstamm«, Auszug aus einer sowjetischen Enzyklopädie) bleibt ihnen jedoch ein Buch mit sieben Siegeln. Stoiber ist sogar gebürtiger Oberbayer. Aber trotz gern getragener Gebirgstracht und eines manchmal recht bemüht wirkenden Dialektgebrauches sind seine fast neurasthenisch anmutende Unrast, seine permanente Aggression und seine Humorlosigkeit absolut unbayerisch. Sein blasses, bei Erregung – und das könnte das einzige Bayerische an ihm sein – jäh rot anlaufendes Gesicht kann nur mühsam die innere Spannung verbergen. Es läßt sich eher in einer spanischen Mönchskapuze vorstellen als unter einem bayerischen Jägerhütl. Ein Hauch von eiferndem Savonarola umgibt diesen Menschen. »Mich friert's, wenn ich diesen Typ sehe«, sagte mir erst unlängst eine junge Kollegin. »Stoibers« können nicht geliebt, sondern höchstens gefürchtet werden. Ich halte es für vorstellbar, daß man in einer bayerischen Wirtshausecke unwillkürlich leiser spricht, wenn sich Dr. Stoiber dorthin verirren sollte.

Mein Vater pflegte zu sagen: »Wie der Mensch ißt, so ist er.« An diese Bauernweisheit mußte ich denken als ich einmal ein Gespräch mit dem Generalsekretär in der CSU-Zentrale hatte. Aus Zeitmangel nahm er nebenbei sein karges Mittagsmahl ein. Es war ein Gulasch. Keine Sekunde ließ er sich im Fluß seiner Argumente stören. Er nahm die Mahlzeit so zu sich, wie ein Auto Benzin aufnimmt: Essen nicht als Genuß, sondern als Notwendigkeit. Treibstoff für den Motor. Während des Gespräches schoß mir ein Gedanke durch den Kopf: »Wenn er Chappi in seinem Teller hätte, ob er's wohl merkte?«

Allerdings darf nicht übersehen werden, daß es dieser Mann nicht gerade leicht hat. Er hat nicht selten die sog. Dreckarbeit für den Herrn und Meister zu machen, dabei argwöhnisch beobachtet von den Parteifreunden, denen die steile Karriere des Generalsekretärs nicht nur Bewunderung einflößt.

Dr. Glotz ist zwar kein geborener Bayer wie Dr. Stoiber, aber wie so viele eifrig bemüht, einer zu werden. Die Chancen dafür sind aber gleich Null. Menschen wie er und Dr. Stoiber sind stammesmäßig nicht zu erfassen. Sie entspringen dem Schoße der Macht und werden in Zentralen geboren. Ihr Dialekt ist die Dialektik. Stoiber und Glotz ähneln sich sogar in ihrer Diktion. Sie hat etwas Atemloses, Hektisches. Unter Arbeitern nimmt sich der Sozialdemokrat Glotz ebenso wie ein verirrter Paradiesvogel aus wie der Christsoziale Stoiber unter Gebirgsbauern. Die Wege von Dr. Glotz und mir kreuzten sich oft, auf Flughäfen und auf Bahnhöfen. Über die Unruhe und Reiselust von Dr. Glotz wurde in SPD-Kreisen viel gespottet. Man sprach von »Glotzreisen«. Aber im Gegensatz zu Dr. Stoiber ist dem SPD-Mann eine gewisse Verbindlichkeit nicht abzusprechen, doch wohl ein Erbe seiner sudetendeutschen Herkunft.

Ein großer Pluspunkt der CSU ist zweifelsohne ihre PR-Arbeit. Sie wurde durch einen hochbegabten, aber früh verstorbenen Mann in Schwung gebracht: Otto Pirner. Er wußte, was in Bayern ankam: Heimat, weißblauer Himmel, Föhnwolken, Fronleichnam, Schützenfeste und Oktoberfest, alles unter dem Motto: »Mir san mir, schreiben uns uns und die CSU muß stark sein, damit der Himmel blau und die Berge weiß bleiben.«
Überzuckert wird das ganze CSU-Bild durch die permanente Darstellung von heilen Familien: Mutti ist die beste. Wie's drinnen, sprich in so manchen oberen CSU-Familien wirklich ausschaut, geht niemanden was an. Glanz und Elend – Hand in Hand. Aber lassen wir dieses Thema. Durch's Schlüsselloch wird nicht geguckt!

8.
Zwischen Golo Mann und Dolly Dollar

Unermüdlich sind die geschickten CSU-Manager auch im Verwerten und Konsumieren großer Namen, auch wenn's nur vorübergehend ist. Dies war bei Golo Mann der Fall, den man zu einer Bildungstagung in Kreuth an Land zog. Aber anschließend war der Träger eines großen Namens schon wieder bei Meinungen angelangt, die mit dem Kreuther Geist wenig zu tun hatten. Da wechselte er wieder von Strauß zu Vogel. Der Hans-Jochen stand ihm immer näher als der Franz Josef, was beileibe nicht gegen letzteren spricht.

Aber wer mußte sonst aller herhalten, um als Schmuckstück und Renommier-Exemplar bei CSU-Parteitagen zu dienen? Der russische Schriftsteller und Dissident Waldimir Maximov war da, wußte kaum, was um ihn geschah, trank still und leise vor sich hin, stand artig auf, wenn er wieder mal als Symbol der Freiheit geehrt und stürmisch gefeiert wurde. Gelesen hatten die meisten der Anwesenden von Maximovs Schriften natürlich nichts. Nur die wenigsten dürften vorher seinen Namen gehört haben! Dabeisein ist alles. Zwischendurch war's wieder ein bekannter Sportler, dann ein schwarzer Sänger, Roberto Blanco, dann ein afrikanischer Potentat wie der togoische Staatschef Ejadema, Stichwort: ein Schwarzer unter Schwarzen, auch Mobutu aus dem Kongo schaute herein und wurde gefeiert. Er revanchierte sich, indem er den großen Meister zu sich einlud. Vorsichtshalber fuhr der damalige Generalsekretär, der aus Oberammergau stammende, sittenstrenge Max Streibl mit, der bei den Passionsspielen schon mal mit Talent einen Engel mimen durfte. Er war ein guter Schutzengel und wachte, wie er mir einmal in den Maximilianstuben erzählte, brav über den Herrn und Meister. Das afrikanische Abenteuer ging glimpflich vorüber. Es gab keine Presseschlagzeilen. Natürlich war Franz Josef auch im »Mobutu-Land« der Größte.

Zuhause zog der karrierebewußte Jung-CSU-Mann Peter Gauweiler, mittlerweile Chef des Kreisverwaltungsreferates der Landeshauptstadt, die vollbusige Dolly Dollar (oder war's die Cleo Kretschmer oder gar beide) bei einem CSU-Faschingsfest an den Tisch des großen Vorsitzenden und feierte dies als Beispiel für das gute Verhältnis der CSU zu den Busen, pardon, Musen. Eine Jane Mansfield ist weder die eine noch die andere, aber immerhin! Zum Ausgleich für die in manchen CSU-Augen nicht ganz standesgemäßen Tingel-Tangel-Mädchen wurden die hochgeschätzten und respektablen TV-Damen Carolin Reiber und Petra Schürmann vorgezeigt und eingespannt.

Auf diesem Gebiet hatte die CSU allerdings von der SPD gelernt. Die »I like Willy«-Jahre lagen noch nicht so lange zurück. In den Medien-Bereichen hatte ja die SPD lange ein Monopol. Es galt als schick, links zu sein, den Geldbeutel behielt man allerdings eisern rechts. Aus nicht wenigen der vor allem weiblichen Willy-Verehrerinnen wurden Straußianerinnen. Halb zog es sie hin, halb sanken sie hin, wobei beim Sinken die CSU-Zentrale durch gute Fürsprache bei manchen TV-Oberen oder Filmbossen mehr oder minder dezent nachhalf. Allerdings ein »homme à femmes« wie Willy wurde der Franz Josef nie. »Aber Geist hat er und reden kann er«, schwärmte so manche Schöne und begründete so den Pendelverkehr vom einen zum anderen.

Im Grunde genommen hat diese Partei, deren Pragmatismus so bewundernswert ist wie ihre Ideenarmut zu bedauern, nur einige bedeutende Politiker hervorgebracht: Dr. Josef Müller, Franz Josef Strauß, Ludwig Erhard, Dr. Fritz Schäffer und, was die Kunst des Lavierens und Taktierens angeht, einen Hanns Seidel. Einen ihrer orginellsten und klügsten Köpfe, Baumgartner, konnte sie nicht ertragen, weil sein Freimut zu groß war. Ihn brachte sein Konflikt mit der CSU an den Rand der Verzweiflung, wegen der sogenannten »Spielbanken-Affaire« ins Gefängnis und wohl auch frühzeitig ins Grab. Daß bei seinem Begräbnis der Sarg den Trägern entglitt, wurde von manchen aus der Trauergemeinde als der letzte Protest des Toten gegen die Präsenz seiner ehemaligen CSU-»Freunde« an seinem Grabe angesehen. Christliche Nächstenliebe ist in dieser Partei sicher nicht das höchste aller Gebote. Die meisten unter den führenden Vertretern pflegen gekonnt ihre Intimfeindschaften.

Übrigens wird die CSU fälschlicherweise als die bayerische Partei abgetan, wobei bayrisch für oberbayrisch oder altbayrisch steht. Dem ist nicht so. Die CSU wurde weitgehend von den Franken geprägt und Strauß selbst ist mütterlicherseits Franke.

Der Zustand der CSU ist heute als satt zu bezeichnen. Sie hat (Mehrheits)-Verdauungsschwierigkeiten. Und in diesem Zustand beginnt ein Organismus bekanntlich manchmal zu kränkeln, dies als Folge einer gewissen Bewegungsträgheit. In der CSU-Jugend aber gärt es. Man will kein Kultverein zur höheren Ehre des großen Vorsitzenden mehr sein, nach dem Motto »Allah (Franz Josef) ist groß und Mohammed (Stoiber) sein Prophet.« Noch geben allerdings auch in der Jungen Union jene Jungpolitiker den Ton an, denen das Parteiestablishment sanft da und dort bedeutet, sie hätten eigentlich ein »Mandatsgesicht«, die Statur zu Höherem, zu Abgeordneten, Bürgermeistern, oder gar Landräten. Aber diesen angepaßten Jungpolitikern weht neuerdings der Wind ins Gesicht. Dies gilt auch für den ehemaligen Vorsitzenden der JU-Bayern, Otto Wiesheu. Er hat sich dem großen Meister so in Mimik, Gestik und Tonfall angepaßt, daß man bereits von einem »Strauß-Verschnitt« spricht.

Es gibt aber Menschen, die nehmen die Buchstaben CSU ernster, als es der Parteiführung recht ist. Auch in Bayern. Die Erfolge der CDU im Norden strahlen über den Main hinweg. Strauß kann nicht mehr von den »Nordlichtern« sprechen, die jedesmal in der Bundesrepublik die Stimmen verlören, die er im Süden gewinne. Ältere Parteihasen wiederum befürchten, daß die CSU zu einem Landesverband der CDU herabgestuft werden könnte, wenn bei diesem Lauf der Dinge der große Herr und Meister mal nicht mehr da sei. Die »Dinge« sind aber in Bewegung, und es kommt hinzu, daß sich im Volk eine gewisse Parteimüdigkeit und ein Politiker-Überdruß immer deutlicher zeigt. Man sucht nach Antworten, weiß aber dabei schon jetzt, daß die alten »Fuhrleute« nicht mehr dazu fähig sind, den Karren aus dem Graben zu ziehen. Die Senioren-CSU wirkt wie eine Partei ohne Perspektive, verbraucht. Sie haben gut verwaltet, die CSU-Spitzen, aber nicht motiviert. Darauf aber wartet die Basis. Sie wird zunehmend ungeduldiger. Sie ist eine Hoffnung.

Ich selbst habe nach meiner Entlassung aus dem Bayerischen Rundfunk auf einigen Versammlungen der Jungen Union gesprochen. Natürlich hat man mich nicht aus rein thematischen Gründen eingeladen. Das Thema hieß nicht nur Vergangenheitsbewältigung, sondern sie wollten mich sicher auch ein wenig als Speerspitze gegen die CSU-Oberen verwenden. Nicht selten sagten die Jungfunktionäre zu mir: »Sagen Sie doch dies und jenes; wir können oder dürfen das noch nicht. Aber wenigstens würde dadurch das eine oder andere in Bewegung gebracht werden.« Die CSU-Spitze hat selbstverständlich dieses Spiel rasch durchschaut und reagierte so, wie es zu erwarten war. Sie legte den Jungmannen nahe, den Referenten Schönhuber nicht mehr einzuladen. Dies mag da und dort Ausdruck des schlechten Gewissens gewesen sein. Ein hoher pensionierter Beamter des Bayerischen Freistaates schrieb dazu unter anderem an den CSU-Generalsekretär Dr. Edmund Stoiber: »Ich habe nach dem Krieg Männer erlebt, die noch im Kriege sich krampfhaft erfolglos bemühten, in die Nazi-Partei aufgenommen zu werden, und nachher waren sie die ersten Mitglieder der CSU und stiegen schnell in hohe Staatsämter auf.« (Mein Vater machte in und nach dem Kriege ähnliche Erfahrungen. In »Ich war dabei« habe ich darüber berichtet.)

Wie die Alten sungen, so zwitschern aber auch schon manche Jungen! Zu Nachwuchspolitikern, die ein ausgesprochenes »Mandatsgesicht« haben, zählt vor allem der farbloseste Vorsitzende, den die bayerische JU jemals hatte: Alfred Sauter. Der strebsame Karrierist aus dem Landkreis Günzburg im Schwäbischen, hatte sich mir stets ganz besonders angebiedert. Nach

Differenzen in der JU wegen Schönhuber

JU-Vorsitzender Reinhard Kautezky, Landrat Schmid und Franz Schönhuber bei der Vergangenheitsbewältigung.

Pro und contra Schönhubers Auftritt bei der Jungen Union

„Franz Schönhuber, die DKP, die Amerikaner und die Juden"; Seite 4 vom 22. Juli

Dank Ihres Artikels über Franz Schönhuber wird er mir immer sympathischer. Machen Amerikaner und Juden immer alles richtig? Haben sie nicht auch viele Leben auf dem Gewissen? Ist man gleich ein Kommunist, wenn man Kritik übt?

Sind wir es von Amerika abhängig, und haben wir Deutschen kein Selbstbewußtsein mehr? Ist es ein Wunder, wenn man nicht mehr weiß, welche Partei man wählen

soll, wenn man die hohen Herrn ansieht, gleich welcher Partei?

Wenngleich die Junge Union bringt es noch fertig, Andersdenkende anzuhören.

Ich geniere mich für unser Land und unsere Schlappheit.

Michaela Gräfin Adelmann
Sentenhart/Wald

Die PLO verfolgt die Israeli seit Jahrzehnten und will die Vernichtung der Juden betreiben. Denken wir an das Massaker in München, die vielen Bombenanschläge mit den vielen Toten, unschuldigen

Menschen. Kein Deutscher, weder Bundeskanzler noch Außenminister, hat das Recht, die Israeli zu kritisieren, Millionen unschuldiger Menschen haben durch die Deutschen ihr Leben lassen müssen. Wenn man mit eigenen Augen gesehen hat, wie eine Mutter mit ihren zwei Kindern zur Vernichtung abgeholt wurde; mein Vertreter, ein Angestellter und ein Mitarbeiter, sind spurlos in Buchenwald verschwunden; ein Mitfahrer wurde im Lager Dachau von Hunden zerrissen ...

Wer in Dachau beim Einmarsch der Amerikaner die tausende Tote

gesehen hat – Schönhuber war ein Mitarbeiter dieser Verbrecher und hat deshalb kein Recht, ein Urteil zu fällen.

Sebastian Spiegelberger
Dachau

Den Bericht über Herrn Schönhuber kann ich nur als ein Machwerk übelster und gemeinster Polemik bezeichnen.

Wahrscheinlich wäre es um die Glaubwürdigkeit der Demokratie in Deutschland besser bestellt, wenn es mehr Schönhubers gäbe und wenn dieser Mann nicht so hinterrücks abgesägt worden wäre. Ich

meine, Schönhuber wurde nur deshalb abgesägt, weil er es wagte, im Vertrauen auf das Recht der freien Meinungsäußerung, seine Vergangenheit, wahrheitsgetreu in Buchform darzustellen.

Heinz Nickel
Tutzing

Aus Ihrem einseitigen Bericht über Herrn Schönhuber geht hervor, daß einige Pharisäer und Herostraten Narrenfreiheit in dieser Welt genießen.

I. Igler
Spatzenhausen

meiner Entlassung aus dem BR meinte er zu meinen Diskussionen mit der Jungen Union und den damit verbundenen kritischen Anmerkungen zur CSU-Spitze: »Bisher habe ich die Schönhuber-Auftritte am langen Zügel laufen lassen, aber jetzt muß damit Schluß sein.« Kaum einer der örtlichen JU-Vorsitzenden, die mit

262

mir Kontakt aufgenommen hatten, ließ sich übrigens durch den Bannspruch des jetzt in München tätigen Advokaten stören. Ich blieb weiter Referent bei JU-Veranstaltungen.

Diese Diskussionen mit den jungen Leuten, darunter auch Angehörigen der Jungdemokraten (Judos), der Jungen Liberalen (Julis) sowie Studenten und Schülern gaben mir persönlich sehr viel, weit mehr als beispielsweise die Gespräche in jenem Club, dem ich ein paar Jahre angehörte und der vielleicht eine Art Nebenmacht in Bayern darstellte.

9.
Der Franzens-Club

Der Franzens-Club ist kein Club wie andere. Er wurde 1973 im Oktoberfestzelt vom Hendl-Jahn aus einer Bier-Laune heraus am Ende des Festes ins Leben gerufen. Anwesend waren: Franz Josef Strauß, die graue Eminenz in der bayerischen CSU, Dr. Franz Dannecker, das Bezirkstagsmitglied Arthur Werner, und selbstverständlich der Initiator, Fritz Jahn selbst.

Zur ersten Besprechung gab es Knödelsuppe und die Präsidentschaft wurde gaudihalber Straußens jüngstem Sohn, Franz Georg, übertragen. Jedes Mitglied hatte einen kleinen Gründungsbeitrag zu entrichten. Als ich den »Präsidenten« kennenlernte, war er noch Gymnasiast: Hochaufgeschossen, blond, wirkte er wie ein junges Füllen, das im Gebrauch der Beine noch nicht so ganz sicher war. Beim Franz Georg waren's übrigens nicht die Beine, sondern das Mundwerk. Verständlich, daß er immer etwas ins Stottern und Schlingern kam, wenn er im Beisein des bedeutendsten Redners der Alpenrepublik, seines Vaters, eine Ansprache halten mußte. Lieber hätte er wahrscheinlich Klavier gespielt. Hierzu hat er nach Meinung von Fachleuten durchaus Talent.

Wer gehörte nun zum Club? In erster Linie Leute, die in der Öffentlichkeit einen Namen und den Vornamen »Franz« hatten. Z. B. Franz Dannecker, ein bulliger, wie von harten Schlagaustauschen gezeichneter Boxring-Veteran wirkender Mann, seines Zeichens Rechtsanwalt. Er war Syndikus beim Hendl-Jahn, ist Karl Flick sowohl geschäftlich wie freundschaftlich verbunden und erzählt gerne voller Stolz von seinen Heldentaten als Fallschirmjäger. In Abwandlung eines Wiener Couplets könnte man sagen: »Wenn der Dannecker net will, dann geht gar nix.« Zum Verhältnis Strauß-Dannecker sagte mir einmal ein Politiker: »Jeder Othello findet seinen Jago!« Wenige Leute wissen genau, was er eigentlich alles macht. Sicher ist nur, daß sein Name immer dann auftaucht, wenn von geschäftlichen Engagements des großen Vorsitzenden die Rede ist. Auf einen Nenner gebracht: Der Mann ist als Gegner nicht zu unterschätzen. Er hat vielleicht nur einen Fehler: er spricht in der Öffentlichkeit zuviel und zu laut von »meinem Freund Franz Josef«.

Wenn man sehr berühmt oder, was wichtiger ist, sehr reich ist, brauchte man nicht unbedingt den Vornamen Franz zu tragen, um Mitglied des Clubs zu werden oder bei Club-Reisen dabei sein zu dürfen. Dies traf natürlich vor allem für den Spiritus Rector des Clubs selbst zu, den »Hendl-Jahn«, der zwar eigentlich Friedrich heißt, woraus dann einfach »Hendl« geworden ist. Nennen wir das Hendl »Franziska«. Denn Mädchen für alles war der Jahn ja sowieso: Financier, Schiffs- und Flugzeug-Beschaffer. In der Regel war es selbstverständlich sein Firmen-Jet. Weitere Mitglieder waren ein Sohn des Senators Burda, der die technischen Belange des großen Verlages leitet und am liebsten von seiner Farm in Amerika, ich glaube in Texas, sprach. Auch Dr. Edgar Heckelmann, Honorar-Konsul von Pakistan, der unter anderem große Geschäfte mit dem Wohnungsbau im Olympiadorf getätigt hatte, gehörte einmal zu dem erlauchten Kreis wie auch Dr. Franz Deinlein, der ehemalige Regierungspräsident von Oberbayern. Später stieß auch Dr. Franz Neubauer, der Staatssekretär im Bayerischen Innenministerium und jetzige Sprecher der Sudetendeutschen Landsmannschaft hinzu. Nach seiner »Einigung« mit Strauß wurde auch Dr. Franz Heubl gnädig in den Kreis aufgenommen. Bisweilen erweiterte sich der Club und mit von der Partie waren auch solche »Nicht-Fränze« wie Dr. Fritz Zimmermann, Max Streibl, der CSU-Finanzexperte Reinhold Kreile, der damalige Ministerialdirektor im Finanzministerium und jetzige Präsident der Bayerischen Landeszentralbank, Dr. Lothar Müller, und dann noch der Besitzer des Nobelhotels am Tegernsee »Überfahrt« sowie Inhaber einer Supermarkt-Kette, Jost Hurler. Die Gesellschaft wurde vervollständigt durch den Inhaber einer Privatklinik und Freizeit-Zentrums in Feilnbach Dr. Franz Priller und dem unterfränkischen

Bürgermeister und ehemaligen Fluglehrer von Strauß, Franz Hofmann.

Eine bunte Gesellschaft! Wie kam ich zu ihr?

Es war an einem Freitag nach dem traditionellen Fischessen der Münchner CSU, in deren Mittelpunkt wie stets die aufgewärmte Passauer Aschermittwochsrede von Franz Josef Strauß stand. Sie fand nach alter Gepflogenheit einen feuchten Ausklang im kleinen Kreis. Nachdem einige meiner in der Abendzeitung veröffentlichten Kolumnen den Beifall des Herrn und Meisters gefunden hatten, wurde ich an seinen Tisch gebeten. Hier begruben wir die Streitaxt, mit der wir des öfteren aufeinander losgegangen waren. An diesem Abend wurde ich für »derzeit wichtig und brauchbar« eingestuft.

Kurze Zeit darauf flatterte mir ein Briefchen ins Haus, worin ich im Namen von Strauß und unterzeichnet von Friedrich Jahn, zur Kreuzfahrt auf einer Yacht in der Ägäis eingeladen wurde. Es war im Juni 1975. Damit verbunden war meine »Aufnahme« in den Club der Mächtigen, den Franzens-Club. Laut Jahn sollte jeder finanziell oder in Sachwerten zum Gelingen der Reise beitragen. Mir übergab man die Verantwortung fürs Frühstück. Also zog ich, beschwert mit einem Koffer voller Würste, bestem Schinken, Honig und Marmelade zum Flugplatz. Alle brachten etwas mit. Franz Josef brachte sich selbst mit. Das genügte.

Es waren unserer Kreuzfahrer fünf: Franz Josef Strauß, Friedrich Jahn, Dr. Edgar Heckelmann, Dr. Franz Deinlein und ich. »Adjudant« Dannecker mußte wegen einer Grippe absagen. Das Bedauern der Gesellschaft hielt sich – so schien es mir – in Grenzen. In einem Privatjet flogen wir gen Athen, wo wir auch glücklich landeten und wenig später waren wir auf unserer Motoryacht. Dort erwartete uns eine griechische Besatzung. Jeder von uns bekam eine schöne und bequeme Kabine zugewiesen. Kurz darauf lichteten wir den Anker und die weiß-blaue Gesellschaft tuckerte, griechisch betreut, gen Norden.

Ich weiß, daß die Beschreibung meiner Reisen mit Spitzenpolitikern eine persönliche Gratwanderung ist. Sie läßt sich nur ohne

Schonung der eigenen Person glaubhaft bewältigen. Andererseits aber höre ich bei der Betrachtung meiner »Kompagnons« dort auf, wo ihre Intimsphäre verletzt werden würde. Aber zur Beurteilung der vorkommenden Personen gehören nicht nur ihre offiziellen Auftritte, ihre sorgsam vorbereiteten »statements«, sondern auch ihre zwischenmenschlichen Beziehungen, ihr Verhalten dort, wo keine Kameras dabei sind. Churchills Leibarzt, Lord Moran hat seinen weltberühmten Patienten nicht dadurch kleiner gemacht, daß er ihn in menschlichen, allzu menschlichen Situationen zeigte. Auf keinen Fall soll man die Darstellung des Lebens, ja auch Treibens, großer Männer weder ihren erklärten Feinden noch ihren bezahlten Hofbiographen überlassen. Die einen sehen nur, was sie sehen wollen, die anderen, was sie sehen müssen. Einem Strauß wird weder sein manischer Verfolger Engelmann noch der Chorführer der »Jubel-Perser« und Chefredakteur des ›Bayern-Kurier‹, Scharnagl, gerecht. Und obwohl die weiß-blaue Mannschaft, die mit mir damals an Bord war, heute keine und wenn dann alles andere als freundliche Beziehungen zu mir hat, kann ich eine unterschwellige Sympathie zumindest für den Meister und seinem Lieblingsjünger Jahn auch jetzt noch nicht unterdrücken. Ich muß jedoch damit leben, daß dem Wesen von Strauß solche Gefühls-Differenzierungen fremd sind. Bei ihm heißt es: wer nicht ganz für mich ist, der ist total gegen mich. Das weiß jeder, der ihn näher kennt. Verzeihung kann man erlangen. Aber nur auf Knien und auf Widerruf.
Aber kehren wir zurück zur griechischen Sonne, die auf unser Schiff und auf unsere Beziehungen schien. Von der ganzen Kreuzfahrt, die acht Tage dauerte, läßt sich in Kurzform berichten. Der Meister dozierte, die Jünger lauschten. Ich hatte die Rolle des Außenseiters. Gelegentlich wagte ich einen Einwurf, was mir dann strafende Blicke der Jünger einbrachte. Franz Josef las zwischendurch Herodot, in der Ursprache, versteht sich. Zweifellos ist er unter allen deutschen Politikern der beste Grieche und Lateiner; selbst in Bierzelten kann er es gelegentlich nicht unterlassen, durch lateinische Sätze zu glänzen. Abend

spielte er mit dem Hendl-König Karten oder entwarf neue politische Strategien. Unterwegs – ich weiß nicht wo – stieg ein Grieche, ein großer Förderer der eben gestürzten Militärregierung zu, der einmal in Bayern Gastmitglied der CSU gewesen war. Sein Lieblingsausspruch war: »An die Wand schmeißen.« Wen er damit meinte, habe ich heute vergessen.

In die allgemeine Bewunderung für FJS war sogar sein Schwimmstil eingeschlossen, der in der Tat auffällig genug war. Er schwamm stets fast »stehend« im Wasser, sozusagen stehend freihändig. Und manchmal prustete er wie ein Wahlroß. Und weil er ja für alles eine sinnvolle Erklärung hat, erzählte er uns, daß dies eben jener Stil sei, der am wenigsten kräfteraubend wäre. Allerdings vergaß er dabei hinzuzufügen, daß man damit auch nicht so recht vorankommt!

Unsere Idylle wurde eines Morgens durch einen lauten Krach und durch ein Knirschen unterbrochen. Erschrocken und neugierig stürzten wir an Deck, wo eine aufgeregt schnatternde Besatzung schon bei der Ursachenforschung war. Wir waren auf ein Felsenriff gelaufen und saßen fest. Es dürfte in der Nähe des Berges Athos gewesen sein. Besorgt schauten wir zum Ufer, gute 3 km weit weg! Eine ganz schöne Strecke. Und Haie sollen in dieser Gegend auch schon des öfteren gesichtet worden sein! Jahn hatte wie immer die rettende Idee. Er kommandierte uns alle ans Heck, damit wir durch unser Gewicht das Schiff etwas schiefstellen und somit bei gleichzeitigem »volle Kraft zurück« uns losschaukeln könnten. Es muß ein Bild für die griechischen Götter gewesen sein, uns fünf schwergewichtigen Bajuwaren »Häschen, hüpf!« praktizieren zu sehen. Und den griechischen Göttern sei Dank: Wir brauchten uns nicht in die Rettungsboote zu setzen, deren Zustand mir sowieso nicht besonders vertrauenerweckend vorkam. Wir brauchten auch keine Schwimmwesten anzulegen. Unser Schiff stöhnte und ächzte, aber dank griechischer Motoren- und bayerischer Beinmuskelkraft ruckte und zuckte es sich allmählich frei.

Ernsthaften Krach gab es bei der sonst friedlichen Reise nur ein-

Auf den Spuren der Götter
Der »Franzens-Club« unterwegs in Griechenland:
F. J. Strauß, Friedrich (»Hendl«-) Jahn, der Autor und Dr. Edgar Heckelmann (v. l.)

mal, als unsere Gesellschaft die Absicht hatte, in Skyathos an
Land zu gehen. Wir waren nämlich alle nicht mehr ganz nüchtern, am wenigsten unser Meister. Skyathos war an diesem lauen
Juniabend voller Touristen, Deutsche zumal und die Landungs-
brücke ziemlich schmal. Was wäre, wenn unser Oberbayer das
Gleichgewicht verlierend, ins Wasser plumpste, wir gar mit ihm?
»Stern-Stunden« für die Fotografen. Auch sonst sahen wir nicht
aus wie griechische Adonisse. Wir waren in Turnschuhen und
kurzen Hosen. Die T-Shirts spannten über manchen Bäuchen.
Strauß hatte eine Mütze auf dem Kopf, die der berühmten Kopf-
bedeckung von Helmut Schmidt, seiner Hanseatenmütze, ver-
dächtig ähnlich war. Obwohl Strauß schwankte, was die Entscheidung anging, setzte sich die Mehrheit durch und wir gingen
an Land, bestaunt von den Touristen, deren Getuschel und Gezi-
schel sich mir wie Pfeilspitzen in den Rücken bohrten. Leider
hatte ich es nicht geschafft, mich durchzusetzen und den Landgang zu verhindern. Jedoch, trotz aller Befürchtungen ging

der Abend gimpflich vorüber, wenn man von dem Umstand absieht, daß sich Strauß mit einem Studenten, einem Politologiestudenten, über Entspannungspolitik anlegte und die Weltgeschichte bis zum klassischen Altertum strapazierte, um die Richtigkeit seiner Thesen zu beweisen. Je mehr sich aber Strauß ereiferte, um so mehr amüsierte sich der Herr Studiosus. Für ihn war es ein Lustgewinn, für Strauß ein Anliegen. Das war der feine Unterschied.

Letztendlich gelang es einem Clubmitglied dem grausamen Spiel ein Ende zu bereiten und die Mannschaft zum geordneten Rückzug an Deck unseres Schiffes zu bewegen. Eine halbe Stunde später dröhnte unser Schiff vom lauten Schnarchen der »Kreuzfahrer«. Ich flüchtete an Deck, sah zum sternenübersäten griechischen Himmel hinauf. Erste Zweifel kamen, ob ich auf dem richtigen Dampfer sei. Ich versuchte abzuschalten, lauschte dem leisen und monotonen Plätschern der Wellen an den Bordwänden. Sie schaukelten mich in Morpheus' Arme.

Die große Stunde unseres Meisters kam in Philippi, der antiken Stadt in Thrakien, wo im Jahre 42 v. Chr. Antonius und Oktavian die Republikaner Brutus und Cassius besiegten. Hier war Strauß ganz der Herr Geschichtsprofessor. Jede Einzelheit der Schlacht wurde nachvollzogen, die Vorder- und Hintergründe bloßgelegt. Fritz Jahn konnte mit der Bewunderung für den Herrn Professor, der schon damals vielleicht die Schlacht anders gemacht und für die Republikaner doch noch gewonnen hätte, nicht mehr hinter dem Berg halten: »Oiso, naa, wos du ois woaßt, Franz Josef. Du steckst da alle Kultusminister in die Tasch'n, de san doch alle Lehrbuam!« Der Meister nickte freundlich. Er glaubte es auch! Wahrscheinlich sogar zu Recht …

Einen anderen Strauß erlebte ich am nächsten Tag. Wir waren auf einen der wundervollen sanften Hügel über einem Amphitheater gestiegen. Und plötzlich hielt es FJS nicht mehr in unserer Gesellschaft. Er stieg allein weiter, stand eine gute halbe Stunde fast regungslos. Irgendwo aus der Ferne trug der Wind die Klänge einer Pan-Flöte zu uns herüber. Es schien so, als wäre er der Welt und der Zeit entrückt. Als Strauß wieder zu uns stieg, waren Ergriffenheit, ja Glück, auf seinem Gesicht zu sehen: »Dieses Licht«, murmelte er fast selbstvergessen, »wo gibt es ein solches Licht?«

Beim Abstieg rügte er zum ersten Mal seinen damaligen Lieblingsjünger, Fritz Jahn, der, als wir das Amphitheater besichtigen wollten, im besten Weanerisch sagte: »Stoana, nix als Stoana, und ausschaug'n tut oana wia da andere.« – »Also, Fritz, davon verstehst' nix!« Er hatte dies in einem sehr bestimmten Ton gesagt. So kannte ich ihn gar nicht dem Jahn gegenüber.

Daß wir uns nicht allzusehr in die Vergangenheit verloren, dafür sorgte bei jedem Landgang ein schwarzes Auto. Darin saßen unsere »ständigen Begleiter«, Geheimpolizisten der neuen griechischen Karamanlis-Regierung, auf die Strauß nicht gut zu sprechen war: »Ich habe erst vor kurzem dem Karamanlis gesagt, daß er gegen die Linken zu nachgiebig ist und vor lauter Liberalisierung auch das kaputt macht, was die Militärregierung gar nicht so schlecht gemacht hat.« Nichts tut er lieber, als anderen Zensuren zu geben. Aber von seiner politischen Warte aus gesehen gab ihm die Geschichte recht. Sein Gespür für geschichtliche Entwicklungen kann nicht bestritten werden.

Nach 8 Tagen war unser griechisches Abenteuer zu Ende. Von Saloniki aus flogen wir gen München zurück, wo wir am Abend wohlbehalten landeten. Die Damen warteten am Eingang. Unser erster Weg führte uns in den Franziskaner. Bei aller Liebe zu Käse, Oliven und griechischem Wein, jetzt stand uns der Sinn nach Brezeln, Kalbshaxen und Faßbier.

Es waren schöne – interessante Tage und gerne denke ich an diese Fahrt zurück. Strauß nahm ich wie er nun einmal ist. Noch stand ich in seiner Huld. Es schmeichelte mir, wenn er mich in seine persönlichsten, politischen Absichten einweihte. Noch hörte ich ihm gerne zu, wenn er mir meine weitere Karriere in rosaroten Farben malte. Meine innere Stimme aber warnte mich unablässig: »Glaub' es nicht, glaub' nicht alles, du bist nur ein Bauer im Spiel, sonst nichts. Brauchen sie dich nicht mehr, wirst du geopfert.« Es gelang mir, meine innere Stimme zu überhören, weil ich sie überhören wollte. Wie die Macht »schmeckt«, das weiß nur einer, der, wenn auch nur einen Zipfel jenes Stoffes, aus dem sie gemacht wird, in der Hand gehabt hat.

Im übrigen machte die Tatsache, daß ich nun in den Kreis der Erlauchten aufgenommen war, auch bei Kollegen Eindruck. Sie waren voller Neid. Später zahlten sie mir alles zurück, mit Zins und Zinseszins. Und Strauß schaute zu.

Die nächste Reise war keine klassische. Wir wandelten nicht auf den Spuren der Götter, sondern huldigten diesmal unserem allein seligmachenden Gott, unserem katholischen und einem seiner irdischen Heiligen. Ziel unserer Reise war Assisi. Wir flogen – der Meister selber saß eine Zeitlang am Steuer – zunächst bis Perugia. Von dort aus setzte sich unsere Karawane gemieteter Autos nach Assisi in Bewegung. Im Wagen Nummer 1 – die Hierarchie fuhr bei uns immer mit – saßen Strauß und Dannecker. Im Wagen Nummer 2 Jahn und ich. Bei der Rückfahrt tauschten übrigens Jahn und Dannecker die Plätze – feinsinnige Gesten des großen Meisters! Auch unser »Präsident«, Franz-Georg, war diesmal dabei, der an der Griechenlandreise wegen schulischer Verpflichtungen nicht teilnehmen konnte. In Assisi angekommen, stiegen wir in einem einfachen Hotel ab.

Am nächsten Tag beim Frühstück erschien ein Pater, ein Abgesandter des Klosters. Er sprach Herrn Strauß stets als »Herrn Minister« an. Für ihn waren die Uhren stehengeblieben. War doch in der Zwischenzeit aus dem Minister Strauß wieder der Landesvorsitzende oder schlicht »Herr Strauß« geworden. Er teilte mit, es wäre dem Kloster eine große Ehre, wenn die Herren am Gottesdienst teilnähmen. Wir wollten. Strauß erklärte sich sogar bereit, zu ministrieren. Gesagt, getan. In der Kathedrale, die während des Gottesdienstes voll von Touristen, vornehmlich Deutschen, war, erlebte ich den Ministranten Franz Josef, der demütig sein Knie beugte, wenn es das Ritual verlangte, der alle religiösen »Dienstleistungen« so glänzend absolvierte, als hätte er ein Leben lang nichts anderes getan. Meine Clubfreunde stießen sich voller Bewunderung an. Strauß mußte anschließend Autogramme geben. Ich auch, wenn auch bedeutend weniger. Für Dannecker waren es allerdings immer noch zuviel. »Du sollst keine fremden Götter neben dir (Strauß) dulden!«

Ich will Strauß nicht unrecht tun. Seine Frömmigkeit ist zweifellos echt. Sie hat etwas Kindlich-Gläubiges. Ich erinnere mich an eine Silvesterfeier mit einer Mitternachtsmesse in der Schloßkapelle von Wildbad Kreuth. Der schwere, von den Polit-Schlachten gezeichnete Mann wirkte ergriffen, aufgewühlt. Das Kreuz schlägt er nach der alten Vätersitte, nämlich über Stirn, Mund und Brust.

Doch bleiben wir in Italien. Mittags erwartete uns in Assisi in einem malerischen, einheimischen Lokal ein opulentes Mal. Plötzlich gerieten der uns begleitende Mönch und Strauß in ein faszinierendes Streitgespräch über die deutsche Auslegung eines kirchenlateinischen Satzes. Wie nicht anders zu erwarten, blieb unser Meister Sieger dieses Diskurses. Dies ging eindeutig aus der späteren Befragung eines einschlägigen Buches hervor. Hier war meine Bewunderung für Strauß echt. Vom Wein befeuert, kam er dann auch auf sein Lieblingsthema, also auf die NATO und ihre Chefs, zu sprechen und damit auf seine Zeit als Verteidigungsminister. Er zeichnete hochinteressante Persönlichkeitsstudien von McNamara bis zum damaligen portugiesischen Militärchef, General Spinola, von dem er allerdings keine allzu große Meinung zu haben schien. Wenn ich mich recht erinnere, hielt er ihn für einen liebenswürdigen und idealistischen Träumer, der in der Vergangenheit lebt und zur Gegenwart kaum einen Bezug hat. Was mich allerdings damals und später beunruhigte, war, daß er alle diese Meinungen lautstark vortrug, ohne Rücksicht auf etwaige Mithörer an Nebentischen. Dieser Unbekümmertheit »verdankt« er es, daß er des öfteren mit unangenehmen Zeitungsberichten oder sogar Klagen konfrontiert wurde. Meistens rettete ihn dann einer seiner Freunde: Sie könnten sich nicht mehr erinnern, oder sie waren unter Streß, hatten's mit der

Schilddrüse oder litten an »Überzuckerung«. Es ist halt doch recht anstrengend, ein Freund des FJS zu sein ...

Nach dem Essen machten wir noch einen »Verdauungsrundgang« durch die Kathedrale, bewunderten die wunderschönen Fresken und ergingen uns in Lobpreisungen des heiligen Franziskus, der bekanntlich Fürsprecher der Armen und Bettler war. Er wurde als eine Art Vorbild angesehen. Ihm nachzueifern, dürfte aber keinem der Wachstumsapostel in den Sinn gekommen sein. Franziskus wäre sicher nicht CSU-Mitglied geworden.

Am Schluß hielt unser »Präsident« Franz Georg noch eine kleine Abschiedsrede, deren Mängel einige später als Vorzüge priesen: »Kaa G'lernter is' vom Himmel g'foin« (Kein Meister ist vom Himmel gefallen), meinte wie stets gutmütig der Fritz Jahn und fügte hinzu: »Aa dei Vadda hot amoi so ofanga müss'n« (Auch dein Vater hat einmal so anfangen müssen). Ich weiß nicht, ob der große Strauß-Bewunderer schon damals mit dem Gedanken gespielt hat, die Frage der erblichen Nachfolge der bayerischen Ministerpräsidentschaft zu einem Thema zu machen. Daran dachte ich vor kurzem, als nach der Hochzeits-Zeremonie in der Kirche die Strauß-Tochter Monika und ihr Ehemann sechsspännig durch München kutschiert wurden.

Am Nockherberg wurde Strauß ja bereits gaudihalber zum König ausgerufen. Nicht wenige aus der sich dort einfindenden meist »rußigen« Gesellschaft, mögen gedacht haben; schade, daß es nur eine Gaudi ist. Einer aber, der bei dieser schwarzen Gesellschaft rot sieht, meinte bissig: »Was der Strauß? Der kann doch nur noch Bundeskanzler im Lego-Land oder König auf dem Nockherberg werden.« Wieder ein anderer bemühte mit Blickrichtung auf den Sachsen Genscher, der an diesem Tag Strauß auffällig huldigte, den letzten sächsischen König. Als den nämlich die Revolutionäre mit Herrn Genich ansprachen, meinte er nur lakonisch: »Ihr seid mir scheene Rebubliganer.«

Auch auf unserer nächsten Clubreise beglückten wir im Mai 1976 das Land, wo die Zitronen blühen. Diesmal war unser Ziel Venedig. Die Mannschaft bestand aus Strauß, Franz Burda, Franz

Die »Krönung«

Dannecker, Friedrich Jahn und dem oberbayerischen Unternehmer Priller. Abgestiegen waren wir im Palazzo Gritti, der durch Hemingway eine gewisse Berühmtheit erlangt hat, der aber auch ohne des Dichters Zutun allein durch seine herrliche Lage in der Nähe des Canale Grande und durch seine vorzügliche Speisekarte schon eine Reise wert ist.

Es war eine angenehme ruhige Reise. Der einzige Störfaktor war, daß der besorgte und sympathische Burda-Sohn die italienische Polizei alarmierte, als Strauß nach Mitternacht noch nicht im Hotel »einpassiert« war. Strauß, der von einem gemütlichen Streifzug durch venezianische Lokale zurückkam, ärgerte sich. Das hätte gerade noch gefehlt! Schlagzeilen in der italienischen, dann in der deutschen Presse: Strauß verschollen oder so ähnlich! Irgendein italienischer Wirtschaftsmanager war auch dabei. Was er genau wollte, brachte ich nicht in Erfahrung, interessierte mich auch nicht sonderlich. Dannecker führte mit ihm längere Gespräche. Bei dem Galadiner stellte uns Strauß einzeln vor. Ich kam als vorletzter dran. Nach mir kam nur noch Herr Priller. Besonders hervorgehoben wurde Franz Burda als Sohn eines bedeutenden Vaters und wichtiges Mitglied eines großen Presseimperiums. Strauß wußte immer den Einfluß und die Macht der Presse richtig einzuschätzen, auch die Eitelkeit der Journalisten. Bei einem gemütlichen Zusammensein nach einem Parteitag auf dem Münchner Bierolymp, dem Nockherberg, unterbrach er sogar einmal seine Rede, um darauf hinzuweisen, daß der Chefredakteur des »Spiegel«, Erich Böhme, und dessen fesche Gemahlin noch keinen Platz hätten. Als man in dem überfüllten Saal so schnell keine »Spiegel-Bleibe« auftreiben konnte, drohte er sogar mit einer Beendigung seiner Rede. Interessant in diesem Zusammenhang, daß Strauß immer weit entgegenkommender zu seinen politischen Gegnern als zu seinen Freunden war und ist. Immer wieder gewährte er Augstein und Nannen Pressegespräche, lud sie bevorzugt an seinen Tisch, während Löwenthal & Co. sozusagen am »Katzentisch« Platz nehmen durften. Das hat diese zwar gewurmt, aber was blieb ihnen anderes übrig? Sie waren nun einmal abgestempelt.

Mit ausgesprochenen Argwohn aber begegnet er Journalisten, die zwar im konservativen Lager stehen, trotzdem aber ihre Unabhängigkeit und Kritikfähigkeit bewahrt haben. Es sei an die heftige Auseinandersetzung zwischen der CSU-Hauspostille »Bayern-Kurier« und dem Münchner Merkur erinnert. Der ebenso brillant wie aggressiv formulierende Journalist Dr. Paul

Pucher könnte ein Lied von bestimmten Verhaltensweisen singen; Es wär' ein politisch Lied, ein garstig Lied.

Beim Rückflug durften wir die Flugkünste des großen Meisters bewundern. Sonst das übliche: Landung, »Franziskaner«. Lobpreisung des Meisters nicht nur als Politiker, sondern auch als Flieger, übrigens verdient. Chorführer: Dannecker!

10.
Auf dem Bier-Olymp

Die nächste Reise sollte eine »Bildungsreise« sein: Die Loire-Schlösser. Am Flughafen entdeckte ich zu meiner grenzenlosen Überraschung den damaligen Minister für Bundesangelegenheiten und heutigen Landtagspräsidenten, Dr. Franz Heubl. Bei der Begrüßung wirkte er verlegen. Der Zeitpunkt des Erscheines des sog. Heubl-Dossieres mit peinlichen und bösen Vorwürfen gegen den ewigen Kronprinzen lag noch nicht so lange zurück. Ich konnte mein Amüsement kaum verbergen. Er war verärgert, beherrschte sich mühsam.

Zu Heubl eine Anmerkung. Höhepunkt der Münchner Festivitäten ist zweifellos die alljährliche Salvator-Probe auf dem »Bier-Olymp«, dem Nockherberg. Zu diesem Ereignis im März strömt im obligaten Trachtenanzug alles, was in Bayern Rang und Namen hat: meistens alle Kabinettsmitglieder, die Vertreter der Kirchen, der Gewerkschaften, die »Großkopferten«, Journalisten und natürlich populäre Sportler und Künstler.

Die ersten Gäste kommen schon gegen zehn Uhr vormittags in den Festsaal. Alles wartet auf die erste Maß. Schlag zwölf Uhr ist es dann so weit. Der Bayerische Ministerpräsident setzt den Krug mit dem schäumenden Starkbier an die Lippen. Die Stimmung steigt. Es wird lauter. An den Tischen dampfen die frischen Weißwürste. Kellnerinnen eilen geschäftig hin- und her, balancieren geradezu artistisch die schweren Bierkrüge an die Durstigen heran. Die Luft, vom Bierdunst, Rauch der Zigarren und Zigaretten geschwängert, ist zum Schneiden geworden. Die Gesichter beginnen sich zu röten. Allmählich perlt der Schweiß, dann strömt er und alles wartet gespannt auf das Hauptereignis: Es ist eine Rede, aber eine ganz besondere. Mit einem sonst nicht zu hörenden Freimut werden Politiker und andere »bedeutende« Zeitgenossen aufs Korn genommen oder, wie man auf bayerisch sagt, »derbleckt«. Wem die Ehre des »Derblecktwerdens« zuteil wird, der ist wer. Manchmal aber gibt's auch Ärger, wenn der »Derbleckte« in seinem Ansehen Schaden zu erleiden glaubt.

Der »Demosthenes« auf dem Bier-Olymp war der in Bayern sehr bekannte und geschätzte Conférencier Dr. Emil Vierlinger. 1979 wurde er kurz vor dem Fest krank. Da war guter Rat teuer. Was tun? Zusammen mit Dr. Vierlinger kam die Brauerei auf die Idee, mich mit dieser ehrenvollen, aber auch sehr schwierigen Aufgabe zu betrauen und das bereits fertiggestellte Manuskript vorzutragen, wobei mir das Recht eingeräumt wurde, Änderungen und Erweiterungen vornehmen zu dürfen. So geschah es dann auch. Mein Auftritt wurde überall als Erfolg gewertet, wenn auch die Mienen einiger Politiker sauer waren. Aber diesmal konnte ich sie noch mit dem Hinweis versöhnen, daß ja die meisten Textstellen nicht von mir stammten. Das konnte ich im nächsten Jahr nicht mehr. Der Text stammte von mir und ich nahm mir dabei auch kein Blatt vor den Mund. Das fing schon bei der Begrüßung an:

Noch oben!
Der Autor bei seiner Salvatorpredigt

»Ich begrüße den bayerischen Ministerpräsidenten Franz Josef Strauß. Mit ihm seinen Vorgänger Dr. Alfons Goppel, weil sie ja beide wie mächtige Bräurösser am gleichen Karren ziehen. – Franz Josef Strauß – und damit sind wir bei dem Mann, bei dem alles zuhört, wenn er sagt: ›Jetzt red’ i!‹.
Franz Josef – der schwarze Riese. Hymnen wurden gesprochen. Stoßgebete zum Himmel gesandt – vor einigen Monaten beim schwarzen Parteitag. Da stand ein schwarzer Star auf und bat: ›Sprich jetzt, Franz Josef. Gib uns Hoffnung und Aussicht und Chance und Genugtuung für die Zukunft.‹
Seit diesem historischen Zeitpunkt, nach dem ›also sprach Zarathustra Heubl‹, werden wir, unsere Kinder und Kindeskinder uns an einen neuen bayerischen Superlativ gewöhnen müssen: es ist heublichst, oder allerheublichst ...«

Ich schaute bei diesen Sätzen vom Rednerpult herunter auf den angesprochenen bayerischen Landtagspräsidenten. Er lachte

Die »Schwarzen«

pflichtschuldigst. Er lachte laut, eine Spur zu laut. Schließlich liefen die Kameras des Bayerischen Fernsehens mit. Aber hinter seinen Brillengläsern glaubte ich in den Augen ein böses Funkeln aufglimmen zu sehen. Blitzartig schoß mir durch den Kopf: »Der nimmt übel!« Eigentlich hätte er keinen Grund dazu gehabt, denn in seiner byzantinischen Ergebenheitsadresse an Strauß offenbart sich ja nur die Praxis eines Persönlichkeitskultes, der leider in dieser Form nur in Bayern möglich ist. Hier kann nicht dick genug aufgetragen werden.

Aber meine Frau, die ein gutes Gespür für Situationen hat, schätzte auch diese richtig ein. Nach dem beifällig aufgenommenen Vortrag – auch Heubl klatschte demonstrativ – sagte sie zu mir: »Jetzt stehst auf dem Gipfel. Von nun an geht's bergab. Jetzt bist du zu vielen Leuten auf die Zehen getreten. Paß auf, jetzt werden sie darauf warten, dir mit ihren mißhandelten Zehen einen Fußtritt verabreichen zu können.«

Es erschien mein Buch. Der Zeitpunkt war gekommen, es durfte getreten und geschossen werden, nach Herzenslust. Einflußreiche Kreise der CSU ließen die Linken die Treibjagd machen, bis das Wild reif zum Fangschuß war, und der kam aus den Flinten von Schützen der CSU. Das Gremium, das meiner Entlassung zustimmen mußte, war der Verwaltungsrat im BR. Sein Vorsitzender: Dr. Franz Heubl! Daß er sich mir gegenüber demonstrativ christlich verhielt, zeigt folgende Tatsache: Als er von Landtagsbeamten gefragt wurde, ob man mir die Benützung von Schwimmbad und Sauna im Landtagsgebäude wie bisher erlauben dürfe, beschied er großmütig: »Laßts n' ruhig rein, der is g'straft gnua.« Zuckerbrot und Peitsche – diesmal in umgekehrter Reihenfolge!

Obwohl ich der Brauerei, die den Namen von unerschrockenen, der Nächstenliebe verpflichteten Mönche führt, zweimal aus der Patsche geholfen hatte, wagte auch sie es nach meinem Sturz nicht mehr, mich einzuladen. Ich habe Verständnis für diese Handlungsweise. In München ist der Kampf um Sendezeiten beim Fernsehen, Lizenzen, Baugenehmigungen und Aufstel-

Freund und Feind – traulich vereint

Am besten lacht's sich über andere!

lungserlaubnissen von Bierzelten beim Oktoberfest besonders hart. Da kann man es den braven Schäflein nicht zumuten, daß in ihrem Bier-Pferch ein schwarzes Schaf das traute Herdengefühl stört.

Doch blenden wir zurück. Noch sind die schönen Tage von Aranjuez nicht zu Ende. Erst heißt es noch à la Blücher: »Wo ist Paris, Paris da hier, den Finger drauf, das nehmen wir!« Mit zwei Jets flogen wir gegen Paris, stiegen im »Hotel de L'Opera« ab. Am Abend wollten wir gut essen gehen, à la manière française. Wir brachen auf. – Ohne jegliche Orientierung. Meinen Vorschlag, in Ruhe einen Fahr- und Essensplan zu machen, schmetterte Dannecker mit der linken Hand ab. Man kenne sich in Paris aus, außerdem könne man Französisch! Es war ein Französisch, das die Franzosen höchstens an die Dialoge der Besatzungszeit erinnerte. Unsere Suche spielte sich folgendermaßen ab: Ein beleuchtetes Lokal, Dannecker raus aus dem Auto, rein in das Restaurant, nach einer Minute zurück. Berichterstattung: »Schmuddlig, schmutzig, nichts für uns, usw.« Der nächste Halt: Berichterstattung: »Hochfeine Kleidung, …, nichts für uns. Wir sind in Straßenkleidung.« Was ihm eigentlich genau vorschwebte, wurde mir nicht so recht klar, vielleicht eine Mischung aus Hofbräuhaus, Vier Jahreszeiten und Käfer-Schenke! Zuletzt liefen wir zu Fuß die Champs-Elysées rauf und runter. Nichts schien unseren Reisemarschällen gut genug zu sein. Endlich – wie immer – hatte der Hendl-Jahn die rettende Idee: »Woast, dös Hin und Her bringt nix. Warum geh'n wir net in den Wienerwald, do is alles zünftig, weit weg is a net.« Ich war überrascht, aber – der Vorschlag kam an. Wir zogen in den Wienerwald und die Kapelle begrüßte uns mit »Oh, du schöner Westerwald«. Die Gäste, meist Deutsche, applaudierten. Statt vier oder fünf Gängen erlesener französischer Gerichte gab's – Hendl! Statt herrlicher Rotweine, grand cru oder grand cru-classé, gab's Bier und Steinhäger. Und das in Paris! Mir drehte es den Magen um. Ich fragte mich: deswegen bin ich nach Paris gefahren?

Der Schnaps befeuerte die Reden. Heubl umarmte Strauß: »Einmal Freund, immer Freund. Uns kann nichts mehr trennen, Franz Josef!« Der Meister nickte huldvoll, konnte es sich aber nicht verkneifen, mir einen ironisch-vergnüglichen Blick zuzuwerfen, frei nach dem Motto: »Ja, so san's, die alten Rittersleit!« In diesem Moment hatte er wieder meine ganze Sympathie.

Am nächsten Tag bei der Fahrt zum Flughafen versuchte mir Franz Heubl im Taxi sein Umfallen in Richtung Franz Josef zu erklären. Seine Deutungen wimmelten von Gemeinplätzen. Sie waren Ausdruck schlechten Gewissens. Ich widersprach ihm nicht, wozu auch! Hier herrschten andere Gesetze, solche: Was bringst du mir, was bring' ich dir? Gefühle sind, bitte sehr, an der Garderobe abzugeben!

Die Flugreise zu den Loire-Schlössern war gut organisiert. Sie verlief nach dem Motto: Schloß, Wirtshaus, Wirtshaus, Schloß. Jahn höchstpersönlich stellte die Speisen- und Getränkefolgen zusammen. Unsere Gesichter wurden rot und röter. Im Bus, den Jahn an der Loire für uns gemietet hatte, lernte ich eine Fähigkeit von Strauß kennen, die meiner Meinung nach auch eine Erklärung seiner ungeheuren Vitalität und seiner Regenerationsfähigkeit ist: Er kann sozusagen mitten im Satz in tiefen Schlaf fallen. Und wenn er dann, am Zielort angelangt, wieder aufgeweckt wird, ist er völlig frisch. Wenn er also nicht gerade schlief, erzählte er Schwänke aus seinem Leben. Sie wurden pflichtschuldigst belacht. Auch wenn sie so komisch wiederum nicht waren. Die Schlösser »machten« wir im Eiltempo. Fast wie die Amerikaner. Strauß erging sich am liebsten wie Charles de Gaulle in einem »Bain de Masse«, in einem Bad in der Menge. Seine Lieblingsbeschäftigung war Händeschütteln und Autogramme geben. Dannecker meinte nach solchen Zeremonien jedesmal: »Ja, so populär ist kein Deutscher. Was ist dagegen der Schmidt, ein Schmidtchen Schleicher!«

Mein Freund Fritz Jahn interessierte sich bei den Schloßbesuchen verständlicherweise mehr für das Funktionieren der »Kuchel«, der Küche. Begehrlich sah er dann und wann auch auf die in den Höfen herumstolzierenden Gockel und Hennen und im stillen, so glaube ich, galten seine Gedanken dem Thema: Die Schlösser im Wienerwald.

Mit einiger Sorge blickte ich dem Abflug entgegen. Wird der Meister wohl gar selber …? Ich sah sein dunkelrotes Gesicht. Wir stiegen in die Maschine. Strauß entledigte sich seines Rokkes. Die Hosenträger wurden sichtbar, deren Elastizität er ein paar Mal durch Anspannen und Loslassen prüfte. Dann krempelte er die Ärmel hoch: »Nur keine Aufregung«, hörte ich plötzlich den Bürgermeister Hofmann zu mir sagen: »Starten wird er nicht. Das erledigt der Pilot. Ich hab' alles klargemacht.« Mir fiel ein Stein vom Herzen.

Der Start klappte wundervoll. Später aber gerieten wir in ein Gewitter, daß uns Hören und Sehen verging. Ich knallte an die Dekke, die Narbe ist heute noch sichtbar. Hagel, Blitz und Donner. Staatssekretär Neubauer und ich schauten uns immer wieder fragend an. Jeder bemühte sich, Haltung zu bewahren. Der Franz Hofmann machte es uns dabei nicht gerade leicht. Immer wieder erzählte er Geschichten, auf welche Art man abstürzen könne. Besonders wies er uns auf die Gefahr von Vereisungen hin. Wir schauten unwillkürlich etwas ängstlich auf die Tragflächen: »Noch kann man nichts sehen«, meinte ungerührt der unterfränkische Gemütsmensch.

Allmählich ließ das Gewitter nach, und kurz vor München hörte es ganz auf. Strauß übernahm die Maschine und landete wieder einmal höchstpersönlich und gut. Wir applaudierten, wie üblich. Mit etwas wackligen Beinen stieg ich aus der Maschine. Mir reichte es. Den obligaten Franziskaner-Besuch machte ich diesmal nicht mit. Im übrigen bemerkte ich, daß ich mich nicht mehr so ganz zugehörig fühlte und daß es meinen »Clubfreunden« mit mir wohl ähnlich erging. Aber noch überwog auf beiden Seiten das Nützlichkeitsdenken …

11.
Der Zweck heiligt die Auswahl

Im August 1978 stand wieder eine Club-Reise vor der Tür. Um den harten Kern gruppierten sich der bayerische Finanzminister Streibl, ihn wärmten wieder die Strahlen der Strauß'schen Gnadensonne, nachdem er einige Zeit in den Schatten gestellt war und den Sonnenplatz kurzfristig seinem Rivalen, Wirtschaftsminister Jaumann, überlassen mußte. Strauß und der Schwabe Jaumann mochten sich nie. Bis Jahn eingriff und zu mir sagte: »So geht's ja net weiter, schließlich muaß i mit'm Strauß und mit'm Jaumann leben – als G'schäftsmann!« So arrangierte er ein Treffen in seiner Wienerwald-Zentrale. Zunächst ließen beide Dampf ab und beschimpften sich heftig. Dann beruhigten sie sich. Der Alkohol tat ein übriges und am nächsten Tag erfuhr die staunende Mitwelt, daß ausgerechnet der Wirtschaftsminister den CSU-Chef zu einer wichtigen Auslandsreise begleiten sollte. So nachtragend er auch ist, hat Strauß nie ein altes bayerisches Sprichwort außer Acht gelassen: »Man soll einen Besen nicht wegschmeißen, sondern nur in die Ecke lehnen. Man weiß nie, wann man ihn wieder braucht.« Strauß spielte geradezu weltmeisterlich auf dem Klavier der Gefühle seiner Jünger. »Teile und herrsche« war für den alten Lateiner die Devise. Zu groß werden darf sowieso keiner.

In Bayern ist man an heftige Pendelschläge in den menschlichen Beziehungen durchaus gewöhnt: Wer hierzulande etwas werden will, muß das aushalten und für eine göttliche Fügung nehmen. Diesmal war Dr. Fritz Zimmermann dabei, dessen Verhältnis zu Strauß nie von überströmender Herzlichkeit war und wohl nie sein wird. Ihr Verhältnis ist eine Zweckgemeinschaft. Und jeder weiß wohl vom anderen sehr viel! Während der Reise bestätigte Zimmermann mir gegenüber meine Beobachtung, daß bei ihm gegen Strauß eine gewisse Reserve bestünde und wohl bestehen bleibe, daß er aber das politische Genie dieses Mannes akzeptiere. Ein weiterer Teilnehmer war der CSU-Finanzexperte Reinhold Kreile, der in seinen Gesprächen immer auf der Suche nach Pointen ist, wobei er nicht immer fündig wird. Aber seine Klugheit und sein taktisches Geschick sind unbestritten.

Auch ein anderer Finanzexperte durfte an der Reise teilnehmen, was wohl als eine Art Wiedergutmachung anzusehen war. Es handelte sich um den bereits erwähnten Ministerialdirektor Lothar Müller, heute Präsident der Bayerischen Landeszentralbank. Ihm war die CSU-Spitze nicht geradezu enthusiastisch zur Seite gestanden, als er im Finanzministerium wegen angeblicher steuerlicher Begünstigung einiger bekannter Münchner Unternehmer ins Schußfeld von Opposition und Presse geraten war. Vom Tegernsee kommend schloß sich uns dann noch Jost Hurler an.

An der Côte d'Azur machten wir zunächst auf dem Landsitz des Moët-Chandon-Vertreters von München – standesgemäßer gesagt – Repräsentanten, Henri François Poncet, Station. Dieser kleine und blasierte Sohn eines nicht unbedeutenden Vaters, des ehemaligen französischen Botschafters bei Hitler, und Bruder eines aktiven Politikers (er war unter Giscard d'Estaing Außenminister), ist ein Meister der Unverbindlichkeit, und ein Gespräch mit ihm hat etwas von der Klebrigkeit eines Kaugummis. Sein Swimmingpool war allerding sehr schön, und wir stürzten uns hinein. Als wir uns erfrischt hatten, machten wir uns wieder auf den Weg und erreichten unser Reiseziel in der Nähe von Port Grimeau, ein herrliches malerisches Landgasthaus. Am nächsten Tag durften wir dann dem Privathaus des großen Meisters einen Besuch abstatten und wurden sogar von Frau Marianne höchstpersönlich bewirtet. Natürlich drehten sich die Gespräche um Politik.

Mit von der Partie war wieder Franz Heubl, aber diesmal weniger beachtet. Streibl, so konnte man sehen und spüren, lag deutlich vor ihm in der Gunst des Meisters. Ich selbst geriet allmählich immer mehr an die Peripherie. Offensichtlich bemerkte man, daß mir die ständigen, byzantinischen Ergebenheitsübungen auf die Nerven gingen. So war's auch. Luft konnte ich mir nur bei dem Schwiegersohn vom Hendl-Jahn, Günther Steinberg, machen, einem sympathischen Mann, der mir allerdings zur Vorsicht riet: »Du kennst die doch, wenn die bös' werden …!« Im übrigen bemerkte ich, der einzige, der es mit der Bewunderung und Freundschaft Strauß gegenüber wirklich ehrlich meinte, war Fritz Jahn. Er sollte ein paar Jahre später erfahren, daß Freundschaft auch eine Einbahnstraße sein kann. Mir war inzwischen längst klargeworden, daß Strauß alles andere als ein Steher ist, dagegen ein Meister in der Delegation von Schuld, wenn etwas schiefgeht.

Hier möchte ich außerdem eine Legende korrigieren. Der Erfinder des umstrittenen Wahlslogans, nach dem die sozialdemokratischen Arbeiter sozusagen dem Nationalsozialismus als Schwungmasse gedient hätten, was historisch zwar nicht unbedingt falsch ist, aber als Wahlpropaganda denkbar unglücklich war, ist nicht der Generalsekretär Edmund Stoiber gewesen, sondern Strauß höchstpersönlich. In jener Zeit beschäftigte er sich wieder einmal als Historiker, und da er mein Interesse für Geschichte kannte, hat er mir erstmals an der Côte d'Azur von diesem Propaganda-Coup, wie er dachte, erzählt. Später sagte er einmal zu mir, der Stoiber habe ihn nicht richtig interpretiert. Aber wann interpretiert man ihn denn schon einmal richtig? Natürlich nur, wenn's gutgeht! Wehe aber, wenn's daneben geht …

Ich erinnere mich zum Beispiel an die sogenannten Kreuther Beschlüsse, wo die CSU ihre Unabhängigkeit von der CDU demonstrierte und auf das Recht ihrer eigenen Fraktion pochte. Damals war man nahe an der Spaltung, sozusagen als Ersatz für die vierte Partei, über die zwar immer gesprochen wurde, die man dabei aber totgeredet hatte. Einige Stunden nach Verkündigung des sensationellen Kreuther Beschlusses saß ich mit Strauß allein in einem Nebenzimmer der »Überfahrt« in Rottach-Egern. Ich bemerkte seine Erregung, die dadurch sichtbar wurde, daß er heftig die Finger knetete. Er wirkte unsicher. Kohl hatte mehrmals versucht, ihn telefonisch zu erreichen. Er ließ sich verleugnen, und schon damals mußte ihm eine Ahnung gekommen sein, daß dies wohl nicht das Gelbe vom Ei sei. Das Weitere ist bekannt. Als es brenzlig wurde, sprang er, wie immer, rechtzeitig vom Kreuther Zug ab, blies zum – allerdings – geordneten Rückzug und meinte, andere hätten das Ganze schlecht inszeniert. Man mag an Dr. Friedrich Zimmermann denken, dem man heute vorwirft, er habe Strauß sozusagen in die Kanzler-Kandidatur »hineingeredet«. – Vor Tisch las man es anders! Wie sagte Strauß (laut »Münchner Merkur«) selbst: »Grundsätze muß man so hoch hängen, daß man notfalls darunter durchgehen kann.«

12.
Vom Wiener Opernball zur Endstation

Endstation meiner »Clubreisen« war ein hübsches Gasthaus in der Nähe von Dachau, das von Dr. Franz Heubl empfohlen worden war. Als ich später, nach meiner Entlassung aus dem Bayerischen Rundfunk, in Heubls Büro erfahren wollte, wie der Name des Gasthauses laute, ließ mir der Herr Landtagspräsident mitteilen, er könne sich an dieses Gasthaus nicht mehr erinnern und im übrigen wäre er sowieso nur äußerst selten beim »Franzens-Clubs« gewesen. Bei Politikern ist es nun einmal wichtig, im richtigen Moment an Gedächtnisschwund zu leiden.
Zu Hause sagte ich, jetzt mag ich nicht mehr, Schluß mit dem Club! Ich leb' mich leichter ohne ihn. Außerdem war die ganze Atmosphäre für mich allmählich bedrückend geworden und wieder ging mir vieles auf die Nerven. Nicht zuletzt Dr. Dannecker. Den Fritz Jahn allerdings mochte ich gern. Sein Schicksal bedauere ich. Sein Sturz muß ihn schwer getroffen haben, vielleicht aber noch mehr die »Haltung seiner Freunde«. Was hatte er nicht alles für sie getan? Wie die Motten das Licht, so umschwärmten sie ihn beispielsweise, wenn der Tag des Wiener Opernballes wieder herannahte. Hier dabei zu sein, war eine Auszeichnung, war der Olymp der gesellschaftlichen Anerkennung. Extra zu diesem Anlaß wurden Fräcke gekauft. (Ich habe mir lediglich einen geliehen, denn ich konnte mir nicht vorstellen, daß ich allzuoft zu diesem Opernball eingeladen würde.) Bereits in den Flugzeugen knallten die Champagnerkorken. Fürstlich war man untergebracht, und alles arrangierte und bezahlte Jahn. Drei Logen in bester Lage standen zur Verfügung. Die Frack-Brüste der Herren schimmerten im Glanz ihrer Orden, die Damen zeigten sich in prächtigen Roben, ihre Schmuckstücke glitzerten mit den Orden der Herren um die Wette. Und überall floß der Champagner in Strömen! Geschäftig lief der begehrte österreichische Kommerzialrat Friedrich Jahn umher und sorgte für interessante

Gesprächsrunden. Wenn Not am Mann war, bediente der damalige »Umsatzriese« (zwei Milliarden, davon drei Millionen Mark jährlichen Gewinnes) manchmal sogar selbst. Feindschaften wurden vergessen, oder man tat so. Da sah man dann den Kreisky mit Strauß, den Ertl mit der Carolin Reiber im Gespräch. Es war, als wäre die »Belle Époque« wieder auferstanden. Vergessen waren die Niederungen der Politik. Ich gestehe, daß mich dieser Glanz nicht unbeeindruckt ließ, aber manche Leut' – zumindest einige meiner bayerischen Landsleute …

Ich erinnere mich, daß unsere ganze Gesellschaft am Morgen des nächsten Tages nach Grinzing fuhr, wo das zeitweilige Clubmitglied Heckelmann für eine, wie es schlicht hieß, Brotzeit gesorgt hatte. Die Tische bogen sich unter den Delikatessen. Die erlesensten Weine wurden aufgefahren. Strauß hielt wieder eine Rede, diesmal auf den Geist des Weines, die aber, wohl weil er ihm selbst inzwischen schon etwas zuviel zugesprochen hatte, nicht gerade berauschend ausfiel. Trotzdem auch hier, wie immer, Applaus. Meine Frau, die manchmal einen Sinn für makabren Humor entwickelt, meinte angesichts der illustren Gäste-Schar: »Wenn jetzt am Eingang ein paar Gangster oder Terroristen auftauchten und alle gefangennähmen, könnten sie eine blanke Milliarde als Lösegeld fordern. Dich aber würden sie wahrscheinlich als Unterhändler brauchen, denn von unsereinem ist nicht allzuviel zu holen.« Aus der Vielzahl seien nur genannt: ein schwerreicher Schweizer Bankier, der damalige Chef der Bayerischen Landesbank, Jakob, der persische Botschafter, die bildschöne »Förster Christl aus der Oberpfalz« und damalige Gattin von Karl Friedrich Flick. Ab und zu sah ich Strauß und Jakob aufsteh'n und für kurze Zeit im Freien verschwinden. »Jetzt hat wieder eine Million zugunsten der CSU den Besitzer gewechselt«, witzelte ein Tafelteilnehmer.

Rückflug! Natürlich 1. Klasse: »Was kostet die Welt, ich kauf' mir sie.« Wie oft mag auch Jahn, der sich mit bewundernswertem Fleiß und großem Geschick vom Kellner zu einem reichen Konzernherrn emporgearbeitet hatte, an diesen Spruch geglaubt haben. Und dann gingen die Geschäfte schlecht, und dann gingen sie noch schlechter ... Und dann war's plötzlich ganz aus! Wo blieben seine Freunde? Wo blieb Strauß, sein allerbester? Zunächst ließ er nichts von sich hören. Dann sickerten abwertende Bemerkungen durch und gelangten an die Öffentlichkeit. Dann traf er den Jahn bei einem gesellschaftlichen Ereignis. Statt ihm eine helfende Hand zu reichen, wusch er ihm den Koppf, wie man auf bayerisch sagt. Er warf ihm Fehlverhalten und alles mögliche vor. Jetzt aber hätte es freundlicher Worte und Einfühlsamkeit bedurft, jetzt war das Kopfwaschen überflüssig wie ein Kropf und bewies Gefühlskälte. Hatte Strauß nicht noch vor ein paar Monaten in der Fernsehsendung »Lebenslinien« die unternehmerische Leistung seines Freundes über den Schellenkönig gelobt? Jetzt aber sagte er auf eine diesbezügliche Frage auf einer Pressekonferenz: »Der hätt' halt bei seinen Hendln bleiben sollen ...!« Ja, Freunde in der Not ... Wie heißt's so schön: »Da habt's mein letztes Grandl, nun spuid's ma nomoi auf.« Aber das Mitsingen wird dem Jahn inzwischen vergangen sein.

In meiner Erinnerung bleibt Jahn der hilfsbereite Mann, der eine offene Hand und einen offenen Geldbeutel hatte. Im Zusammenhang mit Strauß und meinen Beobachtungen über ihn würde ich sagen: »Der Geldbeutel, das unbekannte Wesen.« Nie habe ich Strauß selbst zahlen gesehen ...

Fazit: Freundschaft suchte ich, gefunden habe ich Kumpanei. Bei nicht wenigen in diesem Kreise waren die Ellbogen der am stärksten entwickelte Körperteil. Es war eine Gesellschaft, zu der man durch Erfolg Zutritt und bei Mißerfolg den Stuhl vor die Tür gesetzt bekam. Es war eine reine Männergesellschaft und es fehlte eben das moderierende und versöhnliche Element der Frauen. Es war König Arthurs Tafelrunde unter dem »Kreuz des Südens«, wo die höfische Ritterrüstung durch Krachledernheit und Hemdsärmligkeit ersetzt wurde.

13.
Der Vorhang fällt

Das Spiel war aus, eine Rolle zu Ende. Schon seit langem wollte ich diese Rolle loswerden. Die äußeren Umstände beschleunigten die Absetzbewegung.

Gespielt wurde auf einer Bühne, die als Mischung zwischen Volks- und Schmierentheater zu sehen ist. Das Bühnenbild bestand aus zwei Schauplätzen: große Bierzelte und abgeschirmte Nebenstuben. Es waren immer die gleichen Personen, die einmal da und dann wieder dort auftraten. Als Kostüme waren Trachtenanzüge bevorzugt, gesprochen wurde Dialekt, vor allem altbayerisch und fränkisch.

Die Handlungen bewegten sich auf zwei Ebenen, einer internen und einer externen. Intern wurde Klartext gesprochen: Wie kriegen wir den einen weg, wie kriegen wir den anderen hin? Extern verbreitete man großzügig Versprechungen und übte sich in falschen Schwüren. Besungen wurde vor allem das »Bayernlandl«, oder »Franz-Josefs-Land«. Die erhabenen Berge wurden gepriesen und die bösen Grünen als Spielverderber gebrandmarkt, die darauf hinwiesen, daß sie allmählich zubetoniert würden. Silberne Wälder wurden gerühmt, denen allerdings mittlerweile durch sauren Regen die Haare, sprich Nadel und Blätter ausfallen. Die Glatzen in der Landschaft sind ja kaum noch zu übersehen. Aber 's Büchserl knallt und der Rehbock fallt. Postkartenidyllen, wie sie die Preußen lieben. Die lieben ja die Bayern als Exoten, auch die Politiker. Mir reichte es.

Daß ich eine Zeitlang in diesem Stück mitgespielt habe, spricht nicht für mich. Es entlastet auch nicht der Hinweis, daß mir die zugeschriebene Rolle zunehmend schwerer fiel. Bedauerlich ist, daß man meistens in jener Rolle den größten Erfolg hat, die man am wenigsten schätzt. Aber ich habe mir diese Rolle bewußt und konsequent abgeschminkt. Die Entlassung hat diesen Vorgang lediglich beschleunigt.

Das muß man aber wissen: diese Politik gehört zu Bayern wie das Salz zur Suppe. Eine Kleinigkeit zuviel – und die Suppe ist versalzen. Man kann es bereits schmecken. Die Jungen haben den Appetit verloren. Ich kann es verstehen. Aber was wird man uns eines Tages als Ersatz auftischen?

Der »Franzens-Club« dürfte inzwischen an Bedeutung verloren haben. Was macht das? Strauß hat noch ein weiteres Standbein, das ihm Bewegungsfreiheit auch außerhalb der Staatskanzlei verleiht, und besonders im Ausland wichtig ist: die »Stiftung«.

14.
»Sag eahm an scheena Gruaß!«

Konnte man den Franzens-Club als eine Art inoffizielles Macht-
instrument für Strauß bezeichnen, so ist die Hanns-Seidel-Stiftung vor allem als der verlängerte Arm des bayerischen Ministerpräsidenten im Ausland zu sehen. So werden nicht zu Unrecht
die Residenzen der Hanns-Seidel-Stiftung von den Botschaften
und Gesandtschaften quasi als Konkurrenz-Unternehmen angesehen. Die Stiftung untersteht dem bayerischen Arbeitsminister
Dr. Fritz Pirkl. Er ist Garant einer sauberen Geschäftsführung.
Die treibende Kraft aber ist ihr bisheriger Geschäftsführer Siegfried (Sigi) Lenggl, ein Strauß ergebener Mann, der allerdings vor
kurzem – mit verbrieftem Rückkehrrecht – als beamteter Staatssekretär ins Bonner Entwicklungsministerium abgewandert ist.
Wenn er nicht gerade in Afrika, Asien und Südamerika unterwegs ist, »residiert« er im »Bräustüberl« am Tegernsee. Da erzählt er dann den Stammgästen, wie's draußen in der großen weiten Welt ausschaut, wer für Strauß ist, oder wer es wagt, gegen
ihn zu sein. Die Stammgäste fühlen sich dann geehrt, im Bräustüberl die Zugluft der Weltgeschichte zu verspüren.
Die Stiftung, die sich in der Entwicklungshilfe große Verdienste
erworben hat und auch auf anderen Gebieten durchaus erfolgreich war, hat große finanzielle Gönner, auf denen die flinken
kleinen Äuglein des großen Vorsitzenden wohlgefällig ruhen.
Über die Vertreter der Stiftung bekommen sie, sozusagen als Ge-
genleistung, Zugang zu den Potentaten der einzelnen Länder.
Ich konnte dies in Togo beobachten.
Wie kam ich dorthin? Eines Tages bat mich die Stiftung, nach
Togo zu fliegen, um den dortigen Kollegen beim Aufbau einer
Fernsehstation behilflich zu sein. Ich nahm das Angebot gerne an
und flog, selbstverständlich erster Klasse, über Lagos nach Lomé, der togoischen Hauptstadt. Dort holte mich die Residentin
ab, eine Geologin, die, wie sich später herausstellen sollte, eher

am Urgestein des Landes interessiert war als an den Stolperstei-
nen der Politik. In Lomé kümmerte sich zunächst kein Mensch
um mich. Untätig lag ich in der Sonne, bewunderte die schwarzen Schönen und hielt meinen Kreislauf unter anderem dadurch
in Schwung, daß ich mehrmals am Tage zum Schwimmen ging.
Außerdem versuchte ich mich in die Geschichte des Landes ein-
zulesen und der Hotelchef unterhielt mich mit Geschichten über
Besucher der Bundesrepublik, die sich als menschlich, allzu
menschlich auswiesen. Schwamm drüber, »... der werfe den ersten Stein!«

Interessantes war jedoch über die Geschäftsbeziehungen zwischen unserem Freistaat und Togo zu erfahren. Der Fleischhan-
del war und ist fest in bayerischer Hand. Die Rosenheimer
Fleischfabrik Marox, die Herrn Josef März gehört, der wiederum der Familie Strauß in Freundschaft zugetan ist, besitzt dort
Tierfarmen und Verarbeitungsfabriken. März, stellvertretender
Vorsitzender des Wirtschaftsrates der Union, ist ein erfolgreicher Wanderer zwischen allen (Geschäfts-)Welten. Im großen
Stil betrieb er, laut ›Spiegel‹, Viehhandel mit den Ostblockstaaten, unterhielt nicht nur in Togo, sondern auch in Gambia und
Zaïre Rinderfarmen, Konservenfabriken, Restaurants, Baufir-
men, eine Nudelfabrik, eine Reismühle, Destillerien und Braue-
reien. Quasi nebenbei war er auch einmal CSU-Bezirksschatz-
meister von Oberbayern! Wer so viele Schätze hebt, kann auch
einen verwalten ... Richtig aber ist auch, daß März in Togo nicht
nur Geschäfte gemacht, sondern auch uneigennützig für das
Land gewirkt hat.

Nach zwei Tagen Nichtstun durchstreifte ich das interessante
Land, in dem übrigens noch heute von den alten Togoern mit
Hochachtung von den ehemaligen deutschen Kolonialherren gesprochen wird. Übrigens, die alte Schreibweise »Togolese« wurde von »Togoyer« verdrängt. Togolese erinnerte zu sehr an die
französische Kolonialzeit. Politisch ist Togo praktisch ein Ein-
parteienstaat, der nach dem Muster der Ostblockländer organisiert und sozialistisch ausgerichtet ist. Nicht wenige der dortigen

Spitzenfunktionäre sind übrigens in Moskau, vor allem aber in Prag auf die kommunistischen Kaderschulen gegangen. Ihnen geht es jetzt wie den französischen, mittlerweile auch vielen deutschen Intellektuellen: Sie tragen das Herz links, den Geldbeutel aber rechts. Das heißt, man schätzt die Entwicklungshilfe des Westens hoch ein, was das Geld angeht, mentalitätsmäßig steht man aber manchen Entwicklungshelfern aus den sozialistischen Staaten näher. Ohne Frage sind die Chinesen und die Koreaner uns psychologisch auf diesem Gebiet weit überlegen. Sie verstehen es besser, auf die Mentalität und die Sensibilitäten der Schwarzafrikaner einzugehen.

Endlich erfuhr ich im Hotel, daß der »General« mich zu empfangen geruhe. Der General ist das Staatsoberhaupt, der Diktator Ejadema. Ich machte mich auf den Weg ins Camp, einem Militärlager, wo sich Ejadema am liebsten aufhält, wohl auch, weil er sich dort am sichersten fühlt. Was ich nun offiziell mit ihm besprechen sollte, war mir noch nicht ganz klar. Als ich kurz vor Antritt der Reise Strauß fragte, ob ich irgendeine Botschaft überbringen sollte, meinte er kurz: »Sag eahm an scheena Gruaß!« So beschloß ich für mich, den Besuch wenigstens zu einem Interview zu nützen.

Hatte ich bisher nur die togoischen Schokoladenseiten kennengelernt, so sah ich schon am Tor des Camps die diktatorische Realität. Überall standen schwerbewaffnete, riesige Kerls, fuchtelten aufgeregt mit ihren Stöckchen herum und behandelten die Besucher wie den letzten Dreck. Die Bittsteller hockten in Ermangelung von Sitzgelegenheiten unter einem riesigen Baum, um sich vor den sengenden Sonnenstrahlen zu schützen. Mich schnauzte ein riesiger Gardist auf französisch an: »Was willst du hier?« Schöner Empfang für den Botschafter guten Willens aus Bayern, dachte ich innerlich und sagte laut und bestimmt: »Erstens verbitte ich es mir, geduzt zu werden, und zweitens hat mich der General persönlich eingeladen. Machen Sie schnell, ich hab keine Zeit!« Dem Wachmann, solche Töne offensichtlich nicht gewöhnt, blieb vor Staunen der Mund offen.

Aufgeregt stürzte er ans Telefon, nahm dabei Haltung an, berichtete von meinem Begehren. Nach diesem Gespräch war er wie verwandelt, entschuldigte sich unentwegt, komplimentierte mich zum Auto, schnauzte seine Wachleute an, die nicht schnell genug die Wagentür öffneten, und los ging's zum General. Unterwegs konnte ich sehen, daß das Camp von schwerbewaffneten Soldaten nur so wimmelte. Verständlich, daß Ejadema, in dauernder Angst, eines Tages so mir nichts, dir nichts einen Kopf kürzer gemacht zu werden, sich inmitten der Armee am sichersten fühlte.

An der Veranda des Präsidentenhauses erwartete mich ein weißer Offizier, Brite. Er war wohl eine Art Instrukteur. Wir kamen ins Plaudern, der General war mit einer Audienz noch nicht fertig. Der Engländer erzählte von seinen Kriegseinsätzen und sang dabei das Hohelied von der Tapferkeit der deutschen Soldaten. Ich gab zu erkennen, daß ich bei der Waffen-SS gewesen sei. Dies beeindruckte ihn sehr, und er riet mir, davon auch dem Präsidenten zu erzählen. Ejadema sei Sergeant der französischen Armee gewesen und habe im Indochina-Krieg gekämpft: »Erzählen Sie ihm vor allem von Ihrem Einsatz gegen die französischen Truppen, das wird er besonders gerne hören.«

Ein Diener kam und geleitete mich zum Präsidenten. Hinter einem großen, sauber aufgeräumten Schreibtisch saß ein massiger, schwergewichtiger Mann, flinke, prüfende Augen in einem tiefschwarzen Gesicht, das die gefährliche und unter Umständen zu falschen Schlüssen verleitende Bonhomie solch starker Tatmenschen aufweist. Das Gesicht wurde beherrscht von einem mächtigen, Entschlossenheit verratenden Kinn. Ich begrüßte ihn mit: »Mon Géneral!« Das ging ihm runter wie Öl. »An scheener Gruaß«, selbstverständlich auf französisch, schickte ich noch nach. Beim Namen Strauß strahlte er: »Un très grand homme, François ›Schosèff‹, le plus grand de l'Allemagne« – (»Franz Josef, der größte Deutsche«) – na also! – »Prends-place, mon vieux!« – (»Nimm Platz!«). Weil er François »Schosèff« duzt, übertrug er die Duzfreundschaft auch auf mich.

Auf die Frage, ob ich Soldat gewesen sei, antwortete ich: »Oui, mon Géneral, Sergeant, comme Vous, mon Géneral!« Wir unterhielten uns über den Krieg und er sprang von Schlacht zu Schlacht, von Sieg zu Sieg. Plötzlich kam er auf die damals in Deutschland herrschende Terrorwelle zu sprechen. Er deutete auf seine Pistole: »Ici pas de problèmes, pas de problèmes, bum, bum, bum und nix mehr Baadèr-Menòff!« (Meinhoff) Dann meinte er, die Deutschen wären auch nicht mehr die Alten, und es wäre Zeit, daß ein starker Mann käme, wie »François Schosèff! Hast du eine Ahnung, denke ich, der »Schoseff« und ein starker Mann? Aber nichts ist halt langlebiger als eine einmal in die Welt gesetzte Legende. Wir sprachen über die Kolonialzeit. Plötzlich hieb er auf den Tisch: »Die Franzosen, diese Kolonialisten, meinen Vater haben sie erschlagen, weil er sich nicht vor ihnen duckte.« – »Comme-moi, je resiste à tout le monde!« Und er sprang auf und zeigte seine Athletenfigur. Jetzt verstand ich, daß er einstmals der beste Ringer der Armee war und als junger Mann jeden Gegner schulterte. Als Ringer betätigt er sich angeblich noch jetzt und schultert auch noch jeden. Was bleibt seinen Gegnern denn auch übrig, der Herrscher im Staube, das kann doch niemand verantworten? Dabei kam mir eine Erinnerung an die Waffen-SS in den Kopf. Bei einigen ihrer Divisionen war es üblich, daß die Untergebenen ihre Offiziere beim Sportunterricht zum Boxkampf herausfordern konnten. »Dampf ablassen« würde man das heute nennen, eine gute Sache.
Ich schrak auf. Plötzlich drückte Ejadema auf einen der vielen Knöpfe auf der Schreibtischplatte. Lautlos öffnete sich eine Tür und ebenso lautlos kam eine Person herein: der Finanzminister, wie ich später erfuhr. In fast demütiger Haltung stand er vor seinem Herrscher. Er reichte ihm einen Brief. Ejadema las ihn lange. Bewußt lange, wie es mir schien, denn ich konnte sehen, daß der Brief nur aus ein paar Sätzen bestand. Dies schien Routine zu sein, Demonstration von Gründlichkeit, von genauer Entscheidungsfindung. Plötzlich warf er den Brief über den Tisch. Er flatterte zu Boden. Eilfertig bückte sich der Minister, steckte ihn

ein, und nach ein paar Sätzen war er entlassen. Unschlüssig stand er vor der verschlossenen Tür: »Alors, qu'est ce que tu attends?« – »Worauf wartest du?« Der Minister deutete verlegen lächelnd auf die Tür. Sie war automatisch versperrt. »Viens, tu es propre?« – »Bist du sauber?« Der Minister nickte ergeben: »Pas de mauvaises idées?« – »Keine schlechten Gedanken?« – »Mais non, mon président!« – »Alors, va t'en!« – »Hau ab!«

Mir fällt wieder François »Schoseff« ein: Wenn der seine Minister auch so examinieren würde? – »Keine schlechten Gedanken?« Plötzlich schien wieder eine Idee durch Ejademas Gehirn zu zucken. Wieder Knopfdruck, wieder der Soldat.

»Faites un paquet qour mon frère.« – »Machen Sie ein Paket für meinen ›Bruder‹«.

Die »Bruderschaft« geht auf eine alte afrikanische Sitte zurück. Wenn man am Lagerfeuer vom gleichen Wild nimmt, wird man »Bruder«. Unser Lagerfeuer war symbolisch. Es war im Präsidenten-Bungalow.

Ich bedankte mich respektvoll. Mein »Bruder« hatte lange Zeit für mich gehabt.

Der Präsident stand auf, salutierte, ich ebenfalls, und ich war entlassen. Zum Abschied sagte er noch! »Mes compliments à François Schosèff et au revoir à Munich.« Auch dem Franz Josef habe ich später den »scheena Gruaß« ausgerichtet. Schwarze unter sich!

Draußen wartete der Soldat. Unter dem Arm hatte er eine riesige Schachtel. Von den Kanten tropfte Blut herunter. Büffelblut! Wir verstauten die Schachtel im Auto und vorbei an den beflissen salutierenden Wachen ging's zurück ins Hotel. Dort beriet ich mich mit dem Küchenchef. Was tun? Die Büffelschulter reichte ja mindestens für zehn Tage. Verschenken? Geht nicht! Wenn das mein »Bruder« erführe? Also aß ich in den nächsten Tagen Büffelschulter in allen Variationen, den Rest bekam das Personal.

Am nächsten Tag erhielt ich einen Anschauungsunterricht, was afrikanische Staatskunst ist und wie man eine Sache »verkauft«.

Ich war Titelseite der größten Zeitung des Landes, der »Togo Presse« geworden und avancierte zum Direktor des Bayerischen Fernsehens. Dies allerdings unter dem verstümmelten Namen »Hubert Schön«. Die Überschrift hieß: »Le président Eyadema a reçu hier des émissaires tchadien et libérien ainsi que le directeur de la Télévision bavaroise.« Weiter stand zu lesen, der »Direktor des Bayerischen Fernsehens« habe eine Botschaft von dem Ministerpräsidenten Strauß (was macht es, daß er es damals noch nicht war?) überbracht. Dazu wörtlich: »Über den Inhalt des Gesprächs wurde nichts verlautbart.« Also, jetzt war ich auch noch Geheimnisträger. Den togoischen Presseleuten, wie ich es versuchte, zu erklären, was ein Programmbereichsleiter oder Hauptabteilungsleiter ist, war unmöglich. Für solche »Spezialitäten« hatten sie keine Antenne, zu Recht! Bereichsleiter klingt in der Tat nach Sparkasse. Im »Hotel de la Paix« avancierte ich zum Stargast. Man las mir jeden Wunsch von den Augen ab, mir, dem Generaldirektor, Geheimnisträger und »Bruder« des Präsidenten. – Soll ich lügen und sagen, mir war's zuwider? Nein, irgendwo tat's mir ganz wohl. Auf Parties wurde ich herumgereicht, nur vom Fernsehen – weswegen ich eigentlich hier war – bekam ich niemanden zu Gesicht. Wozu auch. Das Wichtigste war und blieb der »scheena Gruaß«!

LA PAROLE DU GUIDE

— L'œuvre de développement est là qui nous attend, exaltante et grandiose. Mais pouvons-nous l'accomplir avec efficacité sans l'ombre tutélaire de la Paix ?

**Général d'Armée
Gnassingbé Eyadéma
Président-Fondateur
du RPT**

GRAND QUOTIDIEN D'INFORMATION

TOGO PRESSE

DENYIGBA DEJADE

SEIZIEME ANNEE   **Prix 20 frs**   NUMERO 4730   Jeudi 16 Février 1978

Audiences du chef de l'Etat

Le président Eyadéma a reçu hier des émissaires tchadien et libérien ainsi que le directeur de la Télévision bavaroise

Le président de la Répu...

CEE-ACP

Le mémorandum pour la renégociation de la Convention de Lomé adopté

STRASBOURG, (AFP) — La commission des Communautés Européennes, réunie à Strasbourg, a adopté hier matin un mémorandum relatif à la

Immédiatement après cette adoption, le commissaire Claude Cheysson a informé la Commission du développe-

Eines Tages gab's große Aufregung. Der Informationsminister erzählte mir anläßlich eines Besuches, der große bayerische Politiker Huber sei entführt worden. Ich dachte, der Ludwig Huber, der ehemalige Kultus- und Finanzminister und jetzige Chef der Bayerischen Landesbank, sei damit gemeint. Der Minister klärte mich auf, nein, es handle sich um einen anderen Huber, einen, der ganz in der Nähe von Franz Josef sei. Nun fiel bei mir der Groschen. Es konnte sich nur um Dieter Huber handeln, den Referenten der Landesleitung für auswärtige Fragen bei Franz Josef Strauß. Ich kannte ihn und mochte ihn recht gerne. Übrigens, der »Fall Huber« ist bis heute noch nicht völlig aufgeklärt ... Für die Togoyer war's wieder ein Zeichen unserer Schwäche. Allgemeine Meinung unter den Funktionären: »Chéz nous, pas possible!« – »Bei uns ist so was nicht möglich!«

Kurz vor meiner Entlassung aus dem Bayerischen Rundfunk wurde ich wieder an meinen »Arbeitsaufenthalt« in Togo erinnert. Bei der bayerischen Regierung im allgemeinen und dem Herrn Ministerpräsidenten im besonderen war ich schon in Ungnade gefallen. So wurde ich auch zum Besuch des Präsidenten Ejadema selbstverständlich nicht mehr eingeladen. Aber »mein Bruder« hatte mich nicht vergessen – »Où est Monsieur Franz?« fragte er seine bayerischen Begleiter. Verlegenes Achselzucken. »Je voudrais bien le voir.« (»Ich möchte ihn gerne sehen.«) Daraufhin telefonierte man wie der Teufel hinter mir her, erreichte mich endlich und druckste herum: ... es wäre ja lediglich ein Versehen, daß keine frühere Einladung erfolgt sei, ich möge doch bitte entschuldigen, aber um 1 Uhr wäre ein Treffen in Münchens Nobelschänke Käfer mit Präsident Ejadema, und da möchte ich doch ... es wäre äußerst dringlich und wichtig usw. Meine erste Reaktion war: Jetzt könnt ihr mich mal, und so stellte ich mich bockig. Schließlich gewann aber mein Wunsch und die Freude, Ejadema wiederzusehen, die Oberhand. Und dann war ich richtig gerührt, als ich merkte, daß auch ihn das Wiedersehen bewegte. In seiner unverbildeten, rauhen Art empfand ich ihn jetzt viel angenehmer als die gelackten und unpersönlichen Staatsdiener,

Bayerisch-Togoische Gesellschaft e.V.

DIE PRÄSIDENTEN:

Dr. h. c. Franz Josef STRAUSS
Bayerischer Ministerpräsident

General Gnassingbé EYADEMA
Präsident der Republik Togo

URKUNDE

Über die Verleihung der

EHRENNADEL

der Bayerisch-Togoischen Gesellschaft an

Herrn Franz SCHÖNHUBER

München

für besondere Verdienste bei der Hilfe für Togo im Sinne der
Völkerverständigung und der Völkerfreundschaft
und für das engagierte Eintreten für die Ziele der
Bayerisch-Togoischen Gesellschaft.

München, den 11.8.82.

Dr. Fritz Pirkl
Staatsminister

Ministerpräsident Dr. h.c. Franz Josef Strauß,
Präsident der Bayerisch-Togoischen Gesellschaft

Sepp Prentl
Oberst a.D.

die um ihn herumwienerten. Er ist auch in seiner Mentalität farbiger und echter als nicht wenige der weißen »Schwarzen« im Dschungel der bayerischen Politlandschaft. Im übrigen hat Ejadema ein weites Herz für Freunde. Da passen viele hinein: Nicht nur unter anderen Strauß und ich, sondern auch ... Ghadaffi. Als ein bayerischer Politiker den togoischen Staatspräsidenten beim Essen fragte, wohin er denn von hier aus fliege, antwortete der schwarze General ungerührt: »Von München nach Tripolis, zu meinem ›ami‹ Ghadaffi.« Dem Politiker wäre beinahe der Löffel aus der Hand gefallen ... Soviel zur »Stiftung«.

Nachtrag: Einige Monate nach meiner Entlassung bekam ich eine Ehrenurkunde nebst Nadel von der »Deutsch-Togoischen Gesellschaft«: für meine Verdienste um Togo. Unterschrieben hatten der Präsident, Oberst Prentl und Franz »Schosèff« Strauß.

15.
Bei Hailie Selassie und Kenyatta

Mein Beruf brachte es mit sich, daß ich viel reisen mußte, und
zwar jenseits der ausgetretenen Pfade des Tourismus.

Aber meine Reisen waren vielfach sehr flüchtig, der journalistische Druck, möglichst schnell möglichst viel zu sehen, verhinderte leider des öfteren ein intensives Kennenlernen von Land
und Leuten. Wenn ich auch mehrfach in Nord- und Südamerika,
in Asien und Afrika war, richtig »eingelebt« habe ich mich in
Frankreich, Ungarn, der Tschechoslowakei und der Türkei. Ein-
zelreisen zog ich vor, aber berufsbedingt kam es auch zur Teilnahme von Gruppenreisen. Von zwei solcher Reisen möchte ich
berichten, zum einen, weil sie eine Fortsetzung meiner persönlichen Erfahrungen mit schwarzen (echten!!) Potentaten beinhal-
ten und andererseits die Verkrampftheit des Ost-West-Verhält-
nisses auf anderer Ebene demonstrieren.

Ich gehörte zu den Teilnehmern einer good-will-Tour in Sachen
Olympia ein paar Monate vor Beginn der Spiele 1972. Sie war gemeinsam vom Olympischen Komitee, der Stadt München und
dem Freistaat Bayern organisiert worden. Teilnehmer waren Politiker, Funktionäre und Journalisten. Die Leitung hatte der damalige bayerische Finanzminister Dr. Ludwig Huber, als Spiritus rector galt der Olympia-Pressechef Hans (Jonny) Klein.

Wir beglückten den afrikanischen Kontinent und reisten zuerst
nach Äthiopien, dann nach Kenia. Meine Spannung war groß,
sollten wir doch zwei der bedeutendsten afrikanischen Staatschefs kennenlernen, Kaiser Hailie Selassie von Abessinien und
Jomo Kenyatta, den Präsidenten von Kenia. Wie üblich drehten
sich auf dem Flug unsere Gespräche weniger um die auf dem Programm stehenden Länder, sondern um Interna und Intimitäten
des diesbezüglich ja so reichhaltigen und farbigen bayerischen
Freistaates. Leut' ausrichten ist bekanntlich eine Lieblingsbeschäftigung von Journalisten und Politikern. Diesmal wurde der

Vogel gerupft. Die sensationelle Kunde von der Scheidung des damaligen Münchner Oberbürgermeisters Dr. Hans-Jochen Vogel von seiner liebenswürdigen Gattin Ilse erreichte uns in Afrika und schon wurden Karrierespekulationen angestellt: Ist er angeschlagen? Wird er es noch mal schaffen? Ludwig Huber, tat sich mit einigen Sarkasmen besonders hervor, für die er ja bekannt und gefürchtet war. Er hatte übrigens eine Art Butler mitgenommen. Dieser Mann wurde später auch noch Manager des damaligen Mittelstürmers der Nationalmannschaft und »Bombers der Nation«, Gerd Müller. Geruhte Huber zu ruhen, so ließ er sich die Schlafdecke von seinem »Butler« und Manager in spe über den Körper breiten. Das Zudecken scheint bei manchen CSU-Größen sowieso eine bestimmte Rolle zu spielen; genüßlich wurde in dem bereits angeführten Dossier gegen Präsident Dr. Franz Heubl ausgebreitet, wie er von Beamten die Decke über sich ziehen ließ, wenn er sich zu seiner täglichen Siesta zurückzog. Es ist sicher sehr ermüdend, CSU-Minister zu sein.

In Addis Abeba sind mir zwei Begegnungen in Erinnerung geblieben. Die Audienz beim Kaiser und das Zusammentreffen mit einem der größten Sportler aller Zeiten, dem zweimaligen Olympia-Sieger über die Marathonstrecke Abebe Bikila. Als wir vor der Residenz des Kaisers standen, mußte ich an meinen alten Russischlehrer und Freund, den russischen Emigranten George Kiwero, denken, der hier als Architekt eine Zeitlang gearbeitet und den Palast mitentworfen hatte. Die Audienz ließ sich für mich schlecht an. Wegen meiner Französisch-Kenntnisse als Sprecher auserkoren, trat ich kurz vor meiner Dankesrede auf einen der winzigen Hunde des Kaisers, die haufenweise herumwimmelten. Der Hund jaulte auf, der Kaiser und »König von Juda« runzelte die Brauen, und ich kam ins Stottern. Aber dann wurde es doch noch ein kurzes und nettes Gespräch. Seine Majestät wirkte schmal, beinahe durchsichtig. Er hatte ein vergeistigtes Gesicht, das von großen dunklen, forschenden Augen beherrscht wurde. Er galt als einer der geschicktesten Politiker des afrikanischen Kontinents. Überlebt hat er fast alle seiner Gegner, darunter auch Mussolini, der ihn im Verlaufe seines sieg- und verlustreichen Abessinien-Feldzuges außer Landes zu gehen zwang.

Nicht lange nach unserem Besuch wurde der Kaiser durch Militärs gestürzt. Diesmal half ihm auch seine Schläue nicht. Aus einer Monarchie wurde ein republikanischer Staat sozialistischen Musters.

Am nächsten Tag folgten wir einer Einladung des dortigen Olympischen Komitees, und ich hatte Gelegenheit, länger mit Abebe Bikila zu sprechen. Er saß in einem Rollstuhl. Ihn, diesen begnadeten Läufer, hatte das Schicksal schwer getroffen. Als Folge eines Autounfalles, kurze Zeit nach seinem zweiten großen Marathontriumph, blieb er querschnittgelähmt. Als wir auf seine Erfolge zu sprechen kamen, liefen ihm Tränen über das ausgemergelte und eingesunkene Gesicht. Vor seinem Unfall, so ging die Kunde, soll er übrigens in eine Palastrevolution gegen den Kaiser verwickelt gewesen sein, die dann allerdings niedergeschlagen wurde. Wegen seiner großen Verdienste um den Sport ließ man bei ihm Gnade vor Recht ergehen. Einige Jahre nach unserem Besuch starb der größte Marathonläufer in der Geschichte der Leichtathletik an Kreislaufversagen.

Nach dem schmutzigen und unbeschreiblich armen Abessinien kam uns Kenia fast wohlhabend vor. Ich hatte meinen O'Ruark und seine afrikanischen Romane gelesen, wobei er in dem Buch Uhuru (Freiheit) den Kampf der Engländer gegen die »Mau-Mau-Bewegung« schilderte. Dieser grausame Kampf lag erst ein paar Jahre zurück. Man konnte sich jetzt nicht mehr vorstellen, daß die Engländer und die Kenianer sich bis noch vor kurzem mit einem unversöhnlich scheinenden Haß gegenübergestanden hatten. Ich fand in einer sehr charmanten Dame der deutschen Kolonie eine kenntnisreiche Führerin und machte mich von meinen Kollegen und anderen Gruppenteilnehmern selbständig. Ich genoß es, an der Seite dieser schönen Frau im berühmten Hotel Norfolk zu sitzen, das einst von den weißen Farmern aufgesucht wurde, um sich von den Mühen der Arbeit und besonders des Buschkrieges zu erholen.

Ein Besuch des kenianischen Parlamentes erinnerte mich an England. Nicht nur hier zeigte es sich, daß der Revolutionär Kenyatta, den in seinem englischen Gefängnis jede Grausamkeit des Unabhängigkeitskrieges kalt ließ, nach dem Siege klugerweise die Engländer nicht demütigte, sondern zur Mitarbeit aufrief. Damit ersparte er Kenia das Schicksal anderer unabhängig gewordener Staaten wie Nigeria und Ghana.

Am zweiten Tage unseres Aufenthaltes in Nairobi sollten wir eine Audienz bei dem Staatspräsidenten erhalten. Unsere Autokavalkade setzte sich in Bewegung und erreichte pünktlich den Präsidentenpalast. Hier stoppte uns ein Offizier. Was war? Ganz einfach! Der Präsident hatte es sich kurzfristig anders überlegt und mitteilen lassen, »nein, heute will ich nicht, morgen sollen sie kommen«. Huber war beleidigt, Klein sauer und ich erfuhr von meiner Bekannten, daß dies öfters vorkomme. Vieldeutig lächelnd fügte sie hinzu: »Na ja, der Präsident dürfte mittlerweile um die Achtzig sein. Niemand kennt sein genaues Alter, wahrscheinlich auch er selbst nicht. Jetzt hat er eine junge Frau, die seine Enkelin sein könnte. Da braucht er halt ab und zu eine Ruhepause, der Präsident.«

Mir schien das durchaus einleuchtend zu sein und so brachte ich für das protokollwidrige Verhalten Verständnis auf.

Am nächsten Tag starteten wir zu einem neuen Anlauf. Diesmal klappte es. Der Präsident empfing uns. Er schien ausgeruht, wirkte gesund und vital. Jovial schüttelte er uns allen die Hand. Auf dem Kopf hatte er eine Tigermütze und in der rechten Hand seinen Häuptlingsstock. Alles schmunzelte, als Huber in seinem bajuwarisch-kehligen Englisch einen schönen Versprecher hatte: »It is a pleasure for you, to meet me.« – »Es ist ein Vergnügen für Sie, mich zu treffen.«

Die Minister des großen »Alten« saßen wie Schulbuben um ihn herum. Es machte ihm Spaß, sie zu necken. Einmal klopfte er ebenso vertraulich wie herablassend mit seinem Häuptlingsstock auf den Kopf von einem seiner Minister. Der nahm es hin als Gunstbeweis, wie mir schien. Als ich dies ein paar kenianischen

Intellektuellen erzählte, fanden die das gar nicht so komisch. Einer meinte: »Der Alte benimmt sich immer noch so, als wäre er eine Art Buschgott.« Warum ich wohl bei diesem Satz an München denken mußte?

Audienz beim damaligen Staatschef von Kenia, Jomo Kenyatta

Mein Gesprächspartner hatte in England studiert. Seine Diktion war »very British«, ebenso sein Äußeres. Man glaubte einen Bankangestellten vor sich zu haben. Da gefiel mir der »Alte« schon besser. Er hatte Charisma. Nach meiner Meinung schaffen es in turbulenten Zeiten nur Leute wie Kenyatta. Aber ihre Zeit geht zu Ende. Ihre geschichtliche Rolle ist ausgespielt. Auf die Bühne treten jetzt Kleindarsteller. Fast überall. Nach den vielen Dramen und Tragödien steht der Sinn der Menschheit nach unbeschwertem Boulevard-Theater. Auch verständlich.
Unvergeßlich aber wird mir die Fahrt zur »Amboselli-Lodge« am Fuße des Kilimandscharo bleiben. Die belebende, würzige Luft der Savanne in etwa 1500 m Höhe ließ in mir ein selten erlebtes Glücksgefühl aufkommen. Mit Staunen betrachtete ich die

Tierwelt, überließ mich der angenehmen Wärme des Tages, dem frischen Geruch des Grases und der Sträucher, döste zuweilen ein, alle Hast und Unrast fielen ab.

Am frühen Abend waren wir an Ort und Stelle, und ich glaube, nie Schöneres gesehen zu haben als das schneebedeckte, erhabene Haupt des Kilimandscharo. Die Sonne vergoldete die paar Wolkentupfer, die ihn umspielten. Jetzt konnte ich Hemingways Liebe für diesen Berg nachempfinden und verstehen, daß auch die Eingeborenen glauben, hier wohnen die Götter.

Ludwig Huber avancierte hier zum Helden. Furchtlos habe er eine grüne Mamba, eine der giftigsten Schlangen, zertreten, meinten ein paar »Augenzeugen«. Für andere war es eine Art Blindschleiche. Immerhin, diese Heldentat fand später Eingang in die bayerischen Pressespalten.

Es gab noch ein »Opfer« des publicityträchtigen Verkaufes unserer Reise. In Addis Abeba war Minister Huber ein kleiner Löwe geschenkt worden. Glücklich schien sich der Verschenkte nicht zu fühlen. Als ihm nämlich einer unserer Delegationsteilnehmer bei der feierlichen Übergabe zu nahe kam, knurrte er kurz und kratzte ihn gehörig. Aber das nützte ihm, außer einer wohl kurzfristigen Befriedigung, auch nichts. Er wurde später in ein Flugzeug verfrachtet und nach München geflogen. Hier mußte er auf dem Flughafen München-Riem den »Schüssen« der vielen Fotografen standhalten, die den Löwen und den Finanzminister als bildliche Beute in die Redaktionen schleppten. Aber der Ruhm des jungen Löwen war kurz. Was sollte man mit ihm anfangen? So hieß seine Endstation Zoo. Mir tat der Löwe leid. Er hätte ein König der Wildnis werden können.

Den dritten bedeutenden schwarzen Potentaten lernte ich nicht in Afrika, sondern in München kennen, genauer gesagt in Kreuth, wo Franz Josef Strauß zu seinen Ehren einen Empfang gab. Mobutu, der Herrscher des Kongo, kam mit großem Gefolge an Mensch und Material. »Der muß ja immer die ganze Staatskasse mitschleppen, er weiß ja nie, ob er zu Hause abgesetzt wird, wenn er unterwegs ist. Vorsicht ist die Mutter der Porzellankiste«, meinte verständnisvoll ein Funktionär der Hanns-Seidel-Stiftung, die diesen Besuch arrangiert hatte. Mir gefiel der ehemalige belgische Unteroffizier weniger als beispielsweise Kenyatta oder Ejadema. Neben Schlauheit lag ein Zug von Verschlagenheit in seinem glatten Gesicht. Die Damenwelt, die er mitgebracht hatte, bemühte sich auf komische Art, hoheitsvoll zu wirken. Man spürte die Komplexe, die sie zu diesem exaltierten Gehabe trieben. Aber das muß man verstehen – auch das äußere Erscheinungsbild. Das funkelnde und klappernde Geklunker ließ die Besitzerinnen wie wandelnde Klingelbeutel daherkommen. Zu rasch sind aus den Getretenen, aus den Unterdrückten selbst Unterdrücker geworden. Meine Großmutter pflegte immer zu sagen: »Niemand ist böser zu Dienstboten als eine Herrin, die noch vor kurzem selbst Dienstbote war.«

Eine weitere Olympiareise führte uns nach Moskau. Hier hatte der damalige Münchner Oberbürgermeister Dr. Hans-Jochen Vogel das Sagen. Im Gegensatz zu Minister Huber, der schon mal alle Viere grad und den lieben Gott einen guten Mann sein ließ, gab sich Vogel angestrengt stets als Staatsmann, zelebrierte Würde. Obwohl mir Huber lieber gewesen wäre, muß ich ehrlich sagen, daß Vogel besser nach Moskau paßte. Die offiziellen Sowjetmenschen haben eine geradezu kindische Neigung zum Protokoll, zur Hierarchie. Ihre Reden gehen stets auf den Stelzen der Phraseologie. In Vogel hatten sie »ihren Mann«. Die beamteten Sowjetmenschen scharwenzelten um den berühmten Münchner Oberbürgermeister herum und machten ihm unentwegt Komplimente wegen seiner Münchner Arbeit, die sich ja in der Tat sehen lassen konnte.

Ich bin sicher, daß Vogel zu dem kühlen Pragmatiker Andropow mentalitätsmäßig mehr Zugang fand als zu einem Reagan, der nicht aus der Welt der Parteizentralen kommt, sondern eher aus den im »Vom Winde verweht« beschriebenen Herrenhäusern des amerikanischen Südens.

16.
Unfreiwillige Fluchthilfe

Ich habe später noch oft den sogenannten »Eisernen Vorhang«, der durch den Mauerbau im Jahre 1953 schmiedeeisern geworden war, durchquert. Auf Reisen nach Ungarn, Rumänien, Bulgarien und die Sowjetunion. Am häufigsten war ich in Ungarn. Hier bekam ich engen Kontakt mit der damals, sich etwa ab 1954/55 stärker formierenden Opposition. Die Kontakte waren nicht ungefährlich, weder für meine Partner noch für mich. Ich habe manches geheime Dokument, manch unbekannte Resolution, abenteuerlich versteckt, nach Deutschland gebracht. Meine oppositionellen ungarischen Freunde wollten, daß man im Westen ein zuverlässiges Bild von der Situation bekäme. Aber so unglaublich es sich auch lesen mag: Hierzulande hat sich kaum jemand für diese Nachrichten und Berichte interessiert. Viele journalistische Experten, die sich nicht aus ihren rosaroten Träumen reißen lassen wollten, hielten diese oppositionellen Regungen für faschistische, großbürgerliche oder klerikalistische Versuche, das Rad der Geschichte zurückzudrehen. Manche wollten sogar noch die ersten Demonstrationen, die der ungarischen Revolution vorangingen, als reaktionäre Umtriebe abtun. Erst sehr spät erkannten sie erschreckt ihren Irrtum, trösteten sich aber mit dem Hinweis, daß eigentlich doch die Linken, sprich Kommunisten, auch diesmal die wahren Revolutionäre gewesen seien und es sich damit nur um einen »Familienzwist« gehandelt habe. Die gleiche Methode wendeten sie übrigens nach dem »Prager Frühling« an. In diesem Zusammenhang muß ich immer an einen Ausspruch des bekannten ungarischen Filmregisseurs Geza von Radvány denken, der einmal sagte: »Die Sozialisten sind wie Vögel, die auf den Ästen eines roten Baumes sitzen. Fährt einmal ein schwerer Sturm in den Baum und schüttelt ihn bis nahezu zum Brechen, dann flattern sie aufgeregt davon und schwirren ziellos eine Zeitlang umher. Aber dann kommen sie mit vorsichtigen

Schwingenschlägen wieder, landen zögernd auf den vertrauten Ästen und bald darauf zwitschern sie wieder fröhlich vereint die gleichen Klänge.«

Häufig aber wurde ich, gerade bei den Ungarnreisen, zum mündlichen Nachrichtenübermittler, wobei es vor allem um familiäre Pläne und Probleme ging. Nicht jeder Ungar, dem ich in München und anderswo andeutete, daß seine Familienangehörigen in Budapest mehr Hilfe benötigten, sich sogar mit dem Gedanken trügen, in den Westen zu kommen, war ob dieser Nachricht hell erfreut.

Im übrigen kann man sich heute kaum mehr vorstellen, wie mißtrauisch in Ungarn vor 1956 die offiziellen Stellen den Ausländern gegenüber waren. Ich darf dies an einer Reise demonstrieren, die zwar äußerlich komisch ablief, aber doch einen ernsten Hintergrund hatte. Es war 1954. Ich hatte einen Bericht über den ungarischen Sport gemacht. Dazu gehörten Interviews mit den Stars der damaligen Zeit, den Fußballern, wie Puskas, und Kocsis, dem Verbandstrainer Sebes, außerdem mit den ungarischen Wunderläufern Tabori, Rozsavölgyi und Iharos. Außerdem bekam ich einen ›Wochenschau‹-Bericht über ein Fußball-Länderspiel mit.

Frohgemut ob dieser »Beute« fuhr ich in meinem alten Volkswagen in Richtung ungarisch-österreichische Grenze zurück. Als ich noch ein gutes Stück Weges von der Grenze weg war, sah ich vor mir am Straßenrand einen Mann stehen. Er winkte. Ich hielt. Er bat, ein Stück mitgenommen zu werden. Mir war bekannt, daß ich mich bereits im Grenzzonenbereich befand, den die Ungarn nur mit einem besonderen Ausweis betreten durften. Ich nahm den gutgekleideten, etwa 40jährigen Mann mit, fragte nicht nach seinem Ausweis und dem Ziel der Reise. Ich schaute ihn von der Seite an – schmales, gutgeschnittenes Gesicht, dunkle, mit grauen Strähnen durchzogene Haare. Unsere Augen trafen sich. Er hatte einen offenen und warmherzigen Blick. Nach ein paar Kilometern sichteten wir einige hundert Meter vor uns eine Polizeikontrolle. Ich merkte, wie mein Beifahrer plötzlich hastiger an der Zigarette zog und sich mehrmals nervös räusperte. Wir fuhren langsam näher heran. Der Polizist schaute auf mein Nummernschild und winkte uns weiterzufahren. Er hat wohl uns beide für Ausländer gehalten. Auf meiner Stirn spürte ich Schweißtropfen. Meine Hände zitterten. Nach ein paar Minuten bat der Ungar anzuhalten und sagte in seinem mit langgezogenen ungarischen Vokalen gefärbten Deutsch: »Danke ich Ihnen, waren große Hilfe, Gott schütze Sie, ›Viszont látáshra!‹ – Auf Wiedersehen!«

Er gab mir die Hand, stieg schnell aus und verschwand in das angrenzende Maisfeld. Eilig fuhr ich weiter. Erst jetzt war ich mir des Risikos voll bewußt geworden. Wenn sie ihn erwischen, bevor ich die Grenze passierte? Ob seines Reisezieles hatte ich nun keine Zweifel mehr. Von ungarischen Verhörmethoden hatte ich genug erfahren. Die schaffen jeden. (Später sah ich einmal bei einer Pressekonferenz kurz vor dem Aufstand die Fingernägel von Janoš Kádar. Sie zeugten noch von den Spuren der Quälereien. Man hatte sie ihm bei den Verhören herausgezogen.)

Der Schreck war mir in den Magen gefahren. Dort fing es plötzlich zu rumoren an. Zusätzlich war vielleicht auch mit schuld daran, daß ich am Vortag noch richtig ungarisch scharf gegessen und getrunken hatte. Wie dem auch sei, ich »mußte«, mußte immer dringender. Was tun? Ich war nicht mehr weit von der Grenze entfernt, wußte jedoch, daß die Gegend bereits minenverseucht war, diesbezügliche Schilder deuteten es überdies an: Das Verlassen der Straße war verboten. Die Aussicht, auf eine nahezu einmalige Art und Weise eine Mine auszulösen und quasi in hokkender Stellung gen Himmel zu fahren, erfüllte mich mit Schrekken und ließ dabei gleichzeitig das Rumoren noch drängender werden.

Ich trat auf den Gashebel. In der Ferne winkte bald die »rettende« Grenze in Form von Wachtürmen, Stacheldraht und Grenzerhäuschen, Hegyeshalom. Ich fuhr an den Schlagbaum heran, stoppte, gestikulierte wie wild, machte so auf meine Not aufmerksam. Der Grenzer blieb ungerührt: »Woher kommen, bittäh?« – »Aus Budapest, aber bitte, jetzt Toilett'«, dringend!« – »Waas in Budapest gemaacht?« – »Journalist, Sport, Fußball, Puskas!«

In meiner Verzweiflung fingerte ich ein Bild mit persönlicher Widmung des Weltstars aus der Jacke, zeigte es dem Grenzer und sagte: »Wenn ich jetzt nicht bald gehen kann, scheiß ich auf alles hier, hier an der Grenze.« Ich weiß nicht, ob ihn mehr das Bild von Puskas oder mein Ausbruch imponiert hatte: »Jetzt bittäh kommen!« Er winkte zwei Grenzern. Die nahmen mich in die Mitte. Die Kalaschnikow hatten sie im Anschlag. Unter militärischer Bedeckung marschierte ich also zum Häusel, erleichterte mich und auf die gleiche Weise brachten sie mich die paar Meter zurück zum Kontrolleur. Er lachte: »Jetzt bessäär?«

Mir war das Lachen vergangen. Ich dachte an meinen Beifahrer. Auch eine noch so kurze Konversation um Puskas & Co. schien die Gefahr zu vergrößern. Nur schnell weiter. Gottlob waren die weiteren Formalitäten kurz, ich rollte über das Niemandsland der österreichischen Grenze zu und war wieder »daheim«.

In Wien übernachtete ich und hörte, daß am Vortag einem von der AVO, der ungarischen Geheimpolizei, gesuchten Regimegegner die Flucht über die Grenze geglückt sei. Es freute mich noch heute, wenn es »mein« Beifahrer gewesen wäre. Vorsichtshalber beschloß ich aber, einige Monate lang nicht mehr nach Ungarn zu fahren. Schon um meine Freunde nicht zu gefährden und weiter Journalist bleiben zu können.

17.
Die Journalisten

Über Journalisten ehrlich zu schreiben, ist der sicherste Weg, sich schlechte Kritiken einzuhandeln. Versuchen wir es trotzdem. Nach meinen Beobachtungen kann der deutsche Journalismus im Vergleich zu der Presse anderer demokratischer Länder zwar qualitativ durchaus mithalten, hat aber durch seinen zum Teil oberlehrerhaften Ton und moralische Bemühtheit vielfach etwas merkwürdig Steriles. Dazu haben vor allem die Pflichtübungen der Selbstverleugnung und Verdrängung beigetragen, die manche Spitzenjournalisten anstellen mußten, um aus einem braunen Saulus einen anerkannt demokratischen Paulus werden zu lassen. Komplex- und schuldbeladen wollen wir also auch fast 40 Jahre nach Kriegsende immer wieder demonstrieren, daß wir nun alle brave Schüler geworden sind, mit denen die Umerziehungslehrer zufrieden sein dürfen. Sie können es in der Tat, das große Werk scheint geglückt zu sein. Manche Wortführer der Nation, also Journalisten, sind zu Chirurgen geworden, um noch etwa vorhandene Restbestände von Rückgrat aus der Nation herauszuoperieren. Ein Leser meines Buches hat mir von einem Verleger geschrieben, der zwar nach seinen eigenen Angaben immer die »Nationalzeitung« las, dabei aber gleichzeitig betonte, er müsse sich an die Lizenzvorschriften nun einmal halten. Diese aber würden eine nationale Haltung für nicht unbedingt geboten erscheinen lassen.

Des Deutschen Haltung hat also die gebeugte zu sein. In einem seiner autobiographischen Bücher, »Der Pfeil ins Blaue«, läßt Arthur Koestler einen Zeitgenossen über ihn sagen: »Ihr Komplex ist kein Komplex mehr, der ist bereits eine Kathedrale.« In der Tat, die deutschen Komplexe überragen alle vergleichbaren Kathedralen in der Welt.

Viele junge Journalisten müssen mit ihren »belasteten« Vätern leben. So üben sie sich in Kälte und Zynismus. So gleichen ihre

Interviews nicht selten eher staatsanwaltschaftlichen Verhören. Ihre persönlichen Vater-Sohn-Konflikte machen sie zu allgemein gesellschaftspolitischen Problemen und münzen vorhandenen Väterhaß in bissige Gesellschaftskritik und Väterbeschimpfung um. Aber nicht wenige der jungen und gnadenlosen Vergangenheitsbewältiger könnte ich mir, hätten sie damals gelebt, durchaus als stramme NS-Funktionäre vorstellen. Ob sie sich besser verhalten hätten als ihre Väter? Wohl kaum!

Im übrigen ist das Lächerlichmachen schon immer eine Lieblingsbeschäftigung bestimmter deutscher Journalisten gewesen. Große Leute klein, verdiente fragwürdig zu machen, darin übten sich bedeutende und unbedeutende Journalisten bereits in der Weimarer Republik. Die Nazis brauchten manchmal in ihrem ›Völkischen Beobachter‹ nur nachzudrucken, was ihnen demokratische Journalisten selbstmörderisch frei Haus lieferten. Andererseits bin ich aber der Ansicht, daß die damaligen Journalisten in der Mehrheit ihren heutigen Kollegen, was Bildung und Fachwissen betrifft, überlegen waren.

Im Schatten des großen Vorsitzenden
Kollegen unter sich: Der Autor, Chefredakteur Rudolf Mühlfenzl und Julian Gyger (FDP) (v. rechts)

Der »american way of life« ist auch in den Journalismus tief eingedrungen, vor allem sprachlich. Besonders in den Fernsehanstalten hat sich die Sprache mehr und mehr von der des Volkes entfernt. Aber nicht nur sprachlich wandeln wir auf dem »american way of life«. Angestrebt wird der wertfreie Erfolgsmensch. Sagt man von einem Kollegen, er sei ehrlich, gediegen, anständig, so klingt dies schon fast nach hausbacken und wenig erfolgversprechend. Der »Größte« ist, wer für sich in Anspruch nehmen kann, wie die Amerikaner sagen, »ein cleverer, smarter und cooler Typ« zu sein. Daraus wächst auch die Anbetung des Erfolges. Nach den Gründen einer Niederlage, so ehrenwert sie auch sein mögen, wird beispielsweise kaum geforscht. Die Niederlage allein ist schon ein Grund an sich, ist das alleinige Kriterium. Wer vom Wagen fällt, ist also verloren, niemand fragt, ob er nicht mit bösen Mitteln heruntergestoßen wurde. Politiker und Journalisten rücken diesbezüglich immer näher zusammen.«

Das Fernsehen hat auch den Journalismus verändert. Dadurch, daß der Journalist und Reporter gleichsam als Akteur auf dem Bildschirm neben dem Politiker steht, ist er nicht mehr allein Berichter oder Analytiker, sondern aktiv Handelnder. Fairerweise muß man dabei anmerken, daß von einer Chancengleichheit in der Publikumsgunst zwischen Journalisten und Politikern nicht mehr die Rede sein kann. Der Journalist hat nicht die Bürde der Verantwortung. Er kann leichthin fragen, der Politiker muß Lösungen anbieten, zu ihnen dann später möglicherweise auch stehen. Diese Situation führt bei manchen Fernsehjournalisten zu hybriden Verhaltensweisen.

So wurde in den öffentlich-rechtlichen Anstalten der »Gesinnungsjournalismus« tonangebend, wobei man für Gesinnung bestimmte politische und vor allem gesellschaftliche Zielvorstellungen zu setzen hat. Längst hat beispielsweise das Wort »BRD« die Bezeichnung »Deutschland« ersetzt. Ein Glanzlicht setzte einmal eine »Kultursprecherin«, die folgenden Satz an einem westdeutschen Sender von sich gab: »Aus unserer DDR kam dieser Bericht in die BRD.« In der Erreichung der Ziele ist man nicht zimperlich. Da und dort wird nach der Devise gehandelt: ›Ich werde mir doch nicht durch Recherchen die Pointe kaputtmachen lassen.‹ Man stelle sich folgenden Fall vor: Ein junger Redakteur setzt eine Gruppe sogenannter Rechtsradikaler so lange unter Schnaps, bis endlich der Satz zustande kommt, den man zu hören wünscht: »Ja, für die Befreiung der Ostzone würde ich sogar mit dem Gewehr kämpfen.« Ein eingeschleuster Mann des Verfassungsschutzes bekommt die Szene mit. Der Polizeipräsident informiert diskret. Die oberste Stelle wittert ein heißes Eisen, aber geübt in der Beseitigung solcher Eisen erkennt sie schnell, wie man sich aus der Affäre ziehen kann. Man könne nur, so läßt man verlauten, eingreifen, wenn der Verfassungsschützer als Zeuge aufträte, wohl wissend, daß dieser dabei enttarnt werden wird. Die Sache läuft so ab, wie »geplant«: Der »Zeuge« wollte und konnte wohl auch nicht. Das Ausland aber hat wieder einmal die Story vom Wiederaufbau des deutschen Nationalsozialismus. Das ist kein Einzelfall. In Zeitungen ist vermehrt zu lesen, daß sogenannte Rechtsradikale förmlich angeheuert werden, um vor den Kameras zu demonstrieren.

Typisch für manche Chefetagen in öffentlich-rechtlichen Anstalten ist die Angst vor der Abnahme, also der Prüfung der Sendbarkeit eines Beitrages, eines Filmes. Manche der sogenannten Hierarchen wollen sich dabei nicht die Finger verbrennen. Also hat man eben einen wichtigen Termin, schützt eine Besprechung mit dem Minister X, dem Bischof Y, dem Funktionär Z vor: »Sie verstehen, da kann ich leider nicht absagen, also machen Sie die Abnahme. Ich weiß, auf Sie kann ich mich ja verlassen.« So wird die Verantwortung immer weiter nach unten delegiert. Den letzten aber beißen buchstäblich die Hunde. Beschwert sich dann ein Politiker oder Verbandsfunktionär, so kann man ja sein Bedauern aussprechen und seine absolute Unschuld demonstrieren: »Wäre ich durch jene Besprechung nicht verhindert gewesen, dann wäre diese bedauerliche Panne nicht passiert. Ich hätte diesen Film niemals durchgehen lassen. Aber – wem sage ich das: Man weiß ja nicht mehr, wo man zuerst hinlangen soll, man kann nicht alles allein machen ...« Und so weiter und so fort. Die Texte kenne ich auswendig, kann sie im Schlaf hersagen.

Was meine Person betrifft, so muß an dieser Stelle klargestellt werden, daß ich mich selbst auch nicht aus der Verantwortung mogeln möchte. Ich war Teil des journalistischen Establishments und habe auch meine Kompromisse gemacht. Aber nicht im Programm. Hier habe ich die mir übertragene Verantwortung voll wahrgenommen und mich stets vor meine Mitarbeiter gestellt. Selbstverständlich habe ich dabei den Journalismus nicht als eine ausschließlich moralische Anstalt begriffen. Einem von mir aufgestellten Leitsatz aber blieb ich zeitlebens bis zum »bitteren Ende« treu: »Der legitime Sitz des Journalisten ist zwischen allen Stühlen. Der Journalist darf nicht nur, nein, er muß zuweilen provozieren.« Leider aber heißt das journalistische Motto, gerade bei Funk und Fernsehen von oben diktiert, immer mehr: »Ausgeglichenheit – Ausgewogenheit«. Dies kommt nicht zuletzt daher, daß bei den öffentlich-rechtlichen Anstalten die Juristen im Vormarsch sind. Ihnen geht es darum, Konflikte möglichst zu vermeiden. Von riskanten journalistischen Entdeckungen und Abenteuern halten sie naturgemäß wenig. Nun muß aber davon ausgegangen werden, daß nicht jeder Jurist in den deutschen Funk- und Fernsehanstalten gleichsam eine Art Ludwig Thoma ist, der Dichter und Advokat war.

Eine nicht gering zu schätzende Bedrohung unserer Gesellschaft durch die Massenmedien sehe ich in der verhältnismäßig hohen Berücksichtigung von Randgruppen. Um einem Mißverständnis vorzubeugen: Auch ich bin der Meinung, daß es die Pflicht von Journalisten ist, sich der Randgruppen anzunehmen. Von ihnen kommen wichtige Dankanstöße. Aber darum geht es häufig gar nicht. Dem Buch »Kritische Gedanken eines Unternehmers« von Günther Kissel entnehme ich dazu folgende Zeilen:

»Wie man in den Medien manipuliert, dazu ein kleines erlebtes Beispiel. In einem persönlichen Vortrag vor einem kleinen Unternehmerkreis erklärte der bekannte Fernsehkommentator Dr. Alt,

ein CDU-Mann: ›Jawohl, wir Reporter stellen in der Hauptsache im Fernsehen Außenseitergruppen dar. Dafür gibt es hohe Einschaltquoten. Sollten wir etwa eine Reportage bringen von einem brav und ordentlich arbeitenden Bauunternehmer oder Bauunternehmen? Dann hätten wir die Einschaltquote Null.‹«.

Ich möchte zugunsten meines Kollegen annehmen, daß er mehr zu diesem Thema als die paar Sätze gesagt hat, die ein schiefes Bild auf die Themen-Zusammenstellung im Fernsehen werfen. Sicher ist: Je stärker man die Randgruppen berücksichtigt, um so »attraktiver« macht man sie. Letztendlich stellen sie sozusagen die Norm dar und die Masse der fleißigen, ordentlichen und unauffälligen Menschen wird zur Randgruppe degradiert. Damit stellt man die Verhältnisse auf den Kopf.

Deswegen kenne ich manche junge Menschen, die in Randgruppen abdriften, weil diese »in« sind.

Die Hauptschuld aber an den immer unjournalistischer werdenden öffentlich-rechtlichen Anstalten haben auch oder gerade die Parteien. Die Einflußnahmen der Politiker, ganz gleich welcher Couleur, werden immer dreister. Sie lassen sich nicht einmal mehr wie früher vom sogenannten »11. Gebot« leiten: »du sollst dich nicht erwischen lassen«. Der Grad der Einflußnahmen ist unterschiedlich. Die einfachste und häufigste Form sieht so aus: »Sie, ich hab' da eine Veranstaltung in ... Könnten's da nicht Ihre Leut' ein paar Sekunden ›hinleuchten‹ lassen?« Und dann, scheinbar nebensächlich und quasi im Vorbeigehen: »Steht denn nicht die Bestätigung Ihrer Position im Rundfunkrat in ein paar Wochen an?«

Im Klartext: Du kannst meine Stimme haben oder auch nicht! »Wie es euch gefällt«.

Nicht selten kommt's gröber und noch direkter. Aber die Spitzenleistung vollbrachte auch hier Franz Josef Strauß. Anfang des Jahres 1979, kurz vor einer sogenannten Strukturreform, wo also die einzelnen Bereiche neu gegliedert werden sollten, tauchte überraschend ein Bote der Staatskanzlei im Rundfunkhaus auf.

Nach meiner Erinnerung war es sogar Dr. Wilhelm Knittel, Ministerialdirigent und damaliger Chef des Büros des Ministerpräsidenten, selbst.

Aber durch wen auch immer: Intendant Reinhold Vöth bekam einen Brief. Darin forderte der bayerische Ministerpräsident F. J. Strauß in dezidierter Form eine neue und vom geplanten Schema abweichende Struktur. Deutlich erregt ob dieser kaum glaublichen Einmischung teilte mir der Intendant telefonisch den Inhalt des Briefes mit, nachdem mich bereits vorher der Rundfunkratsvorsitzende Dr. Willi Fritz auf dessen Existenz aufmerksam gemacht hatte. Strauß forderte die Berufung von fünf oder sechs Subdirektoren. Die politisch wichtigste Abteilung, zuständig sowohl für die damals in der Planung gewesene regionale ›Rundschau‹ im Dritten Programm und für die Zulieferung zu ›Tagesschau‹ und ›Tagesthemen‹, sollte in die Hände jenes Mannes gelegt werden, der nach meinem Sturz auch tatsächlich diese Programme übernahm: Wolf Feller.

Vöth widerstand damals der massiven Einmischung, ließ sich nicht unter Druck setzen; aber der Inhalt des Briefes schien ihm so brisant zu sein, daß er ihn aus dem BR herausnahm und dem Privatarchiv in seinem Haus bei Murnau anvertraute.

Von diesem Brief hatten unter anderen Dr. Edmund Stoiber, Gerold Tandler, der Leiter des Presse- und Informationsamtes der Staatsregierung, Ministerialdirektor Dr. Helmut Schwaabe, Dr. Knittel, Rundfunkratsvorsitzender Dr. Willi Fritz, der Stellvertretende Intendant Albert Scharf, Fernsehdirektor Dr. Helmut Oeller und Rudolf Mühlfenzl Kenntnis.

Aufgeschreckt durch umlaufende Gerüchte wollten sowohl der stellvertretende SPD-Fraktionsvorsitzende im Bayerischen Landtag und Rundfunkratsmitglied Dr. Jürgen Böddrich, sowie der damalige Geschäftsführer der FDP-Landtagsfraktion, Julian Gyger, genaueres wissen. Intendant Vöth antwortete ebenso sybillinisch wie wahrheitsgemäß. Er bekäme viele Briefe von F.J.S. Da müßten sie ihm schon sagen, welchen sie genau meinten? Da mußten beide Fragesteller passen. Ihr Informationsstand reichte nicht aus. So stocherten sie mit der Stange im Nebel herum. Vöth aber hatte seiner Partei, der CSU, einen großen Dienst erwiesen. Manchmal tat er mir direkt leid.

Hiermit hebt sich der Nebel und da die angegebenen Herren alle Ehrenmänner sind, werden sie ihre Mitwisserschaft nicht bestreiten. Später, in einer Almgaststätte bei Rottach-Egern, sprach ich Strauß auf diesen Brief an. Wie immer fühlte er sich unschuldig. Er sei falsch informiert worden. Tandler und Mühlfenzl hätten das zu verantworten.

Es ist selbstverständlich, daß jetzt Fragen kommen wie zum Beispiel diese: Warum berichten Sie von diesem Skandal erst jetzt? Oder: Ist das Ihre Rache für zugefügtes Unrecht? Oder: Sind Sie nicht auf dem besten Wege, ein Michael Kohlhaas zu werden, oder ein Sancho Pancha, der gegen die Windmühlen eines aufgeblähten Staatsapparates und Parteienfilzes ankämpft?

Hierzu meine Antworten:

1. Ich habe mir immer wieder die Frage gestellt, ob es richtig sei, diese Hintergründe aufzuhellen. Wem nützt dies, wem schadet es? Das auslösende Moment, es zu tun, war bei mir die Behandlung der »Affaire Langemann« und der »Flick-Geschichten«. Wer zu allem schweigt, macht sich mitschuldig. Persönliche Rachegefühle habe ich keine, im Gegenteil: Ich versuche, einen Wink des Schicksals zu verstehen und positiv zu deuten.

2. Unser Land ist, wie Armin Mohler richtig bemerkt, nach dem Krieg ein Dorado für Schlaumeier geworden. Und ich bin lieber ein aufbegehrender Kohlhaas als ein braves Kaninchen. Das bedeutet kein Verliebtsein in diese Rolle, aber neben Choristen sollten auch Solisten mitspielen dürfen.

3. Mit sechzig Jahren sollte endlich der Vorhang fallen über eine »Komödie der Irrungen«. Man sollte mit sich und seiner Umwelt ins reine kommen. Der Winter des Lebens steht vor der Tür. Ich kann ältere Politiker, Künstler und Wirtschaftler nicht verstehen, die glauben, auf ihren geliebten beruflichen Spielwiesen Jahr für Jahr aufs neue das Gras wachsen zu sehen, obwohl der Schnitter Tod schon mehrfach seine Sense gedengelt hat.

Aber zurück zu denen, die noch im Apparat sind. Junge Journalisten haben mit untrüglicher Witterung sehr bald begriffen, daß das Karrieregefährt schneller läuft, wenn man sich in dieser oder jener Parteizentrale mit Treibstoff versorgen läßt. Dabei gilt die These: Je schwächer ein Journalist ist, desto stärker ist sein Anlehnungsbedürfnis an die Medienpolitiker und Parteien. So wird der Zugwind der Einflußmaßnahmen von außen zunehmend spürbarer. Es wird kalt und kälter in den Redaktionsstuben. So werden jene, die nicht genügend seelische Winterbekleidung mitbringen, zu Aussteigern. Es sind die schlechtesten nicht: Es sind meistens die Verletzlichen, die Sensiblen, die Nachdenklichen.

18.
Zu neuen Ufern am Tegernsee

Abgesehen von regelmäßigen Sendungen über den Ostblock bekam ich mit der Politik erst als Chefredakteur der Münchner Zeitung ›tz‹ vollen Kontakt. Angeworben wurde ich von einem tüchtigen Praktiker, der sozusagen über den »zweiten Bildungsweg« zu verlegerischem Erfolg kam. Es war Ludwig Vogl, einer der Herausgeber. Der kinderlose Mann hatte eigentlich nur zwei Leidenschaften: Zeitungmachen und Pferde. Letztere gaben bei mir dann den Ausschlag. Mein pferdebegeisterter Vater half dabei etwas nach. Vogl war ein Mann aus dem Volk. Er wußte, was »Frau Weinzierl« – eine von ihm geschaffene Bezugsperson – von einer Zeitung wollte.

Um Ludwig Vogl, der sich aus dem Geschäft mittlerweile völlig zurückgezogen hat, ranken sich viele Geschichten und Anekdoten, wobei, wie es dabei zu sein pflegt, Dichtung und Wahrheit ineinanderfließen. In seinen besten Zeiten war er eine Art König, oder besser gesagt, Dompteur des Tegernseer Tals. Von Zeit zu Zeit mußten die Tal-Bürgermeister bei »Hofe« erscheinen – Vogl bewirtschaftet einen Gutshof –, wobei sie nicht selten eine bestimmte Beklemmung verspürten. Dies weniger wegen der Gespräche in der riesigen Wohnhalle, die wegen ihrer Dimensionen auch scherzhaft »Karinhall« genannt wurde, sondern vor allem wegen der zu erwartenden Mengen Feuerwassers.

Die Gespräche bestanden in der Regel aus kommunalpolitischen Anregungen und Forderungen Vogls. Wehe, wenn zu später Stunde einer der Bürgermeister oder ein sonstiger kommunaler Würdenträger auf die Idee kamen, sich schon davonstehlen zu wollen. Da wurde König Ludwig rigoros, sperrte alle Türen zu und die würdigen Herren saßen wie die Maus in der Falle. Einer wollte einmal über das Küchenfenster entweichen, dabei stürzte er und verletzte sich am Fuß. Weitere »Ausbruchsversuche« unterblieben fürderhin. Aber die Zeit der bayerischen Originale geht zu Ende, selbst im Tegernseer Tal. Schade! Es ist kein Zufall, daß Ludwig Thoma hier gelebt hat. Die Menschen dieses Tals boten ihm immer wieder Anlaß zur Darstellung lebendiger Typen und praller Handlungsabläufe. Man muß einmal den wortgewaltigen Bürgermeister von Rottach-Egern, Max Engelsberger, erzählen hören, und diese Zeit lebt wieder auf.

Rund um den See hatten sich bedeutende Vertreter des bayerischen und deutschen Geistes niedergelassen. Dies zeigt ein Gang durch den malerischen Rottacher Friedhof. Ludwig Thoma und Ludwig Ganghofer ruhen hier Seite an Seite. Hoch auf einem Berg, in einem an die norwegische Heimat erinnernden Hof, wohnte Olaf Gulbransson, der große Karikaturist und Maler. Sozusagen »um's Eck'rum« am See lebten zwei berühmte Tenöre: Leo Slezak und Julius Patzak.

In einem schloßähnlichen Haus ließ sich der erfolgreiche Maler Mathias Padua nieder, der lange Jahre darunter leiden mußte, daß seine naturalistische, fast fotogetreue Kunst auch im »Dritten Reich« sehr geschätzt war. Aber die Einheimischen ließen sich von den großen Namen durchaus nicht erdrücken. Wenn jemand aus der Reihe der Zelebritäten mit ihnen im Bräustüberl oder in einem anderen Wirtshaus saß, diskutierte oder Karten spielte, dann wurde ihm keine Sonderstellung eingeräumt. Und so mancher mußte mit einer besonderen bayerischen Eigenart Bekanntschaft machen, nämlich ausgemachte Hinterfotzigkeit treuherzig an den Mann zu bringen. So ging es auch Padua. Er spielte gerne Karten. Nicht übermäßig gut, wie man überall wußte. Nur er selbst wollte es nicht glauben. Einmal verlor er hoch und mußte zahlen. Er rückte erst einen Zwanziger heraus, dann noch einen, dann war er für den Abend blank und mußte fünf Mark sechzig seinem Partner schuldig bleiben. Darauf der Partner, ein Bauer: »Dös macht gar nix, für des Geld kannst mi amol moin!« (malen) Padua war in seinem Stolz tief getroffen: fünf Mark sechzig für ein Portrait, wo er doch dafür Zigtausende zu bekommen gewohnt war. Einige Zeit blieb er beleidigt der Runde fern. Aber dann »lobten« sie ihn wieder herbei.

Übrigens, wo gespielt wird, wird auch falsch gespielt. Das gilt in Bayern besonders für das Watten, einem Quasi-Glücksspiel mit fünf Karten pro Spieler. Die oberste Trumpfkarte ist dabei der Herzkönig, der »Max«. Beim Watten gehört das Deuten und Blinzeln fast zum Spiel. Aber beim Watten wird es mit den Spielregeln nicht allzu genau genehmen. Bei allen anderen Kartenspielen hat ein Schummler nichts Gutes zu erwarten; es kann ihm sogar handfeste Verachtung ins Gesicht schlagen. Schummelt aber einer mit Charme, besonderem Raffinement und verlegt sich nicht aufs Ausreden, wenn er erwischt wird, dann kann er mit verzeihendem Lachen rechnen. Folgendes passierte: In einem Wirtshaus des Tegernseer Tals saßen drei Einheimische zusammen. Sie kamen vom Begräbnis eines Verwandten. Inzwischen hatten sie, wie es sich beim Leichenschmaus gehört, den Toten »abigschwoabt und abigessen«, zu Ehren des Verblichenen also getrunken und gegessen. Da kamen sie auf den Gedanken, auch noch ein Spielchen zu machen. Sie nannten es Gedächtnis-Watten; denn der Verstorbene hatte einst zu ihrer Runde gehört.

Beim Mischen gelang es einem Spieler, den Max unauffällig herauszuziehen und, wie schon so oft, bei sich zu deponieren. Das Spiel beginnt. Jetzt muß der entscheidende Stich kommen. Unser Mann greift in die Rocktasche, wo er wie üblich den Max versteckt glaubt, fühlt das Papier, holt es heraus, tut mimisch und gestisch so, als müsse er die Niederlage besiegeln, zögert genußvoll leidend ein paar Sekunden, um dann mit der üblichen weit ausholenden Geste des Triumphes seine Karte auf den Tisch zu knallen. Was aber lag da? Der Max nicht. Das Sterbebild des verstorbenen Großvaters lag neben Eichelsau und Graskönig. Ein paar Sekunden ist die Runde konsterniert, sucht ihre vom Alkohol umnebelten Gedanken zu ordnen. Der Falschspieler aber reagiert glänzend: »Ja, bluatsaure Mari, bin i denn net dümmer, da hab i doch glatt den Großvater mit'm Max verwechselt!« greift hinter seinen Hemdkragen, holt die dort irrtümlich versteckte Trumpfkarte heraus und wirft sie auf den Tisch. Die Mitspieler lachen auf: »Hund verreckta«! Der Friede war gerettet.

In der bayerischen Politik geht es manchmal ähnlich wie beim Watten zu, mit interfraktionellem Blinzeln und Deuten. Läßt sich aber jemand bei einer kleinen Schwindelei erwischen, gehört er der Katz', wie man hierzulande sagt, er ist also erledigt. Langt er aber richtig hin, dann kann die eigentlich gebührende Verachtung auch in Bewunderung umschlagen. »Intelligente Menschen fallen auf kleine Gauner nicht herein – mit Großen gehen sie essen.« Aber das Ganze ist auch eine Typfrage. Einem Franz Josef Strauß kann buchstäblich nichts mehr schaden. Er ist praktisch unverwundbar geworden, außer es fände jemand das besagte Blatt! Aber stellen Sie sich einmal vor, lieber Leser, Bundespräsident Carstens, Helmut Kohl oder Hans-Jochen Vogel wäre nachts im stickig-schwülen New York, bei einem völlig harmlosen Luftschnappen, einem kleinen Spaziergang, von zwei bösen schwarzen Liebesdienerinnen die Geldbörse aus der Gesäßtasche geraubt worden? Nicht auszudenken! Hierzulande sagten viele Leute höchstens: »A Hund is er scho, der Franz Josef«, und mancher mag es bedauert haben, daß an dieser sogenannten Affaire wirklich nichts dran und Strauß in der Tat völlig unschuldig war.

Ich glaube fast, daß es ein geschickter Werbemanager war, der das in Wirklichkeit nie stattgefundene Techtel-Mechtel mit dem Hollywooder Busenstar Jane Mansfield erfunden hat. So etwas dementiert man besser nicht, und wenn schon unbedingt notwendig, dann höchstens augenzwinkernd.

Man verzeihe mir die Abschweifung. Aber so kleine Randbegebenheiten sagen vielleicht mehr über gewisse bayerische Wesenszüge aus als wissenschaftliche Analysen.

Eine die Nichtbayern irritierende Hinterfotzigkeit ist gelegentlich auch Teil der aktuellen bayerischen Politik. Da hat sich seit Lion Feuchtwangers Zeiten kaum etwas geändert, als er sein von Ironie, bösem Witz und genauer Beobachtung, von Menschen und Situationen erfülltes Buch »Erfolg« schrieb. Nur selten wurde dabei der Spiegel, den der nach der nationalsozialistischen Machtübernahme emigrierte jüdische Schriftsteller den bayerischen Politikern vorhielt, zum Zerrspiegel. Kein Wunder, daß ihn nicht nur die Nationalsozialisten, sondern auch die Politiker der Bayerischen Volkspartei und der politisierende Klerus besonders haßten.

Das journalistische Techtel-Mechtel mit der ›tz‹, das in einem Gutshof in der Nähe des Tegernsees begonnen hatte, dauerte nicht lange. Es war eine schöne Zeit, ich fand sehr gute Nachfolger. Aber das Techtel-Mechtel hatte Folgen: 1970 wurde ich zum Vorsitzenden des Bayerischen Journalisten-Verbandes gewählt. Ich trat als Außenseiter an und gewann mit Zweidrittel-Mehrheit gegen meinen Kollegen Rudolf Mühlfenzl vom Bayerischen Rundfunk und den allseits geschätzten Zeitungsmann Fritz Meurer vom ›Münchner Merkur‹. Erich Helmensdorfer, der populäre Fernseh- und Zeitungsmann, meinte nach der Wahl schmunzelnd: »Die Fernsehleute hatten wohl einen anderen vorne erwartet; denn nach Ihrer Wahl erloschen die Scheinwerfer und die Kameras schwenkten ab.«

Die größten Schwierigkeiten hatte ich von Anfang an mit den sogenannten Grandseigneurs des Journalismus. Das sind solche, die sich täglich morgens vor den Spiegel stellen und fragen: »Spieglein, Spieglein an der Wand, wer ist der Liberalste im ganzen Land?« Sie legten Wert darauf, daß bei Beschreibungen ihrer Person und Laufbahn stets die Attribute liberal, urban und weltoffen dabei waren. Sie waren alles und gleichzeitig nichts. Ihre Devise war: »Wasch mir den Pelz, aber mach mich nicht naß«. Sie beobachteten vom Olymp ihrer »ausgewogenen« Positionen herab mit mildem Blick das Leben und Treiben ihrer journalistischen Untergebenen. »Tout savoir, c'est tout pardonner.« (»Alles wissen, heißt alles verzeihen.«) Selbstverständlich sind sie unabhängig. Nur Gott und dem Gewissen verantwortlich! Bei Parties aber hört man es anders: »Mein Gott, Herr Minister, wenn Sie wüßten, was ich alles verhindere, aber man will doch damit nicht hausieren gehen. Trotzdem, wenn Sie ein Problem haben, Sie kennen ja meine Telefonnummer! Wir werden das schon machen, diskret selbstverständlich.«

Der gleiche Mann am nächsten Morgen bei der Redaktionskonferenz: »Also Herr X, Ihr gestriger Bericht war ausgesprochen linke Manipulation, sehr geschickt gemacht allerdings, aber der Minister hat sich bereits beschwert. Wenn ich auch einige seiner Argumente nicht von der Hand weisen kann, werde ich mich selbstverständlich solidarisch vor Sie stellen. Aber ich darf erwarten, daß man es mir nicht immer so schwer macht.« Der Redakteur grinst, der Chef seufzt sorgenschwer. Die Meinung der Konferenz: »Unser Alter ist der beste!« Der Minister zu seinen Kollegen: »Wenn wir diesen Mann nicht hätten«! Alles ist in liberaler Butter.

Am 23. April 1977 beging ich einen schweren »Fehler«. (Der Monat April hat's mit mir noch nie gut gemeint, auch meine Entlassung war leider kein Aprilscherz, sondern Realität.) Aus meiner Feder erschien im ›Münchner Merkur‹ ein Artikel unter der Überschrift »Die liberalen Anpasser«. Diese Medienkritik führte zu einem Sturm der Entrüstung. Warum eigentlich? Damit Sie, verehrter Leser, sich darüber Ihr eigenes Urteil bilden können, bringe ich die wesentlichen Passagen des Artikels:

»Wer die bundesdeutschen Medienensembles kennt, kann die Meinung vertreten, daß an den Spitzen nicht selten liberale Bildungsbürger eine Musik zulassen, bei der die Progressiven und Radikalen den Ton angeben und den Takt schlagen. Dies ist – auf einen ›Witznenner‹ gebracht – etwa die Methode, mit der in manchen Bereichen von Funk und Fernsehen Personalpolitik gemacht wird. Kommt hinzu, daß sich in nicht wenigen Chefetagen jene bourgeoise Zuschauermentalität breitgemacht hat, die manche leitende Angestellte Kämpfe an der Basis genüßlich mit dem Fernrohr betrachten läßt, um dann den jeweiligen Siegern augenzwinkernd die Hand zu schütteln.

Die größte Schwäche aber manch liberaler Anpasser ist, daß sie einer entschlossenen und in sich solidarischen linken Kadertruppe mit halbherzigen Beschwichtigungen entgegentreten, die sie obendrein als ›Pflichtübung‹ zu erkennen geben. Als ehemaliges

Mitglied des Deutschen Presserates war es für mich bezeichnend zu sehen, wie in diesem Gremium bürgerliche Jorunalisten und Verleger gleich einem Kaninchen vor der Schlange Günter Wallraff gegenübersaßen, der mit einer ihnen fremden dialektischen Geschicklichkeit seine Art von Journalismus rechtfertigte, die auch vor gefälschten Pässen und anderen Mitteln der Camouflage nicht zurückschreckte, um die ›dort oben‹ zu entlarven.

Dieses Verächtlich-machen derer, die dort oben ›thronen‹, und das geheuchelte Verständnis für die ›Geplagten‹ hier unten gehört heute zum Standardrepertoire linker Fernsehmacher. Der Zweck heiligt die (linken) Mittel. Wehe, wenn aber die Rechten sich der gleichen Methoden bedienten! Die vorhin genannte linke Art hat sich auch in unseren Nachbarländern durchgesetzt. Dies beweist ein Vorfall, den ich im vorigen Jahr als Delegierter des Deutschen Journalisten-Verbandes bei einer Tagung der IJF, der Internationalen Journalisten-Föderation, in Wien erlebte. Ein weit linksstehender französischer Delegierter schilderte mit großem Genuß, wie einer seiner Kollegen mit einem hochgestellten französischen Regierungsbeamten ein Interview in dessen Zimmer machte, dabei einen Augenblick des Alleinseins benutzte, um eine vor ihm liegende und dem Beamten gehörende Mappe durchzublättern und ein Geheimpapier herauszunehmen. Dieses kopierte er und veröffentlichte es am nächsten Tag. Diese Handlung wurde als besonders findige Tat des Journalisten herausgestellt. Die anwesenden Delegierten von links bis rechts gingen jedoch achselzukkend zur Tagesordnung über. Mein Hinwies, daß ein solches Verhalten schlicht Diebstahl zu nennen sei, ging unter.

Daß übrigens die meisten der linken Gesellschaftsveränderer ihre persönlichen Defekte und Konflikte der Gesellschaft anlasten, um so ein bequemes Alibi für eigenes Versagen zu haben, sei nur am Rande erwähnt. Diese Haltung aber läßt sie mit souveräner Gelassenheit an den Wünschen der Mehrheit vorbeiproduzieren. Gerade jene linken Kräfte, die das Volk von denen ›da oben‹ befreien und einem schöneren, selbstbestimmten Leben zuführen wollen, diffamieren nicht selten volks- und bürgernahe Sendungen als Idiotenfang. Spricht man sie darauf an, dann ziehen sie sich stets auf die Formel zurück, das Volk zu beglücken verlangt, das Volk zu erziehen.

So wimmelt es in den Massenmedien von selbsternannten Oberlehrern der Nation mit penetrant erhobenen Zeigefingern. Manche der sogenannten liberalen Chefs aber wagen diesem verhängnisvollen Tun schon deshalb nicht Einhalt zu gebieten, weil sie um keinen Preis der Welt als rückständig und unmodern gelten wollen. Dies gilt nicht selten auch für kirchliche Würdenträger. Was in einigen Kirchensendungen verbreitet wird, läßt zumindest den Verdacht aufkommen, daß manche Macher das Kommunistische Manifest als historische Fortsetzung und Erfüllung der Bergpredigt verstehen. Um Mißverständnisse auszuschließen, möchte ich ausdrücklich darauf hinweisen, daß die in diesem Artikel skizzierte ›Liberalität‹ nichts mit jener bayerischen Liberalität zu tun hat, die leben und leben lassen heißt, die zum Wesen eines echten Konservativen gehört und diesen unter anderem von einem Reaktionär trennt.

Wird sich auf absehbare Zeit in den Medien etwas ändern? Ich glaube – nein! Die Kriegs- und Nachkriegsgeneration ist verbraucht. Viele ihrer Spitzenvertreter fühlen sich auf den liberalen Plüschsesseln mit vergoldeten Rückenlehnen recht wohl. Sie wollen bei ihrer Mediensiesta nicht gestört werden. Die Atmosphäre der Auseinandersetzungen läßt sich am bildhaftesten in der Boxersprache wiedergeben. Während die Linken Ihre Bandagen in ideologischen Kitt tauchen, um sie ja recht hart zu machen, polstern bürgerliche ›Medienbosse‹ ihre Handschuhe mit immer mehr Unzen des Verständnisses und des Ausgleichs, um niemandem weh zu tun. Dabei sind die Linken nur im Geben stark, im Nehmen aber von weinerlicher Empfindlichkeit.

Unlängst konnte ein progressiver Spitzenstar auf einer Tagung öffentlich sagen, daß man ja auch mit der Methode des ständigen Ärgerns, die bei den Oberen zu Magenbeschwerden führen könnte, auch etwas ändern kann. Dies ist nach linker Version keine Drohung, dies ist ein legitimes Mittel der gesellschaftlichen

Der Personalrat

Vorstand
Gesamtpersonalrat
Irene Edenhofer   Vors.
Otto Sauer   Stellv.
Norbert Wütschner Stellv.
Friedrich Mager

Örtlicher Personalrat
Irene Edenhofer   Vors.
Otto Sauer   Stellv.
Norbert Wütschner Stellv.
Dieter Kuhr
Friedrich Mager
Peter Zill

Sekretariat:
Christa Gebele   2198
Ursula Spanring   2298

Mitglieder des Gesamtper-
sonalrates:
Irene Edenhofer
             Tel. 2198/2298
Dr. Peter Kritzer
             Tel. 2211
Dr. Paula Fischer
             Tel. 2276
Dieter Kuhr Tel. 2284
Wulf von Lochner
             Tel. 2243
Friedrich Mager
             Tel. 82/2904
Otto Sauer   Tel. 82/2800
                       2870
Helene Solfrank
             Tel. 2203
Norbert Wütschner
             Tel. 2679

Dem Örtlichen Personal-
rat gehören ferner an:
Dr. Günther Engelmann
             Tel. 2389
Joseph M. Hierling
             Tel. 86/458
Joachim Nowak
             Tel. 82/2279
Klaus Steiner
             Tel. 82/2234
Richard Wimmer
             Tel. 82/2250
Peter Zill   Tel. 82/2310
Renate Dunst
Jugendvertreterin
             Tel. 2291
Alexander Illia
Vertrauensmann der
Schwerbehinderten   2474

INFORMATIONEN

Nr. 8   11.5.77

Der Personalrat hat am 9.5.1977 den Beschluß
gefaßt, an den Münchner Merkur folgendes
Schreiben zu richten, das wir den Mitarbeitern
hiermit bekanntgeben:

Der Hauptabteilungsleiter im Bayerischen Rundfunk, Kollege Schönhuber, hat es für richtig
gehalten, im Münchner Merkur vom 23.4.77,
pauschalierte, namentlich nicht belegte und
darum nur umso giftigere Beschuldigungen gegen
eine große Zahl von Mitarbeitern in Hörfunk
und Fernsehen zu erheben. Die Argumentation
ist ein peinliches Beispiel für einen jeden
rechthaberischen politischen Alleinvertretungs-
anspruch, der seinem Wesen nach jede andere
Auffassung verketzern muß. Ob ein solches
Freund-Feind-Denken der grundgesetzlichen Auffassung von Demokratie entspricht, müssen
Schönhuber selbst und seine Leser entscheiden.
Der Personalrat des Bayerischen Rundfunks
jedenfalls hat es für seine Pflicht gehalten,
zumindest die Angehörigen unseres Hauses
gegen unfaire Kollektiv-Beschuldigungen in
Schutz zu nehmen.

Der Personalrat des Bayerischen Rundfunks
Irene Edenhofer, Vorsitzende

Auseinandersetzung. Wehe, wenn diese ›Medienpolitiker‹ an die Macht kämen.
Ich habe nicht das Gefühl, daß die meisten der Medienexperten in den Parteien diese Gefahr erkannt haben. So glaubten nicht wenige in der CDU/CSU lange, sie würden geschickte Medienpolitik betreiben, wenn sie Intendanten, Direktoren und Chefredakteure flattierten. Man vergaß, daß die diversen Essen zu nichts als zu Spesen führten. Die SPD war da realistischer. Sie hielt sich mehr an den Mittel- oder Unterbau, wo tatsächlich die Richtung bestimmt wird. In einem aber sollten sich alle demokratischen Politiker gerade in einer Zeit der Gefährdung des Rechtsstaates einig sein: Wer in der Stunde X das Mikrofon in der Hand hat, ist dem Sieg am nächsten!«

Der letzte Satz löste einen wahren Aufschrei aus. Und dann passierte das, was man als Hauptprobe für das im April 1981 über die Bühne gegangene Stück ansehen könnte. Die Rollen waren damals schon vorgezeichnet. Auf verabredete Stichworte griffen Teile der Gewerkschaften und der SPD an. Der Personalrat zog nach.
Die sogenannten Liberalen, an der Spitze Fernsehdirektor Dr. Oeller, waren »betroffen« und reagierten gereizt. Unmittelbar nach der Personalrats-Attacke schrieb Intendant Vöth einen Brief an den klageführenden SPD-Vorsitzenden Dr. Helmut Rothemund, worin er meine Medienkritik »unmißverständlich mißbilligte«. (1981 vollzog er der Einfachheit halber seine Kritik an meinem Buch gleich direkt auf der Personalversammlung.)
Wie 1981 bei meiner Entlassung versuchte man einen politischen und medienkritischen Vorgang auf das juristische Feld abzudrängen. In stundenlangen Debatten mit der Spitze des Hauses wies ich darauf hin, daß man doch nur die Archive zu öffnen brauche, um meine Thesen bestätigt zu sehen.
Die Einseitigkeit und die unsere Gesellschaftsordnung untergrabende Wirkung besonders von Kinder-, Jugend- und Kirchensendungen wäre doch nicht zu leugnen. Ich erklärte, das Ziel meines Artikels sei gewesen, Denkanstöße zu geben, wie dies

Es war einmal ...
Der Autor und sein Intendant Reinhold Vöth auf dem »Bier-Olymp«

auch die linke Seite immer wieder unbeanstandet versuche. Neben den immer unbekümmerter auftretenden Promotern des Konfliktes in Permanenz müßten auch die Befürworter eines vertretbaren und sachlich begründeten Konsensus ihren Platz finden. Ich sprach gegen eine Wand.
Wahrscheinlich hätte ich schon damals mit härteren Konsequenzen zu rechnen gehabt, wenn mir nicht der »rechte Flügel« mit kräftigen Schlägen beigestanden wäre. Im ›Bayernkurier‹ war ein Satz zu lesen, dem eine gewisse Prophetie für 1981 nicht abzusprechen ist:

»Daß aber auch bürgerliche Medienzaren im Bayerischen Rund-funk ein Scherbengericht gegen Schönhuber versuchten, gehört zu den traurigen Kapiteln verfehlter Medienpolitik der CSU in der Vergangenheit.«

Auch der damalige stellvertretende Chefredakteur des ›Münch-ner Merkur‹ und heutiges Sprachrohr von Franz Josef Strauß in der Bayerischen Staatskanzlei, Hans Tross, wandte sich in einem Leitartikel kritisch gegen den Intendanten:

»Man muß nachdrücklich fragen, was in den Intendanten gefah-ren ist, der administrativ gegen einen Journalisten vorgeht, der die deutsche Medienlandschaft kritisch beleuchtet, seine Meinung sagt, nichts weiter. Was gibt es da zu mißbilligen?«

Aber bald stellte es sich heraus, daß das Verhältnis der CSU zu mir einem Irrtum unterlag. Ich wollte mit meinem Artikel ja nicht für eine bestimmte Partei eintreten, sondern für eine be-stimmte Richtung. Ich kritisierte einen Zustand, den nicht nur die Linke, sondern auch die CDU/CSU mit zu verantworten hatte. Um diesbezüglich keine Mißverständnisse aufkommen zu lassen, achtete ich noch eifriger auf meine und meiner Kollegen Unabhängigkeit von Parteizentralen aller Couleur. Mein Bestre-ben war, sich von der immer deutlicher werdenden Misere der öffentlich-rechtlichen Anstalten so wenig wie möglich anstecken zu lassen. Ich darf hier wiederholen, was ich noch als Hauptab-teilungsleiter des öfteren über die öffentlich-rechtlichen Anstal-ten gesagt und geschrieben habe, nicht um sie zu beseitigen, son-dern durch konstruktive Kritik vielleicht zu besseren Einsichten beizutragen.
Ich meine, ein unabhängiger Journalist hat heute kaum noch eine Chance, in den Funk- und Fernsehanstalten eine Spitzenstellung zu erringen. Aufgrund des leistungstötenden Proporzdenkens wird nicht mehr gefragt, was der Journalist kann, sondern wie er in die jeweilige Struktur paßt. Viele Mitarbeiter interessiert daher weniger, wie ihr Vorgesetzter über sie urteilt, dafür aber um so

mehr, wie sie in dieser oder jener Zentrale ›liegen‹. Die Formel: ›Sie haben Ihren neuen Posten fast sicher, er muß nur noch von diesem oder jenem Medienpolitiker abgesegnet werden‹, gehört zum Standardvokabular in den Anstalten …

Da der weitere Verlauf der Karriere in den Funkhäusern vom Wohlwollen der Politiker oder Verbandsvertreter abhängt, hat sich auch der Umgang der Redakteure und Reporter mit diesen verändert. Und zwar von einem Extrem zum anderen. Glichen früher viele Interviews mehr gnadenlosen Verhören und die Journalisten eher forschen Staatsanwälten, so sind heute an ihre Stelle Stichwortgeber und devote Mikrofonhalter in gebückter Stellung getreten. Es gehört aber schon fast selbstmörderische Charakterstärke dazu, beispielsweise einem Rundfunkrat, der morgen über die Karriere eines Interviewers entscheidet, heute mit harten Fragen zu Leibe zu rücken.

Auch die Medienpolitiker der Parteien haben im Umgang mit den Journalisten ein bestimmtes Ritual entwickelt: Haust du meinen schwarzen Abteilungsleiter, hau ich deinen roten Schützling! Führende öffentlich-rechtliche Journalisten bekommen ein bestimmtes Etikett, das sie ein- für allemal festlegt.

Dieser Zustand, der die Redaktionskonferenzen häufig zu einem ideologischen Schlachtfeld und die Auftragsvergabe zu einem politischen Verteilungskampf macht, kann auch von den Spitzen nicht geändert werden, weil sie selbst Teil dieses Systems sind und dessen Gesetzmäßigkeiten unterliegen. Intendanten müssen gewählt werden.

1977/78 stand ich bei der CSU hoch im Kurs. Nur ungern werden sich einige CSU-Spitzenpolitiker, die 1982 meinem Sturz entweder untätig zusahen oder sogar sanft nachhalfen, daran erinnern, daß in ihren Kreisen das Wort vom möglichen Intendanten Schönhuber immer häufiger die Runde machte. Sie werden sich vielleicht meiner Antwort erinnern: »Gegen einen Freund kandidiert man nicht!« Auf Anfrage teilte ich damals Zeitungen mit: »Ich habe ungebrochenen Respekt vor der Person des Intendanten. Ich verstehe seine Haltung und akzeptiere sie ohne Widerspruch, obwohl ich in der Sache anderer Meinung bin.«

Aber nichts ist beständiger als der Wandel. Sehr bald sahen die entscheidenden Kräfte der CSU ein, daß sie bei Vöth besser als bei mir aufgehoben sind. Sie verwechselten nämlich, wie gesagt, mein Bekenntnis zum Konservativismus mit einer Bejahung der CSU.

Dieses Thema aber bedarf einer Verdeutlichung. Ich habe in der Nachkriegszeit keiner Partei angehört. Deshalb aber war ich kein politischer Eunuch. Politische Entwicklungen interessierten mich brennend und so unterstützte ich in Kommentaren und Kolumnen bestimmte Tendenzen und ideologische Vorstellungen. In diesem Zusammenhang hat man mir vorgeworfen, daß mein sogenannter Weg nach oben nicht geradlinig verlaufen sei, daß Brüche und Kurven zu registrieren wären. Das ist richtig. Anmerken aber möchte ich, daß auch politische Entwicklungen durchaus Schwankungen unterworfen sind. So kann eine Entfremdung oder gar Abkehr von einer bisher erfolgten ideologischen Unterstützung auch dadurch eintreten, daß jemand selbst bei seiner Position stehenblieb, die politische Gruppierung aber inzwischen ganz andere Verhaltensweisen und Zielvorstellungen entwickelt hat.

So erging es mir mit der SPD. Man vergleiche diesbezüglich die Haltung Dr. Kurt Schumachers zur Sowjetunion und zum Kommunismus mit der von Willy Brandt oder Egon Bahr. Dr. Schumacher war gegenüber Umarmungsversuchen von seiten des Osten unerbittlicher als beispielsweise der CSU-Ochsensepp, Dr. Josef Müller, der zum Mißvergnügen Adenauers einmal einen kurzen, aber heftigen Flirt mit Pankow hatte. Während aber von der Öffentlichkeit so manche Veränderung des politischen Koordinaten-Systems als nun einmal gegeben hingenommen oder durch den Stimmzettel akzeptiert oder verworfen wird, gerät die eine oder andere Einzelperson, die sich dieser Entwicklung entgegenstemmt, ins politische Niemandsland. Der Versuch, hier herauszukommen und sich unter Umständen neu zu orientieren, kann dann von den ehemaligen Weggefährten bequem als Fahnenflucht ausgelegt werden. Mancher aber, der jede Veränderung nahezu kritiklos mitmacht und sich dabei als treu und standhaft feiern läßt, ist in Wahrheit nicht selten dumm und gedankenfaul, meistens aber opportunistisch. Er handelt nach dem Motto: Dabeibleiben ist alles. Die beste Methode, die eigene Schwäche zu kaschieren, aber ist, mit dem Finger auf jene zu zeigen, die es sich nicht so leicht machten. Man schaue sich mal die Liste jener Intellektuellen an, die der SPD den Rücken gekehrt haben? Es sind beste Namen darunter.

Was aber in Deutschland fehlt, ist eine Gruppierung, die sowohl national-konservative wie soziale Belange vertritt.

Unsere spezifisch deutsche Tragödie aber ist, daß politische Begriffe, die in nahezu jedem Land normal und ohne Hemmungen ausgesprochen werden, bei uns durch die verhängnisvolle Epoche des Nationalsozialismus so negativ besetzt sind, daß sie nur schwer eine Chance haben, ins politische Spiel gebracht zu werden.

Aber trösten wir uns mit der Feststellung, daß man bei uns über all diese Probleme noch reden kann, wenn es auch zunehmend schwieriger wird. Es gibt Länder, wo sie kein Thema mehr sind.

19.
Der deutsche Komplex

Als Mitglied des Bundesvorstandes des Deutschen Journalisten-Verbandes war ich Teilnehmer einer Reise in die Sowjetunion. Sie gehört zu den aufschlußreichsten, aber auch deprimierendsten, die ich je gemacht hatte. An der Spitze der Delegation stand der damalige Bundesvorsitzende, Dr. Manfred Buchwald, ein eher provinzieller Journalist mit Stuyvesant-Attitüde. Ansonsten waren brave, meist ältere Kollegen dabei. Sie waren – kein Wunder – bei Gesprächen den dialektisch geschulten sowjetischen Kollegen hoffnungslos unterlegen. Die Sowjetmenschen amüsierten sich über das angestrengte Bemühen einiger Kollegen, im »Paradies der Werktätigen« doch zumindest einiges gut zu finden.

Wir waren in Moskau, Eriwan und Leningrad. In der armenischen Hauptstadt Eriwan fiel mir vor allem auf, wie sehr die Armenier ihrer Geschichte und auch ihrer Religion verhaftet waren. Uns führten die Funktionäre vor allem die Leidensgeschichte des Volkes vor. Sie schleppten uns von Mahnmal zu Mahnmal. Alle kündeten von den Massakern im Jahre 1895/96 und 1914/15 durch die Türken. Diesen Völkermord hat Franz Werfel in seinem Buch »Mussa Dagh« eindrucksvoll beschrieben. Das Schicksal wollte es, daß ich einige Jahre später auch die andere Seite, die Türkei, kennen- und schätzengelernt habe. Auch auf dem türkischen Volk lastet die Bürde einer schweren Vergangenheit, wenn auch die Massaker in Armenien selbstverständlich nicht mit Auschwitz verglichen werden können. Die Überfälle waren ein epidemischer Ausbruch nationaler und völkischer Leidenschaften und Revanchegefühle, Auschwitz war administrativ geplanter und pedantisch ausgeübter Mord.

Aber die Türken verharren nicht in Demutshaltung und stehen nicht täglich wie wir an der Klagemauer. Bei aller Verdammung des Unrechts kämpfen sie unentwegt gegen Übertreibungen und historische Verzerrungen. Sie haben nicht vergessen, was der Schöpfer der modernen Türkei, Mustafa Kemal Atatürk (›Vater der Türken‹), gepredigt hatte: »Türke sei stolz!« Versucht jemand bei uns, historische Verzerrungen aufzudecken, ist er schon fast ein Nazi, bei den Türken dagegen ist der Kampf gegen historische Lügen eine nationale Pflicht.

Von Eriwan ging's nach Leningrad. Diese Stadt, die ich später noch zweimal besuchen sollte, ist für mich eine der schönsten der Welt. Bewundernswert, wie es die Sowjets verstanden haben, die nahezu zerstörte Stadt originalgetreu wiederaufzubauen. So wie die Armenier gelten auch die Leningrader als untypische Sowjetmenschen. In Leningrad spürt man die Nähe Skandinaviens. Leningrad ist Europa. Auch ist der Ton hier offener, freier als in Moskau. Die Journalisten machen dabei kaum eine Ausnahme. Da ich mich mit kaum einer anderen Literatur so beschäftigt habe wie mit der russischen, wanderte ich beglückt auf den Fährten jener historischen Ereignisse, über die ich so oft und viel gelesen hatte. Nachdenklich stand ich auf dem Panzerkreuzer ›Aurora‹, von dem aus jener Schuß abgefeuert wurde, der sich als Volltreffer der Weltgeschichte erwies und eine neue Etappe der Menschheit einleitete.

Über die russische Geschichte berichtete unsere sowjetische Reiseleiterin relativ sachlich und objektiv. Die Schwierigkeiten kamen mit der neueren, der sowjetischen Geschichte. Ich erinnere mich an eine Fahrt zu den Putilow-Werken, die im Bürgerkrieg zwischen weiß und rot zum Waffen-Arsenal der Roten wurden. Von hier aus marschierten auch die Arbeiter zum damaligen Petrograd, um das Zarenregime zu stürzen. Im Zweiten Weltkrieg waren die deutschen Soldaten nur ein paar Straßenbahnhaltestellen von der für die Sowjets lebenswichtigen Munitionsfabrik entfernt. Hier konnten die Granaten sozusagen mit dem Handwagen an die Front gezogen werden. Auf der Fahrt zu den Putilow-Werken kamen wir an dem Kirow-Denkmal vorbei. Dazu unsere Reiseführerin: »Kirow war ein bekannter bolschewistischer Funktionär und später Leiter des Leningrader Bezirks. Er galt als

ein Liebling der Partei. Hier wurde er schändlich ermordet.«
Mich naiv stellend, fragte ich: »Von wem?« Die arme Reisebegleiterin kam ins Stottern, brachte dann mit einiger Anstrengung hervor: »Von bösen Reaktionären.« Sie wußte so gut wie ich, daß Kirow auf Befehl Stalins umgebracht wurde, weil er ihm zu beliebt geworden war und er in ihm einen Rivalen witterte.
Dieser kurze Dialog war auch typisch für unsere Gespräche. Wollten wir etwas über Stalin wissen, wichen unsere Partner aus. Stalin war so etwas wie eine Unperson. Ich habe einmal einen sowjetischen Kollegen unabsichtlich schwer beleidigt, als ich ihn eine »Sphinx« nannte. »Sphinx« steht für Stalin. Geradezu grotesk aber wurden unsere Gespräche, wenn es um die »Rote Armee« während des Bürgerkrieges ging. Von der führenden Rolle Trotzkis, des Ersten Kriegskommissars der Sowjetunion, hatten unsere Partner kaum etwas gehört, gaben dies zumindest vor. Trotzki war nun einmal das Symbol des Bösen, das man nach ihrer Meinung zu Recht ausgemerzt hatte. Übrigens, im Gegensatz zu den Sowjets, die von diesen Vorgängen nichts wissen wollten, wußten manche meiner deutschen Kollegen davon tatsächlich nichts.
Bedrückend war unser Besuch des Leningrader Zentralfriedhofs. Überall Hinweise auf die »deutschen faschistischen Horden«, die letztendlich von der tapferen und edelmütigen »Roten Armee« verjagt worden waren. Mein Herz wurde schwer angesichts der vielen Opfer, die die jahrelange Einschließung Leningrads durch uns Deutsche forderte: Hunderttausende sind damals verhungert und erfroren. Andererseits dachte ich aber unwillkürlich auch an die Opfer der Einschließung von Breslau, des Bombenterrors von Dresden. Werden wir immer die »faschistischen Horden« bleiben und die anderen die edlen Befreier? Gilt auch in der Kriegsgeschichte ewig der Satz »Wenn zwei das gleiche tun, ist es noch lange nicht das gleiche«?
Einer der schlimmsten Anbiederer in unserer Gruppe war ein hessischer Pastorensohn, seines Zeichens Wirtschaftsjournalist, der am liebsten gleich eine neue journalistische »Entente cordia-

le« zwischen der Sowjetunion und uns eingegangen wäre. Das einzige, was den Pastorensohn störte, war die offenkundige Liebe der Sowjets zu militärischen Ritualen. Der preußisch-präzise Ablauf der Wachablösung vor dem Lenin-Mausoleum in Moskau erregte bei vielen meiner friedfertigen journalistischen Kollegen Betretenheit oder Amüsement. Sie konnten damit genausowenig anfangen wie mit dem sowjetischen Bestreben, Geschichte, auch Militärgeschichte, als Kontinuität zu begreifen. Die Siege der zaristischen Armeen werden auch von den Sowjets als Siege gefeiert. Die großartigen zaristischen Heerführer wie Suworow oder Kutusow haben in der sowjetischen Armee einen hohen Stellenwert. Die sowjetischen Kollegen konnten nicht begreifen, daß unsere Leute oft geradezu ängstlich bemüht waren, die militärischen Taten der deutschen Heerführer herunterzuspielen, um ja nicht den Geruch von Militarismus aufkommen zu lassen. Geradezu fanatisch suchen wir nach Fehlern und dem Verbrecherischen in unserem Volkscharakter. Sehen uns in manchen Kreisen selbst inzwischen als »Verbrechervolk im Herzen Europas«, sehen sogar – natürlich historisch belegt – eine Kontinuität der Politik von Bismarck bis Hitler, um dies alles dann als eine Art ›Siegesmeldung‹ in dem schändlichen Kriegszug gegen das eigene Volk zu publizieren.

In diesem Zusammenhang erinnere ich mich an eine andere Journalistenreise, die mich nach Lettland, nach Tallinn, führte. Nicht ohne innerlich aufgewühlt zu sein, stand ich auf dem Friedhof der halbverfallenen Kirche von Tallinn, des früheren Revals, und las an den verwitterten Grabkreuzen kaum wahrnehmbar die alten deutschen Namen. Die gleiche Delegation mußte sich in Moskau von dem größten Stalinisten und Deutschenhasser, dem Chef des sowjetischen Fernsehens und ehemaligen stellvertretenden Außenminister, Sergej Lapin, Haßtiraden über deutsche Politiker und Parteien aus Vergangenheit und Gegenwart anhören. Unsere Reaktion: betretenes Schweigen. Bei einem anderen Anlaß mußte sich unser Delegationschef von einem führenden sowjetischen Delegationsteilnehmer sagen lassen: »Das größte

Glücksgefühl meines Lebens ist es noch heute, daß ich als junger Partisan aus nächster Nähe einen deutschen Soldaten erschoß und ihn blutüberströmt zusammenbrechen sah.« Unsere Reaktion: betretenes Schweigen. Als ich mich später über all diese Vorkommnisse beschwerte, hieß es nur lapidar, man habe das Gastrecht zu beachten.

Zu Besuch beim sowjetischen »Informations-Zaren«, Sergej Lapin.
In der Mitte Intendant Reinhold Vöth

Denke ich an all unsere »Canossa-Gänge« zurück, fällt mir ein, wie ironisch und dabei treffend der Deutschland-Korrespondent des Londoner ›Manchester Guardian‹ seine Bonn-Erfahrungen dahingehend zusammenfaßte, daß die Deutschen quasi bei jedem Essen einen Gang Vergangenheitsbewältigung einlegten und zur Nachspeise eine Note für gutes oder schlechtes demokratisches Betragen erbäten.
Aber bundesdeutsche Anpassung und Anbiederung werden im Westen und schon gar nicht im Osten wenig honoriert. Im Gegenteil: Die in Bonn residierenden östlichen Kollegen beispiels-

weise sind von ihren Zentralen angehalten, mit schwerstem Geschütz gegen die Bundesrepublik aufzufahren und ihre Repräsentanten hemmungslos zu beschimpfen. Ich habe im Rahmen meiner Möglichkeiten stets dafür plädiert, zwar nicht Gleiches mit Gleichem, aber doch mit Ähnlichem zu vergelten; beispielsweise also Ausweisung gegen Ausweisung zu setzen. Solche Maßnahmen hätten die Sowjets sicher empfindlich getroffen, weiß man doch, daß manche dieser Journalisten auch einen kleinen »Nebenberuf« haben! In Moskau ist es ein offenes Geheimnis, daß die Redaktion der in vielen Sprachen erscheinenden Zeitschrift ›Sowjetunion‹ als der KGB-Playboy-Club gilt. Es sind übrigens durchwegs hochgebildete und mit der Problematik der verschiedenen Länder sehr vertraute Spezialisten und Korrespondenten, die da am Werke sind. Sie arbeiten vorzugsweise mit deutschen Journalisten zusammen, die eine braune Vergangenheit haben. Davon gibt es nicht gerade wenige. Unentwegt müssen sie gegen ihre Vergangenheit anschreiben und sind daher dankbar für jeden Beifall von der anderen Seite. Das stärkt ihr Alibi!

20.
Einstmals des »Teufels Propagandisten«

Die Vergangenheit holt aber jeden ein, das gilt für den Frühschöppner Höfer ebenso wie für den ›Stern‹-Chef Nannen. Wie tief manche unter ihnen in das Unrechtsystem verstrickt waren, beweist ihre damalige Sprache, deren Schwülstigkeit nicht allein durch den Zeitgeist zu entschuldigen ist. Dies schrieb Henri Nannen 1939 in der Zeitschrift ›Kunst und Volk‹ (Verlag Heinrich Hoffmann, 10. Jahrgang, Folge 739): »Die Erneuerung des deutschen Menschen aber ist das Werk des Führers. Er hat ihm den neuen und doch ewig alten Glauben an sich selbst und an das Schicksal seines Volkes zurückgegeben. Er allein hat sein Volk wieder zum Erleben und damit auch zur Darstellung seines eigenen Wesens geführt. Und wie der Führer aus unserer innersten Mitte gleichsam als Verdichtung unseres ganzen Volkes wunderhaft heraufgestiegen ist, so hat er unser Volk wieder fest gegründet und auf den unerschütterlichen Grund der Herkunft und des Blutes, aus dem letzten Endes auch die Kunst ihre Nahrung empfängt.«

Im gleichen Artikel schrieb er dann weiter: »Als der Nationalsozialismus in Deutschland zur Macht gelangte, da war die Vereinsamung der Kunst und ihre Entfremdung vom Leben des Volkes auf dem Höhepunkt angelangt. Wäre dieser Zustand nur eine Folge der jüdisch-bolschewistischen Kunstzersetzung gewesen, so hätte er leicht beendet werden können ...« Und weiter: »Vor diese Situation fand sich die neue Zeit gestellt, als aus der Weltanschauung des Nationalsozialismus ein neues Gemeinschaftsbewußtsein entstand, das nach Formwährung im Kunstwerk verlangte ...«

Aber es gab in jenen braunen Tagen auch Schriftsteller und Journalisten, braune Propagandisten wie Henri Nannen, die zogen einen anderen Schlußstrich. Von einem möchte ich kurz berichten, über dessen Verhalten ich im Faksimile-Querschnitt »Das

346

Reich« las. Dieses Buch müßte eigentlich Pflichtlektüre aller – vor allem angehender – Politiker, Journalisten und Politologen werden. Die darin enthaltenen Artikel aus der nationalsozialistischen Renommier-Zeitschrift »Das Reich«, geschrieben von Journalistinnen und Journalisten, die heute auch in der Bundesrepublik einen hohen Stellenwert hatten und haben, zeigen die ganze Erbärmlichkeit und Gesinnungslosigkeit eines Teils der deutschen Intellektuellen.

Redaktionsleiter war damals ein Sachse namens Sparing. Er wird als ein pessimistischer Nationalsozialist beschrieben, der die Aussichtslosigkeit des Krieges bald erkannte. Er war kein Scharfmacher, sondern eher loyal und stellte sich auch vor seine Mitarbeiter. Über sein Ende schreibt Harry Pross in genannter Faksimile-Ausgabe: »Als die Russen in Berlin eindrangen, soll er sein Parteiabzeichen angesteckt haben, das er sonst nie trug. Ein russischer Offizier und ein deutscher Zivilist, die seine Adresse im Notizbuch des stellvertretenden Hauptschriftleiters Wirths gefunden hatten, führten ihn ab; aus einem russischen Lager kam im Mai 1955 die Nachricht seines Todes.« Sparing und Nannen, zwei Namen – zwei Welten. Ich überlasse es dem Leser, zu entscheiden, welchem Namen er mehr Respekt zollt!

Bei Henri Nannen erfuhr ich die besondere Ehre, in seinem ›Stern‹ wegen meines Buches über die Waffen-SS als »Absteiger der Woche« abqualifiziert zu werden. Es ist verständlich, daß ich mit besonderer Verachtung das las, was Henri Nannen ebenfalls 1939 über die SS geschrieben hat:

»... bis dann am Abend des 9. November diese Trauer sich wandelt, in den heroischen Ernst und das sieghafte Pathos der Vereidigung der SS vor den Stufen der Feldherrnhalle, bis aus Opfer und Tod heißestes Kämpfen und Leben geboren wird ...
Mit leuchtenden Augen sahen die Männer auf ihren Führer, der ernst und gemessen die Front abschritt und wie ein gewaltiger Jubel standen die Heil-Rufe der unzähligen Menschen hinter dem Wall der Kolonne auf, mischten sich in die Klänge des Parademar-

sches und in das Knattern der Fahnen ...« (Nannen; »Die Kunst im Dritten Reiche«, Zentralverlag der NSDAP, Franz Eher)

Es bedeutet auch nicht kleinliche Abrechnung (dazu habe ich persönlich keinen Grund), sondern einen Beitrag zur geschichtlichen Wahrheit, wenn man Werner Höfer heute daran erinnert, was er 1943 über die Hinrichtung des Musikers Karl Robert Kreiten im Berliner »12-Uhr-Blatt« schrieb:

»Wie unnachsichtig mit einem Künstler verfahren wird, der statt Glauben Zweifel, statt Zuversicht Verleumdung und statt Haltung Verzweiflung stiftet, ging aus einer Meldung der letzten Tage hervor, die von einer strengen Bestrafung eines ehrvergessenen Künstlers berichtet. Es dürfte heute niemand dafür Verständnis haben, wenn einem Künstler, der fehlte, eher verziehen würde als dem letzten gestrauchelten Volksgenossen.«

Das »Vergehen« Kreitens bestand darin, daß er Zweifel geäußert hatte, ob der Krieg überhaupt noch zu gewinnen sei. Höfer aber machte Karriere. Am 1. Dezember 1944 wurde er Sachbearbeiter (Vergütungsgruppe IV) mit einer Ministerialzulage (Dienststelle Z »ZA Kultur und Propaganda«, Potsdamer Straße 188, Berlin). Ich will auf das Zitieren weiterer Beispiele von heute so bedeutender deutscher Zeitgenossen verzichten. Sie schrieben damals in »braun« so, wie es heute noch in »rot« in der DDR geschieht. Der Stil ist der gleiche.
1975 schrieb beispielsweise der aus München stammende und in der DDR später lebende und dort verstorbene Johannes R. Becher im SED-Organ »Neues Deutschland« in Erinnerung an den Einmarsch der Sowjetarmee in Berlin:

> »Wer hat vollbracht all die Taten,
> die uns befreit von der Fron?
> Es waren die Sowjetsoldaten,
> die Helden der Sowjetunion.«

Ob er dabei wohl auch an die gequälten deutschen Frauen gedacht hat? Josef Hofmiller schrieb einmal in einer Auseinandersetzung mit den »Betrachtungen eines Unpolitischen« von Thomas Mann einen Satz, der haarscharf in unsere Zeit paßt:«

Wenn schon die Welt aus den Fugen geraten ist, so gehören andere Leute dazu, sie wieder einzurichten, als Exzellenz Polonius, Redakteur Zettel und die Weltfirma Shylock Brothers.«

Manchmal weiß ich nicht, ob man der Farbenblindheit bestimmter Zeitgenossen mit Lachen oder Verachtung begegnen soll? Schwieriger wird es mit Wanderern zwischen roten und braunen Abgründen, die später ihre Wege und Umwege nicht mit letzter Klarheit dargestellt haben. Ich denke an den Verleger und Honorarkonsul von Chile a.D., Helmut Kindler. Daß er in den braunen Jahren als Journalist tätig war, darf ihm niemand übelnehmen, auch nicht, daß er es bei dieser Tätigkeit gleich zum Hauptschriftleiter der Zeitschrift »Erika« brachte. In dem international angesehenen biografischen Munzinger-Archiv wird diese »Erika« als Unterhaltungszeitschrift ausgewiesen. In Wirklichkeit war sie eine besonders kitschig gemachte Durchhalte-Postille mit rührseeligen Herz-Schmerz Tönen. Im letzten Kriegsjahr wurde Helmut seiner »Erika« untreu, ging fremd und in den Widerstand. In dem besagten Archiv heißt es dazu: »In den letzten Kriegsjahren machte Kindler wegen Beteiligung an einer Widerstandsgruppe mit der Gestapo Bekanntschaft, stand vor dem Volksgerichtshof und kam 1945 zur »Bewährung« an die Front. »Kurz vor Kriegsende tauchte Kindler in der Tschechoslowakei unter, in Ostberlin bei der sowjetischen »Täglichen Rundschau« wieder auf, warf dann in Westdeutschland beruflich Anker, gründete Gemütszeitschriften wie »Revue«, »Bravo«, »Das Schönste«, »Weltbild« und andere. Endgültig an Land ging er in der Schweiz. Dort lebt er heute. Freuen wir uns, daß er Glück hatte. Bei der Gestapo und dem Volksgerichtshof müssen andere Leute gesessen sein als jene Unmenschen, die wegen geringfügiger Meckerei einen so gutherzigen Mann wie den Pianisten Kreiten auf's Schaffot schickten. Aber vielleicht erfahren wir eines

Tages über diese Zeit Genaueres, auch über die Taten von Herrn Kindler. Solche Zeitzeugen sollten uns aber auch nicht die kleinsten Details ihres Lebens vorenthalten. Dies ist mindestens ebenso wichtig wie die zum X-ten Mal erfolgte Abrechnung mit nationalsozialistischen Organisationen. Vor mir liegt das 1979 bei Kindler erschienene und von dem ehemaligen Stellvertreter des Dienststellenleiters der Zentralstelle der Landesjustizverwaltungen zur Aufklärung nationalsozialistischer Verbrechen in Ludwigsburg, Dr. Heinrich Artzt, geschriebene Buch »Mörder in Uniform«. Das Vorwort verfaßte der ehemalige Offizier der großdeutschen Wehrmacht, spätere General der Bundeswehr und jetzige Bundestagsabgeordnete der Grünen, Gert Bastian. In Zusammenhang mit einer von ihm so gesehenen ehemaligen nationalsozialistischen Kreuzzugsarmee schrieb er im Hinblick auf Traditionsverbände der Waffen-SS, daß sie nicht in der Lage seien … »das Ärgernis ihrer Existenz zu begreifen und durch taktvolle Zurückhaltung erträglicher zu machen.«

Damit wir uns recht verstehen: ich gehöre keinem Traditionsverband an, aber weiß, daß nicht alle Reden, die bei Kameraden-Treffen zu hören sind, im Schatten des Baumes der Weisheit konzipiert wurden. Aber nahezu alle Angehörigen der Traditionsverbände bekennen sich zur Demokratie und wollen nichts anderes als eine menschliche Verbundenheit weiterpflegen, die in den gemeinsam erduldeten Leiden der Schützengräben ihren Anfang genommen hat. So mancher wird sich dabei sogar an die »Erika« erinnern, die ihm seine Musestunden verschönte und seinen Widerstandswillen stärkte. Aber weil auch von »taktvoll« die Rede war: Wäre es nicht ungleich taktvoller, wenn heute alle schwiegen, die damals ihre Feder in die braune Tinte getaucht und schlimme Umweltverschmutzung betrieben haben. Die hiermit Gemeinten werden sagen: Ja, wir taten es, aber unter körperlichen Schmerzen und seelischen Qualen. Nur, die damaligen Leser konnten von diesen Bewußtseinszuständen keine Ahnung haben und handelten nach der Devise »Was man schwarz auf weiß besitzt, kann man getrost nach Hause tragen.« – Heimlektüre!

Wendet man den gleichen Rigorismus, mit dem man noch heute einige nationalsozialistische Federn verfolgt, auf alle an, wäre noch jetzt eine Massenentlassung aus deutschen Zeitungsverlagen, Rundfunk- und Fernsehstationen die Folge.

Nein, man muß sich wehren gegen Ausverkauf und Mißbrauch des Widerstandes. So akribisch wie man die Vergangenheit der Nationalsozialisten untersucht, muß man auch bei Widerstandskämpfern vorgehen, damit die Ehre und die Würe des Widerstands unangetastet bleiben. Obwohl politisch ganz anderer Meinung, denke ich mit Respekt an Widerstandskämpfer vor allem auch aus den Reihen der Kommunisten und Sozialdemokraten, die ihren Widerstand gegen die Nationalsozialisten mit ihrem Leben bezahlten. Und sie waren Widerständler, der ersten Stunde und nicht der letzten Tage. In diese Reihe vermag ich all jene nicht unterzubringen, die uns inzwischen weißmachen wollen, sie hätten sich tötlich bedroht gefühlt, weil sie einmal in vertrautem Kollegenkreis einen bissigen politischen Witz gemacht oder schon in ihre Schulaufsätze regimegefährdende Bemerkungen hineingeschmuggelt hätten. Gerade aus der letzten Kategorie rekrutieren sich einige unserer Literatur-Zaren, bei denen das literarische Fallbeil gegen Andersdenkende ebenso leicht von Hand zu Hand geht, wie sie sich ihre Preise und Jury-Mitgliedschaften wechselweise und gegenseitig zuschustern.

Aber noch ein Wort zu Kindler. Er hat die Memoiren von Ilja Ehrenburg herausgebracht, der in die Geschichte eingehen wird als der Prototyp eines Schreibtichtäters. Ich weiß nicht, ob dieser teuflisch gehässige Mann dem geduldigen Papier anvertraut hat, was er nebst Schändung deutscher Frauen und Ermordung deutscher Soldaten den Sowjetsoldaten noch vorgeschlagen hat. Hier zur Erinnerung: »Diesen Stamm (die Deutschen) werden wir vernichten. Aber den letzten Fritzen kann man in den Zoopark setzen, mit der Überschrift: ›Fritz Vulgaris, der nach den Bemühungen des Dr. Gepke aus dem Menschen entstand.‹«

Herr Kindler: Sie sehen, wie Sie es in Ihrer Laudatio für Walter Jens zum Ausdruck brachten, in den Deutschen »Gezeichnete«.

351

Sie sagen weiter über die Deutschen: »Ihr Judenstern ist das D-Schild an ihrem Wagen.«

Jawohl – gezeichnet sind wir alle, lebenslänglich! Aber fragen darf ich Sie, Herr Kindler, wohl auch, ob Menschen wie Sie nicht mit dazu beigetragen haben, daß aus der Zeichnung eine üble Schwarzweiß-Malerei geworden ist.

Schließen darf ich dieses Kapitel mit einem Satz des österreichischen Feldmarschalles, Franz Conrad von Hötzendorf, der einmal schrieb: »Die Geschichte hat das Recht, die Wahrheit zu verlangen, und jeder gerade Mann hat die Pflicht, sie zu sagen, auch wenn er sich Feinde damit schafft.«

21.
»Nimmt man das Vaterland an den Schuhsohlen mit?«
(Danton)

> »Freiheit bedeutet für einen russischen Bauern,
> nicht im Gefängnis sitzen zu müssen, für einen
> westdeutschen Studenten, Polizisten mit Steinen
> bewerfen zu dürfen.« *Ludek Pachmann*

München gilt heute als eines der Zentren der Emigration in Europa, vielleicht sogar als das wichtigste. Vor dem Krieg war es Paris, das diese Stellung einnahm, aber jetzt ist München über die Geographie an die Stelle der französischen Hauptstadt getreten. Es liegt sozusagen am Schnittpunkt von Ost und West.
Im Gefolge des Rückzuges der deutschen Armeen im Zweiten Weltkrieg kamen viele Menschen aus Osteuropa nach München. Die einen, weil sie mit den Deutschen zusammengearbeitet hatten, die anderen, weil sie unter einer sich abzeichnenden kommunistischen Herrschaft nicht leben wollten. Es waren vor allem Angehörige der mittleren und oberen Schichten. Die Palette reichte dabei von eingefleischten Nationalsozialisten und Antisemiten bis zu überzeugten Demokraten. Bei letzteren waren antideutsche Ressentiments nicht selten. Diese verschiedenen Gruppen intrigierten hier miteinander, untereinander, gegeneinander. Da der Anteil an Politikern und Publizisten unverhältnismäßig hoch war, versuchten sie sich auch publizistisch Gehör zu verschaffen. Der sich anbahnende »kalte Krieg« war dem Vorhaben günstig. Es erschienen Zeitungen und Broschüren.
Ein großes Betätigungsfeld fanden die Vertreter der ersten Emigrationswelle 1950 nach der Installation des Senders ›Free Europe‹ am Englischen Garten in München. Drei Jahre darauf folgte der Sender ›Liberation‹. Einige Jahre später, als der »kalte Krieg« nicht mehr ganz so kalt war, wurde daraus ›Radio Liber-

ty‹. Diese Namensänderung war nicht nur eine Formalität. Sie bedeutete eine Änderung des Programmauftrages. Aus einem ausgesprochenen Kampfinstrument wurde ein Informationsinstrument.

Den Sendern schlug von Anfang an das Mißtrauen vieler deutscher Intellektueller und Journalisten entgegen. Der in den ersten Jahren praktizierte scharfe Antikommunismus wurde als Propagandainstrument des »kalten Krieges« abgewertet. Daran änderte auch die Tatsache nichts, daß einige Mitarbeiter der Sender ihre politische Heimat während der Weimarer Republik ziemlich weit links hatten. Public-Relations-Chef des Senders ›Free Europe‹ war von der ersten Stunde an der Hesse Ernest Langendorf, der Deutschland wegen seiner Zugehörigkeit zu linken Gruppierungen nach der Machtübernahme verlassen hatte. Alle Jahre wieder, so sicher wie die Uralt-Geschichte des Seeungeheuers von Loch Ness im dürren publizistischen Sommerloch auftaucht, so bringen die Münchner Zeitungen die »Story«, wie der jovial wirkende Ernest in amerikanischer Uniform als erster München »befreite«. Er kam in einem Jeep. Und er blieb. Bis heute! Es gefällt ihm hier.

Das große Zittern überfiel die amerikanischen wie die anderen Mitarbeiter, als 1953 die Abgesandten des Kommunisten-Jägers McCarthy, Roy Cohn und David Schine, die »Cohn-Schine Boys«, in München auftauchten. Die Unterhaltungen dieser beiden blutjungen Amerikaner jüdischer Herkunft mit den Mitarbeitern des Senders glichen eher einem zynischen Verhör, das ihren Opfern zwar das Blut in das Gesicht trieb, aber trotzdem kaum aufbegehren ließ. Die Angst vor Entlassung und Schlimmerem saß ihnen im Genick. Ihr Glanzstück lieferten die beiden unbedarften Wächter der Freiheit, als sie von München nach Belgrad flogen, um dort einige Wochen den Kommunismus zu studieren, den sie in Amerika und Deutschland ausrotten wollten. Ich kann mich noch gut an diese Zeit erinnern. Ein Hauch von »Säuberung« nach Moskauer Muster lag über dem »Englischen Garten«. Nach McCarthys Sturz verschwanden auch seine beiden Treiber in der politischen Versenkung. Sonst geht es ihnen besser den je. Cohn ist einer der gefürchtetsten und zwielichtigsten Anwälte von New York, macht Millionen von Dollar in der Verteidigung ebenso zwielichtiger Personen und Organisationen und umgibt sich haufenweise mit Boy friends. Schine, der von seinem Vater eine Hotelkette geerbt hatte, investierte sein Geld im Filmgeschäft. Dies erzählte mir vor kurzem der ehemalige Wiener und jetzige Amerikaner Bob Redlich, der bei ›Liberty‹ die gleiche Funktion innehatte wie Langendorf bei ›Free Europe‹. Der smarte Bob war auch von Anfang an dabei: »Redlich währt am längsten«, sagt man in der Branche. Und er ist jetzt Public-Relation-Manager der Sender.

Übrigens, Langendorf war auch der Mann, der den goldenen Schlüssel zum bayerischen Pressereichtum in der Hand hielt. Dieser Zauberschlüssel hieß Lizenzvergabe. Für ein Butterbrot erwarben bayerische Verleger und Publizisten den Grundstock zu den späteren Millionenvermögen. Die Beschenkten haben den »Spender« finanziell weit hinter sich gelassen. Aber arm ist der Ernest nicht!

In München entstand auch die erste deutschsprachige Zeitung in der amerikanischen Zone. Es war die ›Neue Zeitung‹ unter der Leitung des »geborenen« Journalisten Hans Habe. Da bei uns Deutschen das Meinungspendel stärker ausschlägt als anderswo, wurde nun diese amerikanische Zeitung mit so ehrfürchtigem Bibbern in der Stimmer zitiert, wie man noch ein paar Jahre vorher das plutokratisch-kapitalistisch-jüdische Zeitungswesen in Amerika verdammt und verhöhnt hatte.

Ich kam aus dem Staunen nicht heraus. Meine anfängliche Faszination wich nach einiger Zeit kritischer Distanz. So besonders objektiv schienen mir die Berichte der ›Neuen Zeitung‹ auch nicht zu sein, sie waren nur ungleich raffinierter und zum Teil auch wirklich besser geschrieben als die vorangegangenen braunen Druckerzeugnisse, die über die gleichen Setzmaschinen liefen. Auf den ideologischen Holzhammer à la ›Völkischer Beobachter‹ folgten die Umerziehungsbarbiere, die die Kunst des Einseifens wie des Wegrasierens meisterhaft verstanden. Dabei rasierte man nicht nur braune Bartstoppeln ab, sondern nahm gleichzeitig einige kosmetische Veränderungen vor, die manche Zeitgenossen bis zur Unkenntlichkeit veränderten. Sie wollen deshalb bis heute nicht mehr in den Spiegel schauen. Einige Mitarbeiter der ›Neuen Zeitung‹ stiegen bald bei Münchner Zeitungen, vor allem aber beim Bayerischen Rundfunk in höhere Positionen auf. Sie gebärdeten sich dabei amerikanischer als die Amerikaner.

Die zweite Emigrationswelle der Nachkriegszeit erreichte München nach der totalen kommunistischen Machtübernahme in Ungarn, Polen und der Tschechoslowakei. Die meisten dieser Emigranten dürften als linksliberal bezeichnet werden, besonders die Journalisten und die Intellektuellen. Sie hatten eine Zeitlang auch mit Kommunisten zusammengearbeitet, waren deshalb geradezu prädestinierte Analytiker kommunistischer Praktiken und aus diesem Grund von den Amerikanern sehr gefragt. Einige fanden ihr Betätigungsfeld bei Radio ›Free Europe‹ und hier, vor allem bei den Ungarn, in dem sogenannten progressiven Flügel. Die Töne des kalten Krieges waren ihnen suspekt. Die sozialen Umwälzungen, die in ihren Herkunftsländern vor sich gegangen waren, hatten sie teilweise begrüßt und auch mitvollzogen. Die Gründe dafür versuchten sie jetzt in München zu erklären. Dies gelang nicht immer. Das Mißtrauen ihnen gegenüber, besonders bei Alt-Emigranten, blieb. Manche wurden insgeheim als eingeschleuste Agenten diskriminiert. Nahrung bekam dieses Mißtrauen, als 1958 zwei Mitglieder dieser linken Gruppe verschwanden. Sie tauchten, wie von ihren Freunden befürchtet, in Budapest wieder auf. Dort wurden sie als Helden gefeiert, aber nicht allzu lange. Dann gerieten sie wieder in Vergessenheit. Es handelte sich um den Journalisten Imre Vamos und den Schriftsteller Bela Horvath. Beide kannte ich sehr gut. Ich glaube auch nicht, daß sie als eingeschleuste Agenten hierher kamen. Vamos fühlte sich sowohl als Journalist in seiner Bedeutung nicht voll respektiert wie auch als Mensch mit Mißtrauen betrachtet. Er hatte zudem Heimweh. Davon konnte ihn auch die Liebe und spätere Heirat mit einer attraktiven deutschen Adeligen nicht befreien. Heute ist er Redakteur einer ungarischen Zeitung.

Bela Horvath, der inzwischen gestorben ist, war für mich ein Mensch, den man sich überhaupt nur in Budapest, und zwar in einem der vielen dortigen Literaten-Cafés, vorstellen konnte. Dieser nicht unbegabte Schriftsteller sprach kaum Deutsch. Eine Resonanz auf seine Bücher war hier nicht zu erwarten. Er kam auch nicht mit dem »american way of life« zurecht, litt unter der Kälte des zwischenmenschlichen Zusammenlebens und ertränkte seinen Kummer gerne in Alkohol. Ich habe manche Nacht mit ihm gesessen und mich an seinen skurrilen Einfällen erfreut. Zusammen mit Vamos ging er nach Budapest zurück wie später auch der bekannte ungarische Schauspieler Imre Kovacs. Auch er hatte die Erfahrung gemacht, daß der Westen häufig einen Flüchtling zwar publizistisch gehörig ausbeutet, dann aber wie eine ausgepreßte Zitrone wegwirft. Ob Horvath in Ungarn glücklich geworden ist, weiß ich nicht. Ich hätte es gerne erfahren, war einmal sogar nahe dran!

22.
Der ratlose Bärendompteur

Als ich 1963 in Budapest mit einem Fernsehteam einen Bericht über die dortigen politischen Verhältnisse drehte, machte mich ein Kameramann auf einen Ungarn aufmerksam, der immer um die Kamera herumstrich und den er deshalb für einen Aufpasser hielt. Ich schaute hin und erkannte den »Aufpasser« sofort: es war Bela Horvath: Auch er mußte mich erkannt haben. Was tun? Diese Frage schien auch ihn zu bewegen. Wir taten so gut wie nichts, das heißt, wir begrüßten uns mit einem verlegenen Kopfnicken. Auf seinem Gesicht lag ein freundlicher, aber wie mir vorkam, trauriger Ausdruck. Sicher hätten wir uns gerne unterhalten, aber die Verhältnisse, die waren nicht so. Wir beide wußten nur zu gut von der Existenz der nahezu allgegenwärtigen ungarischen Geheimpolizei, der AVO. Wir hatten uns in München öfter über dieses Thema unterhalten. Hätte Horvath mich angesprochen, so wäre ich sehr vorsichtig gewesen, dies in der berechtigten Annahme, irgendeine ungarische »Stelle« habe ihn zur Kontaktaufnahme geschickt. Hätte ich ihn angesprochen, so wäre auch für ihn die Sache nicht unbedenklich gewesen. Man hätte ihm ungarischerseits sicherlich unangenehme Fragen gestellt. So ließen wir es bei einer kurzen Blickverbindung. Einer meiner Mitarbeiter meinte: »Ein komischer Vogel, erst starrt er uns an und dann verschwindet er sang- und klanglos. Fast hätte ich geglaubt, er würde Sie kennen.« Ich zuckte mit den Achseln.
Nun soll man aber nicht meinen, ich hielte, von dem beschriebenen »Betriebsunfall« abgesehen, ›Radio Free Europe‹ für eine Ansammlung unbescholtener Tugendbolde. Mitnichten! Eingeweihte hatten mir schon vor langer Zeit erzählt, daß der Sender auch vom CIA, dem amerikanischen Geheimdienst, Geld bekäme. Sicher nicht aus Motiven der Menschenfreundlichkeit. Als die Subventionen in der Öffentlichkeit bekannt geworden waren, stellte man sie allerdings ein, zumindest offiziell. Anderer-

seits wunderte es mich immer wieder, wie gut manche osteuropäische Kollegen über den Sender informiert waren. Und da gab es natürlich auch ein paar kapitale Spionagehechte, die lange Jahre im Englischen Garten fette Nachrichten-Beute gemacht hatten.

Aber an den Sendern spielten sich auch menschliche Tragödien ab. Ich erinnere mich eines russischen Bärendompteurs, Victor Iljinsky, der 1956 bei einer Weltreise des russischen Staatszirkusses in Belgien aus dem Zug sprang. Nachdem er kurze Zeit darauf in der Bundesrepublik Aufenthaltserlaubnis bekommen hatte, machte ich mit ihm ein Interview. Der kraftstrotzende junge Bursche war mir von Anfang an sympathisch, nur, so fragte ich mich, was macht ein Bärendompteur unter Nachrichtenhaien? Das Glück des jungen Russen war denn auch nur von kurzer Dauer. Zuerst wurde er überall eingeladen, besonders von den Damen, denen sein jungenhafter Charme und sein kraftvolles Aussehen imponierte. Aber irgendwann muß man »dazwischen« auch einmal reden können, aber da haperte es bei dem jungen Sibirier. Er konnte nur Russisch. Dies aber ist nun nicht gerade die Umgangssprache eines Teils der Münchner Damenwelt, die ist eher auf jankee-englisch fixiert. Als Victor genügend Ladies »dressiert« hatte, wollte er wieder zurück in die Manege, zu seinen Bären. Die fehlten ihm von Tag zu Tag mehr. So kam es, wie es kommen mußte: 1958 ging der Dompteur zurück nach »Mütterchen Rußland«.

Es gab noch weitere »Defectors«, also Abspringer. Es waren aber beileibe nicht immer politische Gründe, die zur Rückkehr führten, sondern oft auch allzu menschliche. Der eine hatte Schulden, der andere wollte seine Freundin loswerden. Dieser hatte Angst vor der Schwiegermutter, jener einfach Heimweh.

Meine menschlichen Beziehungen zur Emigration, besonders zur ungarischen, verstärkten sich nach meiner »ungarischen Hochzeit«, als ich in Budapest 1955 meine erste Frau Eva heiratete. In »Ich war dabei« habe ich beschrieben, wie es zu dieser Heirat, einer der ersten Ost-West-»Verbindungen«, kam. Durch

Eva lernte ich nicht wenige ungarische Schriftsteller und Politiker kennen, die sich in jener Zeit von Moskau abgewendet hatten. Aber eine Frage wird mich in diesem Zusammenhang ein Leben lang begleiten: Mußte es so lange dauern, bis den damaligen Kommunisten die Augen aufgingen? Waren sie nicht ab der Mitte der dreißiger Jahre Zeugen, wie Menschen, darunter viele ihrer Freunde, einfach abgeholt wurden und nie mehr auftauchten? Haben sie nicht bemerkt, wie Angst und Schrecken umgingen, wie die Väter ihren Söhnen und Töchtern nicht mehr trauen durften? Sahen sie nicht die seelische Not der Bevölkerung, von der materiellen ganz zu schweigen? Man muß diese Frage stellen, weil sie das Pendant zur gleichen Frage nach dem Verhalten deutscher Schriftsteller unter Hitler darstellt.

Hier muß jedoch gesagt werden, daß im Gegensatz zu den Menschen in der Sowjetunion 70 bis 80 % der Deutschen mit ihrem Regime vor dem Kriege zufrieden waren und sich weder gedemütigt noch unterdrückt fühlten. An dieser Tatsache kann auch eine nachträgliche und berechtigte Kritik an nationalsozialistischen Verbrechen nichts ändern. Aber ich glaube, viele der Intellektuellen in der Sowjetunion, seien es Russen oder Flüchtlinge von außerhalb gewesen, schufen sich damals selbst einen Abwehrmechanismus, machten sich etwas vor, um überleben zu können. Es ist verständlich und es wäre akzeptabel, wenn sie dies auch sagten. Aber nicht wenige der ehemaligen kommunistischen Schriftsteller verweisen auf ihre damalige Meinung, wonach es eben Jugendsünden eines an und für sich richtigen Systems gewesen wären. Herbert Wehner schildert in seinen Memoiren, wie der damals in Moskau lebende Manès Sperbèr, der heute im Westen so hoch geschätzt wird, auf die Schauprozesse, Verhaftungen und Todesurteile in den dreißiger Jahren reagierte:

»Manès Sperbèr, ein Populisator auf dem Gebiet der Psychologie, den ich als Bekannten Arthur Koestlers kennengelernt hatte, ... entwickelte die Theorie, daß dieser Prozeß zwar schrecklich, aber angesichts des Kampfes der Sowjetunion um ihre Existenz wahr-

scheinlich unumgänglich sei, damit die Aufmerksamkeit auf die feindlichen Anschläge gegen die Sowjetmacht gelenkt würde. Manche der Angeklagten opferten vielleicht ihren Ruf und sich selbst, um der Sache zu dienen; die Leiden, die anderen auferlegt würden, seien zwar persönliche Tragödien, dienten aber auch dem höheren Zweck.«

Immerhin aber war das System zum damaligen Zeitpunkt schon gut 15 Jahre an der Macht!

Ob man es einem ehemaligen Nationalsozialisten ebenso abnähme, wenn er sich ähnlich zu den Röhm-Erschießungen und zum Entstehen der Konzentrationslager geäußert hätte? Es gibt eben zweierlei Irrtümer: den verständlichen auf der linken und den verbrecherischen, unverzeihlichen auf der rechten Seite.

Nach dem ungarischen Aufstand kam eine neue Emigrationswelle. Darunter waren wiederum nicht wenige enttäuschte und verfolgte Kommunisten, die sich jetzt natürlich »Ehemalige« nannten. Einige machten hier wieder von sich reden. Es fiel dabei auf, wie schnell aus manchem kommunistischen Saulus ein demokratischer Paulus geworden war. Wie das bei den Konvertiten häufig ist, wurden in der Folge die »Neuen« zu noch schärferen Kritikern des kommunistischen Systems als die »Alten«, die schon seit Jahren im Westen für ihre demokratische Überzeugung tätig waren.

Unser Haus wurde zu einer Art Anlaufstelle für Ungarn-Emigranten. Das war nicht immer lustig. Wenn ich auch den Heroismus vieler ungarischer Freiheitskämpfer heute noch uneingeschränkt bewundere, so möchte ich mir doch erlauben, auf einige menschlich verständliche Randerscheinungen hinzuweisen. Jeden Tag hörte ich von neuen Heldentaten, von entwaffneten Sowjetsoldaten und abgeschossenen sowjetischen Panzern. Würden diese Zahlen gestimmt haben, so dürften die Sowjets ihren ganzen Panzerbestand in Ungarn verloren haben. Auch mancher, der als Freiheitskämpfer ankam, zeigte sich dann später nicht gerade als Musterexemplar revolutionärer Aufrichtigkeit.

Plötzlich flatterten uns Rechnungen ins Haus, von deren Herkunft wir keine Ahnung hatten und die unsere finanziellen Mittel arg strapazierten. Durch Eva lernte ich allmählich, die Spreu vom echten revolutionären Weizen zu unterscheiden. Trotzdem, es war eine schöne und wichtige Zeit für mich und ich möchte sie in meinem Leben nicht missen. Eine Welle von Hilfsbereitschaft ging damals durch unser Volk, und es zeigte sich dabei, daß jene am meisten zu opfern bereit waren, die eigentlich am wenigsten hatten. Aber das ist keine neue Erfahrung.

Für die Amerikaner, die mit der ihnen eigenen Unbekümmertheit an die Probleme herangingen, war es von Anfang an nicht immer leicht, die aufrichtigen von den unaufrichtigen, die weißen von den schwarzen Schafen zu unterscheiden. Für diese schwere Aufgabe, die sehr viel historisches Wissen und Fingerspitzengefühl verlangt hätte, sandte Amerika nicht unbedingt seine intellektuelle Elite ins besiegte Deutschland. In der amerikanischen Verwaltung des Senders war vor allem Mittelmaß anzutreffen. Es kamen Leute aufgrund guter Beziehungen von drüben zu höheren Funktionen, deren Fähigkeiten gerade für das Management von Provinzzeitungen ausgereicht hätte. Da ich es als damaliger Vorsitzender des Bayerischen Journalisten-Verbandes bei Tarifverhandlungen auch öfter mit amerikanischen Spitzenfunktionären zu tun hatte, gelang es mir, einen ganz guten Einblick in ihre Persönlichkeitsstruktur zu gewinnen. Mir schienen sie fast durchwegs durchdrungen zu sein von der Arroganz, aus »God's own country« zu stammen. Sie waren knochenharte Vertreter kapitalistischer Überzeugungen und hielten die Methodik des »hire and fire«, des Anstellens und Rausschmeißens, auch am Englischen Garten für geeignet. Im übrigen taten sie sich mit ihren Angestellten und Redakteuren aus den Ostblockstaaten und aus der Sowjetunion relativ leicht, waren diese ihnen doch auf Gnade und Ungnade ausgeliefert. Wegen der Sprachbarrieren und dem Mißtrauen, das man ihnen in der deutschen Presselandschaft entgegenbrachte, hätten sie kaum Chancen gehabt, einen anderen Arbeitsplatz zu finden. Außerdem wollten sie auch nicht ihre Anwartschaft auf die amerikanische Staatsbürgerschaft verlieren. Oft habe ich mich vertraulich und persönlich mit Kollegen des Senders über ihre amerikanischen Vorgesetzten unterhalten. Sie, die den Amerikanern an Wissen und Intelligenz weit überlegen waren, zeigten sich verbittert über die Überheblichkeit und das Unverständnis, die ihnen entgegenschlugen. Ihnen war aber gleichzeitig auch bewußt, daß sie wie kaum eine andere Berufsgruppe dem Satz unterworfen waren: »Wes' Brot ich eß, des' Lied ich sing!«

Wie wenig Verständnis sie auch bei manchen deutschen Kollegen fanden, machte einmal bei der Rückfahrt nach einer Jahresversammlung des Bayerischen Journalisten-Verbandes von Bayreuth nach München der jetzige Vorsitzende des Münchner Presseclubs, Georg Wulffius, deutlich, als er verärgert wegen abweichender Meinungen den anwesenden Vertretern von Radio ›Freies Europa‹ ins Gesicht schrie: »Gehen Sie doch dort wieder hin, wo Sie hergekommen sind!« Später entschuldigte man diesen Ausrutscher mit Alkohol. »In vino veritas«?

Die intelligentesten Vertreter meines Berufsstandes habe ich bei ›Free Europe‹ und ›Liberty‹ kennengelernt. Nachdem die beiden Sender auch organisatorisch zusammengelegt wurden, trat, bedingt auch durch weltpolitische Vorgänge vor ein paar Jahren, eine interessante Wandlung in der Personalstruktur des Senders ein. Die älteren Emigranten verloren mit der Zeit an Einfluß, nicht wenige, die den ideologischen Kampf gegen den Kommunismus für ihre Hauptaufgabe hielten, waren zudem in Pension gegangen. Die Verpflichtung jüdischer Mitarbeiter wird von nichtjüdischen Kollegen nicht immer mit Wohlwollen verfolgt, wenn sie ihren Aversionen verständlicherweise auch nicht offen Ausdruck zu verleihen vermögen. Hier sind Relikte aus Ländern spürbar, die nicht frei von Antisemitismus waren. Ein Mitarbeiter reduzierte diese Problematik mit einer boshaften Anspielung auf Bayern. Er sagte mir: »Unser Sender ist in der gleichen Situation wie die CSU. Die hat einen Pressesprecher namens Godel Rosenberg, der einmal geäußert haben soll: ›Meine erste Solidarität gilt Israel.‹« Und boshaft fügte er hinzu: »Wir könnten uns auch Stimme ›Israels‹ nennen.« Unter den jüdischen Mitarbeitern des Senders habe und hatte ich gute Freunde. Ich halte sie allesamt für kompetente Kenner der kommunistischen Welt.

Wie fast überall in der Publizistik hat der Generationenwechsel auch beim Sender zu atmosphärischen Veränderungen geführt. Die jüngeren Mitarbeiter sind nicht mehr unmittelbar geprägt von den Schreckenserlebnissen mit den Kommunisten. Dies erlaubt ihnen, die ideologische Auseinandersetzung mit fast akademischer Kühle und ohne persönliche Leidenschaft zu führen. Darüberhinaus erhebt sich die Frage, ob der Sender sich nicht bald selbst überlebt. Ost und West sind nicht zuletzt durch den Tourismus durchlässiger geworden. Das Satelliten-Fernsehen steht vor der Tür.

23.
Die russische Seele

In den letzten Jahren verlagerte sich mein Interesse für die Menschen im Osten mehr und mehr auf die Russen, soweit man überhaupt von »Russen« sprechen kann. Die Groß- und Kleinrussen, die Ukrainer, die Usbeken, die Tataren, die Angehörigen der kaukasischen und der baltischen Völker haben mentalitätsmäßig wenig gemeinsam. Manche dieser Begegnungen machten mir Kopfschmerzen, dies im wahrsten Sinne des Wortes. Beim Feiern sind sie nämlich alle Russen, dann bleibt kein Auge trocken und kein Trinkspruch ausgelassen. »Verdammte Russelei«, brummte ich dann am nächsten Morgen in mich hinein und verwünschte meine seelische Vorliebe für den Osten, zu Mütterchen Rußland. Besonders unter dem Einfluß der »Träne Gottes«, wie man den Wodka liebevoll nennt, können russische Menschen so ausdauernd und in allen Gemütsschattierungen diskutieren wie kaum Angehörige eines anderen Volkes. Was tat es, daß viele dieser Diskussionen gewürzt waren mit einer Prise Sinnlosigkeit, daß häufig nichts anderes herauskam als heiße Luft. Der Wodka schaffte es, Realitäten durch Wunschvorstellungen zu ersetzen, die Welt durch eine rosarote Brille zu sehen, und – wenn auch manchmal nur für einen Abend – Gegensätze zu überbrücken, Feindschaften vergessen zu machen.

Keine Emigrantengruppe ist nämlich vor allem durch geschichtliche Abläufe und konfessionelle Unterschiede so untereinander zerstritten. Die Esten, Letten und Litauer mochten einst die zaristischen Großrussen ebensowenig wie sie die sowjetischen Machthalter jetzt hassen, und auch untereinander sind sie sich nicht immer grün. Die Tataren können die grausamen, ihnen von Moskau auferlegten Umsiedlungen im Verlaufe des Zweiten Weltkrieges nicht vergessen; die Russen nicht das einstige tatarische Joch. Nicht wenige Georgier trauern Stalin nach, die meisten Armenier dagegen verwünschen ihn und die Kosaken verwünschen ausnahmslos alles, was nicht auf ihrer Seite stand und steht. Bei Alt-Emigranten blieb die Uhr 1917 stehen, bei jüngeren tickt sie marxistisch nachgezogen weiter. Die Alten und Jungen sprechen nicht einmal mehr die gleiche Sprache. Der Dialektische Materialismus und der Parteijargon sind in die Umgangssprache der Jungen eingezogen, dies führte zu einer gewissen Verproletarisierung der Sprache. Selbst Solschenizyn, der im allgemeinen in der Emigration durchaus bewundert wird, muß sich manchmal von den Alt-Emigranten Vorwürfe im Hinblick auf seine »zu einfache Sprache« anhören.

Die vielen rivalisierenden Gruppen aufzuzählen, würde ein eigenes Kapitel beanspruchen. Das einigende Band ist für viele Russen die Kirche. Auch ich konnte mich der Faszination der orthodoxen Gottesdienste nicht entziehen. Ich liebe das Halbdunkel ihrer Kirchen mit den eindrucksvollen und rührenden Ikonen, das Flackern der vielen Kerzen und den starken Weihrauchgeruch, die endlos auf- und abschwellenden Chöre, die feierlichen Umzüge und Küsse bei der Ostermesse: »Christus ist auferstanden!« – »Ja, er ist wirklich auferstanden!«

Dieses emotionale Aufgehen in der Masse der Gläubigen, diese rauschhafte sinnliche Frömmigkeit beeindruckte mich auch dann, wenn mein Verstand sich dagegen wehrte. Ich werde nie die Totenmesse für die berühmte, aus Rußland stammende Schauspielerin Olga Tschechowa in der russisch-orthodoxen Kirche in München vergessen. Man nahm mit ihrem Tod auch Abschied von einem Leben, das sie als Schauspielerin unübertrefflich dargestellt hatte: ein Leben, das maßlos in Leid und Lust war, in Armut und Reichtum, in Liebe und Haß. Diesem Leben wurde auf der geschichtlichen Bühne 1917 im Petrograder Winterpalais der Todesstoß gegeben. So war aus dem Petersburg der Vorkriegszeit über das Petrograd des Krieges das Leningrad der Sowjetunion geworden.

Der Geist von Petersburg aber ist noch spürbar, besonders in der Religion.

Man kann auch in der russischen Emigration – und hier vielleicht besonders stark – wie in weiten Teilen der Welt die Beobachtung machen, daß die Hinwendung zum Religiösen nicht mehr zu übersehen ist. Vielleicht spielt am Rande dieser Entwicklung ein, ja man kann fast sagen, modischer Trend eine gewisse Rolle. Es ist beispielsweise in der Sowjetunion wieder »chic« geworden, in die Kirche zu gehen. Das gilt insbesondere für die Jungen, die dabei auch einen gewissen Protest gegen das verhaßte sowjetische Establishment im Auge haben. Abgesehen von diesen Nebenerscheinungen glaube ich, daß Solschenizyn recht hat, wenn er die Erneuerung Rußlands nur über eine religiöse Rückbesinnung für möglich hält. Er, der in seinem Zufluchtsland Amerika jeden Tag zu sehen bekommt, welche verhängnisvollen Auswirkungen der »american way of life« haben kann, weiß, warum er Rußland vor dieser Art Zivilisation bewahren möchte. Eine Zivilisation, die auch darin besteht, daß nach einer Umfrage nahezu 50 Prozent der Amerikaner Angst haben, nachts allein auf die Straße zu gehen.

In der russischen Emigration ist Solschenizyn nicht unumstritten. Besonders jüdische Kreise mißtrauen ihm. Dieser Zwiespalt ist nicht nur in europäischen, sondern auch in amerikanischen Emigrantenkreisen spürbar. Im »Aufbau«, der führenden jüdischen Zeitung in Amerika in deutscher Sprache, stand im Mai 1982 unter der Überschrift »Sowjet-Emigranten auf Rechtskursus« gerade in bezug auf Solschenizyn zu lesen:

»In zahlreichen Reden sowie Rundfunk- und Zeitungsinterviews präzisierte er dann seine Gedanken über die Zukunft Rußlands. Als Ideal schwebt ihm nicht etwa Demokratie und Pluralismus nach westlichem Vorbild, sondern ein russisch-orthodoxes, autoritäres Staatswesen vor.
Solschenizyn ist bei weitem nicht der einzige namhafte russische Exilschriftsteller, der den autoritären Staat verherrlicht und westliche demokratische Institutionen verwirft. Der seit 1973 in Paris lebende russische Publizist und Schriftsteller Wladimir Maximow ist sichtlich darum bemüht, daß die ›neue‹ russische antidemokra-

tische, autoritäre Zukunftsideologie in der von ihm herausgege-
benen Monatszeitschrift ›Kontinent‹ (sie erscheint auf russisch,
englisch, französisch, deutsch und in mehreren anderen europä-
ischen Sprachen) einen gebührenden Platz einnimmt, Solscheni-
zyn und Maximow bringen es fertig, extremen Antikommunis-
mus und Demokratie-Feindlichkeit auf einen Nenner zu bringen.
Ihnen zufolge ist der Marxismus-Leninismus eine Erscheinung
westlicher Prägung und deshalb mit der Natur des russischen Vol-
kes unvereinbar. Aber auch der westliche Pluralismus taugt –
nach Ansicht der religiös-nationalistischen Ideologen jüngster
Spielart – für Rußland genausowenig wie der Marxismus-Leni-
nismus ...
Die in den vergangenen 10 bis 12 Jahren aus der UdSSR ausge-
wanderten Sowjetjuden nehmen in diesem ideologischen Streit
eine neutrale Haltung ein. Sie denken nicht daran, nach Rußland
zurückzukehren. Ein künftiges autokratisch beherrschtes ortho-
doxes Rußland wäre für sie ohnehin genauso abstoßend wie der
heute in der UdSSR existierende Totalitarismus.«

Soweit der ›Aufbau‹.
Am meisten scheint die »demokratischen Opponenten« zu stören, daß die beliebte Intellektuellen-These, der Geist stehe links,
aus was die russische Emigration angeht, sich dort nicht aufrechterhalten läßt. Die Domäne der Linken sind hier eher Witz
und Ironie. Die Linken haben keine Vertreter, die schriftstelle-
risch einem Maximov oder gar einem Solschenizyn das Wasser
reichen könnten. Aber das werden sie nicht zugeben. Einige Ul-
tra-Rechte werden dagegen jeden einen Kommunisten nennen,
der für mehr soziale Gerechtigkeit eintritt. Stoff für Intrigen gibt
es immer.
Die Emigration ist eben wie eine große Familie, die in einer viel
zu kleinen Wohnung lebt, obendrein noch isoliert in einer fremden Umgebung. Infolge der zumindest am Anfang vorhandenen
Sprachbarriere, anderer Sitten und Gebräuche ergeben sich nur
schwer Kontakte zu anderen »Bewohnern«, sprich Menschen

des Gastlandes. Untereinander aber kennt jeder jeden. Der Klatsch blüht. Er kann manchmal schlimme Früchte treiben. Schnell wird man auch zu einem Agenten abgestempelt, wenn man nicht alles schlecht findet, was in der ehemaligen Heimat vor sich geht. Aus diesem Getto auszubrechen, gelingt nur wenigen. Das sind die vielbeneideten Erfolgreichen, in deren Lebensbild aber man gerne dunkle Flecken hineinpinselt, um vor sich selbst besser bestehen und die eigene Erfolglosigkeit erträglicher machen zu können.

Die meisten der Erfolgreichen fühlen sich selbst nicht mehr als Emigranten. Sie verstehen sich als Kosmopoliten, als Weltbürger. Sie waren in der Lage, sich besonders schöne Fleckchen Erde herauszusuchen, einige unter ihnen residierten und residieren in Villen am Lago Maggiore, andere fanden ihre Bleibe dort, wo sich ein Weltbürger sowieso am heimischsten fühlt: in Hotels. Schriftsteller kultivierten ihre Nostalgien und vermarkteten dabei ebenso klug wie geschickt ihre Erlebnisse. Man denke an einen Hans Habe, der die Vorzimmer der Macht diesseits und jenseits des Ozeans wie kaum ein anderer Journalist und Schriftsteller kennenlernte. Er schrieb eine gewandte Feder, wußte was die Leute lesen wollten, hatte jene ungarisch-jüdische Lässigkeit, die Kleinbürger so sehr beeindruckt und besonders auf Frauen anziehend wirkt. Er war mehrfach verheiratet. Es waren »Klassefrauen«, darunter übrigens auch die Tochter eines amerikanischen Botschafters.

Als ich Chefredakteur der Münchner Zeitung ›tz‹ wurde, gelang es mir, Hans Habe als Kolumnisten zu verpflichten, nicht zur uneingeschränkten Freude mancher meiner Kollegen. Seine polemischen Artikel waren nicht wenigen zu rechts. Später besuchte ich ihn in seiner Villa am Lago Maggiore. Sie war wie ein Museum eingerichtet, voll überladenen Prunks und fast protziger Pracht. Habe war eitel. Dies ist kein Vorwurf, sondern eine Feststellung. Eitel sind wir, die wir in diesem Beruf tätig sind, mehr oder minder alle. Und wenn mich bei diesem Satz sämtliche Journalistenverbände und Gewerkschaften wie gehabt am liebsten symbolisch pfählen möchten, ein Schuß Prostitution gehört eben auch zu diesem Beruf, wenn man von den wenigen »Heiligen«, es sind meist selbsternannte, absieht. Ich glaube, bei Habe kam noch etwas anderes hinzu. Obwohl er es bestritt, schmerzte ihn doch, daß Feuilleton-Päpste es ablehnten, ihn in den Purpurmantel der »seriösen Schriftsteller« zu hüllen. Er konterte mit der Demonstration seines Reichtums, der großen Zahl seiner Leser. Besonders dürfte es ihn jedoch getroffen haben, daß unter jenen, die ihre spitzen Federn gegen ihn richteten, nicht wenige waren, denen er am Anfang, als amerikanischer Presseoffizier, die ersten publizistischen Gehversuche ermöglicht hatte. Aber nichts ist ja gefährlicher als der sogenannte Geßler-Komplex: Die Menschen wollen nicht gerne daran erinnert werden, daß sie einem einstmaligen Helfer etwas schulden. Man machte Habe hierzulande zum Buhmann, als er es wagte, an dem Bild von Willy Brandt herumzukratzen, statt respektvoll vor ihm in die Knie zu gehen.

Wie dem auch sei, die deutsche Presselandschaft ist ärmer geworden, seitdem es Leute wie ihn und auch William S. Schlamm nicht mehr gibt. Gegen letzteren, den ganz großen Pamphletisten einer Gattung, die leider im Aussterben begriffen ist, waren seine Gegner besonders gehässig. Er beklagte sich einmal, daß man ihm nicht nur vorwerfe, einst links geschrieben zu haben und Jude zu sein, sondern obendrein auch noch Schlamm zu heißen. Es mag sein, daß den satten Spießern hierzulande seine Kassandra-Rufe auf die Nerven gingen. Aber Schlamm wußte, wovon er sprach. Er war selbst einst Kommunist gewesen. Er kannte seine Pappenheimer und ihre Ziele. Aber wer will denn im Westen aus der Geschichte lernen, wenn er dabei Gefahr läuft, auf die Bedrohung seiner Existenz hingewiesen zu werden? Hier ähnelt unsere Gesellschaft jener der einstigen »belle epoque«, nur hat sie weniger Charme.

Schlamm interpretierte Lenin richtig. Während seines westlichen Exils in Paris, München und Zürich dürfte Lenin die Leichtgläubigkeit und Verführbarkeit von Teilen des Bürgertums, vor allem aber der sogenannten bürgerlichen Intelligentia, mit stiller Freude durchschaut und daraus seine politischen Schlüsse gezogen haben. Der Verlauf der Geschichte gab ihm recht. Die Wunden, die der bürgerlichen Gesellschaft die Geschichte schlug, hat bei manch älteren Emigranten Narben hinterlassen, die noch heute schmerzen.

Ich erinnere mich folgenden Vorfalls: Es war die Zeit der Studentendemonstrationen im Jahre 1968. Ich saß mit einer älteren russischen Emigrantin, Trägerin eines bekannten Namens, in einem Schwabinger Kaffeehaus. Plötzlich wurde sie kreidebleich, stammelte: »Sie kommen, wie in Petersburg, die gleichen Typen. Sie werden alles zerstören, alles, auch hier. Sie werden siegen. Sie werden uns auch hier umbringen, wie meine Freunde in Petersburg!« Was war geschehen? Auf der Straße wälzte sich ein Demonstrationszug vorbei. Fahnen wurden geschwenkt, Parolen gebrüllt. Mir fiel das kaum mehr auf. Ich war daran gewöhnt. Ich versuchte die Dame zu beruhigen. Etwas gefaßter fuhr sie dann fort: »Auch bei uns waren die Söhne der Intelligentia auf der Straße. Auch bei uns, 1917, demonstrierten sie gegen ihre Väter. Auch damals machten sie Ungepflegtsein zur revolutionären Mode. Damals wie heute hat man die Drahtzieher nicht gesehen. Sie hielten sich im Hintergrund und ließen die Idealisten und Verrückten, manchmal ist es das gleiche, demonstrieren. Dann warf man die Marschierer weg wie ausgepreßte Zitronen oder stellte sie kurzerhand an die Wand. Ich werde nie in meinem Leben das Knattern der Gewehrsalven vergessen, die roten Fahnen, die Lieder: ›Völker, hört die Signale …‹. Glauben Sie mir, diese Signale will hier niemand hören. Diese westliche Macht geht unter. Hoffentlich hält sie noch, solange ich hier lebe. Noch die paar Jährchen!«

Die Dame lebt nicht mehr. Sie hat die anarchistischen Sprüche, die heute an die Wand gesprüht werden und Sie erneut in Angst versetzt hätten, nicht mehr lesen müssen. Sie hätte eine weitere historische Parallele entdeckt. Der Satz »Die Lust an der Zerstörung ist eine Schöpferische« stammt von einem Russen! Bakunin.

24.
Jevtuschenko kam, sah und siegte

Wie ungebrochen diese Verführbarkeit auch nach den schrecklichen Erfahrungen des Zweiten Weltkriegs, also auch mit den Nachfolgern Lenins war, konnte ich in den sechziger Jahren in München beobachten.

Eines Tages kam ein besonders prächtiger roter Paradiesvogel nach München, der sibirische Poet Ewgenin Jevtuschenko. Unter einigen sehr ansprechenden Versen hatte er auch das berühmte Gedicht »Babi-Jar« über den von den Deutschen verursachten Judenmord bei Kiew verfaßt, worin er auch vor einer politischen »Wiederbelebung« Stalins warnte. Seine Gedichte trieben im Strom des damals ausgebrochenen Tauwetters durch die russischen Lande und wurden von der Jugend als Flaschenpost der Hoffnung und des politischen Frühlings begrüßt. Jevtuschenko paßte damals aber auch gut in das Konzept einiger sowjetischer Kulturfunktionäre, die seine Werke für die notwendige Phase des Enteisens der politischen Landschaft nach dem Kriege für geeignet hielten. Durch sein Aussehen und seine Gewandtheit eignete er sich auch als vorzeigbarer Renommierkommunist. So schickte man ihn ins Ausland, nach Amerika, dann nach England und endlich nach Deutschland. Überall hatte er rauschenden Erfolg. Altgewordene Linksdenker und -dichter erwärmten sich am Pathos seiner Lesungen. In Jevtuschenko glaubten sie jenen Kommunismus verkörpert zu sehen, von dem sie in ihrer Jugend geträumt und in Agit-Prop-Veranstaltungen dafür gekämpft hatten: Ein neuer Majakowski schien gekommen zu sein, bei dem man darüber hinaus, wie bei jenem Dichter geschehen, keinen Selbstmord zu erwarten hatte. Der flotte, nach der neuesten Mode gekleidete, drahtige Sibirier wirkte psychisch und physisch durchaus gesund. Seine Propagandisten vergaßen auch nie darauf hinzuweisen, daß er sich in einer Fußballmannschaft als Torwart betätigte; zwar kein Jaschin, aber immerhin.

Er kam also nach München, sah und siegte, vor allem bei den Damen der Gesellschaft, die ihm buchstäblich zu Füßen saßen, fürs erste jedenfalls. Für alle, die von dem kulturell ambitionierten Kaufmann Glas und seiner kämpferischen Frau, der hervorragenden Kabarettistin Ursula Herking, eine Einladung bekommen hatten, bedeutete das Auftreten des Dichters ein großes Happening. »Tout München« war da. Alles drängte sich um den roten Dichterfürsten, hätte ich beinahe gesagt und vergessen, daß es in diesem Falle angebrachter ist, von einem verdienten literarischen Bestarbeiter zu sprechen. Im Kampf um die Gunst des Sowjetbarden setzte sich endlich eine sehr bekannte Schauspielerin durch. Sie schleppte ihn wie eine Jagdtrophäe in ihr außerhalb Münchens liegendes Domizil. Vielleicht hat er ihr dort nicht nur seine Verse näherbringen können! Wir kennen solche Szenen aus den Romanen von Tschechow, Bunin, Turgenjew und anderen. Sie sind übrigens sehr poetisch …

Von vielen beklagt und mit prächtigen Rezensionen versehen, verließ Jevtuschenko die bayerische Landeshauptstadt, die ein Vierteljahrhundert vorher ein weitaus größerer Meister seines Faches, Ossip Mandelstam, besucht hatte. Einige Jahre darauf mußte allerdings Mandelstam eine Reise in die entgegengesetzte Richtung antreten, nach Sibirien – es war seine letzte. Dichterschicksale in der Sowjetunion. Heute rot, morgen tot.

Einen ganz anderen Typ als den Showmann Jevtuschenko traf ich später in dem Autor jenes Buches, das erstmals nicht das Hohelied der Segnungen des »Arbeiter- und Bauernparadieses« zum Inhalt hatte, sondern die graue sowjetische Wirklichkeit. Der Autor hieß Wladimir Dudinzew und das Buch beziehungsreich »Ne Chlebom Jedinim« – sein frei übersetzter deutscher Titel: »Der Mensch lebt nicht vom Brot allein«. Dudinzew wirkte bescheiden, unaufdringlich, höflich. Um ihn riß sich »tout München« nicht. Auch nahm ihn keine Schauspielerin in Beschlag. Außer diesem Buch hat er dann nichts Bedeutendes mehr geschrieben. Es scheint so, als hätte dieses Werk und die damit verbundenen Kämpfe seine Kraft aufgezehrt. Von russischen

Freunden hörte ich, daß er versucht hatte, seinen Kummer in Alkohol zu ertränken. Noch relativ jung ist er inzwischen gestorben.

Die beiden bedeutendsten sowjetischen Liedermacher lernte ich ebenfalls in München kennen: Bulat Okudschawa, einen gebürtigen Kaukasier, und den Moskauer Victor Galitsch. Die Lieder der beiden – Okudschawa hat sich auch als Romancier einen Namen gemacht – waren und sind teilweise noch ungewöhnlich populär. Da es häufig keine offiziellen Aufnahmen und Schallplatten gab, gingen ihre im »Samizdat« (Selbstverlag) hergestellten Bänder von Hand zu Hand. Es sind oft kleine, etwas sentimentale Lieder, die von den Sorgen und Nöten des sowjetischen Alltags berichten, von altmodischer Liebe und der Hoffnung auf ein bißchen mehr privates Glück. Mit Galitsch, der jüdischer Herkunft war, ausgezeichnet Deutsch sprach, verstanden sich meine Frau und ich besonders gut. Wir führten viele Gespräche, wobei er mit seltener Offenheit über die Situation in der Sowjetunion erzählte.

In Moskau traf ich ihn nach einem Jahr wieder. Er besuchte mich im Hotel Rossija, gegenüber dem Kreml. Als er ins Zimmer kam und bevor er auch nur ein Wort sagte, drehte er sämtliche Hähne der Wasserleitung auf und das Radio auf höchste Lautstärke. Dann erst sagte er: »Willkommen, Franz, in Moskau, jetzt können wir uns unterhalten, wenn auch nicht allzu laut.«

Kurz darauf wählte Galitsch die Emigration. Er lebte meist in Paris, war Mitarbeiter von verschiedenen Zeitungen und von Radio ›Liberty‹. Für das Bayerische Fernsehen machte ich mit ihm noch ein Interview. Dabei trug er auch ein paar Protestlieder vor. Die Resonanz, die ich für ihn erhofft hatte, blieb jedoch aus. Er war nicht mehr so wichtig. Außerdem war man gerade wieder beim »Entspannen«. Bald darauf ist Galitsch gestorben. Er dürfte erst Anfang Fünfzig gewesen sein.

Von allen russischen Schriftstellern, die ich in München kennengelernt habe, machte auf mich Juri Trifonow den größten Eindruck. Ich halte sein Buch »Die Zeit der Ungeduld« für einen der besten historischen Romane über das Rußland von der Mitte des vorigen Jahrhunderts bis zur Zeit vor dem Ersten Weltkrieg. Mit großer Einfühlsamkeit und historischer Treue schildert er den Kampf junger revolutionärer Russen gegenüber dem verhaßten Zarenreich. Es handelte sich um Angehörige der »Narodnaja Wolja« (Volkswillen), die vor allem auf terroristische Aktionen setzten. Trifonow zeigt ihren Alltag, ihre Ängste und Nöte, ihren Heroismus und auch die gelegentlichen Verratshandlungen. Sie lebten unter der Furcht vor der Folter, im Schatten des Galgens. Trifonow beschreibt die menschlichen Bande, die sie untereinander verknüpften und wie die Liebe ihr Leben zwar bereicherte, aber ihr revolutionäres Dasein noch komplizierter machte. Mit menschlicher Anteilnahme aber zeichnet Trifonow auch die »andere Seite«, die der Zaren und ihrer Umgebung. Da ist nichts vom Geifer bolschewistischer Haßpropaganda zu verspüren. Meine Frage bei einer Münchner Pressekonferenz, ob Trifonow eine Ähnlichkeit zwischen dem damaligen russischen Terrorismus und dem jetzigen bundesrepublikanischen sähe, verneinte er mutig mit dem Hinweis, damals herrschte in Rußland eine die Menschen unterdrückende Diktatur, in der Bundesrepublik gäbe es jedoch demokratische und menschliche Freiheit. Der sowjetische Begleiter runzelte dabei die Stirn. Aber diesen Mut bewies der Sohn eines von den stalinistischen Schergen liquidierten Alt-Bolschewiken auch in seinen Büchern, die vom sowjetischen Alltag handeln. Er schrieb sie immer am Rande des gerade noch Erlaubten.

Trifonow wirkte auf mich wie ein in sich ruhender Mann und stets etwas abwesend. Vielleicht verspürte er bereits die Anzeichen einer Krankheit, der er einige Jahre später erliegen sollte. Sie riß ihn aus seinen besten Schaffensjahren, und mit ihm verlor die russische Literatur einen ihrer bedeutendsten Vertreter.

Nun bestand und besteht aber die Emigration nicht nur aus Politikern, Schriftstellern und Künstlern, wenn diese auch weitgehend ihr jeweiliges Gesicht formen und ihre Außenwirkung mitgestalten.

25.
Freund und Freunderl

Ein Teil der Emigranten lebt durchaus unauffällig, bemüht, sich den Sitten und Gepflogenheiten des Gastlandes anzupassen. Teilweise ist es schon die dritte Generation. Ihre Angehörigen fühlen sich mehr oder minder als Deutsche. Ein weitblickender und geschäftstüchtiger Teil unter den Emigranten hat auf die kulinarische Karte gesetzt und die Münchner Speisezettel mit einem internationalen Flair garniert, das die Feinschmecker von nah und fern anzieht.

Dann leben hier Emigranten, die ebenso umstritten wie bewundert sind, je erfolgreicher selbstverständlich, desto mehr. Seit ein Ungar namens Josef von Ferenczy in München residiert und im Nobelhotel »Vier Jahreszeiten« an bestimmten Tagen Hof hält, weiß man hierzulande, was ein Medienmanager ist. Er verkauft Autoren und deren Produkte im In- und Ausland. Er spricht kaum Fremdsprachen. Sein eigenartig geformtes Ungarn-Deutsch hat auch den jahrzehntelangen Aufenthalt in der Bundesrepublik »unbeschädigt« überstanden. Obwohl er mit seinem Menjou-Bärtchen, den bestechenden k. u. k.-Umgangsformen, gepflegten Handküssen und gekonnten Komplimenten wie ein geradezu typischer Bonvivant aus einem der Boulevardstücke seines Landsmannes Franz Molnàr wirkt, ist er in seinem Geschäftsgebaren ein Preuße: zuverlässig, pünktlich, diszipliniert und arbeitsam. Seine Geschicklichkeit ist allerdings nicht die der Märkischen Heide, sondern die der Pußta. Ich meine diese Feststellung übrigens keinesfalls als Abwertung und habe mich immer gefragt, warum so viele unter uns Bayern derart böse waren, als Carlo Schmid einmal sagte: »Der Balkan fängt gleich hinter Ulm an.« Eine Prise raffinierter Tricks gehört wie das Salz zur demokratischen Suppe. Eine Spur zuviel davon macht sie allerdings ungenießbar. Auf alle Fälle muß an dem Verhandlungsgeschick des Mannes aus der ungarischen Stadt Keckemet etwas dran sein. Wo gelingt es denn schon, so unterschiedliche Menschen wie den rosaroten Österreicher Kreisky, den schwarzen Bayern Strauß, den gelben Sachsen Genscher und den roten Hanseaten Brandt mit all ihren politischen Animositäten bei stets glanzvoll arrangierten und inszenierten Parties an einen Tisch zu bringen? Ferenczy macht's möglich.

Die Ungarn sind nun einmal die Spitzenreiter auf diesem Gebiet. Ihre Karrieren verdanken sie nicht zuletzt ihrem geradezu sagenhaften Selbstwertgefühl und einer Spürnase für das auf der Straße liegende Geld. Außerdem zieht ein Ungar, ganz gleich, wo er sich befindet, -zig andere Ungarn nach sich. Aus diesem Grund kann man einem Gerücht durchaus Glauben schenken, wonach in Hollywood einmal boshaft an der Tür zu einem Filmatelier das Schild gehangen haben soll: »Es genügt nicht allein, Ungar zu sein, man muß auch Talent haben.«

Wenn ich vorhin sagte, daß ein erfolgreicher Ungar auch andere nachzieht, dann gilt das allerdings auch für Stadelheim, dem bekannten Gefängnis von München. Sogar bei gestrauchelten Teppichhändlern und raffinierten Bilderfälschern nehmen nämlich die Ungarn eine Spitzenstellung ein. Nun, schwarze Schafe gibt es schließlich überall! Etwas abschätzig wird auch in der Emigration, und nicht nur dort, von den sogenannten Teppich-Juden oder Teppich-Ungarn gesprochen. Ich teile diese Geringschätzung ganz und gar nicht. Sie ist pharisäerhaft.

Einer meiner besten Freunde war im Teppichmilieu tätig: der Ungar Baron von Ostorossy, zeitweiliger König dieser Branche in München. Er hatte auch Partner in der sogenannten guten Gesellschaft, aber deren Vertreter hielten es im außergeschäftlichen Umgang mit dem bekannten Spruch: »Grüß mich nicht unter den Linden«. Von Ostorossy, der leider vor etwa zwei Jahren in Beverly Hills gestorben ist, hatte mehr Menschenkenntnis als alle Psychologen zusammen, die ich kennengelernt habe. Außer in seine tüchtige Frau, einer sehr deutsch wirkenden Fränkin aus Nürnberg, war er in das Land Bayern verliebt. Er liebte buchstäblich alles unter dem weiß-blauen Himmel: den Föhn und die

Berge, den Trachtenhut, den Bayerischen Rundfunk, den Leber-
käs, die Knödel und Schweinshaxen und vor allem den F. C. Bayern München. Diese Fußballmannschaft begleitete er zum Leid-
wesen seiner Frau häufig zu Auswärtsspielen. Er bekannte sich
zum Judentum, war aber alles andere als ein Eiferer. Eines Tages
besuchte er Israel. Als er zurückkam, sagte er zu mir: »Kein Land
für mich, Franz, dort kann man nicht intelligenter, sondern
höchstens schöner als die anderen sein. Und so ›jung und schön‹
bin ich auch nicht mehr. «
Politisch war er konservativ eingestellt. Er verehrte Strauß. Das
hatte seine Gründe. Er hatte einen tiefen Einblick in die Welt des
Bolschewismus getan. Als während des Zweiten Weltkrieges in
Ungarn rassistische Häscher auch nach dem jungen Honvéd-
Leutnant greifen wollten, lief er, um sein Leben zu retten, bei
Nacht und Nebel zu den Russen über. Dort kam er in den Stab
von Marschall Konjew. Arm in Arm mit ihm zog er später in die
befreite ostungarische Stadt Debreczen ein. Eine große Laufbahn
stand vor ihm. Aber er hatte genug gesehen. Er wollte nicht mehr
für die Russen verhandeln, sondern nach Vätersitte wieder
schlicht und einfach für sich handeln. Dafür aber war im plan-
wirtschaftlich beherrschten Ungarn kein Spielraum. So ging er
nach Deutschland, landete erst in Bad Reichenhall, handelte mit
Schmugglerware wie viele andere auch, die später ehrenwerte
Geschäftsleute wurden, zog dann nach München und »machte in
Teppichen«. Er wurde Partner des berühmten Persers Ali Selmi.
Bei seinen »Neppern«, den Unterverkäufern, war der Baron, wie
sie ihn nannten, ein ebenso geachteter wie auch gefürchteter
Chef. Streng und unerbittlich konnte er besonders dann sein,
wenn sich »seine Leitl« untereinander übers Ohr hauten. Da
setzte es vielleicht nicht nur eine saftige »Watschn«, sondern da
trat auch ein sogenanntes Ehrengericht zusammen, dem der Baron von Ostorossy meistens vorsaß. Er erzählte mir dazu einmal
schmunzelnd in seinem Ungarndeutsch: »Gestern trat Ehrengericht zusammen. Vorsitz hatten ich. Schuldige Nepper bekam
Geldstrafe. Muß zahlen an Israel. Hat schon gezahlt.« Einspruch

gab's da nun wirklich nicht. Ehrensache war jedoch, daß man den Schuldigen nicht bei der Polizei verpfiff. Das machte man untereinander aus.

Unter den »Neppern« gab es seltsame und höchst farbige Typen. Manche verdienten in ihren Glanzzeiten schon in den sechziger Jahren an die 15 000,– DM bis 20 000,– DM im Monat. Aber wie gewonnen, so zerronnen. Viele unter ihnen waren leidenschaftliche Spieler und der Gewinn eines Monats konnte in ein paar Nächten vertan werden. Vom Schicksal geprägt und gebeutelt waren sie nahezu alle. Kaum einem war es in der Wiege gesungen worden, Teppichnepper zu werden. Es gab unter ihnen auch Akademiker. Einer unter den Teppichhändlern war sogar einmal nachrichtendienstlich tätig gewesen. Er wagte es, für die Amerikaner unter vielen Risiken über die Grenze zu gehen, um in Budapest mit bestimmten Leuten Kontakt aufzunehmen. Das Unternehmen ging schief. Er kontaktierte die falschen. Er wurde zum Tode verurteilt. Die ungarische Revolution 1956 rettete sein Leben. Ein anderer bekam in seinen späteren Jahren den »Bildungsfimmel«. Er engagierte sich einen Butler und einen Klavierlehrer. Nach einiger Zeit machte er auf seinem »zweiten Bildungsweg« schlapp. Ihm reichte es, »Hänschen-klein« klimpern zu können. Lehrer und Klavier aber hatten, wenn man der Fama glauben schenken darf, unter den Künsten des bildungshungrigen Teppichhändlers und verhinderten Pianisten arg gelitten.

Wenn meine Teppich-Freunde erzählten und sich dabei in liebenswürdigen Übertreibungen ergingen, sah ich sie vor meinem geistigen Auge stets auf einem fliegenden Teppich sitzen und über die Grenzen zwischen Wirklichkeit und Phantasie hinwegschweben.

Man mag über dieses Milieu herablassend die Achsel zucken. Dem möchte ich entgegenhalten, daß die da und dort begangenen Gaunereien sich wie Kinderschummelei gegen die Großbetrügereien so mancher hochangesehener und ehrenwerter Zeitgenossen ausnehmen, denken wir unter anderem an bestimmte Praktiken der »Neuen Heimat«.

Im Gegensatz zu den meisten in die »Flick-Affäre« verwickelten Politiker haben es die Teppich-Händler auch nicht »vergessen«, wenn man ihnen Artigkeiten erwiesen hatte. Was ist also Gesellschaft, was G'sellschaft? Die Übergänge sind schon recht fließend.

Auch manche ehrsame Münchner Bürger wollten besonders schlau sein und wertvolle Bilder günstig erwerben. Sie fielen dabei auf gerissene Bilderhändler herein. Der gerissenste unter ihnen war wieder ein Ungar namens Wintner. Er und seine Leute waren große Menschenkenner. Sie wußten um die kindische Hochachtung der Durchschnittsdeutschen vor klingenden Adelsnamen. So benützten sie Träger berühmter Namen aus dem österreichisch-ungarischen Hochadel als Lockvögel. Sie sangen gut, und nicht wenige ehrenwerte Großbürger gingen diesen »Vögeln« auf den Leim. Wintner entzog sich und sein ergaunertes Millionenvermögen durch die Flucht nach Israel der deutschen Gerichtsbarkeit. In Israel lebte er fürstlich, soll aber immer Heimweh nach München gehabt haben. Inzwischen ist er wieder im Lande. Seine Steuerstrafe hat er bezahlt.

Reiche Opfer fanden auch raffinierte Wettschwindler. Sie versprachen durch manipulierte Rennen hohe Gewinne. Den hohen Einsatz ließen sie sich vorher auszahlen. Aber weder »kam« das gesetzte Pferd noch kam das Geld an den Einzahler zurück. Das Geschäft war für die Gauner dabei höchst risikolos. Sie wußten, daß die geprellten Bürger sie nicht anzeigten, hätten sie dabei doch die Steuerfahndung auf sich aufmerksam gemacht. Wer den Schaden hat, braucht ja bekanntlich für den Spott nicht zu sorgen.

26.
Ein Bayer in New York

Die Emigration hat mich nicht nur innerhalb Münchens angezogen, sondern überall dort, wo ich auf bedeutende Vertreter dieser Gruppe von Menschen zu treffen hoffte, die freiwillig oder unfreiwillig ihr Vaterland verlassen hatten. In New York unterhielt ich mich beispielsweise stundenlang mit meinem aus dem Dorf Berg am Ufer des Starnberger Sees stammenden Landsmann Oskar Maria Graf. Er hatte sein manchmal demonstrativ zur Schau gestelltes Bajuwarentum mit nach New York genommen. Als ich ihn anrief, tönte mir aus dem anderen Ende der Leitung statt einer Namensnennung ein urbayerisches »Ja, wos is?« entgegen. Wahrscheinlich haben die Amerikaner, die bei ihm anriefen, Deutsch auch nur in der bayerischen Dialektausgabe kennengelernt.

Nach Thoma halte ich Graf für den besten bayerischen Schriftsteller. Aber im Gegensatz zu Thoma, der besonders im bäuerlichen Bayern verwurzelt blieb, war Graf auch ein Vertreter des »anderen« Bayern, des urbanen, zuweilen anarchischen, wenn auch er Typen aus dem Bauern- und Handwerkerstand, dem er übrigens selbst entstammte (sein Vater war Bäcker), einprägsam beschreiben konnte. Sein mehr oder minder autobiographisches Buch »Das Leben meiner Mutter« ist für mich eines der eindruckvollsten, das über die Verhältnisse in Bayern von dem Ende des vorigen Jahrhunderts bis zu den Jahren nach dem Ersten Weltkrieg geschrieben worden ist.

Ein Gespräch mit Graf war anstrengend. Er kam vom Hundertsten ins Tausendste. Die Unterhaltung bestand eigentlich nur aus Widersprüchen. Hatte er ausgiebig über seine Landsleute, darunter auch seine Verwandtschaft, geschimpft und hatte man gewagt, ihm da und dort zuzustimmen, so ließ er ein Donnerwetter über den Kopf seines überraschten Gegenübers los und lobte in begeisterten Tönen das, was er eben vorher verdammt hatte.

Eigentümlicherweise waren seine Argumente für eine Person oder Sache genauso einleuchtend wie die Argumente dagegen. Bei Graf schien eine bayerische Eigenart besonders ausgeprägt zu sein: der jähe Übergang von Gunst zu Ungunst, von »I mog di« bis »I mog di nimma« und »jetzt mog i di wieda«. Die Streitlust, die ihn in seinen früheren »wilden« Schwabinger Jahren so gefürchtet gemacht hatte, war auch in New York in seinem reifen Mannesalter noch nicht erloschen. Der einzige Mensch, den er in unserem Gespräch ohne jede Einschränkung bejahte, war der Schriftsteller Tolstoi. Auch unter Berücksichtigung des literarischen Qualitätsunterschiedes hatten der sich gerne auch »Schriftsteller der Proleten« nennende bayerische Handwerkersohn Graf und der aristokratische, für die Armen eintretende russische Graf Tolstoi eine Gemeinsamkeit: sie waren Wirrköpfe in der Politik. Beide hatten sie ihre Jünger, die meistens ebenfalls Wirrköpfe waren. Beide liebten sie es, zu demonstrieren und zu provozieren. Für Oskar Maria Graf bedeutete seine Lederhose eine Art »Uniform«. Mit ihr ging er überall hin. Wollte man ihn so »uniformiert« nicht haben, dann lehnte er eine Teilnahme zu einer Einladung ab. Eine ihm zugedachte Ehrung der Stadt München ließ er platzen, weil er »grad extra« auf Lederhose und Wadlstrümpfe nicht verzichten wollte. So war er, so blieb er. So wie Oskar Maria Graf früher unter den mißbilligenden Blicken des sowjetischen Literaturpapstes Gorki das glänzende Parkett des Moskauer Kreml mit seinen derben bayerischen Nagelschuhen mißhandelte, beschloß Graf Tolstoi in seinen späteren Jahren, manchmal mit ungewaschenen Füßen ins Ehebett zu steigen, weil er auch hierin den von ihm verehrten und geradezu idealisierten Bauern ähnlich sein wollte. Graf nannte sich einen »Tolstoianer«; aus diesem Grund tat er es seinem Meister nach und wurde, wie er mir sagte, fallweise Vegetarier. Daß er in seiner Jugend bereits auf der ultralinken Seite der Münchner oder besser gesagt Schwabinger Szene seine »Spassettl« trieb, versteht sich bei seiner Veranlagung von selbst. Später gewann er zu seinen politischen Jugendstreichen Distanz und in den Gesprächen

383

mit mir nannte er die Kommunisten wildgewordene Kleinbürger, Spießer und Schlimmeres. Der knorrige, seine Empfindungen nie versteckende Oberbayer Graf hätte nie den Weg des
schlauen Schwaben Brecht gehen können. – Nach der nationalsozialistischen Machtübernahme ging der Augsburger bekanntlich nicht in das Paradies der Werktätigen, in die Sowjetunion.
Dafür beschloß er, es vom kapitalistischen Sonnenparadies Kali-
fornien aus zu loben und zu besingen. – Graf hätte sich auch
nicht durch das Dickicht der Fragen des Komitees für unameri-
kanische Umtriebe mit einer geradezu atemberaubenden Pfiffig-
keit unter Inanspruchnahme unwiderlegbarer Halbwahrheiten
hindurchgeschlängelt wie Bert Brecht; wahrscheinlich hätte er
den »Researchern« ein bayerisches »Leckt's mich am Arsch!«
entgegengeknurrt. Was er für seine Überzeugung hielt, dazu
stand er unerschütterlich. Das bewies er, als er es ablehnte, den
Eid auf die amerikanische Verfassung abzulegen, um als überzeugter Kriegsgegner, der er ein Leben lang war, seine Waffe
nicht auf einen anderen Menschen richten zu müssen. Durch
Einschreiten Roosevelts wurde ihm zur Eidesleistung ein anderer
Text gewährt, der auf seine Gesinnung Rücksicht nahm und es
ihm erlaubte, trotzdem Amerikaner zu werden.
Aber dieses »Riesentrumm« von Mannsbild offenbarte auch Seiten tiefer Verletzbarkeit und konnte behutsam und zartfühlend
sein. Das zeigte sich, als er mich einmal zu seinen berühmten Lesungen deutscher Gedichte in ein Lokal im deutschen Viertel
New Yorks mitnahm. Es ging höchst merkwürdig zu. Im Audi-
torium saßen Emigranten, meist jüdische. Im Nebenraum hielt
irgendeine amerikanische Frauenorganisation eine Tagung ab,
zwischendurch drangen Wortfetzen, Gelächter oder schlichte
Lieder zu unserem Saal herüber. In einem etwas fremd anmuten-
den, aber durchaus echt empfundenen Pathos las Graf Gedichte
von Mörike, Bürger, Liliencron, George, Schiller, Goethe. Die
Zuhörer hingen wie gebannt an seinen Lippen. In manchen Augen schimmerten Tränen. Hier saßen sie, die vertriebenen Angehörigen des bildungs- und kunstbeflissenen deutsch-jüdischen

Bürgertums, die in Amerika die Erinnerung an die große deutsche Kultur weit stärker wachhielten, als ich es in der Regel in der Bundesrepublik wahrnehmen konnte.

An dieser Stelle darf ich einflechten, daß ich mich in diesem Kreis sehr wohl gefühlt habe. Im übrigen steht mir die literarische Welt jüdischer Schriftsteller wie Arthur Schnitzler, Stefan Zweig oder Joseph Roth mit ihren gebrochenen, widersprüchlichen und differenziert denkenden Figuren näher als die Walhalla-Helden eines Teils des sogenannten völkischen Schrifttums, wo es nur Helden und Feiglinge, Gute und Böse gibt. Aber läßt man das »sogenannt« weg, dann möchte ich sagen: Man kann Schnitzler mögen und gleichzeitig Hamsun lieben.

Auf meine Frage, ob er denn wieder zurück wolle, antwortete Graf: »Woaßt, es gibt net vui Schöners auf der Welt ois a Fahrt von München nach Starnberg, wenn ma linker Hand de Berg sigt, und plötzlich vor oam da See auftaucht. Aber, des sog i da, dahoam bin i in New York. Des is a Stadt. Da gibt's koa andere. Da fragt die koaner, obsd' a Bayer bist oder a Preiß', obsd' saufst oder net saufst, obsd' neben nausgehst oder net, obsd' a Kommunist bist oder net, obsd' a Schwarzer bist oder net, da braucht eh koana frang, des sigt ma. Da, in New York, konnst a alloa leb'n.« – Aber, so fügte er plötzlich sehr ernst und nachdenklich hinzu: »Da konnst a alloa sterb'n!«

1967 starb Graf – in New York.

27.
Noch ist Polen nicht verloren

Ganz andere Typen der Emigration lernte ich in London, besonders bei der polnischen Emigration, kennen. Ich habe kaum in
meinem Leben wieder so patriotische, an dem fernen Vaterland
hängende Menschen getroffen wie die Polen in London. Unvergeßlich wird mir in meinem Leben eine polnische Erntedankfeier
in der Royal Albert Hall bleiben. Die Herren des Widerstandes
waren da, respektvoll begrüßt und geehrt. Ich sah den kleinen,
ehemaligen Kavallerieoffizier des österreichischen Heeres und
nachmaligen General Bor-Komorowski, den Führer der tapfer
kämpfenden Heimatarmee, der »Armija Kraiova«, Trägerin des
Warschauer Aufstandes von 1943. Ständig von Bewunderern
umgeben waren General Anders und seine schöne, hochgewach-
sene Frau. Anders, der im Ersten Weltkrieg in der zaristischen
Armee gekämpft hatte – Sinnbild der wechselvollen polnischen
Geschichte –, war im Zweiten Weltkrieg Befehlshaber des Polnischen Korps in der 8. Englischen Armee in Italien gewesen. Das
Polnische Korps hatte besonders beim Kampf um das von deutschen Fallschirmjägern mit unglaublicher Tapferkeit verteidigte
Kloster auf dem Monte Cassino schwere Verluste erlitten.
Bei allen Gesprächen war sogar aus Nebensätzen ein scharfer
Antikommunismus herauszuhören. Was sich hier einfand, war
das Polen eines Marschall Pilsudski, das Polen von gestern mit
seinen traditionellen Formen und Klassenunterschieden. Man
küßte ebenso formvollendet die Hand wie man formvollendet
die Dame beim Tanzen führte. Als am Schluß die Nationalhymne mit Inbrunst gesungen wurde, schämten sich die Damen und
Herren ihrer Tränen nicht: »Noch ist Polen nicht verloren!«
Für mich sind die Polen die ewigen Lanzenreiter der Weltgeschichte. Vielleicht verständigen sich die apokalyptischen Reiter
auf ihrem letzten Ritt auf polnisch: Mourir pour Danzig?
Ein ganz anderer Ton als bei den Polen herrschte unter den unga-

rischen Emigranten, die ich besuchte. Es waren Mitarbeiter und Redakteure der berühmten ungarischen Literaturzeitung ›Irodolalmy Ujsag‹, die nach der ungarischen Revolution in London herausgebracht wurde. Ich traf dort sogenannte Progressive oder Liberale, die das Horthy-Regime genauso ablehnten wie das kommunistische. Die meisten unter ihnen waren Juden. Viele der Gespräche hatten einen sarkastischen, nicht selten zynischen Unterton. Es war schwer auszumachen, wen sie weniger mochten, die Russen oder die Deutschen.

Einige Jahre wirkte ich an einer Gemeinschaftssendung BBC – Bayerischer Rundfunk mit. Ein paar Aufnahmen wurden im BBC-Gebäude im Bush House in London aufgenommen. Die Angehörigen der deutschen Abteilung waren fast ausnahmslos politische Emigranten, vor allem deutsche oder österreichische Juden. An der Spitze stand zeitweilig Dr. Edmund Wolf, heute Mitarbeiter des Bayerischen Rundfunks.

Wer weiß nicht, daß dieses Haus der BBC mit seinen Mikrofonen Geschichte gemacht hat? Von hier aus richtete General de Gaulle seinen Appell an Frankreich: »La France a perdue une bataille, mais pas la guerre!« (»Frankreich hat eine Schlacht verloren, aber nicht den Krieg!«) Ich lernte den berühmten Gegenspieler der deutschen Kommentatoren während des Krieges, Sir Lindlay Frazer, kennen. Mir gefiel der zwanglose Umgang mit seinen Mitarbeitern. Da könnten sich manche der deutschen Medien-Gewaltigen eine Scheibe abschneiden. Frazer hatte die Autorität des Wissens und des Intellekts. Viele »Frazers« hierzulande verlassen sich dagegen lieber auf die Autorität des Stuhles, auf dem sie sitzen.

28.
Von guten Hirten und schwarzen Schafen

In meinem Buch »Ich war dabei« habe ich über meine Beziehungen zur Religion im Elternhaus, später in der Waffen-SS und in meinem beruflichen Dasein geschrieben. Manche Kritiker dieser Passagen wiesen spöttisch auf meine »sinnliche Einstellung« zu Gott und Kirche hin. Ich mache ihnen dies nicht zum Vorwurf; denn die meisten sind groß geworden in der Zeit des Alles-»Hinterfragens«, des dazugehörigen Infragestellens, des modisch-progressiven Zweifels: Der Religionsphilosoph Küng steht für »heutig«, der schlichte Dorfpfarrer für gestrig. Aber ich bleibe nun einmal lieber beim Dorfpfarrer alter Prägung, der zum Zweifeln wenig Zeit hat, weil er in aller Herrgottsfrühe aus den Federn muß, um entweder die Glocken zu läuten oder die Frühmesse abzuhalten, bei der Taufe dabeizusein oder bei den oft qualvollen Momenten des Sterbens. Er muß einem Brautpaar den Segen und passende Geleitworte fürs Leben geben, bei den diversen Dorffesten, von der Feuerwehr- bis Veteranenfeier, seinen Mann stehen, dabei immer die richtige Balance zwischen leutseliger Verbundenheit mit seinen Pfarrkindern bei gleichzeitiger Wahrung des notwendigen Respektes halten. Der Dorfpfarrer ist der Frontsoldat der Kirche, der bedrohte Stellungen halten oder verlorene wieder erobern soll. Er trägt auch noch »Uniform«, das heißt, sein geistliches Gewand.

In der »Etappe« oder in den höheren Rängen der kirchlichen Hierarchie ist das gar nicht mehr so selbstverständlich. Ich kenne in Bayern einen einflußreichen Prälaten, der mich stets an den Münchner Polizeipräsidenten Dr. Manfred Schreiber erinnert, den ich auch noch nie in Uniform gesehen habe. Den Herrn Prälaten habe ich zwar öfter in bodenständiger Tracht, in gutgeschnittenem Abendanzug, in modischer Skikleidung oder im Tennisdreß getroffen, im Priesterhabit noch nicht. Er gehört jenen modernen, wissenschaftlich denkenden Kreisen der Kirche an, die über das sogenannte »katholische Milieu« gerne die Nase rümpfen, wenn er selbst von dieser Einstellung auch frei ist und große Verdienste hat. Die Angehörigen des »katholischen Milieus« sind nach der Meinung der sogenannten aufgeklärten und modernen Glaubensbrüder die Dumpfen, die Schwielen nicht nur an ihren Händen, sondern auch an ihrer Seele haben. In Wahrheit aber gehören diese schlichten Menschen zu jenen, die mit ihren Sünden nicht »chic« kokettieren, sondern darunter leiden, die Gott fürchten und an ihn glauben. Sie wollen zu Gott beten und aufsehen und nicht mit ihm spitzfindig diskutieren. Sie schlagen auch häufig noch das Kreuz nach alter Sitte über Stirn, Mund und Brust, tauchen die Finger ins Weihwasserbecken und beugen das Knie, wenn sie am Altar vorübergehen: Dies ist der Katholizismus, der meine Jugend bestimmte.

Meine Erinnerungen an ihn sind aber nicht nur freudvolle. Nicht selten habe ich unter diesem Katholizismus gelitten, beispielsweise als Zögling des als streng bekannten Internats der »Maristen« in Traunstein. Ich bekam Herzklopfen und ein Ziehen im Bauch bei manchem Beichtvater, der, wenn ich beim sechsten Gebot: »Du sollst nicht Unkeuschheit treiben«, angekommen war und stockend sagte: »Ich habe getan«, es ganz genau wissen wollte. Dieses »Ich habe getan« war nichts anderes als die Beschreibung der üblichen dörflichen »Doktor«-Spielereien oder es bestand aus ein paar scheuen und ungelenken Kußversuchen. Im Grunde genommen beichteten wir so, wie Soldaten exerzieren: Es geschah nach einem festen Reglement. Bei uns war es der Beichtzettel, den wir einfach aufsagten. Um unsere Glaubwürdigkeit zu erhöhen, hängten wir bei dem einen oder anderen der 10 Gebote einfach ein paar harmlose Sünden an, sogenannte »läßliche«, damit das »Strafmaß« nicht allzu hoch ausfiel. Darin bekamen wir allmählich Routine. Manchmal wetteten wir schon vorher untereinander, was uns die Sünden »kosten« würden, wie viele »Vaterunser« oder »Gegrüßet seist Du, Maria«. Dabei kannten wir unsere Beichtväter und wußten, wo sie besonders hart und wo weniger hart reagierten. Gefürchtet waren vor allem

die jungen Kapuziner aus Altötting. Ich kann mich heute noch an die Beichtstuhlszenen erinnern. Da standen wir in einer Schlange, meist Jungen und Mädchen gesondert. Abwechselnd ging man links oder rechts in den Beichtstuhl hinein, der Beichtvater saß in der Mitte, durch ein Gitter von dem Beichtkind getrennt, das auf einen Holzschemel kniend seine Sünden bekannte. Ich sehe in meiner Erinnerung manchen Pfarrer oder Mönch vor mir: mit abgewandtem Gesicht, die Hand mit einem Tuch vor den Mund haltend, die Fragen leise murmelnd, damit die Draußenstehenden nichts hören konnten. Das Tuch sollte den Beichtvater auch vor üblem Geruch schützen, manchmal erfüllte es die gleiche Funktion aber auch für das Beichtkind. Die Luft in den Beichtstühlen war dumpf, erfüllt vom Schweißgeruch der vielen Beichtenden und vermengt mit dem schweren Duft der Kerzen. Die geistlichen Gewänder waren auch nicht immer die frischesten; bei manchen Pfarrern hatte der beliebte Schnupftabak Spuren auf Brust und Kragen hinterlassen, ansonsten gab sein »geistlich Gewand« manchmal auch einen Hinweis darauf, was Hochwürden in letzter Zeit alles so gegessen und getrunken hatte. Bei dem einen oder anderen Beichtvater war aus den manchmal inquisitorischen, dann wieder salbungsvollen oder väterlichen Fragen der Wunsch nach Hinweisen herauszuhören, mit wem man es denn »getrieben« habe. Ich stellte mich in solchen Situationen immer taub. Mein Glaube an die »Wahrung des Beichtgeheimnisses« hielt sich in Grenzen. Mißtrauen gehört nun einmal zu bäuerlichen Tugenden, und ich war und bin nicht frei davon. Hatte man sich »erleichtert« und trat aus dem Beichtstuhl heraus, wurde man meistens von den Schulspezln mit der Frage überfallen: »Wie viel ›Vaterunser‹ und ›Gegrüßet seist Du, Maria?‹ mußt' denn beten?« Bei drei galt man grade noch als gut davongekommen. Wahrscheinlich war bei der Beantwortung dieser Frage schon wieder die erste Sünde nach der erfolgten Absolution fällig: »Du sollst kein falsches Zeugnis geben wider Deinen Nächsten!«
Einige allerdings protzten auch mit ihrer Buße, machten sie

schlimmer als gefordert und gaben an, daß sie gar den Rosenkranz beten müßten. Da mußte man allerdings schon einiges auf dem Kerbholz gehabt haben, besonders um das sechste Gebot herum. Aber gerade diejenigen, die gerne zur Gruppe der »verreckten Hund'« gehörten, legten Wert darauf, daß durch die Angabe einer nicht zu geringen Buße ihr »Ansehen« keinen Schaden litt. (In Bayern ist »verreckter Hund« häufig ein Ausdruck von Respekt für einen, dem man allerhand zutraut. Die Steigerung heißt: »A verreckter Hund, a verreckter«.) So einem traut man dann besonders viel zu: Grad bei »den Weiberleit«, natürlich! Um das sechste Gebot kursierte übrigens unter uns Buben ein Witz. Da fragt der Beichtvater: »Wer war's denn dann, die Huber Leni oder die Niedermeier Zenzi?« – Das Beichtkind: »Das sag i net!« Daraufhin wurde das Beichtkind von den Schulspezln gefragt: »Aber uns kannst es doch sagen?« – »Keine von beiden, aber jetzt habe ich wenigstens zwei neue Adressen!«

Auch der Empfang der Heiligen Kommunion bei der Frühmesse war mir nicht unbedingt ein persönliches Anliegen. Man mußte die Hostie ja nüchtern empfangen und durfte nach Mitternacht nichts mehr essen. Das fiel mir schwer. Ich hatte stets einen Bärenhunger. Das Frühstück stellte ich mir als Metzgerbub selbst zusammen: Ich holte mir einfach die Würste aus dem Laden oder aus der Kühlanlage. Ich komme übrigens noch aus einer Zeit, wo man auf der »Brennsupp'n dahergeschwommen« ist. Bei uns wurde sie allerdings in der Regel durch eine »aufgeschmalzene Brotsupp'n« mit Kronfleisch ersetzt. Mein Vater konnte sie so schmackhaft machen, daß mir noch heute das Wasser im Mund zusammenläuft, wenn ich daran denke. Mein Vater war überhaupt mehr für das leibliche Wohl der Familie zuständig, die Mutter mehr für die Seele. Sie bewunderte uneingeschränkt die Kochkunst ihres »Xaverl«. Unsere Metzgerei war natürlich auch für sie die beste im Ort, wehe, wenn es jemand wagte, Zweifel in die Qualität des von meinem Vater gemachten Leberkäses, der »G'schwollnen«, heute sagt man dazu Wollwürste, oder der Lyoner zu setzen. Machte mein Vater Weißwürst', so herrschte jedesmal helle Aufregung. Es war wie bei einer Premiere. Premierengäste waren wir, meine Mutter und ich. Aber ich glaube, wir gaben sehr brave Premierengäste ab, denn dem Vater gegenüber hielt unser Mut sich in Grenzen. Er war halt ein richtiger Patriarch. So entschied er, der »Macher«, letztlich selbst über Beifall oder Ablehnung. Bei Beifallsbekundungen war er überschwenglich: »So a Wurscht gibt's weit und breit net, da soll der Dingsda nur komma, mit seine waßrigen und lätscherten Würscht.« Wir nickten, meine Mutter und ich. Wahrscheinlich sprach der Konkurrent meines Vaters ähnlich über ihn. Das gehörte zum Geschäft. In einer Beziehung aber war meine Mutter unerschütterlich und ließ sich auch von ihrem Xaver nichts dreinreden: Die Klosterleut' bekamen ihre Würst' billiger und es mußten auch immer die frischesten sein. Meine Mutter war auf eine rührende Art fromm und mußte deshalb auch manch gutmütigen Spott von meinem Vater einstecken, der für die Schwarzen wenig übrig hatte. Er war nicht gehässig gegen sie. Er ließ die Kirche im Dorf. Aber er war, wie er mir immer gesagt hat, ein »Franzos« in punkto Kirche: »Die Pfarrer sollen sich bei uns wie in Frankreich ihr Geld selbst verdienen und nicht auf unserer Tasche liegen. Dann wissen s', was arbeiten heißt. A Trennung zwischen Kirche und Staat muß her!« Er war nicht gegen die Pfarrer, aber gegen die kirchlichen »Bonzen«, wie er sich ausdrückte. Im Nachhinein kann ich ihn verstehen. Im Gegensatz zur kirchlichen Hierarchie, die mir vorher so viele Gunstbeweise zukommen ließ, mir manchmal geradezu demonstrativ wegen meines Eintretens für kirchliche Belange dankte, um nach meiner Entlassung in volle Deckung zu gehen, bekam ich große moralische Unterstützung aus Klöstern und von Pfarrern beider Konfessionen. So schrieb mir mutig mit Abschrift an seine Kirchenoberen der bereits erwähnte evangelische Pfarrer von Etzelwang:

»Zunächst möchte ich zum Ausdruck bringen, daß ich das Erscheinen Ihres Buches als die Erfüllung einer ethischen Pflicht verstanden habe. Diese Pflicht entstand aus der faktischen Ver-

zeichnung des Bildes der Angehörigen der Waffen-SS. Sie hätten sich eines Vergehens gegen die historische Forschung und gegen Ihre Pflicht als Publizist für die Wahrheitsfindung schuldig gemacht, wenn Sie dieses Werk nicht verfaßt hätten. Über Ihre Verpflichtung gegenüber Ihren ehemaligen Kameraden und Untergebenen muß ich mich wohl nicht näher auslassen.«

Ich möchte mich an dieser Stelle auch für die weiteren historischen Hinweise, die ich in dem Brief bekam, bedanken.
Übrigens hat mich das Verhalten einiger Würdenträger an der Kirche nicht irre werden lassen. Ich habe es auch nicht anders erwartet; denn über die diplomatischen Künste der Kirchenoberen habe ich zuviel gelesen. Bayern hat aber auch einen kirchlichen Diplomaten von Format hervorgebracht, der jetzt in Rom zu den Steuermännern des Kirchenschiffes gehört: Josef Ratzinger, der vormalige Kardinal von München und Freising. Er stammte aus meiner engsten Heimat, er wude in Marktl am Inn geboren. Sein Vater war Gendarmeriemeister. Seine Schulzeit verbrachte er wie ich in Traunstein. Der landläufigen Vorstellung von einem Chiem- oder Inngauer entspricht er nun in keinster Weise. Alles Laute ist ihm fremd, ja scheint ihm förmlich körperliches Unbehagen zu bereiten. Er ist das krasse Gegenteil von einem, in diesem Gebiet nicht seltenen Typ des »Kraftlackels«. Von der den Oberbayern angeborenen Lust am »Komödie-Spuin«, an kraftvoller Gestik und Mimik, der Freude an wortgewaltigen Auseinandersetzungen ist bei ihm nicht ein Hauch zu spüren: »Der muaß durch an Zufall bei uns auf'd Welt kommen sein, vielleicht ist er gar ein Findling?«, sagte mir einmal ein Dorfpfarrer, der mit seinem Oberhirten rein gar nichts anfangen konnte. Ich glaube, Josef Ratzinger war und ist frei von iridischen Anfechtungen. Er verströmt keine Wärme, keine Spontaneität. Das ist kein Hirte, der ein verirrtes Lämmlein in seine Arme nimmt, es wärmt und zärtlich streichelt; das ist ein Computer, der seine Herde zentral erfaßt und durch Fernsteuerung vor Gefahren beschützt. Das hat auch seine Vorteile: Kaltes, elektrisches Licht ist stetiger, es flak-

kert nicht wie jenes von Kerzen, das unentwegt dem Wind von Zeitströmungen und Gefühlsstürmen ausgesetzt ist. Mir persönlich ist jedoch trotz aller damit verbundenen Gefahren Kerzenlicht lieber. Ich fühle mich Gott stets am nächsten in Kirchen mit »Stallgeruch«. Sie wärmen mein Gemüt, verstärken meine Gefühle, sei es Liebe oder Haß, Freude oder Schmerz.

Die Verweltlichung und Verwissenschaftlichung der Kirchen ist, so glaube ich, eine vorübergehende Zeiterscheinung. Sie ist am Auslaufen. Sie scheitert letztlich daran, daß niemand die Existenz Gottes belegen oder verneinen kann. Es bleibt so oder so beim Glauben. Und da bewundere ich jene Gottesmänner, die diesen Glauben mannhaft verteidigt haben oder noch verteidigen. Das sind die wehrhaften Hirten, die sich schützend vor ihre bedrohten Herden stellen. Sie gab und gibt es bei uns sowohl im Katholizismus wie im Protestantismus. Ich habe tiefen Respekt vor den evangelischen Pastoren, die in Siebenbürgen, in Masuren, in den baltischen Staaten, in schwer bedrängter Lage an Gott und an dem fernen Vaterland festhalten. Sie kämpfen auch dafür, daß man zu Gott weiterhin in deutscher Sprache reden kann. Was ist gegen dieses verzweifelte Bemühen die hierzulande oft gestellte Frage, ob Gottes Ohren auch Jazzmusik vertrügen, ob Gott seine Botschaften auch durch einen sich zur Homosexualität bekennenden Priester verbreiten ließe? Das alles ist doch nichts anderes als modischer Schnick-Schnack. Man nehme sich des weiteren ein Beispiel an dem tapferen Kampf der Kirche in Polen.

Wie segensreich und tapfer ein Pfarrer beispielsweise bei der Vertreibung der Sudetendeutschen gewirkt hat, soll folgender Brief zeigen, der mich aus Traunreut erreichte:

»Sehr geehrter Landsmann Schönhuber! (Das ›Landsmann‹ Schönhuber kommt daher, daß ich Ehrenmitglied der Sudetendeutschen Landsmannschaft Regenstauf bin. Anm. d. Verf.) *Die Vertreibungsurkunde betrifft meine Mutter, Schwester und mich aus Christianberg Nr. 43. Mit dem vierten und letzten Transport*

verließ auch unser Pfarrer Heinrich Neuwirth den Ort. Mein Onkel Johann Tanzer war ›Wagenführer‹ und als solcher für die Vollzähligkeit der Waggoninsassen und deren verbliebener Habe verantwortlich (Waggon-Nr. 37). Es waren Viehwagen, in welche man die 29 Menschen pferchte. Diese Namensliste ist eigentlich ein Beweisstück dessen, was heute als ›Transfer‹ bezeichnet wird. Der Pfarrer mit seinen Pfarrkindern im Alter zwischen 3 und 76 Jahren mußte am 20. 9. 46 die Heimat verlassen.

Am Vorabend des ersten Vertreibungstages unserer Gemeinde, am 22. 5. 46, feierte er mit uns die Hl. Messe. Gab uns allen die Generalabsolution (ohne vorhergehende Beichte) und seinen priesterlichen Segen, bevor er uns die Kommunion zum letzten Mal in unserer Pfarrkirche als ›Wegzehrung‹, wie er sagte, reichte. Er starb nach einem 50jährigen Priesterleben am 25. 4. 75 in Eggelstädten bei Donauwörth.«

Was mir bei dieser schlichten und ohne Ressentiment geschriebenen Schilderung auffiel, war die Eigenständigkeit des Handelns und das Verantwortungsbewußtsein des Pfarrers gegenüber den Pfarrkindern. Solche »Wegzehrungen« sind Nahrungen für die Seele. Solche Pfarrer wünsche ich mir an meiner Seite, wenn die Stunde des Abschieds und der Beginn der letzten Reise gekommen ist.

In der Waffen-SS war ich – wie in meinem Buch beschrieben – ein richtiger Trotzkatholik. Die Schwierigkeiten, die mir daraus erwuchsen, hielten sich in Grenzen, wenn man von ein paar gehässigen Schikanen absieht, die von 150prozentigen verhängt wurden. Nicht wenige Offiziere und Soldaten der Waffen-SS waren durchaus religiös eingestellt, vor allem bei den Volksdeutschen, den Wallonen und Franzosen. Auch im Zeichen Mohammeds kämpften einige Verbände der Waffen-SS. Der damalig Großmufti von Jerusalem, Hay Amin Husseini, galt als großer Anhänger Hitlers und setzte sich für eine arabische Beteiligung im Kreuzzug gegen die »bolschewistisch-jüdisch-kapitalistische Weltverschwörung« ein. Einer der Nachfahren des Großmuftis ist Yassir Arafat, der aus der Familie der Husseins stammt...

29.
Besinnung in Ottobeuren

Der Kampf gegen den atheistischen Bolschewismus hatte bei manchem Angehörigen der Waffen-SS auch einen religiösen Hintergrund. General Steiner war überzeugter Protestant, Sepp Dietrich praktizierender Katholik. Seine Verbindung zu den katholischen Jugendfreunden riß nie ab. Manch einer unter ihnen stand in der schweren Zeit nach dem Krieg dem SS-General hilfreicher zur Seite als der eine oder andere Waffen-SS-Kamerad. Dazu ein eklatantes Beispiel, das mir der pensionierte Oberst der Bundeswehr Knabe erzählte:

»Es war anläßlich der 1200-Jahr-Feier des Benediktinerklosters von Ottobeuren am 29. August 1964 bei einem Empfang der Stadt Memmingen. Er wurde zu Ehren der ›Union des Friedens in soldatischer Kameradschaft‹ gegeben. Als Vertreter der ›HIAG‹ erschien Sepp Dietrich. Weiter waren französische Frontkämpfer, Angehörige der Bundeswehr und Politiker da. Mit seiner Anwesenheit beehrte die Stadt auch der General der Bundeswehr Stangl, Bruder des durch den Teufelsaustreibungsprozeß weit über die Grenzen seiner Diözese bekannt gewordenen Würzburger Bischofs. Als Sepp Dietrich auf General Stangl zugehen wollte, drehte sich dieser um, damit er dem verfemten SS-General nicht die Hand reichen mußte.«

Berührungsängste: die Urangst der Nachkriegsdeutschen, ganz gleich auf welchem Gebiet. Doch zurück zu Oberst Knabe:

»Dann kam der Abt des Klosters von Ottobeuren, Vitali Meier, herein, ging auf Sepp Dietrich zu und sagte: ›Schön, daß ich Sie hier treffe.‹ Etwas später fragte er: ›Darf ich Sie Herrn Stangl vorstellen, oder kennen sich die Herren schon?‹ Wir hatten die vorangegangene Szene beobachtet und feixten. Gleichzeitig freuten wir uns über den anständigen und menschlichen Kirchenmann.«

Auch ich freute mich, als ich diese Geschichte hörte; für mich waren und sind die Klöster eine Art Ordensburg der Kirche. Gerade die Mönche zeichneten sich im Kampf gegen Hitler ebenso aus wie nach dem Krieg, als sie manchem der gejagten Anhänger des vorher heftig befehdeten Hitler Schutz und Hilfe in den Klöstern boten. Diese christliche Haltung stand in krassem Gegensatz zu der mancher weltlicher Kirchenmänner, die vorher mit Hitler paktiert hatten und nun in der Nachkriegszeit sich dadurch zu alibisieren suchten, daß sie den braunen Sündern demonstrativ die kalte Schulter zeigten. Aber es ist nun einmal eine historische Tatsache, daß die Kirchen nicht immer so gegen Hitler und seinen Staat waren, wie sie das heute gerne darstellen.

Aber Männer wie der vorhin erwähnte Abt von Ottobeuren, Vitalis Meier, haben sich von den Nationalsozialisten nicht unterkriegen lassen. Nach mehreren telefonischen Gesprächen besuchte ich ihn in Ottobeuren. Mich interessierte dieser mittlerweile 70 Jahre alt gewordene schwäbische Benediktiner. Vor 50 Jahren trat der Bauernsohn in den Orden ein, wurde 1936 zum Priester geweiht und 1947 zum Abt gewählt. Er ist der am längsten amtierende Abt aller Benediktinerklöster der Welt. 1942 wurde er Soldat, nahm als Sanitäter in Rußland an vielen Schlachten teil, diente bei der 167. Infanterie-Division, die wegen ihres einem bestimmten Örtchen ähnelnden Feldzeichens im Landserjargon die »Scheißhaus-Division« genannt wurde, wie mir der Abt persönlich sagte. Aus seiner Gegnerschaft zum Nationalsozialismus machte der Abt damals keinen Hehl, blieb aber nach Kriegsende noch zwei Jahre im Elsaß als Seelsorger bei seinen ehemaligen Kameraden und kam nach seiner Entlassung als todkranker Mann in das Kloster Ottobeuren.

Ich besuchte Ottobeuren nach zwei Vortragsabenden, wobei der eine im benachbarten Kempten ziemlich stürmisch verlaufen war. Meine Nerven waren überreizt, ich fühlte mich ausgelaugt. Ein kleiner Spaziergang rund um das Kloster tat meinen Nerven gut, ich spürte, wie sie sich beruhigten. An der Pforte saß ein freundlicher alter Mönch: »Ich habe viel von Ihnen gehört, Herr

Schönhuber. Grüß Sie Gott! Kommen Sie nur herein.« Seit 1930 gehörte der Mönch mit seinen dunklen, warmen Augen dem Orden an. Er wirkte gelassen und in sich ruhend: »Gehen Sie ruhig schon die Treppe hinauf, der Herr Abt kommt in das Sprechzimmer zwei.« Ich ging hinauf, mußte im Zimmer ein paar Minuten warten. Mein Blick fiel auf ein Gemälde an der Wand, das die »Reiterschlacht in Bois le Duc« darstellte. Kurz vorher hatte ich das geschmückte Kriegerdenkmal an einem der Seitenwände des Klosters gesehen. Mir kam in den Sinn, daß der heilige Benedikt seine Mönche als »Soldaten Christi« bezeichnet hatte, als Menschen, die jederzeit der Gemeinschaft soldatisch verfügbar sein müßten. Es klopfte. Herein trat der Abt, ein imponierender Mann. Sein Mönchshabit saß ihm wie eine Generaluniform. Vitalis Meier wirkte wie ein alter Offizier. Und trotzdem spürte ich, wie ich mich innerlich zunächst gegen den Abt mit Vorbehalten wappnete, als er in gemütlichem Schwäbisch zu reden anfing. Sah er nicht akkurat aus wie sein schwäbischer Landsmann, der General Speidel? Sofort fiel mir der Satz von General Schmückle ein: »Speidel begrüßte uns warmherzig und mit treuherzigem Augenaufschlag, mit dem sich Schwaben gerne einführen.« Mein Mißtrauen schwand jedoch bereits nach ein paar Minuten. Dieser Kirchenmann war offen, machte keine taktischen Schlenker, sagte grade heraus, was er meinte. Er wetterte über die Verlogenheit unserer Zeit und unserer Gesellschaft, die einem Breschnew alle Ehren erwies, nur weil er ein Mächtiger war. Er gebrauchte Begriffe wie Patriotismus und Vaterland mit ruhiger Selbstverständlichkeit, machte nicht die mittlerweile bei katholisch-progressiven Intellektuellen modisch gewordenen Verrenkungen und Bücklinge vor dem Zeitgeist. Vielleicht hatte es also doch sein Gutes, wenn man, wie das bei den Benediktinern der Fall ist, als Abt auf Lebenszeit gewählt wird. Da muß man nicht kurzatmig wie unsere Parlamentarier sich als täglicher Gunstwerber betätigen, um ja wieder eine Stimme zu ergattern. So gibt man Versprechungen, von denen man von vorneherein weiß, daß man sie nicht halten kann.

Der Abt bekundete Verständnis für mein Eintreten um die Freilassung von Rudolf Hess, nicht aus politischen, sondern aus menschlichen und christlichen Gründen. Die Zeit verging wie im Flug. Ich spürte, wie während des Gespräches sich meine Nerven weiter entspannten. Anschließend ging ich durch die wunderschöne Barockkirche, die im Jahre 1766 von dem berühmten Baumeister Johann Michael Fischer vollendet wurde. Hier ist die göttliche Macht in eine irdische Herrlichkeit eingebettet, die alle politischen Stürme überdauern wird: Sie ruht in sich selbst. Hier weiß man, was dienen und gehorchen, aber auch befehlen heißt. Und über allem steht: Würde! Vitalis Meier sagte: »Es ist die Aufgabe jedes Abtes, der Eigenart jedes einzelnen zu dienen.« Also Entwicklung der Individualität, keine kollektivistische Gleichmacherei.

Der Besuch der Basilika hatte mich »erfrischt«. Plötzlich fiel mir ein Rat meines Freundes Ludwig Schwabl ein. Er ist Bürgermeister des oberbayerischen Sportdorfes von Inzell. Bei einem Spaziergang meinte er einmal: »Wennst dich ganz kaputt fühlst, dann geh' in a Kirch'. Denk' nix, schau nur und bleib' a halbe Stund' hocken – du wirst schau'n, wia's dir dann glei bessergeht.« Schwabl ist Sozialdemokrat, einer von der alten Schule. Er hat gelernt, daß man die Kirche beim Dorf lassen soll. Die besten Ratschläge habe ich immer von einfachen Menschen bekommen, die aus dem Buch des Lebens gelernt haben und nicht durch das Studium blutleerer »Texte«.

Die Rückfahrt nach München bleibt mir im Gedächtnis. Es herrschte Königswetter. Der Föhn wehte sanft von den bereits weißgezuckerten Bergen herunter und streichelte das Land. Das Gebirge war zum Greifen nah. Licht und Schatten hoben sich grell voneinander ab. Ich liebe den Föhn. Er setzt Gedanken frei, hat manchmal die Wirkung einer Droge.

Obwohl sonst geradezu ängstlich bemüht, mich ja keinem Zugwind auszusetzen, um meine geschädigten Bronchien zu schonen, ließ ich ein Seitenfenster herunter. Wie Samt legte sich der Südwind auf meine Wangen. Man spürt das Leben. Der bekannte

Spruch einer Zigarettenfirma kam mir in den Sinn: »Die Freiheit hat einen besonderen Duft.« Ich schaltete das Radio ein: »Der Bayerische Rundfunk meldet ...« Es gab mir keinen Stich mehr. Wie weit ist das alles schon weg? Mir war eher leichter ums Herz. Jetzt muß weder der eine oder andere Vorschlag von dieser oder jener Parteizentrale »abgesegnet« werden. Was kümmert's mich jetzt, was der Politiker A über mich denkt, der Rundfunkrat B, der Verwaltungsrat C? Wie sagte Hölderlin: »Der wahre Bettler ist der wahre König!« Man muß diesen Satz ja nicht wörtlich nehmen.

Und trotzdem, auch dem genannten Personenkreis habe ich zu danken. Sie haben mir ein pralles, interessantes Leben ermöglicht. Ich blättere in Gedanken zurück. »Und was bleibt ...?« hieß der Titel einer bereits erwähnten Sendung. Als schönste Erinnerungsbilder bleiben in meinem Gedächtnis: der Besuch der orthodoxen Metropole von Sagorsk, etwa 70 km von Moskau entfernt. Meine Gehirnzellen hatten das Bild der goldenen Kuppel auf blauem Gemäuer fotografiert, das der Märchenwelt eines Chagall zu entstammen scheint.

Ich blätterte weiter: Hier die Hagia Sophia in Istanbul, da der Veitsdom in Prag und am eindrucksvollsten die zwei Monate in Burgund.

Wäre ich nicht ein Bayer aus Überzeugung, dann möchte ich in Burgund leben. Hier ist die Verbindung zur Geschichte noch nicht abgerissen. Sie begleitet einen auf Schritt und Tritt. »Dös is a Land«, würde der Qualtinger sagen. Und wenn man an die kulinarischen Kostbarkeiten und die erlesenen Weine denkt, das »Wasser könnt' einem im Munde zusammenlaufen«.

Ich verspürte Hunger. Jetzt auf richtige bayerische Hausmannskost. In einer kleinen Ortschaft machte ich halt, ging in ein g'standenes bayerisches Wirtshaus, gleich neben der Kirche, wie es sich gehört. Ich trank eine »Halbe« dunkles Bier, aß eine Portion weißen und schwarzen Preßsack, mit Musik, also mit Zwiebeln, Essig und Öl. Die Kellnerin war jung und fesch, hatte »Holz vor der Hütt'n«.

400

Zwei Monate später feierte ich meinen Sechzigsten. Am Morgen des nächsten Tages sprach in den von mir angestrengten Verfahren das Münchner Arbeitsgericht in erster Instanz das Urteil. Der Bayerische Rundfunk hatte auf der ganzen Linie verloren. Sowohl die fristlose wie die nachgeschobene Kündigung waren nicht rechtens. Triumphgefühl stellte sich nicht ein, eher Traurigkeit, daß Vergangenheitsbewältigung auch heute noch vor allem ein juristisches Problem ist.

Der Bayerische Rundfunk legte Berufung ein. Die Auseinandersetzung geht weiter. 41 Jahre sind inzwischen ins Land gezogen, seitdem ich mich freiwillig zur Waffen-SS gemeldet hatte. Deutschland im Jahre 1983.

30.
Fairneß

Lassen Sie mich, verehrte Leser, an das Ende meines Buches drei Briefe stellen. Der erste Brief kam von einem Kollegen, dem in Bayern sehr populären Musikredakteur Jimmy Jungermann. Er schildert die Verhältnisse, wie sie damals auch waren. Wie ein junger Mensch lebte, der weder ein Held, noch ein Feigling war. Jungermann rührt an einigen Tabus, räumt einige Vorurteile beiseite. Ich darf die wichtigsten Teile seines Briefes zitieren:

»Ich kann nicht verstehen, weshalb manche Kollegen und manche Kreise sich derart auf Schönhuber eingeschossen haben. Dr. Kurt Schumacher (1951) und Bundeskanzler Adenauer (1952) haben Ehrenerklärungen für die Waffen-SS abgegeben, soweit sie ausschließlich als Soldaten ehrenvoll für Deutschland gekämpft haben. Und nur die Waffen-SS und ausschließlich diese beschreibt Schönhuber in seinem Buch, obendrein distanziert er sich deutlich von anderen SS-Gruppen und SS-Einsatzgruppen. Welten trennten Schönhuber und mich aufgrund unserer Herkunft, unserer Erziehung und unserer Weltanschauung. Trotzdem – oder erst recht – muß ich den Mut und die Tapferkeit bewundern, die man heute schon wieder haben muß, um nicht ausschließlich die veröffentlichte Meinung wiederzugeben; ja, gewisse Anzeichen einer Gleichschaltung der Presse – nun freilich von ganz anderen Richtungen her – machen sich bemerkbar, wenn man – wie ich – seit Jahrzehnten das Pressegeschehen verfolgt. Bei weitem bin ich nicht mit allem einverstanden, was Schönhuber schreibt – ich deute es mit meinen Gedanken hier an. Aber unter Freiheit verstehe ich nun eben einmal, daß auch er seine Meinung schreiben darf. Dreißig Jahre lang sind wir Kollegen – und ich habe in Franz Schönhuber einen immer hilfsbereiten, stehts humorvollen Freund schätzengelernt. Hoch anrechnen will ich ihm, daß er auch als mein Vorgesetzter der Franz geblieben ist – sehr im Gegensatz zu manch anderem Kollegen, der als Vorgesetzter flugs

wieder zum ›Sie‹ zurückkam und auf strenge Distanz achtete. ARD und ZDF zeigen laufend Spielfilme, in denen die Heldentaten amerikanischer, britischer und russicher Soldaten gezeigt werden. Ist es nicht legitim, auch einmal auf die Leistungen der Waffen-SS hinzuweisen, soweit sie ausschließlich als Soldaten gekämpft haben? ...

Mein Bruder war nach Berlin ›zum Film‹, Hilfsregisseur bei Paul Czinner geworden, an den heute schon klassischen Bergner-Filmen ›Ariane‹ und ›Der träumende Mund‹ hatte er mitgewirkt. Da kam 1933. Junge Wirtschaftswunderkollegen werfen heute vor, wir seien ›damals‹, 1933, nicht ausgewandert und seien bei Hitler geblieben. Nun, so einfach war das nicht. Die erste Reaktion bei uns war: Wir wandern aus. Mein Vater stand Kardinal Faulhaber nahe – ich war ein Jazzfan und Swing-Heini – meine Mutter Weltbürgerin, Pazifistin – da erwarteten wir nichts Gutes. Doch wir überlegten zu lange. Als Flüchtlinge, die erst vor wenigen Jahren alles verloren hatten, die nun wieder angefangen hatten – da ist der Entschluß zum abermaligen Auswandern in eine abermals ungewisse Zukunft schwer zu fassen. Der Bayerische Lloyd hatte in der Führung keine Parteigenossen, die befürchtete Kündigung blieb aus – und so blieben wir, beileibe keine Widerstandskämpfer, aber zurückhaltend, abwartend, denn in unseren Kreisen machte die Hoffnung die Runde: ›Der Hitler schafft's doch nicht, nach ein paar Monaten ist der Spuk vorbei – da sorgt schon das Ausland dafür!‹ Die Rheinlandbesetzung kam – nichts geschah. Der Völkerbund wurde verlassen – nichts geschah. Auf einmal erschienen wieder alle amerikanischen Jazzplatten, alle britischen Tanzplatten, Jack Hylton setzte seine Deutschland-Gastspiele fort, als wenn nichts geschehen wäre, in den Kinos wurden amerikanische Filme gezeigt, die Fox Tönende Wochenschau posaunte ihre Fanfaren wie eh und je, Coca Cola war überall zu haben (und später erfuhr man, daß es das Lieblingsgetränk des Anti-Alkoholikers Hitler war). Es war klar: selbst 100 %ige Parteigenossen als Kinobesitzer wollten an den Rekordeinnahmen von Filmen wie ›Broadway Melodie‹, ›San Francisco‹ teilhaben; Jazz wurde zwar im Rundfunk verboten, war aber sonst lediglich ›unerwünscht‹ – die Jugend ließ sich aber genauso wenig vorschreiben, was sie zu hören hatte wie einige Jahrzehnte später die Jugend in der DDR. Und die internationalen Schallplattengesellschaften hätten den Exportartikel Bayreuth, Furtwängler boykottiert, wenn auch nur eine amerikanische und/oder britische Platte gesperrt worden wäre. In den Großstädten hat es die ›Autorisierten Plattengeschäfte‹ gegeben, das waren Spezialgeschäfte für Importplatten aus den U.S.A. und aus England. So führte das Musikhaus Jacob vorwiegend britische Parlophone-Platten mit den heute noch berühmten ›Jazz-Series‹, das Musikhaus Schmid über Electrola die His-Master's-Voice- und Victor-Platten. Plattensammler gingen besonders gern ins Musikhaus Schmid: der Besitzer Unico Hensel war Alt-Pg, sein Geschäft hatte die Goldene Fahne als NS-Musterbetrieb – und unter diesem Schutz ging es im Keller hoch her: Die zwei Plattenverkäufer bestellten für ihre Stammkunden jede gewünschte Platte aus England und aus den U.S.A., Richard Tauber vor allem, und Jazz und Swing, – soweit sie nicht ohnehin auf den deutschen Marken angeboten wurden. Mein Bruder hatte gerade angefangen, Kurzfilme mit Werner Finck zu produzieren, da kam der bewußte Brief der Reichsfilmkammer: Scheidung oder Berufsverbot – seine Frau war die Tochter des jüdischen Berliner Arztes Schweitzer. Ohne von uns Abschied zu nehmen, gingen Alfred und Eva eilig in die Emigration nach London; ein paar Jahre später trafen wir uns auf neutralem Boden in Österreich – beide beschworen uns, nicht auszuwandern und das bittere Brot der Emigration zu essen. Eva fand verhältnismäßig schnell Anschluß an die Emigrantenpresse (sie hatte in Berlin u. a. die Frauenseite der ›Vossischen Zeitung‹ gemacht und war freie Journalistin beim Ullstein-Verlag, Mitarbeiterin an der legendären zeitung ›Tempo‹, die bei Ullstein täglich in fünf Ausgaben erschien), Alfred konnte erst nach dem Krieg, als er den britischen Paß erhielt, seine Filmarbeit fortsetzen, schließlich kam auch dort die Filmkrise, jetzt arbeitet er in Johannesburg: Eva ist inzwischen leider nicht mehr bei ihm,

sie ist gestorben. Beide waren auf unsere Unterstützung angewie-
sen, so lange es ging, überwiesen wir Geldbeträge (ab 1938, als die
Devisen knapp wurden, ging auch das nicht mehr), und bis Mitte
1939 schickte meine Mutter Nahrungspakete. Hätten wir da aus-
wandern sollen? Wer hätte dann Alfred und Eva geholfen, wer
uns ... Ich arbeitete als Volontär bei Professor d'Ester im Institut
für Zeitungswissenschaft – mein Berufstraum war Redakteur bei
einer Rundfunk- und Platten-Zeitschrift (damals hat es ja noch
kein Fernsehen gegeben, bis auf die Nipkow-Sendungen im
Raum Berlin), heute würde man das ›Medien-Zeitschrift‹ nen-
nen. Der alte Professor und seine Mannschaft haben sich im Drit-
ten Reich tadellos benommen – 1945 konnten er und seine Ex-
Studenten sofort weiter arbeiten, so makellos war ihre Vergan-
genheit im Dritten Reich. Um nur einige Namen aus dem
d'Ester- und Kutscher-Kreis zu nennen: Hohenemser und Fischer
(Stadträte in München), Walter Panofsky (Redaktion Süddeut-
sche Zeitung, BR-Mitarbeiter), Kurt Vaessen (Chefredakteur
einer Missions-Zeitschrift), Lotte Wölfle (Inhaberin eines Anti-
quariats in München), Ernst Roselius (Böttcher-Straße, Bremen),
Kurt Wehlau (Presse-Offizier bei der Bundeswehr in Hannover),
Sandfuchs (Kichenfunk-Leiter BR), Norbert Mayer (Presse und
Öffentlichkeit, Deutsche Botschaft, Rom), Gunter Groll (Film-
kritiker, Süddeutsche Zeitung). Ende 1937 tauchten zwei Radi-
kalinskis im d'Ester-Seminar auf. Nach und nach zogen sich
d'Esters Vertraute zurück; sie setzten bei d'Ester durch, daß ich
›wegen politischer Unzuverlässigkeit‹ entlassen wurde – d'Ester
empfahl aber meinen Eltern, ich solle auf die Meisterschule für
Deutschlands Buchdrucker gehen, um ›einigermaßen im Beruf zu
bleiben‹. (Am Rande: Die zwei Radikalinskis wurden dann Su-
per-Demokraten. Der eine ging vorher noch als Propaganda-
Mann zur FK-Kompanie, dann wurde er im Deutschen Fernse-
hen plötzlich ein Super-Demokrat, nachdem ihn kurz vorher
noch Hannes Stein aus dem Funkhaus München hinausgeprügelt
hatte; der andere der beiden Super-Nazis ist Super-Demokrat in
Bonn) ...

Die Tragik der hinter uns liegenden Epoche aber beweist besonders der Brief von Herrn Paul A. C. Steffan, der mich sehr bewegt hat. Er ist Dokument einer deutsch-polnischen Passion. Steffan war Zeuge und Opfer zugleich:

»In meiner Person verkörpert sich das Schicksal und die Tragik von so vielen Menschen, die im Grenzraum zwischen den Völkern des östlichen Mitteleuropas doppelt zu leiden hatten, weil sie von beiden Seiten immer wieder Schläge einstecken mußten. Ein Teil der Familie neigte mehr dem polnischen Volkstum zu, der andere bekannte sich zu Deutschland. Ein gewisser Zwiespalt kennzeichnet bis heute die Mentalität der Menschen aus diesem Lebensraum.

Mein Elternhaus war von einer tiefgläubigen, katholischen Atmosphäre geprägt. Meine Mutter kam aus verarmtem polnischen Landadel, mein Vater aus dem deutschen Teil der Kaschubei. So bin ich im Widerstand gegen Hitler groß geworden, der auch dann nicht erlosch, als ich 1941 zur Wehrmacht einberufen wurde. Als Danziger wurde ich am 1. September 1939 automatisch Reichsdeutscher.

Ich will nicht versäumen, schon jetzt den ersten Berührungspunkt mit Ihnen anzuführen: Von Unterprima an hatte ich bei Mitgliedern des Ensembles des Danziger Stadttheaters Schauspielunterricht genommen und schloß diese Ausbildung, gleichzeitig mit dem Abitur, mit der Abschlußprüfung im Schauspiel ab.

Die Entwicklung in und um Danzig im Frühjahr und Sommer 1939 ließ es meiner Familie ratsam erscheinen, mich einen Berufsweg gehen zu lassen, der meine Chancen, den Krieg zu überleben, um einiges größer werden ließ. Mehr aus der Not der Zeit als aus eigenem Antrieb, begann ich mit dem Studium der Medizin. Als ich also einberufen wurde, kam ich – wie erwartet – zu einer Sanitätseinheit des Heeres. Nach Ableistung der sogenannten ›Frontbewährung‹ wurde ich zur ›Fortsetzung des dienstlichen Studiums‹ zu einer Sanitätsoffiziers-Ergänzungs-Abteilung des Heeres versetzt und studierte an der Uni in Kiel. Nach dem Attentat auf Hitler am 20. Juli 1944 wurde ich am 23. Juli verhaftet, der

Gestapo übergeben und dem Gericht der Festungskommandatur Danzig zur Aburteilung ausgeliefert. Hier wurde das Todesurteil beantragt. In dieser schrecklichen Situation erfuhr ich ganz zwangsläufig die Hinwendung zu Gott. Ich tat ein Gelübde. Wenn Gott mir mein Leben erhält, dann will ich dieses mir neugeschenkte Leben IHM weihen. Ich werde der Welt entsagen, in ein Kloster eintreten, um Mönch zu werden.

Als ich am 5. Mai 1945 aus meiner Todeszelle befreit wurde, lag es an mir, das Gott gegebene Versprechen einzulösen. Ich wurde Mönch, trat dann aber nach dem Noviziat wegen erheblicher Schwierigkeiten mit der ›vita sexualis‹ wieder aus (ein Moraltheologe sagte mir später, daß ein Gelübde aus Todesangst geleistet nicht bindend sei). Ich wurde Arzt, arbeitete als Chirurg – aber die Berufung war der künstlerisch tätige Mensch in mir.

In den 50er Jahren war ich Regisseur und Sprecher der deutschsprachigen Sendungen des polnischen Rundfunks in Warschau. Wir sendeten sieben Mal täglich, jeweils eine halbe Stunde lang. Die Rundfunkarbeit – schon wieder ein Berührungspunkt mit Ihnen. Seit 1958 arbeitete ich dann, zuerst als Regieassistent (um das Medium Fernsehen kennenzulernen), dann als Regisseur beim ›Deutschen Fernsehfunk‹ in Berlin-Adlershof. Das konnte auf die Dauer nicht gut gehen. Ich wurde vom Staatsicherheitsdienst (STASI) verhaftet, kam in ein Arbeitslager und nach der Entlassung – eine Woche vor dem Bau der Berliner Mauer – nach West-Berlin. Seit 1961 also lebe ich in der Bundesrepublik ...

Aus allem, was ich bisher geschrieben habe, ersehen Sie eines mit Sicherheit – ein ›alter Nazi‹ ist es nicht, der Ihnen da schreibt. Und der, dem ich schreibe, ist kein alter Nazi im Sinne der Definition. Für mich sind Sie einer von Tausenden unserer Generation, den nur sein Hang zur Wahrheit und Aufrichtigkeit und der Mut zum Bekenntnis von den anderen unterscheidet. Und allein schon diese Feststellung hat mir so viel Sympathie für Sie abverlangt, daß ich nicht aufhören werde, mich für Sie und Ihr Buch einzusetzen, einzusetzen, wo immer ich es kann.

Für Sie eingenommen hat mich auch Ihre Schilderung im Zusam-

menhang mit dem ›Vorbereitungslehrgang‹ in Grochow bei Warschau (jetzt Stadtteil der polnischen Hauptstadt), ich selbst habe
dort für einige Zeit gewohnt. Genau aus aus dieser Zeit kommt
der Bericht eines Warschauer Taxifahrers, der mir etwa folgendes
erzählte:
Meine Mutter arbeitete als Putzfrau in einer SS-Unterkunft, ich
war noch ein kleiner Junge, gerade 14 Jahre alt, und besuchte
Mutter oft auf ihrer Arbeitsstelle. Im Gegensatz zu den anderen
Kindern hatte ich keine Angst vor den SS-Soldaten, das mag wohl
daher kommen, daß ich nur gute Erinnerungen an sie habe. Ein
Beispiel mag das erklären: Der Obersturmführer, dessen Zimmer
Mutter sauber machen mußte, kam eines Tages auf mich zu und
sagte: Na, du kleiner Polack, was machst du hier, du kleines Mist-
vieh – hier hast du Wurst, Schmalz und Zigaretten – nun hau
schon ab, du Polensau!‹
Unter diesen zeitüblichen Beschimpfungen steckte dieser SS-Füh-
rer dem kleinen Polen und seiner Mutter immer wieder Lebensmittel zu, berichtete mir der Taxifahrer. Ein anderes Beispiel aus
Polen. Unmittelbar nach dem Krieg stand das Wachpersonal des
KZ-Lagers Stutthof bei Danzig vor Gericht. Ein SS-Oberscharführer wurde freigesprochen, und das kam so: Nach der Befreiung der Häftlinge meldete sich einer der SS-Leute bei den Russen
und bat um eine Gegenüberstellung mit den ehemaligen Häftlin-
gen, sie hatten versprochen sich für ihn bei den Siegern einzusetzen, weil er sie gut behandelt hatte.
Die Russen riefen die gerade befreiten Häftlinge in der Kirche des
Dorfes Stutthof zusammen, holten den inzwischen verhafteten
SS-Oberscharführer und stellten ihn auf den Altartisch der Kirche. ›Kennt ihr diesen Mann? Wer ist das – was könnt ihr über ihn
aussagen?‹
›Ein guter Mann, ein anständiger Mann, der uns immer menschlich
behandelt hat. Er war der Furier des Lagers, und wenn wir heute
noch am Leben sind, so ist das sein Verdienst, er hat uns heimlich immer wieder Lebensmittel zugesteckt und uns vor den Schikanen und
Unmenschlichkeiten seiner Kameraden in Schutz genommen.‹

408

Wo ist die Grenze zu ziehen? Hier Mensch – da Nazi. Es gab doch im Dritten Reich Leute, die waren nicht einmal in der NSV und haben jeden ins KZ gebracht, der nur ein Wort gegen Hitler sagte, und es gab Parteigenossen, die Verfolgte schützten und unter Einsatz ihres Lebens versteckten oder außer Landes brachten. ›Was mich seit meiner Rückkehr nach Deutschland, ob in West oder Ost, geradezu angekotzt hat, waren die 99,9 % der Deutschen, die schon immer dagegen gewesen sind. Mein Gott, es gab doch auch Schönes im Deutschland der Jahre 1933-39, für das sich eine Jugend begeistern konnte und auch begeistert hat, und mit nicht weniger Begeisterung sind die jungen Leute 1939 Soldat geworden, ob nun Wehrmacht oder Waffen-SS.‹

Wie sollte selbst ein kirchlich gebundener junger Mensch, wie Sie es waren, anders reagieren, nach Festgeläut' und Dankgottesdiensten, nach Aufrufen deutscher Bischöfe an die katholischen Soldaten, ›aus Gehorsam zum Führer ihre Pflicht zu tun und bereit zu sein, ihre ganze Person zu opfern‹.

Ich muß jetzt zurückdenken an jene Zeit vor 42 Jahren, wie ich sie in Danzig erlebte. In Danzigs Straßen tauchten Spruchbänder auf und Transparente, mit der Losung: ›Danzig ist eine deutsche Stadt und sie will zu Deutschland!‹ Diese Parole übte auf die überwiegende deutsche Bevölkerung unserer Stadt eine erhebliche Wirkung aus, wenn auch viele es später nicht wahr haben wollten. Man fühlte sich in das ›große Weltgeschehen‹ einbezogen, war Zeuge einer geschichtlichen Entwicklung, über die spätere Generationen in den Geschichtsbüchern nachlesen würden, – und, man konnte von sich sagen: man war dabei gewesen. Von diesem Geist beseelt meldeten sich viele meiner Klassenkameraden freiwillig zur ›SS-Heimwehr Danzig‹ und später, als Danzig Teil des Großdeutschen Reiches war, zur Wehrmacht oder zur Waffen-SS.

Sicher haben Sie mit Ihrem Buch vielen ehemaligen Angehörigen der Waffen-SS, die schuldlos schuldig gesprochen wurden, echte Lebenshilfe gegeben.

Auf die heftigen Angriffe gegen Ihre Person im Zusammenhang

mit Ihrer Zugehörigkeit zur Waffen-SS, haben Sie nötig und einzig richtig reagiert. Sie haben durch Ihr mutiges Buch geholfen, Klischeevorstellungen abzubauen und Pauschalurteile zu revidieren.

Auch mir haben Sie ein anderes Bild von ›der‹ SS vermittelt, mir, der nie das Zeug zum Helden hatte, für den es keinen Staat, kein System, keine Partei und keinen Führer gab, für den zu sterben es sich lohnte – dazu war ich, um mit Tucholsky zu sprechen, ›nicht nationalbesoffen genug‹. Das aber wohl ist nur meiner Herkunft zu verdanken, die ich eingangs beschrieben habe, und ist sicher kein Verdienst.

Es würde mich freuen, wenn meine Zeilen Ihnen neue Hoffnung und frischen Mut für die Zukunft geben würden. Statt neue Gräben des Hasses aufzuwerfen, sollte Verzeihen möglich sein, weil allein dieses positiv aufbauend ist. Weil Verzeihen Liebe ist und weil diese Welt entweder mit Liebe existiert oder ohne Liebe der Nicht-Existenz zustürzt. Ich, der Verfolgte des Nazi-Regimes, habe Ihr Buch mit großer Bereicherung für mich gelesen und beglückwünsche Sie zu Ihrem Mut zur Wahrheit. Meine guten Wünsche begleiten Sie! Mit herzlichen Grüßen, Ihr sehr ergebener ...«

Wenn ich auch meine Freude, ja meinen Stolz nicht verhehlen möchte, daß ich diesen Brief erhalten habe, so habe ich ihn hier doch zitiert, weil er mehr aussagt über das Schicksal, als sich Schul- und Jugendamtsweisheit erträumen läßt. Und warum die Reaktionen auf das Buch so heftig waren, darüber hat der Architekt Wallwey aus München sehr nachdenklich stimmende Zeilen geschrieben:

»Danken möchte ich Ihnen, weil Sie ein Beispiel gegeben haben für Tausende, die in höchsten Positionen in Wirtschaft und Politik sitzen. Würden diese Ihrem Beispiel folgen und sich nicht verstekken, wäre es mit der Diskriminierung der Waffen-SS sicher längst vorbei, und die Wahrheit läge offen zutage. So wird es mit der Wahrheit um diesen Verband aber sicher gehen wie mit dem Fall der Lusitania. Nach Jahrzehnten erst wird die Wahrheit zutage liegen.

410

Ich wünschte mir diese Wahrheit im Interesse derjenigen Kameraden, die sich selbst nicht genug helfen können. Wie gefährlich diese Wahrheit aber wäre, wissen Sie und ich wie viele andere zu gut. Nicht allein deshalb will man sicher Ihr Buch unterdrücken. Unsere ›Potentaten‹ müssen diese Wahrheit doch wohl fürchten. Ich habe mich gefragt, warum man Sie und Ihr Buch so angreift. Der wichtigste Grund ist sicher, daß sie sich wie ein freier Mann verhalten haben und sicher für viele jüngere Menschen ein Beispiel waren. Daß ein solches Beispiel Angehöriger der Waffen-SS war, ist sicher ›gefährlich‹. Ich betrachte mich deshalb auch als ›gefährlich‹, weil ich mich um die Wahrheit bemühe.

Es gibt wahrscheinlich mehrere Gründe, warum man Ihr Buch fürchtet. Einmal hält Ihr Buch der älteren Generation, die sich ›aus der Zeit gelogen hat‹, den Spiegel vor. Diese Generation hat die Jugend angelogen und war zu feige, sich zur Zeit zu bekennen. Ich zähle mich hierzu nicht. Inzwischen gilt es traurigerweise schon wieder als ›chic‹, dabei gewesen zu sein. Sie fördern sicher ungewollt den Mut dieser Zeitgenossen, sich wieder ›in die Zeit zurückzulügen‹.

Zum anderen wird durch Ihr Buch sicher die Jugend – weil sie Sie kennt – noch mehr nach der Wahrheit forschen. Sicher eine große Gefahr für alle die Politiker, die unserem Volke ungezählte Lügen aufgetischt haben.

Ein weiterer Grund ist aber sicher auch, daß die heutige Jugend durch Ihr Buch erfahren hat, daß in der Waffen-SS freiwillig Franzosen gekämpft haben. Daß diese u. a. die letzten Verteidiger von Berlin gewesen sind, ist dieser Jugend sicher nicht bekannt. Sie fördern also das Wissen der Jugend darüber, daß die Waffen-SS wirklich ein europäisches Heer war. Sie fördern damit möglicherweise auch die Erkenntnis der Jugend, daß die Waffen-SS wirklich ein europäisches Heer war. Sie fördern damit möglicherweise auch die Erkenntnis der Jugend, daß wir näher an Europa waren als sie es heute ist« ...

Nachwort

Aus den Erfahrungen nach Erscheinen meines Buches »Ich war dabei« habe ich gelernt. Vor allem, daß kein Trick zu faul, kein Mittel zu billig ist, um einen zum Außenseiter der Gesellschaft gestempelten Mann an den Pranger der veröffentlichten Meinung zu stellen. Durch aus dem Zusammenhang gerissene oder ihm unterschobene Zitate, durch sinnentstellende Verkürzungen kann man ihn in einen Dunstkreis manövrieren, aus dem es kaum ein Entrinnen gibt. Seine Figur wird nämlich so eingenebelt, daß dem Betrachter kein klares Bild mehr möglich ist.

Ein Beispiel dazu ist das Programmheft zu »Mutter Courage und Ihre Kinder« von Bert Brecht, das derzeit auf dem Spielplan des Bayerischen Staatsschauspiels, steht. Mir widerfuhr die »Ehre«, inmitten von Brecht, Zuckmayer, Jungk, Toller, Mühsam, Fried, Tucholsky, den DDR-Autoren Christa Wolf und Stefan Hermlin sozusagen als Gegenstück zitiert zu werden. Natürlich ohne den Verlag oder mich zu fragen, natürlich auch ohne ein Belegexemplar zuzuschicken. Selbstverständlich aber war die Kapitelüberschrift geändert und das Kapitel selbst zweckbestimmt gekürzt worden. Bei anderen Autoren hatte man sich zumindest die Mühe gemacht, auf die Kürzungen hinzuweisen, bei mir nicht. Was blieb, war eine »passende« erotische Stelle, was wegfiel, war das politische Umfeld. Warum aber fiel es weg? Weil meine Darstellung der Résistance in Frankreich nicht »zeitgemäß« zu sein scheint. Ich stellte sie nämlich so dar, wie sie meines Erachtens in Wirklichkeit war und nicht wie sie in vielen heroischen Berichten beschrieben wird. In Frankreich weiß man übrigens längst, daß die Bedeutung der Résistance weit übertrieben worden ist.

Während ich dieses Kapitel schreibe, läuft im Hintergrund das Radio mit »Bayern 3«. Das Programm plätschert so dahin, Musik, Verkehrsnachrichten, Jubiläen. Es ist der 5. März, 1983.

Plötzlich schrecke ich auf. Die Sprecherin weist darauf hin, daß heute der 30. Todestag von Josef Wissarionowitsch Stalin sei. Sie zählt sachlich einige Lebensdaten auf: geboren in Tiflis, Priesterseminar, Revolutionär, Nachfolger Lenins, Überwinder Trotzkis und anderer parteiinterner Gegner. Der Schlußsatz hieß sinngemäß: »Am Anfang seiner Herrschaft gab es in der Sowjetunion Zweidrittel Analphabeten, am Ende stand die Zündung der ersten sowjetischen Atombombe.« Mögliche Zuhörerreaktion: Da schau her, aus einem Volk von Dummköpfen ist ein Volk von hochqualifizierten Technikern geworden. In der »Würdigung« war kein Wort über die Ermordung von Millionen von Kulaken zu hören, der physischen Liquidierung von Regimegegnern und Genossen, kein Wort von der barbarischen Umsiedlung, ja der Vernichtung ganzer Völkerstämme, kein Hinweis auf den Gulag und antisemitische Maßnahmen. Man stelle sich vor, bei einer »Würdigung« Hitlers würde es heißen: geboren in Braunau, Jugend in Wien, Kriegsfreiwilliger im Ersten Weltkrieg, Eisernes Kreuz erster Klasse, Führer der NSDAP, 1933 zum Reichskanzler berufen, in kurzer Zeit die Arbeitslosigkeit beseitigt, Autobahnen gebaut, im Kriege Oberster Befehlshaber, Selbstmord. Den wütenden Aufschrei, übrigens durchaus berechtigt, in den Massenmedien möchte ich da hören. Gespannt bin ich, wann aus Josef Stalin wieder »Väterchen« Stalin wird.

Die Geschichte schreiben immer die Sieger. Ganz recht! Aber noch nie fanden Sieger willfährigere Hilfsschreibkräfte unter den Besiegten als bei uns. Dabei sind es nicht die großen Verfälschungen, die das Geschichtsbild der jungen Menschen prägen, sondern die kleinen, scheinbar nebensächlichen Unterlassungen. Die Giftmischer kommen auf leisen Sohlen. Das Ende ist absehbar ...

Register

414

415